Beck-Wirtschaftsberater

Zertifikate

dtv

Beck-Wirtschaftsberater

Zertifikate

Indexzertifikate, Discount- und
Strategiezertifikate, Zins-, Rohstoff-
und Hebelzertifikate

Von Dr. Dr. Gerald Pilz

Deutscher Taschenbuch Verlag

Im Internet:

dtv.de

beck.de

Originalausgabe
Deutscher Taschenbuch Verlag GmbH & Co. KG,
Friedrichstraße 1 a, 80801 München
© 2006. Redaktionelle Verantwortung: Verlag C. H. Beck oHG
Druck und Bindung: Druckerei C. H. Beck, Nördlingen
(Adresse der Druckerei: Wilhelmstraße 9, 80801 München)
Satz: Fotosatz Otto Gutfreund GmbH, Darmstadt
Umschlaggestaltung: Agentur 42 (Fuhr & Partner), Mainz

ISBN (10): 3-423-50903-1 (dtv)
ISBN (10): 3-406-54617-X (C. H. Beck)
ISBN (13): 978-3-423-50903-9 (dtv)
ISBN (13): 978-3-406-54617-4 (C. H. Beck)

Vorwort

Zertifikate gehören zu den wichtigsten Investments der letzten Jahre. Moderne, renditeträchtige Anlagestrategien sind ohne die neuen Wertpapiere kaum noch denkbar. Wenn Sie auf die Aktienmärkte in Lateinamerika, Asien oder Osteuropa setzen möchten, sind für Sie Zertifikate ein wesentliches Instrument. Auch in spezielle Branchen wie alternative Energien, Bio- oder Nanotechnologie können Sie am besten mit Hilfe von Zertifikaten investieren.

Ein weiteres wichtiges Feld sind die Rohstoffe, die in den letzten Jahren eine überdurchschnittliche Wertentwicklung zeigten. Der Goldpreis verdoppelte sich innerhalb von fünf Jahren; die Preise für Kupfer, Aluminium und Stahl stiegen rapide an und bescherten mutigen Investoren beträchtliche Gewinne. Ein Zertifikat auf den MDAX, der mittelgroße Aktiengesellschaften zusammenfasst, hätte Ihnen eine Durchschnittsrendite von über 30 Prozent im Jahr gebracht. Mit einem Indexzertifikat auf den russischen Aktienmarkt hätten Sie Ihr eingesetztes Kapital innerhalb eines Jahres mehr als verdoppelt. Die Aktien von Solarzellenherstellern haben in den letzten Jahren eine Wertsteigerung von mehreren tausend Prozent erzielt.

Zertifikate sind aufgrund ihrer Flexibilität und ihrer Vielseitigkeit ein bedeutendes Anlageinstrument, das sich sowohl für konservative als auch für spekulative Anleger eignet. Die Bandbreite der Investments reicht von einer Indexanlage auf den DAX über Immobilienindizes und spezielle börsennotierte Immobiliengesellschaften (REITs) bis hin zu den verschiedensten Rohstoff- und Zinszertifikaten.

Auch in der Altersvorsorge spielen Zertifikate eine Schlüsselrolle. Angesichts eines sinkenden Niveaus in der gesetzlichen Rentenversicherung sollten Sie nun handeln. Die Krise, in der sich die Versicherung schon seit langem befindet, wird sich in der Zukunft noch weiter verschärfen. Im Jahre 2020 werden auf einen Rentner zirka 1,8 Beitragszahler kommen – im Jahre 2030 liegt diese Relation bereits bei 1,4. Langfristig wird die staatliche Rente nicht mehr ausreichen, um den gewohnten Lebensstandard zu sichern. Eine neue Form von Altersarmut wird entstehen, die in ihrem Ausmaß heute noch gar nicht abzusehen ist.

Altersvorsorge ist daher eine Aufgabe, die jeden betrifft – ob Alt oder Jung. Je früher Sie sich Gedanken machen, desto besser und sorgfältiger können Sie Ihre Entscheidung treffen. Zertifikate sind eine gute Möglichkeit, für das Alter sinnvoll und angemessen vorzusorgen.

Dieses Buch stellt Ihnen die verschiedenen Zertifikate vor und informiert Sie über die Vor- und Nachteile der einzelnen Anlageformen und den damit verbundenen Kosten und Gebühren. Sie erfahren, wie Zertifikate konstruiert sind und welche Wertpapiere es gibt. Ob Brennstoffzellen, Kaffee, Zink, Neuemissionen, Wasserversorgung, Indien, China oder Biotechnologieaktien – mit Zertifikaten können Sie all diese Märkte und Werte sich erschließen. Neben einzelnen Anlagestrategien werden Sie umfassend über die verschiedenen Zertifikate zu einzelnen Rohstoffen und Schwellenländern informiert.

Die Börsen der Welt werden Ihnen viele faszinierende und gewinnbringende Chancen eröffnen. Zertifikate helfen Ihnen, diese Möglichkeiten gezielt und sachkundig zu nutzen. In diesem Sinne wünsche ich Ihnen eine erfolgreiche Altersvorsorge und Zukunft.

Kornwestheim im April 2006   Gerald Pilz

Inhaltsübersicht

Inhaltsverzeichnis

Abkürzungsverzeichnis

AAA (Triple A)	Höchststufe des Bonitätsrating
ABN	*ABN Amro Bank*
ADR	American Depositary Receipts, Hinterlegungsscheine für ausländische Aktien
ADX	Average Directional Movement, Kennzahl der technischen Analyse
AEX	Aktienindex der Börse in Amsterdam
AMEX	American Stock Exchange, zweitwichtigste Börse der USA
ASE 20	Aktienindex der Börse in Athen
ASEAN	Organisation südostasiatischer Länder
ASX 200	Australischer Aktienindex
ATX	Österreichischer Aktienindex
BEL 20	Belgischer Aktienindex
BET 10	Aktienindex der Börse in Bukarest
Blue Chips	Standardwerte, Aktien mit großer Börsenkapitalisierung
Bovespa	Brasilianischer Aktienindex
BRIC	Brasilien, Russland, Indien, China
BUX	Index der Börse in Budapest
CAC 40	Aktienindex der Börse in Paris
CASE 30	Ägyptischer Aktienindex
CBOT	*Chicago Board of Trade*, Terminbörse in Chicago
CDAX	Composite Dax, umfasst alle Aktien, die an der Frankfurter Wertpapierbörse im Prime und General Standard notiert sind
CECE	Regionalindex, fasst mehrere osteuropäische Börsen zusammen
CFO	Chief Financial Officer, Finanzvorstand
CME	Chicago Mercantile Exchange, Terminbörse in Chicago

COMEX	Abteilung der New Yorker Terminbörse
CRB	Rohstoffindex von Reuters
CTX	Tschechischer Aktienindex
DAX	Index der 30 Standardwerte Deutschlands
DBLCI	DB Liquid Commodity Mean Reversion Index, komplexer Rohstoffindex der *Deutschen Bank*
Div Dax	Aktienindex, der die dividendenstärksten Aktien zusammenfasst
DJIA	Dow Jones Industrial Average, umfasst 30 US-amerikanische Standardwerte
EBIT	Earnings before interest and taxes (Gewinn vor Zinsen und Steuern)
ETF	Exchange Traded Funds, börsengehandelte Investmentfonds
EuroStoxx 50	Index der 50 Standardwerte der Eurozone
FTSE 100	Aktienindex der Börse in London („*Footsie*")
FWB	Frankfurter Wertpapierbörse
GDR	Global Depositary Receipts, Hinterlegungsscheine für ausländische Aktien
GEX	Aktienindex, der eigentümerdominierte Gesellschaften enthält (German Entrepreneurial Index)
Global Titans 50	Die 50 größten Standardwerte der Welt
GSCI	Goldman Sachs Commodity Index, Rohstoffindex
HDAX	Aktienindex, der alle Werte des DAX, MDAX und TecDAX umfasst
HSCEI	Hang Seng Chinese Enterprises Index, chinesischer Aktienindex
HSI	Hang Seng Index, Aktienindex der Börse in Hongkong
HTX	Ungarischer Aktienindex
HVB	*HypoVereinsbank*
IBEX 35	Aktienindex der spanischen Börse
IFRS	International Financial Reporting Standards, europäischer Rechnungslegungsstandard

IPE	London International Petroleum Exchange, Londoner Erdölbörse
IPO	Initial Public Offering, Börsengang
ISE 30	Aktienindex der Börse in Istanbul
ISIN	Internationale Wertpapierkennnummer
IT	Income Trusts
JSE Top 40	Aktienindex der Börse in Johannesburg
KC	*Kansas City Board of Trade*, Getreidebörse in Kansas City
KGV	Kurs-Gewinn-Verhältnis
KLCI	Aktienindex der Börse in Kuala Lumpur
Kospi 200	Aktienindex der Börse in Seoul mit 200 Werten
Large Caps	Standardwerte (large capitalization)
Latibex Top 15	Aktienindex auf lateinamerikanische Standardwerte
L-DAX	Late DAX; DAX, der zwischen 17.45 h und 20.00 h berechnet wird
LIFFE	*London International Financial Futures Exchange*, Londoner Terminbörse
LME	*London Metal Exchange*, Londoner Metallbörse
LPX Index	Index für Private Equities
LSF	Listed Stock Future
MACD	Verfahren der technischen Analyse
MDAX	Index von 70 deutschen Aktiengesellschaften mit mittlerer Börsenkapitalisierung
MIB 30	Aktienindex der Börse in Mailand
Mid Caps	Aktien mit mittlerer Börsenkapitalisierung, mittelgroße Aktiengesellschaften
MSCI	*Morgan Stanley*, Finanzdienstleister und Indexanbieter
MSCI Taiwan	Index des taiwanesischen Aktienmarktes von *Morgan Stanley*
MSCI World	Index der Weltbörsen von *Morgan Stanley*
NAFTA	Nordamerikanische Freihandelszone

NASDAQ	Index der US-amerikanischen Technologiewerte, Technologiebörse in den USA
NAV	Net Asset Value, Nettoinventarwert bei Investmentfonds
NEMAX	Neuer Markt Index
Nifty 50	Indischer Aktienindex
Nikkei 225	Japanischer Aktienindex, umfasst 225 Werte
NYBOT	*New York Board of Trade*, New Yorker Terminbörse
NYMEX	New York Mercantile Exchange, New Yorker Terminbörse
NYSE	*New York Stock Exchange*, New Yorker Börse
OECD	Organisation der führenden Wirtschaftsnationen
OMXS 30	Aktienindex der Börse in Stockholm
OPEC	Organisation Erdöl exportierender Länder
OTC	Amerikanischer Freiverkehrsmarkt (over the counter)
PEG	Price earnings to growth, Kennzahl der Gewinndynamik
PSI 20	Aktienindex der Börse in Lissabon
PTX	Polnischer Aktienindex
PXD	Aktienindex der Börse in Prag
Quanto	Zertifikate mit Währungsabsicherung
RCB	*Raiffeisen Centrobank*
RDX	Russischer Aktienindex auf Depositary Receipts
REIT	Real Estate Investmenttrust
REX	Deutscher Rentenindex
REXP	Performanceindex deutscher Anleihen
RICI	Rogers International Commodity Index, Rohstoffindex
RSI	Relativer-Stärke-Index
RTX	Russischer Aktienindex
S&P 500	Index von 500 nordamerikanischen Aktien
S. E. T. 50	Thailändischer Aktienindex
SG	*Société Générale*, Bankgesellschaft

Small Caps	Aktien mit geringer Börsenkapitalisierung (small capitalization)
SMI	Swiss Market Index, Index des Schweizer Aktienmarktes
SOFIX	Aktienindex der Börse in Sofia
SOP	*Sal. Oppenheim*
TecDAX	Aktienindex deutscher Technologiewerte
TER	Total Expense Ratio, Kennzahl für die Gebühren eines Investmentfonds
Topix	Aktienindex der Tokioter Börse
UBS	*UBS Investment Bank*
US-GAAP	US-amerikanischer Rechnungslegungsstandard (Generally Accepted Accounting Principles)
VDAX	Index, der die Volatilität (die Schwankungsbreite) der Börse misst
Wig 20	Aktienindex der Börse in Warschau
WKN	Wertpapierkennnummer
WTI	West Texas Intermediate, amerikanische Erdölsorte
WTO	Welthandelsorganisation (*World Trade Organization*)
Xetra	Elektronisches Handelssystem

1. Einführung: Was sind Zertifikate?

Zertifikate haben in den letzten Jahren erheblich an Bedeutung gewonnen. Es sind frei handelbare Schuldverschreibungen einer Bank, die sich auf ein anderes Wertpapier oder Anlageinstrument beziehen. Sie können in ihrer Laufzeit befristet oder unbegrenzt gültig sein. Sie haben einen variablen Kurs, der vom zugrunde liegenden Wert (Index, Aktie, Aktienkorb, Rohstoff) abhängt. Immer mehr Banken geben neue Zertifikate heraus, die für Anleger äußerst attraktiv geworden sind und sich auch für komplexe Anlagestrategien eignen.

Stellen Sie sich Folgendes vor: Sie möchten Ihr Geld in Aktien anlegen, wissen aber nicht, welche Aktien für Sie in Frage kommen. Sie lesen mehrere Fachzeitschriften, wenden sich an den Kundenberater Ihrer Hausbank und ziehen Analystengutachten, die in Zeitungen und anderen Publikationen veröffentlicht werden, zu Rate. Je mehr Sie sich einen Überblick verschaffen, desto verwirrender wird die Zahl unterschiedlicher Empfehlungen.

Während einige Experten für Rohstoffe plädieren, ziehen andere Solaraktien vor. Ihre Hausbank rät Ihnen möglicherweise zu einem Standardwert wie Siemens, während die Sparkasse um die Ecke eher ein mittelständisches Unternehmen anpreist. Analysten von anderen Banken werden auf die Börsen in Schwellenländer verweisen und von den hohen Renditechancen in Indien, China, Russland oder Brasilien sprechen. Am Ende sind Sie völlig verunsichert: Welche Aktie ist nur wirklich sinnvoll? Oder ist ein breit gestreuter Investmentfonds besser? Viele Anleger stehen vor einem solchen kniffligen Dilemma und können sich trotz etlicher Informationen nicht entscheiden, denn schließlich geht es dabei auch um die zukünftige Altersvorsorge und um die Absicherung bei finanziellen Engpässen.

Eine falsche Anlageentscheidung kann beträchtliche Auswirkungen haben. Auch wenn anfangs ein Renditeunterschied von zwei oder drei Prozentpunkten unerheblich erscheinen mag, wirkt sich diese Einbuße langfristig – auch aufgrund des Zinseszinseffekts –

aus. Ob Sie im Alter abgesichert sind und auf ein befriedigendes und erfolgreiches Erwerbsleben zurückblicken können, hängt maßgeblich davon ab, wie Sie sich privat auf den Ruhestand vorbereiten konnten. Angesichts leerer Rentenkassen und möglicher weiterer Nullrunden empfiehlt es sich, frühzeitig vorzusorgen. Ob Sie im eigenen Haus leben, sich viele Urlaubsreisen in ferne Länder oder eine erstklassige medizinische Versorgung leisten können, wird von der Tatsache bestimmt, welche finanziellen Entscheidungen Sie im Alter von 30 oder 40 Jahren getroffen haben. Eine Fehlentscheidung, ein vorschneller Entschluss kann Sie unwiderruflich in Ihrer Zukunftsplanung beeinträchtigen. Deshalb gehören Anlageentscheidungen zu den schweren existentiellen Entscheidungen. Fehler können aufgrund des Zeitfaktors nur mühsam und unter hohen Risiken korrigiert werden. Die Zeit und der Zinseszinseffekt laufen Ihnen buchstäblich davon.

Entgegen der weit verbreiteten Auffassung, dass Geldangelegenheiten eher Privatsache sind, sollten Sie zu Hause finanzielle Fragen mit Ihrem Partner und in der Familie erörtern. Zu Recht attestieren viele Experten den Deutschen eine erschreckende Unkenntnis und Unbedarftheit in finanziellen Fragen, die sich verhängnisvoll auswirkt. In vielen Ehen weiß der Partner häufig gar nicht, was der andere verdient. Anlageprobleme werden mit dem Versicherungsvertreter besprochen, der in früheren Jahren häufig eine Lebensversicherung empfahl. Die meisten deutschen Haushalte haben zwar ein Sparbuch, eine Lebensversicherung oder einen Bausparvertrag, aber weder Aktien noch Anleihen.

Eine solche Fehlplanung wird sich spätestens im Jahre 2025 zu einem Desaster ausweiten, wenn die geburtenstarken Jahrgänge der sechziger Jahre in den Ruhestand gehen. Das Rentenniveau wird trotz der Beschwichtigungsversuche und Beteuerungen der politisch Verantwortlichen weiter drastisch sinken und eine neue Form von Altersarmut hervorbringen, die in den gesamten Ausmaßen heute noch nicht absehbar ist. Der in vielen Modellrechnungen zugrunde gelegte „Eckrentner" ist ein Mythos; denn die meisten Beschäftigten kommen aufgrund der heute unsicheren Erwerbsbiographien nicht auf die in den Musterkalkulationen vorgesehenen 45 Arbeitsjahre.

Eine höhere Ausbildung, die bei vielen Akademikern erst mit 30 abgeschlossen ist, zahllose Qualifizierungsmaßnahmen, Teilzeitbeschäftigungen, Selbstständigkeit und Umschulungen führen dazu, dass zukünftige Rentner wesentlich weniger Beitragszeiten haben und mehr Abstriche hinnehmen müssen. Die Beispielrechnungen klammern sich gleichsam an die Fiktion der fünfziger Jahre, als gesicherte und dauerhafte Beschäftigungsverhältnisse an der Tagesordnung waren.

Da Anlageentscheidungen stets weit in die Zukunft reichen und sich über mehrere Jahrzehnte erstrecken, ist auch die Verunsicherung groß. Beispielsweise konnten sich in den siebziger Jahren gut verdienende Arbeitnehmer von der Pflicht zur Einzahlung in die Rentenversicherung befreien lassen, wenn sie dafür eine Lebensversicherung in angemessener Höhe abschlossen. Obwohl die kapitalbildende Lebensversicherung nicht zu den renditestärksten Anlageformen gehört, schnitten Arbeitnehmer, die damals den mutigen Schritt wagten, aus der gesetzlichen Rentenversicherung auszutreten, erheblich besser ab. Der Gesetzgeber schloss das Schlupfloch schon ein paar Jahre später. Heutige Arbeitnehmer sind darauf angewiesen, dass sie neben der gesetzlichen Rentenversicherung privat vorsorgen und die beste Anlageform auswählen, um ihren Lebensabend finanziell optimal abzusichern.

Aktien haben nun den Nachteil, dass Sie nicht einschätzen können, welches Papier in der Zukunft überdurchschnittliche Renditen erzielen wird. Sollen Sie auf deutsche Aktien setzen, obwohl die deutsche Volkswirtschaft innerhalb der Europäischen Union das Schlusslicht bildet und seit vielen Jahren nur mäßige Wachstumsraten vorweisen kann? Ist vielleicht die Biotechnologie der Renner der Zukunft, oder sind diese Aktien eher gefährlich, da manche Medikamente erhebliche Nebenwirkungen hatten und vom Markt genommen werden mussten? Oder sollen Sie in die osteuropäischen Länder investieren? Aber wie solide ist der Aufschwung in Polen, Tschechien oder Ungarn nach dem beträchtlichen Kursanstieg in den letzten Jahren?

Die meisten Empfehlungen widersprechen sich, und es scheint, als ob die Experten selbst ratlos wären. Als im Jahre 2000 sich der gewaltige und fatale Crash bei den Internetwerten abzeichnete, der zu einem Einbruch des Neuen Marktes um bis zu 90 Prozent führte, gab es mehrere Banken, die Internetwerte weiterhin anpriesen, obwohl der Markt völlig ausgereizt war. Die Prognosen von damals lesen sich heute wie kabarettreife Satiren. Auch die in vielen Börsenfachzeitschriften favorisierten Investmentfonds schaffen es in der Mehrzahl nicht, den Index zu überflügeln, und das, obwohl sie über die besten Experten und moderne, ausgeklügelte Analyseverfahren verfügen. Welchen Sinn hat ein Investmentfonds, der es trotz hoher Aufwendungen und überdurchschnittlicher Gebühren nicht einmal schafft, den Index zu übertreffen? Ist dann nicht ein Indexzertifikat, das genau die Wertentwicklung eines Aktienindex erreicht, die bessere Wahl?

So ist die Frage, welche Aktien Sie auswählen sollten, schwierig. Wenn Sie Glück haben, tippen Sie auf das richtige Papier und können einen sorglosen Lebensabend genießen. Wer beispielsweise im Jahre 1986 die neu herausgegebenen Aktien einer unbekannten Firma namens *Microsoft* zeichnete, wäre bereits in den neunziger Jahren Multimillionär gewesen. Oder denken Sie nur an die vielen reichen Leute, die bescheiden in einem kleinen Häuschen in Finnland leben: Wer hätte 1990 gedacht, dass das damals unbedeutende Unternehmen *Nokia*, dessen Belegschaftsaktien sie ihr Eigen nannten, zum Global Player der mobilen Telekommunikation avancieren würde? Auch in den letzten Jahren gab es an der Börse Überflieger, die den Anlegern exorbitante Kurssteigerungen brachten. Wer vor einigen Jahren in die damals noch unbeachteten Aktien *Solarworld* und das österreichische Unternehmen *Betandwin* investiert hätte, durfte sich zwei Jahre später einer Performance von über 3000 Prozent erfreuen, so dass aus 2000 Euro 120 000 Euro geworden wären. Doch lange Zeit galten Unternehmen im Bereich der Solarenergie als uninteressant, da die Stromerzeugung deutlich subventioniert wurde und im Vergleich zur Energiegewinnung mit Gas, Erdöl oder Kohle unrentabel war. Erst mit dem starken Anstieg der Erdölpreise gewannen Solaraktien an Attraktivität.

Natürlich ist es leichter, eine erfolgreiche Aktie per Zufall auszuwählen, als im Lotto zu gewinnen. Die Chance, in der Lotterie den höchsten Treffer zu erreichen, liegt bei unvorstellbaren 1 zu 140 Millionen. Es ist wahrscheinlicher, dass Sie auf einem Spaziergang vom

Blitz getroffen werden. Bei einem breit gestreuten Aktienportfolio liegt die Durchschnittsrendite nach einer Haltedauer von fünf bis zehn Jahren zwischen 10 und 15 Prozent jährlich. Höhere Renditen sind auch am Aktienmarkt völlig unrealistisch. Sie sollten zudem bedenken, dass die Jahre von 1983 bis zum Frühjahr 2000 in der Börsengeschichte einmalig waren; denn nie zuvor waren die Aktienkurse so schnell angestiegen. Daher war es in der achtziger und neunziger Jahren des 20. Jahrhunderts durchaus möglich, jährliche Wertsteigerungen bei viel Glück von 20 bis 30 Prozent zu erreichen. Langfristige Untersuchungen zeigen indes, dass es auch lange Phasen in der Geschichte gab, in denen die Börse sich kaum von der Stelle bewegte oder über einen längeren Zeitraum nach unten tendierte, was insbesondere in den siebziger Jahren der Fall war. Wer einzelne Werte sorgfältig auswählte, konnte auch in solch mageren Zeiten eine hohe Wertentwicklung für sich verbuchen. Die Auswahl der richtigen, gewinnbringenden Aktien ist dabei der eigentliche Problempunkt. Es gibt etliche Aktiengesellschaften, die Insolvenz anmelden mussten und endgültig vom Kurszettel verschwanden. Wenn man bedenkt, dass im Gefolge der Dotcom-Krise, die den Neuen Markt zutiefst erschütterte, alle Technologie- und Internetwerte in einen Abwärtssog gerieten, dann ist die zufällige Auswahl von einzelnen Aktien ein riskantes, höchst bedenkliches Unterfangen, das Sie letztlich ruinieren kann. In den USA mussten Pensionäre, die sich noch im Jahre 1999, als der Internetboom überschäumte, als wohlhabend und reich einstuften, im Jahre 2001 im Supermarkt etwas dazu verdienen, um ihren Lebensunterhalt zu finanzieren. Auch die ob ihrer Streuung empfohlenen Investmentfonds konnten sich trotz sorgfältiger Analysen nicht dem starken Abwärtstrend entziehen, der im Jahre 2000 einsetzte. Das vermeintlich professionelle Management der Investmentfonds hatte weder die Internetkrise noch den starken Kurssturz und den Zusammenbruch des Neuen Marktes vorhergesehen. Die Verluste der Fondsbesitzer waren mindestens so drastisch wie jener Investoren, die auf Direktengagements in Aktien gesetzt hatten. Für die Anleger stellt sich deshalb die Frage: Wie finde ich eine Anlageform, die mir langfristig eine gute Rendite sichert?

Da niemand die Zukunft sicher vorhersagen kann und auch differenzierte Analysen keine eindeutigen Befunde erbringen, ist es zweckmäßig, Anlagegelder über eine Vielzahl von Investments zu streuen. Durch die so genannte Diversifikation wird verhindert, dass man alles auf eine Karte setzt und so hohe Verluste erleidet.

Wenn Sie eine einzelne Aktie wie *Siemens*, *DaimlerChrysler* oder *SAP* kaufen, können Sie nie sicher sein, dass ungünstige Branchenbedingungen, Streiks, eine Veränderung der Wettbewerbssituation oder andere Faktoren gerade das von Ihnen ausgewählte Unternehmen in seiner Wertentwicklung beeinträchtigen. Beispielsweise lief in den letzten Jahren die bislang erfolgreiche Automobilindustrie sehr schlecht; hohe Ölpreise, neue Umweltschutzauflagen wie den für Dieselmotoren erforderlichen Rußfilter und eine allgemein schwache konjunkturelle Lage ließen Automobilaktien zu den Verlierern werden. Hinzu kamen neue Automobilhersteller in China, die mit Niedrigstpreisen auf den Weltmarkt drängen. Dagegen legten Aktien aus dem Energiesektor eine einmalige Rallye hin; insbesondere die Erdölbranche verzeichnete überdurchschnittliche Zuwächse. Am besten schnitten sogar die einst verpönten Solaraktien ab. Manche dieser seltenen Nischenunternehmen erreichten Steigerungen von mehreren hundert Prozent innerhalb kürzester Zeit. Die Ende der neunziger Jahre hoch gelobten Technologie- und Internetwerte indes verprellten die Anleger und brachten jeden Tag neue Tiefststände. Manche der zur Jahrtausendwende begehrten Investmentfonds, die sich auf Technologiewerte konzentriert hatten, „glänzten" durch Verluste in einem Fünfjahreszeitraum von über neunzig Prozent. Noch heute wird es Anleger geben, die bei dem Klang des Wortes „Internetaktien" ein eisiges Grausen überkommt.

Angesichts dieser Unwägbarkeiten raten Experten dazu, die Anlage über ein breites Spektrum von Werten zu streuen und mehrere Branchen, Länder und Regionen zu berücksichtigen. Am vorteilhaftesten wäre es, Sie kauften den gesamten Index, da dieser den Durchschnitt einer Fülle von unterschiedlichen Aktien abbildet und so das Gesamtrisiko auf eine breite Palette von Aktien verteilt. Das unternehmensspezifische Risiko einer Aktie wird dadurch ausgeschaltet. Denn durch Management- und Marketingfehler, durch Streiks, Zahlungsfälle oder Insolvenzen stellt ein einzelnes Unternehmen immer ein gewisses Risiko dar. Auch wenn Megakonzerne wie *Siemens* und *DaimlerChrysler* im Prinzip gegen eine Insolvenz gefeit sind, können sie dennoch aufgrund mangelhafter Unternehmensstrategien oder wettbewerbsbedingter Einflussfaktoren in eine fatale Schieflage geraten und an der Börse jahrelang bei Tiefstständen ausharren oder nur eine unbedeutende Seitwärtstendenz vollziehen.

Wie aber kauft man den Index? Bis in die neunziger Jahre war dies in Deutschland sehr schwierig. Theoretisch wäre es denkbar gewesen, einen Index wie den DAX durch den Kauf von den 30 Aktien nachzubilden, die in diesem Börsenbarometer zusammengefasst sind. Für Kleinanleger ist dieses Vorhaben schwierig zu realisieren, da die Banken hohe Mindestgebühren für solch geringe Order verlangen. Darüber hinaus müsste das Depot laufend korrigiert werden, da die Ausschüttungen erneut angelegt und Bezugsrechtsänderungen akribisch verfolgt werden müssen. Eine Änderung des Bezugsrechts tritt bei Aktiengesellschaften immer dann ein, wenn das Grundkapital erhöht wird. Wenn beispielsweise das Grundkapital um ein Drittel erhöht wird, erhält der Aktionär eine neue Aktie im Verhältnis 1 zu 3. Das bedeutet: Für drei alte Aktien, die er in seinem Depot aufbewahrt, hat er einen Anspruch auf eine neue, zusätzliche Aktie. Innerhalb einer bestimmten Bezugsfrist von mindestens zwei Wochen kann der Aktionär diese neue Aktie erwerben oder das Bezugsrecht über die Börse verkaufen. Bei der Berechnung des DAX werden solche Bezugsrechtsänderungen automatisch berücksichtigt. Außerdem kann sich die Zusammensetzung des DAX ändern, so dass mehrmals Aktien abgestoßen und neue hinzugekauft werden müssen. Alles in allem ein enormer Verwaltungsaufwand, der für Kleinanleger schon wegen der Gebühren nicht sinnvoll ist.

Obwohl die Idee, den Aktienindex zu kaufen, eigentlich völlig plausibel und überzeugend ist, wurden Indexzertifikate – abgesehen von einigen seltenen Ausnahmen – erst in den neunziger Jahren des zwanzigsten Jahrhunderts von den Banken eingeführt. Diese Indexzertifikate sind von ihrer Wertpapiergattung her Anleihen, die von einer Bank herausgegeben werden. Der Unterschied zu herkömmlichen Schuldverschreibungen besteht darin, dass der Kurs der Anleihe an den Indexstand gekoppelt wird. Steht beispielsweise der Deutsche Aktienindex (DAX) bei 4000 Punkten, so notiert auch das Indexzertifikat bei 4000 Punkten; steigt der DAX auf 4500 Punkte, so folgt das Indexzertifikat diesem Stand. In der Praxis verhält es sich ein wenig komplexer: Die meisten Zertifikate haben ein bestimmtes Bezugsverhältnis, d. h. das Zertifikat wird durch 100 geteilt, damit insbesondere Kleinanleger ein Zertifikat für 40 € kaufen können. Der Mechanismus und die prozentuale Wertsteigerung bleiben gleich, es ist nur eine für geringe Beträge bessere Stückelung. Wie wir später noch sehen werden, können weitere Einflussfaktoren hinzutreten, die den Kurs des Zertifikats geringfügig vom Indexstand abweichen lassen, beispielsweise, wenn bei einem Zertifikat zusätzlich Managementgebühren für eine Währungsabsicherung anfallen.

1. Indexfonds und Indexzertifikate

Bevor es Zertifikate gab, wurden in den USA bereits in den siebziger Jahren Indexfonds geschaffen. Indexfonds funktionieren ähnlich wie ein normaler Investmentfonds, nur dass sie einen Aktienindex nachbilden und damit eine passive Investmentstrategie verfolgen. Der Fonds kauft alle in einem Index enthaltenen Aktien nach der entsprechenden Gewichtung und passt die Zusammensetzung fortlaufend an den aktuellen Index an. Solche Änderungen können eintreten, wenn beispielsweise – wie in den USA – häufig Gratisaktien herausgegeben werden, Bezugsrechtsänderungen anstehen oder Dividende ausgeschüttet wird. Um die Performance des Aktienindex exakt nachzubilden, muss das Management des Indexfonds alle Ausschüttungen sofort wieder anlegen und alle Bezugsrechte wahrnehmen. Wenn eine Aktie aus dem Fonds herausfällt, stößt das Fondsmanagement diesen Wert ab und erwirbt die neuen Aktien, die in den Index aufgenommen werden. Diese Transaktionen sind mit Kosten und Gebühren verbunden, die das Gesamtergebnis schmälern. Zwar verursachen Indexfonds keine so hohen und folgenreichen Kosten wie herkömmliche Investmentfonds, aber die Gebührenbelastung schlägt sich in der Wertentwicklung nieder. Indexfonds können den Index nicht genau abbilden. Man bezeichnet diese Abweichung von dem zugrunde liegenden Vergleichsindex als Tracking Error. Außerdem führt die Aufnahme einer neuen Aktie in den Index zu einer hohen Nachfrage an der Börse, da auch andere Indexfonds und Investoren den Aufsteiger kaufen wollen. Dadurch kann die neue Aktie nur überteuert an der Börse erworben werden. Manche Experten haben daraus sogar eine Anlagestrategie abgeleitet und empfehlen Anlegern, Aktien, die die Chance haben in einen Index aufzusteigen, schon vorher zu kaufen. Indexfonds dürfen jedoch solche Aktien erst in ihr Portfolio aufnehmen, wenn sie offiziell in den Index eingereiht werden.

Indexfonds sind aufgrund dieser Besonderheiten mit höheren Kosten belastet als Indexzertifikate, die nur ihren Kurs an den Indexstand koppeln. Der Ausgabeaufschlag bei Indexfonds ist allerdings wesentlich geringer als bei den klassischen Investmentfonds. Während bei einem normalen Aktienfonds der Aufschlag zwischen 5 und 6 % liegt, kommen Indexfonds mit bescheidenen 0,5 bis 1 % aus.

Eine solche Form der indexgestützten Anlagestrategie nennt man passives Investment. Während die traditionellen Investmentfonds eine aktive Investmentstrategie praktizieren und durch gezielte Aktienauswahl (Stock Picking) eine überdurchschnittliche Rendite zu erreichen versuchen, begnügt sich das passive Investieren mit der Abbildung eines Index, der einen Gesamtmarkt repräsentiert und dessen Wertentwicklung nachvollzieht.

Als in den siebziger Jahren in den USA die ersten Indexfonds auf den Markt kamen, wurden sie von den meisten Experten als langweilig und fade belächelt. Man war unisono der Meinung, dass Indexfonds keine ernsthafte Zukunft hätten, da die meisten Anleger sich wohl kaum mit dem „Durchschnitt" zufrieden gäben. Mit einem Indexfonds würde man immer nur dasselbe Ergebnis erzielen wie ein Index, was viele als mittelmäßig erachteten. Die Mehrheit der Investmentprofis war der festen Überzeugung, ein aktives Investment könne eine viel höhere Rendite erreichen.

Doch schon nach einigen Jahren setzten immer mehr Pensionsfonds, die Milliarden an Anlegergeldern für Arbeitnehmer verwalten, und Versicherungen auf die neuartigen Indexfonds, die in den USA schnell zum Standard wurden und als volumenstarke Fonds überproportional wuchsen. Es stellte sich heraus, dass die vermeintlich aktiven Investmentfonds langfristig schlechter abschnitten als der Index. Manche Untersuchungen bezifferten die Zahl der Investmentfonds, die unter der Performance des Index blieben, auf über 90 %. Bei vielen Pensionsfonds, die vorher auf eine aktive Investmentstrategie gesetzt hatten, kehrte daher schnell Ernüchterung ein: Die Versprechen der großen Finanzdienstleister, langfristig einen Index wie den *NASDAQ* oder den Dow Jones schlagen zu können, erwiesen sich als Illusion. Tatsächlich schnitten die meisten aktiv gemanagten Investmentfonds erheblich schlechter ab als der Index. Die Fondsmanager schafften es nicht einmal annähernd, die Wertentwicklung eines Index zu erreichen, obwohl sie sich modernster Analyseverfahren bedienten, hoch qualifizierte Analysten beschäftigten und über erstklassige Informationen verfügten.

Aufgrund dieser unbefriedigenden und enttäuschenden Ergebnisse, die eine aktive Investmentstrategie mit sich brachte, wandten sich in den USA auch viele Privatanleger den Indexfonds zu. Die Grundidee des passiven Investierens überzeugt, denn ein Indexfonds, der den *S&P 500* nachbildet, investiert immerhin in 500 über mehrere Branchen gestreute nordamerikanische Aktien. Diese breite Diversifikation war durch keinen aktiven Investmentfonds zu erreichen, der im besten Fall zwischen 50 und 100 Werte auswählen konnte. Im Gegenteil: Die ständigen An- und Verkäufe verringerten bei der aktiven Investmentstrategie die Rendite. Viele Fondsmanager laufen oft den gerade aktuellen Trends nach und erzielen bei einem Aktienrückgang oder in einer schweren Baisse wesentlich schlechtere Ergebnisse. Die vermeintliche Sicherheit, ein aktiv gemanagter Fonds könnte bei einem drohenden Crash oder einer Eintrübung des Börsenklimas rechtzeitig aussteigen oder Gegenmaßnahmen ergreifen, erwies sich als reines Wunschdenken. Aufgrund der einseitigen Aktienselektion wurden aktiv gemanagte Investmentfonds, die häufig auf Nischenwerte oder Trendaktien setzen, stärker gebeutelt als der marktbreite Index, der sich mit den Standardwerten einigermaßen gegen den Abwärtstrend behaupten konnte.

1.1 Die Einführung der Zertifikate

In den neunziger Jahren schließlich wurden die Zertifikate eingeführt, die sich leichter handhaben lassen als die schwerfälligeren Indexfonds und eine günstigere Kostenstruktur aufweisen. Durch die direkte Koppelung an den Index wird der Tracking Error, der bei Indexfonds unvermeidlich ist, gering gehalten. So kommt es, dass heute die Zertifikate die Indexfonds weitgehend verdrängt haben. In Deutschland spielen Indexfonds nur noch eine untergeordnete Rolle, während der Markt für Zertifikate enorm boomt. Der einzige Nachteil, den Zertifikate im Vergleich zu Indexfonds haben, ist das Risiko einer Insolvenz.

Indexfonds sind durch deutsches Recht geschützt. Im Falle einer Insolvenz werden die Wertpapiere als Sondervermögen behandelt und gehören nicht zur Konkursmasse. Zertifikate dagegen sind rechtlich Schuldverschreibungen; wenn die Bank, die das Zertifikat herausgegeben hat, Insolvenz anmelden muss, kann dies zum Totalverlust führen. Die Verpflichtungen aus Zertifikaten und Anleihen, die von Banken emittiert wurden, sind im Gegensatz zu Giro-, Termin- und Spareinlagen nicht in die Einlagensicherung mit einbezogen. Bei einer Insolvenz der Bank sind daher die herausgegebenen Zertifikate wertlos.

Die meisten Zertifikate gehören jedoch zu sehr renommierten Großbanken mit erstklassiger Bonität. Die Wahrscheinlichkeit, dass die *Deutsche Bank* oder die *ABN Amro* Insolvenz anmelden müssen, kann als äußerst unwahrscheinlich angesehen werden. Wenn Sie ein solches Szenario für realistisch halten, werden Sie Ihr Geld wahrscheinlich ohnehin in Form von Goldmünzen in Ihrem hauseigenen Atombunker lagern. Vorsichtige Anleger sollten zumindest nur Zertifikate von angesehenen Banken mit hoher Bonität kaufen und sich vorher über das Bonitätsrating einer Bank informieren, das stets in der höchsten und sichersten Kategorie angesiedelt sein sollte.

Sie sollten als Anleger auch die Erfahrung und das Renommee der Emissionsbank berücksichtigen. Ein umfassendes Expertenwissen stellt sicher, dass Sie Zertifikate erhalten, die interessante und attraktive Konditionen aufweisen und dass jederzeit Kurse an der Börse gestellt werden, die Ihnen den Kauf und Verkauf ermöglichen. Darüber hinaus sollte der Emittent sich durch Kundenfreundlichkeit und eine überdurchschnittliche Servicequalität auszeichnen; diese erkennen Sie beispielsweise daran, ob die Emissionsbank eine spezielle Kundenberatung anbietet und über ein umfangreiches Finanzportal im Internet verfügt, das neben aktuellen Kursen, zusätzlichen Analystengutachten und Nachrichten auch technische Analyseinstrumente, Charts und andere Informationen dem Anleger gratis zur Verfügung stellt.

1.2 Der Boom der Zertifikate

Die bislang von den Anlegern favorisierten, herkömmlichen Investmentfonds verbuchen seit einigen Jahren einen Rückgang der Anlagegelder, da Zertifikate mehr Vorteile bieten und sich durch eine günstigere Kostenstruktur auszeichnen. Die hohe Transparenz, die Flexibilität und die geringeren Gebühren gehören zu den wichtigsten Kriterien, die für den Kauf von Zertifikaten sprechen.

Gab es anfangs nur Indexzertifikate, die einen bestimmten Aktienindex abbildeten, so ist in den letzten Jahren eine Vielzahl neuer und komplexer Anlageinstrumente geschaffen worden. Neben Discount- und Strategiezertifikaten werden auch Zins- und Rohstoffzertifikate angeboten. Die spekulativ ausgerichteteren Hebelzertifikate gehören gleichfalls zu einem expandierenden Marktsegment.

Die klassischen Indexzertifikate werden nicht nur für die nordamerikanischen und die europäischen Börsenindizes angeboten, sondern auch für die boomenden Emerging Markets. Zu diesen Schwellenländern zählen neben den bereits etablierten Märkten wie Taiwan, Südkorea, Polen, Tschechien und Ungarn auch die noch weniger konsolidierten Länder Russland, China, Indien und Brasilien. Diese vier Länder werden mit Kürzel „BRIC" zusammengefasst. Obwohl es nicht für alle Länder ein Indexzertifikat gibt, wird ein Großteil dieser aufstrebenden Volkswirtschaften durch die vorhandenen Emissionen abgedeckt.

Abgesehen von den länderbezogenen Zertifikaten, wurden auch neue Wertpapiere konzipiert, die sich auf einzelne Regionen wie Lateinamerika und Südostasien beziehen, sowie Zertifikate, die auf bestimmte Branchen setzen. Durch die Vielzahl der heute verfügbaren Zertifikate ist es möglich, nahezu jede nur denkbare Branche abzudecken. Discount-, Strategie-, Garantie- und Zinszertifikate erweitern die Palette.

Für die Zukunft zeichnet sich ab, dass immer mehr Privatanleger und institutionelle Investoren Zertifikate bevorzugen werden. Inzwischen werden bereits Sparpläne mit Zertifikaten offeriert, die sich auch für Kleinanleger eignen. Der Informationsbedarf ist erheblich, da fast jeden Monat neuartige Zertifikate herausgegeben werden. Auch Rohstoff- und Hebelzertifikate nehmen immer breiteren Raum ein.

1.3 Vorteile der Zertifikate

Aspekt	Indexzertifikate	Indexfonds
Wertpapiergattung	Schuldverschreibung	Investmentfonds
Anlagestrategie	Passive Investmentstrategie	Passive Investmentstrategie
Bankgebühren	An- und Verkaufspesen (0,5 bis 1,0 % je Transaktion)	An- und Verkaufspesen (0,5 bis 1,0 % je Transaktion)
Managementgebühren	Abhängig vom Index	Ausgabeaufschlag
Tracking Error	gering	mittel
Vorteile	Transparenz, geringe Gebühren, gutes Tracking	Transparenz, mittlere Gebühren
Nachteile	Insolvenzgefahr (bei Banken mit schlechter Bonität), keine Erfahrung bei langfristiger Anlage	Schlechteres Tracking

Tab. 1: Vergleich Indexfonds – Indexzertifikate

Zusammenfassend kann man sagen, dass Zertifikate sich durch eine günstigere Kostenstruktur auszeichnen und ein exakteres Tracking, d. h. eine genauere Anpassung an den Verlauf des zugrunde liegenden Index aufweisen. Anleger können mit einem einzigen Wertpapier einen gesamten Aktienmarkt als Index, eine Wirtschaftsregion (wie beispielsweise Südostasien, Osteuropa, Indien, Lateinamerika), eine Branche, einen bestimmten Aktienkorb oder die gesamte Welt (als Weltindex) kaufen.

Der Erwerb einzelner Aktien birgt stets größere Risiken als der Kauf eines Index. Im schlimmsten Fall muss das Unternehmen Insolvenz anmelden, und Ihre Aktien werden wertlos. Mit einem Index kaufen Sie einen ganzen Strauß unterschiedlicher Unternehmen und minimieren auf diese Weise das Risiko. Selbst wenn ein Unternehmen ausfallen sollte, wird dies einen Index, der aus 30, 70, 100 oder gar 500 verschiedenen Aktiengesellschaften besteht, kaum nachhaltig beeinflussen. Wenn Sie auf eine gesamte Region (Osteuropa, Südostasien) setzen, dann können selbst die konjunkturellen Schwächen oder Wachstumskrisen einzelner Länder ausgeglichen werden. Wenn in China die Konjunkturlokomotive sich verlangsamt, boomen vielleicht gerade die Volkswirtschaften in Thailand oder Südkorea. Ein weiterer wichtiger Vorteil von Zertifikaten ist, dass Sie die Möglichkeit haben, Ihr Portfolio auf mehrere Anlageklassen zu verteilen.

Eine Anlageklasse oder Assetklasse ist eine Hauptkategorie beim Investment. Man unterscheidet Anleihen, Aktien, Immobilien, Rohstoffe und Cash. Während Sie am Aktienmarkt nur die Chance haben, in Aktien zu investieren, haben Sie mit Zertifikaten auch die Möglichkeit, Ihr Vermögen über sämtliche Anlageklassen zu streuen; denn es gibt Zertifikate, die sich auf den Preis einzelner Rohstoffe (Edelmetalle, Industriemetalle, Agrargüter), auf Rohstoffindizes, auf Anleihen und sogar auf Immobilienindizes oder börsennotierte Immobiliengesellschaften (so genannte REITs oder Real Estate Investmenttrusts) beziehen. Selbst wenn der Aktienmarkt sinken oder eine längere Baisse durchlaufen sollte, können Sie sich mit anderen Assetklassen wie Immobilien, Rohstoffen oder Anleihen von dieser Entwicklung abkoppeln und eventuell entstehende Verluste kompensieren.

Assetklassen korrelieren kaum oder gar nicht miteinander, so dass ein Tief am Aktienmarkt die Rohstoff- oder Immobilienmärkte unbeeindruckt lässt. Viele Anleger weichen deshalb bei einem Börsencrash oder einem schwachen Aktienmarkt auf Immobilien, Gold oder andere Rohstoffe aus. Für einen Privatanleger wäre es bei einem Börsenabschwung schwierig, einen Teil seines Vermögens rasch in Immobilienwerte umzuschichten. Der Kauf eines Hauses oder einer Eigentumswohnung ist mit hohen Kosten und Gebühren und einem erheblichen Zeitaufwand verbunden; es dauert häufig mehrere Monate oder Wochen, bis ein geeignetes Objekt gefunden ist, und die Wertentwicklung ist abseits von Wachstumsregionen und prosperierenden Ballungszentren eher bescheiden. Wenn die Aktienmärkte wieder anziehen, ist der Anleger immer noch an seine Immobilie gebunden und kann sie – wegen der oft langen Suche nach einem Käufer – nicht sofort verkaufen, um in den Aktienmarkt einzusteigen. Darüber hinaus ist der Verkehrswert einer Immobilie nur grob zu schätzen. Die Wertentwicklung einer Immobilie hängt von einem kaum überschaubaren Geflecht von Faktoren ab. Der

Anleger kennt nie exakt den Verkehrswert seiner Immobilie. Viel einfacher hat es hingegen der Investor, der auf Immobilienzertifikate setzt. Ein Index spiegelt die Wertentwicklung ganzer Regionen wider, und der Anleger kann sein Zertifikat börsentäglich innerhalb von Minuten oder Sekunden verkaufen. Solche Indizes wurden beispielsweise für den Immobilienmarkt in Europa, Nordamerika und Asien konstruiert. Zertifikate, denen Real Estate Investmenttrusts zugrunde liegen, gestatten es dem Anleger, in spezielle Städte oder Regionen wie Hongkong oder Tokio zu investieren und von hohen Ausschüttungen zu profitieren.

Ein solch Assetklassen übergreifendes Portefeuille sichert Sie wesentlich besser ab als ein reines Aktienportfolio, das deutlich höheren Schwankungen und Unwägbarkeiten unterliegt. Das Gesamtrisiko des Portefeuilles wird bei der Anlage in Zertifikaten nicht nur über viele Aktien, wie sie in einem Index zusammengefasst sind, sondern auch über unterschiedlichste Anlageklassen wie Aktien, Rohstoffe, Immobilien und Anleihen gestreut. Es ist zudem möglich, bestimmte Optionsstrategien, wie sie nur mit den äußerst riskanten und verlustträchtigen Optionen und Futures umgesetzt werden können, zu verwirklichen. Sie sind in der Lage, die Wertentwicklung durch einen Hebel zu vergrößern oder gleichzeitig auf steigende und fallende Kurse zu setzen und davon zu profitieren.

Darüber hinaus können Sie mit Discountzertifikaten ein „Sicherheitspolster" aufbauen: Selbst wenn der Basiswert (ein Index oder eine Einzelaktie) fallen sollte, schützt Sie ein Sicherheitspuffer gegen Verluste. Zertifikate sind daher ein sehr flexibles und vielseitiges Instrument, das dem Anleger etliche Vorteile bringt.

Besonders wichtig ist auch die hohe Transparenz: Wenn Sie in Zertifikate investieren, können Sie jeden Tag den genauen Wert Ihres Zertifikats ermitteln. Dies gilt insbesondere für Indexzertifikate; denn selbst in Nachrichtensendungen und in Tageszeitungen werden die Stände der bekanntesten Indizes (wie *DAX, MDAX, Eurostoxx 50* und *Dow Jones*) veröffentlicht. Zertifikate sind außerordentlich liquide, da die Emissionsbanken, die diese Wertpapiere herausgeben, sich verpflichtet haben, jederzeit einen angemessenen Kurs zu stellen. Sie sind so genannte Market Maker, die im Sekundärmarkt (also im börslichen und außerbörslichen Handel) einen

Kurs auch dann stellen müssen, wenn sich kein anderer Käufer oder Verkäufer findet. Die meisten Zertifikate (und dies gilt insbesondere für Indexzertifikate) sind preisgünstiger als die herkömmlichen Investmentfonds, bei denen Sie hohe Ausgabeaufschläge und eine laufende Managementgebühr entrichten müssen. Da bei Zertifikaten ein Bezugsverhältnis zugrunde gelegt wird, können sie in einer auch für Kleinanleger günstigen Stückelung verkauft werden. Man spricht in diesem Zusammenhang von freier Skalierbarkeit. Wenn der *DAX* bei 5000 Punkten notiert, kann ein DAX-Zertifikat nur 50 oder 5 Euro kosten. Obwohl dieser Preis keinen Einfluss auf die Wertentwicklung und nur „optisch" niedriger ist, bevorzugen Anleger solche vermeintlichen Schnäppchenpreise.

Für die langfristige Altersvorsorge, die sich über mehrere Jahrzehnte erstreckt, sind Zertifikate als Anlageinstrument noch nicht erprobt. Anleger sollten unbedingt darauf achten, dass die Bank eine hohe Bonität aufweist, die auch noch in zwanzig oder dreißig Jahren gegeben sein sollte.

1.4 Arten von Zertifikaten

Dank des Booms der Zertifikate, der nach dem Jahr 2000 in Deutschland einsetzte, sind heute eine Fülle unterschiedlicher Zertifikate verfügbar. Neben den zuerst entwickelten Indexzertifikaten, die die meisten Länder und Regionen abdecken, wurden immer ausgefeiltere und komplexere Derivate entwickelt. So gibt inzwischen auch Zins- und Rohstoffzertifikate sowie Zertifikate auf Investmentfonds, Immobilien- und Rentenindizes.

Art des Zertifikats	Beispiel
Indexzertifikate	DAX, Dow Jones, NASDAQ, S&P 500, Stoxx, EuroStoxx, Nikkei 225, Topix,
Zinszertifikate	Euro, US-Dollar, Schweizer Franken, Yen, Norwegische Kronen, Schwedische Kronen, Türkische Lira, Südafrikanische Rand, Australische Dollar
Rohstoffzertifikate	Öl, Gold, Silber, Platin, Palladium, Erdgas, Kaffee, Orangensaft, Weizen, Kakao, Baumwolle

Art des Zertifikats	Beispiel
Branchen- und Themenzertifikate	Chemie, Banken, Versicherungen, Auto, Energie, Technologie, Internet, Pharma, Biotechnologie, Versorger, Verteidigung, Handel, Lebensmittel
Regionalzertifikate	Lateinamerika, Osteuropa, Südostasien, Eurozone, Emerging Markets
Zertifikate auf Investmentfonds	Investmentfonds für Emerging Markets
Bear-Zertifikate Garantiezertifikate	Zertifikate auf fallende Kurse Zertifikate mit Mindestgarantien, Garantiespannen
Sprint- und Airbag-Zertifikate	Zertifikate mit Garantiespannen
Zertifikate auf Anleihen oder Rentenindizes	REX, Anleihen, Genussscheine
Hebelzertifikate	Turbos, Rolling Turbos, Mini Futures
Aktiv gemanagte Zertifikate	Altersvorsorge
Hedgefonds-Zertifikate	Hedgefonds
Outperformance-Zertifikate	Zertifikate mit einer Hebelwirkung
Discount-Zertifikate	Zertifikate mit einem Sicherheitspuffer (Discount)
Bonuszertifikate	Zertifikate mit einem Bonus
Immobilienzertifikate	Zertifikate auf Immobilienindizes, börsennotierte Immobiliengesellschaften und REITs
Zertifikate mit einer Optionsstrategie	Victory-Zertifikate

Tab. 2: Arten von Zertifikaten

In den nun folgenden Kapiteln werden die einzelnen Arten von Zertifikaten ausführlich behandelt. Sie erfahren etwas über die Vor- und Nachteile sowie über die Renditechancen dieser Wertpapiere.

1.5 Welche Rendite Sie mit Zertifikaten erreichen

Um Ihnen einen Eindruck zu vermitteln, welche Renditen mit Zertifikaten erzielt werden können, betrachten wir im Folgenden einen Fünfjahres-Zeitraum. Diese fünf Jahre von 2000 bis 2005 zählen zu den turbulentesten in der gesamten Börsengeschichte. Der Neue Markt brach in dieser Periode um mehr als 90 Prozent ein, zahlreiche Internetwerte verschwanden vom Kurszettel, und sogar das Börsensegment des Neuen Marktes wurde komplett aufgelöst. Auch die anderen Standardindizes verloren erheblich an Wert.

Diese Jahre waren nach dem fulminanten Anstieg der Börsen in den neunziger Jahren eine Phase der Unruhe und der Ängste. Selbst zur Zeit der schweren Weltwirtschaftskrise von 1929 hatte es keinen so verheerenden Kurssturz gegeben wie bei den Technologieaktien nach 2000. Skandale und Krisen erschütterten die Börsenlandschaft nach der Jahrtausendwende, und viele Anleger kehrten den Aktienmärkten für immer den Rücken. Selbst die als Volksaktie angepriesene *Deutsche Telekom* büßte einen Großteil ihres Wertes ein. Viele Aktionäre, die erst durch breit angelegte Marketingkampagnen neu an die Börse gekommen waren, bekamen die ganze Wucht des Zusammenbruchs der New Economy zu spüren. Am Ende der Milchmädchenhausse, wie solche Überhitzungsphasen traditionell bezeichnet werden, stürmten Studenten, Rentner und Taxifahrer die Banken, um noch schnell ein Wertpapierdepot zu eröffnen und die in fast allen Tageszeitungen besprochenen Neuemissionen zu zeichnen. Selbst die Boulevardpresse berichtete Ende 1999 ausführlich über Aktien und brachte ihren Lesern das Einmaleins der Aktienanlage in Sonderausgaben bei. Der dramatische Niedergang des Neuen Marktes und des Technologiesektors überraschte die Anleger, und viele verloren einen Großteil ihres Vermögens.

Noch heute lösen die fantasievollen Namen von Dot.coms und schmucken Internetwerten bei den Anlegern Misstrauen oder Skepsis aus. Einige dieser sonderbaren Unternehmen brachten den Investoren überhaupt keinen Gewinn – vielmehr stachen diese Unternehmen durch ihre Cashburn Rate hervor. Andere Firmen schreckten selbst vor illegalen Transaktionen nicht zurück, gründeten Tochtergesellschaften und verschoben Verbindlichkeiten in Millionenhöhe auf diese Unternehmen. Manche neu gegründete Internetschmiede verwaltete Ausgabenbelege planlos in Schuhkartons oder entwickelte Ideen, die später nur noch Hohn und Gelächter auslösten.

Die schwere Krisenzeit, die zudem von den Terroranschlägen in New York überschattet wurde, endete erst mit dem Irak-Krieg 2003. Die alte Börsenweisheit „Kaufen, wenn die Kanonen donnern" bewahrheitete sich damals aufs Neue. Seit dem Jahr 2003 legten die Börsen wieder zu, und manche Aktien konnten sich in ihrem Kurs verdoppeln oder gar vervielfachen.

Wie die nun folgende Analyse veranschaulichen wird, traf die schwere Baisse, die das 21. Jahrhundert einläutete, keineswegs alle Anleger. Auf bestimmten Märkten waren – während die westlichen Börsen auf Talfahrt gingen – hohe Renditen zu erzielen. Dasselbe gilt für einzelne Branchen und Sektoren, die in dieser Krisenzeit erst richtig aufblühten. Auch in einer schweren Börsenkrise können Sie überdurchschnittlich verdienen, Sie müssen nur die richtige Branche oder den richtigen Markt finden. Angesichts der fortschreitenden Globalisierung und der zunehmenden Vernetzung der internationalen Kapitalmärkte wird es für Anleger leichter, sich neue Anlageformen zu erschließen. Sie sollten diese Chancen nutzen. Selbst bei einem Einbruch verschiedener Aktienmärkte können andere Länder, Branchen oder Assetklassen wie Immobilien oder Rohstoffe eine überdurchschnittliche Performance entwickeln.

Land	Index	Performance (2000–2005)
Österreich	ATX	+ 189,8 %
China (H-Aktien)	Hang Seng China Enterprises Index	+ 172,0 %
Thailand	SET 50	+ 155,9 %
Ungarn	BUX	+ 151,0 %
Russland	RDX	+ 138,5 %
Tschechien	PXD	+ 136,5 %
Südkorea	Kospi 200	+ 135,1 %
Osteuropa	CECE	+ 108,6 %

Land	Index	Performance (2000–2005)
Rohstoffe	Goldman Sachs Commodity Index	+ 88,1 %
Polen	Wig 20	+ 50,1 %
Türkei	ISE 30	+ 13,4 %
Japan	Topix	+ 2,4 %
Hongkong	Hang Seng Index (HSI)	– 2,9 %
USA	Dow Jones	– 4,0 %
Japan	Nikkei 225	– 7,7 %
Schweiz	Swiss Market Index (SMI)	– 13,6 %
Nordamerika	S&P 500	– 14,3 %
Taiwan	MSCI Taiwan	– 15,8 %
Deutschland	DAX	– 30,3 %
Eurozone	DJ EuroStoxx 50	– 34,8 %
USA Technologie	NASDAQ 100	– 49,5 %
Deutschland Technologie	TecDAX	– 88,3 %

Tab. 3: Die Aktienmärkte in den letzten fünf Jahren

Die Tabelle verdeutlicht die gravierenden Unterschiede in der Performance. Ein Anleger, der ein Indexzertifikat auf den österreichischen ATX gekauft hätte, könnte sich einer Rendite von fast 190 Prozent in fünf Jahren erfreuen. Ein Anleger, der dagegen auf den Neuen Markt und die Internetwerte gesetzt hätte, hätte nach fünf Jahren – wie die Wertentwicklung des TecDAX aufzeigt – nahezu 90 Prozent seines eingesetzten Kapitals verloren.

Ausgesprochen deutlich wird in der Übersicht, dass die Jahre zwischen 2000 und 2005 vor allem Boomjahre der Emerging Markets waren – allen voran standen Kandidaten wie China, Thailand und die osteuropäischen Länder, die vom Beitritt zur Europäischen Union und den damit verbundenen aussichtsreichen Perspektiven überdurchschnittlich profitierten. Die Börsen in China zeigten besonders nach der Jahrtausendwende eine stetige Aufwärtstendenz, die dann aber sichtlich abflachte. Gemessen an den hohen Wachstumsraten im Reich der Mitte von jährlich bis zu neun Prozent war die Performance der chinesischen Börsen bislang bescheiden.

Die Wiener Börse indes, die in den neunziger Jahren des 20. Jahrhunderts zu den notorischen Underperformern und Verlierern zählte, holte enorm auf und konnte sich einen Spitzenplatz in der Rankingliste sichern. Die Alpenrepublik profitiert von ihrer Mittlerstellung zwischen Ost- und Westeuropa und unterhält traditionell ausgezeichnete Geschäftsverbindungen zu Ländern wie Slowenien, Ungarn, Kroatien und der Slowakei. Österreich als Brückenkopf der EU-Erweiterung konnte sich besonders gut positionieren und verfügt im Osteuropa-Geschäft über mehr Know-how, Expertise und Erfahrung als die anderen EU-Staaten.

Zu den eindeutigen Verlierern in den letzten fünf Jahren zählen die Börsen in den westlichen Ländern, wobei Deutschland im Vergleich zu den USA besonders schlecht abschnitt. Mangelnde Reformen, offenkundige Strukturprobleme, eine lahmende Binnenkonjunktur und ein bescheidenes Wirtschaftswachstum drängten das Land zunehmend ins Abseits. Während anderswo Unternehmen und Hochhäuser wie Pilze aus dem Boden schießen, verharrt Deutschland in der Erstarrung. Besonders dramatisch traf es den Technologiesektor, der in den letzten fünf Jahren am meisten einbüßte. Internet-, Telekommunikations- und andere Technologiewerte verloren erheblich an Wert. Während der *TecDax*, der den ursprünglichen *NEMAX 50* ersetzte, eine beispiellose Talfahrt hinlegte, die Milliardenvermögen in den Abgrund riss, konnte der amerikanische Technologieindex *NASDAQ 100* zumindest den Verlust auf 50 Prozent begrenzen.

Diese Beispiele zeigen deutlich, wie sehr Anleger darauf achten sollten, das Börsenumfeld akribisch zu beobachten. Der Unterschied in der Performance ist gewaltig. Ob Sie am Ende zu den Verlierern oder zu Gewinnern zählen, hängt entscheidend davon ab, ob Sie die richtigen Märkte ausgewählt haben. Mit Indexzertifikaten können Sie zumindest das Risiko abfedern, indem Sie in einer breit gestreuten Vielzahl von Märkten gleichzeitig engagiert sind. Theoretisch ist es möglich, einen Weltindex zu kaufen, um an der wirtschaftlichen Entwicklung der Weltwirtschaft zu partizipieren. Jedoch wird dabei auch die Gesamtperformance durch die sich schlechter entwickelnden Weltregionen verwässert.

Sie werden sich nun fragen: Wie finde ich die richtige, wachstumsstarke Region? Untersuchungen und wissenschaftliche Studien konnten belegen, dass es praktisch unmöglich ist, vorherzusagen, welcher Index langfristig die beste Performance haben wird. Zu viele Faktoren beeinflussen das Geschehen. Wie die Geschichte zeigt, werden oft schleichende Entwicklungen, die eine neue Ära begründen können, übersehen, oder das tagesaktuelle Geschehen oder bestimmte vorgefasste Meinungen und Trends überlagern die tatsächlichen Ereignisse. Viele Zeitgenossen sind von Meinungstendenzen so geprägt, dass sie sich keinen objektiven Überblick zu verschaffen vermögen. Beispielsweise sah kaum einer der Experten den Zusammenbruch der Sowjetunion und des Ostblocks voraus. Auch der Börsencrash des Neuen Marktes wurde nur von einigen Außenseitern erkannt. Als im Frühjahr 2000 die Kurse erstmals zu bröckeln begannen, war ein Großteil der Banken und Analysten noch immer optimistisch für Internetwerte gestimmt, während viele den beginnenden Boom in Osteuropa übersahen.

Wenn Fachleute in der Lage wären, solche Trends treffsicher und nachprüfbar vorherzusehen, würden die meisten aktiv gemanagten Investmentfonds wesentlich besser abschneiden. Doch in der Realität schafft es die Mehrzahl der Investmentfonds noch nicht einmal, einen Vergleichsmaßstab wie den Index zu schlagen. Die Konsequenz: Für viele Anleger ist es sicherer, gleich den Index über ein Zertifikat zu kaufen.

Langfristig hängt die Performance eines Aktienmarkts von den Aussichten und dem Potenzial einer Volkswirtschaft ab. Hohe Wachstumsraten von mehr als drei Prozent jährlich, ein hohes Qualifikationsniveau, eine gut ausgebaute Infrastruktur, Deregulierungen und eine Privatisierung staatlicher Unternehmen sind günstige Voraussetzungen für einen Spitzenplatz in der Weltwirtschaft. Länder, in denen schwerfällige Sozialversicherungssysteme, ausufernde Bürokratie und schlechte Bildungssysteme vorherrschen, werden im weltweiten Rennen um einen Spitzenplatz in einer globalisierten Weltwirtschaft die langfristigen Verlierer sein.

Betrachten wir nun die Entwicklung der einzelnen Branchenindizes in einem Fünfjahres-Zeitraum von 2000 bis 2005. Der Betrachtung liegen die Branchenindizes der *Dow Jones* Gruppe und andere Indizes zugrunde.

Land	Index	Performance (2000–2005)
Goldminen	Amex Gold Bugs	+ 463,9 %
Genussmittel (Tabak)	Amex Tobacco	+ 114,2 %
Ölindustrie	Amex Oil	+ 86,7 %
Erdgasförderung	Amex Natural Gas	+ 77,7 %
Rohstoffe	DJ Stoxx 600 Basic Resources	+ 59,6 %
Bauindustrie	DJ Stoxx 600 Construction	+ 28,1 %
Lebensmittel	DJ Stoxx 600 Food & Beverages	+ 5,7 %
Energie	DJ Stoxx 600 Energy	+ 1,9 %
Chemie	DJ Stoxx 600 Chemical	+ 0,3 %
Versorger	DJ Stoxx 600 Utilities	+ 0,3 %
Banken	DJ Stoxx 600 Bank	− 4,4 %
Automobilindustrie	DJ Stoxx 600 Auto	− 4,5 %
Einzelhandel	DJ Stoxx 600 Retail	− 6,4 %
Biotechnologie	Amex Biotech	− 10,9 %
Gesundheitswesen	DJ Stoxx 600 Healthcare	− 19,9 %
Versicherungen	DJ Stoxx 600 Insurance	− 52,4 %
Telekommunikation	DJ Stoxx 600 Telecom	− 56,0 %
Medien	DJ Stoxx 600 Media	− 57,2 %
Technologie	DJ Stoxx 600 Technology	− 69,5 %

Tab. 4: Wertentwicklung der Branchenindizes (2000–2005)

Anleger, die im Jahre 2000 den *Amex Gold Bugs* gekauft hätten, ein Index auf größere Goldminenwerte, die an der *American Stock Exchange* (AMEX) notiert sind, hätten innerhalb von fünf Jahren sich über eine Performance von fast 464 Prozent freuen können. Die Goldminenwerte konnten überproportional durch den Goldanstieg gewinnen, während der US-Dollar gegenüber dem Euro deutlich an Wert verlor. Die Dollarschwäche und größere Goldkäufe infolge der Krisen und Terroranschläge waren die wesentlichen Ursachen des Goldanstiegs. Auch eine erhöhte Nachfrage nach Goldschmuck in asiatischen Ländern wie Indien und China löste einen Boom des gelben Edelmetalls aus. Der exorbitante Anstieg der Goldminenwerte dürfte wohl der Vergangenheit angehören, denn inzwischen verkaufen viele Zentralbanken ihre Goldreserven sukzessive, um die maroden Staatshaushalte der Länder zu sanieren. Ein weiterer Höhenflug des Goldes ist daher unwahrscheinlich, zumal Gold nur in wenigen Industrien Anwendung findet. Nach den Goldminenwerten konnten vor allem Unternehmen in der Genussmittelindustrie zulegen und erreichten im Fünfjahresvergleich eine erstaunliche Performance von 114 Prozent.

Einen beträchtlichen Verlust hingegen machten Anleger, die im Zuge der Interneteuphorie auf Technologiewerte gesetzt hatten. Der Branchenindex für die wichtigsten 600 Technologieaktien verbuchte einen schmerzlichen Verlust von fast 70 Prozent innerhalb von fünf Jahren. Wer die Branchenindizes mit den Aktienmarktindizes vergleicht, stellt fest, dass in vielen Branchen die Wertentwicklung niedriger liegt als in den Emerging Markets. Für Anleger kann es folglich sinnvoller sein, ein breit gestreutes Länderportfolio zu besitzen als einen spezialisierten Branchenindex, der von der jeweiligen Konjunkturphase abhängt. Untersuchungen haben gezeigt, dass die Branchen einer Rotation unterliegen und dass je nach Konjunkturphase ein anderer Wirtschaftssektor boomt. Die Anlage in Branchenzertifikaten setzt wesentlich umfangreichere Fachkenntnisse und eine genaue Einschätzung der Wirtschaftslage voraus. Der Anleger muss jederzeit bereit sein, ein Branchenzertifikat in ein anderes zu tauschen, wenn ein anderer Sektor sich im Aufwind bewegt. Ein solches kontinuierliches Umschichten von Branchen ist zeitaufwendig und analyseintensiv. Darüber hinaus zeigen die Ergebnisse, dass viele länderspezifische Zertifikate ein besseres Ergebnis gebracht hätten, sofern man den richtigen Markt auswählt.

Zu den augenscheinlichen Verlierern zählten in den letzten Jahren die Technologiebranchen, die am Höhepunkt der New-Economy-Euphorie umjubelt wurden. Internetwerte, Telekommunikation und Medienunternehmen bilden das Schlusslicht im Branchenranking. Outperformer hingegen waren alle Unternehmen im Rohstoffsektor, insbesondere in der Erdölexploration, -förderung und -verarbeitung. Aber auch die anderen Minenwerte und die Erdgasindustrie konnten von der unerwarteten Hausse an den Rohstoffbörsen profitieren.

Betrachten wir nun die Performance der Rohstoffe, die zu Beginn des 21. Jahrhunderts aufgrund der großen Nachfrage in China eine wichtige strategische Rolle spielen.

Rohstoff	Performance
Brent Crude Oil	+ 138,8 %
Gold	+ 79,1 %
Orangensaft	+ 77,9 %
Silber	+ 64,1 %

Tab. 5: Wertentwicklung von Rohstoffen (2000–2005)

Solche Rohstoffe kann man über spezielle Rohstoffzertifikate kaufen, die sich entweder auf den so genannten Spotpreis oder Futures beziehen. Ein Anleger, der im Jahre 2000 sein Geld in Erdöl angelegt hätte, hätte nach fünf Jahren einen Wertzuwachs von fast 139 Prozent erreicht. Selbst mit Kupfer hätte er mehr als 109 Prozent verdient, während der DAX im gleichen Zeitraum mehr als 30 Prozent verlor.

Im Folgenden sollen die Wertentwicklungen der einzelnen Indizes betrachtet und verglichen werden. Der Leser erhält dadurch einen konkreten Eindruck, welche Performance man bei einem Indexinvestment erwarten kann. Der Vergleich bezieht sich nicht nur auf die wichtigsten Aktienmärkte der Welt, sondern auch auf die Schwellenländer (Emerging Markets). Die Punktstände der jeweiligen Indizes stammen vom Beginn des Börsenjahres; die Werte für das Jahr 2005 aus dem Monat September.

Index (Land)	Jan 1994	Jan 2000	Sep 2005	1994–2005 in %
DAX (Deutschland)	2267	6961	4999	121 %
MDAX (Deutschland)	2512	4113	6924	176 %
TecDAX (Deutschland)	–	5127	604	
AEX (Niederlande)	188	677	394	110 %
ATX (Österreich)	1128	1197	3333	195 %
BEL 20 (Belgien)	1476	3387	3245	120 %
CAC 40 (Frankreich)	2263	6024	4473	98 %

Index (Land)	Jan 1994	Jan 2000	Sep 2005	1994–2005 in %
FTSE 100 (Großbritannien)	3418	6930	5340	56 %
IBEX 35 (Spanien)	3654	11610	10441	186 %
MIB 30 (Italien)	14940	43900	34255	129 %
DJ Euro Stoxx 50 (Eurozone)	1440	4906	3346	132 %
S & P 500 (USA, Kanada)	466	1471	1232	164 %
NASDAQ 100 (USA)	395	3755	1599	305 %
Topix (Japan)	1439	1726	1281	–11 %
Straits Times (Singapur)	2111	2582	2291	9 %
MSCI World	637	1422	1225	92 %

Tab. 6: Wertentwicklung Westeuropa und Nordamerika (1994–2005)

Index (Land)	Jan 2000	Sep 2005	2000–2005 in %
Bovespa (Brasilien)	16930	28854	70 %
CECE (Osteuropa)	1056	2065	96 %
CTX (Tschechien)	549	1880	242 %
HTX (Ungarn)	1973	4434	125 %
PTX (Polen)	1002	1408	41 %
RTX (Russland)	425	1323	211 %

Tab. 7: Wertentwicklung in Schwellenländern (2000–2005)

Dieser Vergleich verdeutlicht, dass es überall Investmentchancen gibt, wenn man es versteht, die richtigen Schlüsse zu ziehen. Während die Anleger in Internetwerten harsche Verluste hinnehmen mussten, erfreuten sich andere an der außergewöhnlichen Wertentwicklung, die in Osteuropa, in den anderen Emerging Markets, mit Goldminenwerten und im Erdölsektor zu erzielen war. In einer globalisierten Weltwirtschaft hat der informierte und sachkundige Anleger heute mehr denn je Chancen, sein Geld renditeträchtig anzulegen und von den Entwicklungen der Zukunft zu profitieren.

Geld anlegen mit Indexzertifikaten

Indexzertifikate sind für den Anleger sehr vorteilhaft; denn sie ermöglichen eine breite Streuung über viele Länder und geographische Regionen. Von der Eurozone bis Nordamerika, von China über Indien, Thailand und Malaysia, von Argentinien bis nach Mexiko kann der Anleger seine Gelder verteilen und so sein Risiko vermindern.

Doch auch hier gilt es, bestimmte Regeln zu beachten. Im Vergleich zu einem Einzelengagement in einer einzigen Aktie reduzieren Indexzertifikate bereits deutlich das Risiko. Wenn Sie Ihr Geld in der Aktie eines Unternehmens anlegen, laufen Sie Gefahr, dass das Unternehmen schlechter abschneidet als der Markt oder gar insolvent wird. Unternehmen sind einer Vielzahl von unberechenbaren Faktoren ausgesetzt wie beispielsweise einem Umsatzrückgang, mangelnder Wettbewerbsfähigkeit oder anderen Umständen, die die Wertentwicklung einer Aktie beeinträchtigen können.

Ein Index dagegen spiegelt die Wertentwicklung von 30, 50, 100 oder noch mehr Aktien wider. Ihr Risiko verteilt sich entsprechend. Sie werden nun argumentieren, dass ein Index stets nur eine mittelmäßige Performance erzielen kann, da er so viele unterschiedliche Werte enthält. Dieser Einwand ist nur teilweise berechtigt, denn die meisten Aktien entwickeln sich mit dem Index; und es gibt nur wenige „Überflieger", die langfristig besser als der Index abschneiden.

1.6 Welche Vorteile hat ein DAX-Zertifikat gegenüber Einzelinvestments?

Wenn Sie eine Aktie aus dem DAX kaufen wie beispielsweise *Siemens* oder *DaimlerChrysler* ist das Risiko eines Kursverlusts erheblich größer als beim DAX. Der Kursrückgang einer Einzelaktie kann durch unternehmensspezifische Faktoren bedingt sein und zu erheblichen Verlusten führen. Was geschieht, wenn die gesamte Automobilindustrie jahrelang unter einer schweren konjunkturellen Flaute leidet? Wenn Sie *DaimlerChrysler* oder *BMW* gekauft haben, werden Sie Verluste machen, und Sie ärgern sich, wenn Sie sehen, wie beispielsweise Sportartikelhersteller wie *Adidas-Salomon* immer neue Höchststände erreichen. Einzelinvestments sind immer mit viel höheren Risiken verbunden.

Trotz aller Fortschritte bei der Aktienkursprognose kann niemand zuverlässig voraussagen, ob in fünf oder zehn Jahren Automobil-, Chemie-, Pharma- oder Softwareaktien das Rennen machen werden. Wenn Sie den *DAX* kaufen, haben Sie Ihr Geld auf 30 verschiedene Standardwerte aus den unterschiedlichsten Branchen verteilt. Diese breite Streuung oder Diversifikation schützt Sie vor unangenehmen Überraschungen. Dennoch kann auch der DAX einbrechen. Nach dem Internetboom und dem katastrophalen Crash des Neuen Marktes mit seiner New Economy büßte auch der vermeintlich sichere DAX einen Großteil seines Wertes ein. Er geriet in einen ähnlichen Abwärtssog wie der NEMAX, auch wenn die Verluste geringer ausfielen. Aktienmärkte sind immer volatil und können erheblichen Schwankungen ausgesetzt sein. Wenn Sie Sicherheit bevorzugen, sollten Sie letztlich auf Anleihen setzen, für die es inzwischen auch sehr interessante Zertifikate gibt.

Investitionen in den Index sollten immer langfristig erfolgen. Es macht wenig Sinn, Aktien oder Indexzertifikate nur ein oder zwei Jahre zu halten. Die Rendite von 10 bis 15 %, die bei Aktien als möglich gilt, wird nur erreicht, wenn man einen Zeitraum von 5 bis 10 Jahren berücksichtigt. Kurzfristig können die Aktienmärkte beträchtlichen Schwankungen unterliegen, so dass Verluste bis zu 50 oder 70 % möglich sind. Erst nach zirka zehn Jahren erreichen Sie eine vernünftige Durchschnittsrendite. Es ist eine gefährliche Illusion zu glauben, es sei denkbar, eine Rendite von über 15 % zu realisieren. Solche Wertentwicklungen beruhen auf Spekulation, und langfristig führen viele Spekulationen in den sicheren Ruin.

Schon 12 % sind eine erstaunliche und außerordentliche Performance, die Sie nur mit viel Glück erreichen. Bedenken Sie, dass normale Bundeswertpapiere wie Bundesanleihen und Bundesobligationen gerade einmal 3 % Rendite abwerfen. Selbst wenn Ihre Aktien- oder Zertifikateanlage „nur" 9 % erzielt, haben Sie damit Ihre Performance im Vergleich zu herkömmlichen Rentenpapieren verdreifacht. Experten, die Ihnen bei Anleihen mehr als 5 % und bei Aktien mehr als 10 % versprechen, sollten Sie auf jeden Fall kritisch hinterfragen. Da im Augenblick das Zinsniveau sehr niedrig ist, sind schon 5 % bei Anleihen nur dann zu erreichen, wenn man größere Risiken eingeht. In der Regel bekommen Sie lediglich 3 bis 4 %. Auch bei Aktien und Zertifikaten können Sie mit Ihrer Auswahl danebenliegen und nur eine geringe Rendite bekommen. Experten empfehlen daher, nur breite Märkte auszuwählen, die Sie über Zertifikate gut abdecken können.

Der DAX ist dabei für deutsche Anleger Standard; zusätzlich kommen als Beimischung für den deutschen Markt auch der MDAX und der SDAX in Frage, so dass Sie sich den Small-Cap-Effekt zunutze machen, der bei mittelgroßen (Mid Caps) und kleinen Aktiengesellschaften (Small Caps) auftritt.

1.7 Die Rendite der deutschen Aktienindizes

Welche Rendite können Anleger erwarten, die deutsche Aktienindizes über Zertifikate gekauft haben? Diese für die Altersvorsorge so bedeutsame Frage lässt sich beantworten, wenn man die letzten Jahrzehnte betrachtet.

Der DAX, der MDAX und der SDAX wurden Ende 1987 konstruiert. Zuvor gab es in Deutschland von den Banken berechnete Indizes, von denen der *Commerzbank-Index* der bedeutendste war. Hätte es im Jahre 1988 in Deutschland bereits Indexzertifikate gegeben, wäre es den ersten Anlegern möglich gewesen, diese Wertpapiere zu kaufen und so unmittelbar an der Wertentwicklung des deutschen Aktienmarktes zu partizipieren.

Leider gab es damals noch keine so innovativen Wertpapiere, so dass die Anleger den DAX durch den Kauf der 30 Standardwerte hätten nachbilden müssen. Wie wir wissen: Eine überaus aufwändige und mit hohen Kosten verbundene Aufgabe, die für Kleinanleger nicht in Frage kam. Die meisten Kleinanleger mussten daher mit Investmentfonds vorlieb nehmen. Im Rückblick stellt sich heraus, dass die meisten Investmentfonds nicht einmal annähernd die Performance der Indizes erreichten. Das viel beschworene, lukrative Stockpicking, also die gezielte Auswahl von Aktien im Rahmen einer aktiven Investmentstrategie, erwies sich als Illusion.

Doch welche Rendite brachten die Indizes? Nehmen wir an, ein Anleger hätte im Jahre 1988 den Index kaufen können. Die Indizes wurden als Ausgangsbasis mit dem Zähler 1000 versehen. Indizes beginnen aus psychologischen Gründen nie mit der Zahl Null, um die Anleger nicht zu verunsichern.

Im Jahre 1988 sank der DAX, der mit tausend Punkten begonnen hatte, auf einen Tiefststand von 931 Punkten. Der MDAX erreichte ein Tief von 914 und der SDAX konsolidierte sich bei 949 Punkten. Das Jahr 1988 stand noch unter dem Eindruck des Börsencrashs von 1987, der zu einem kurzfristigen Einbruch der Börsenkurse geführt hatte und rückblickend auf eine Überhitzungserscheinung zurückzuführen war. Die Kurse waren nach einen sehr mageren Jahrzehnt seit 1983 unaufhörlich angestiegen. Diese historisch beispiellose Börsenrallye hielt übrigens bis zum Jahr 2000 an und endete erst mit dem Zusammenbruch des einst viel gelobten Neuen Marktes. Der Börsencrash von 1987 war aus heutiger Sicht eher eine heftige Korrektur, die jedoch schon nach zwei Jahren wieder ausgeglichen war. Betrachten wir nun die Wertentwicklung der drei wichtigsten deutschen Indizes im Einzelnen:

Aktienindex	Wert-entwicklung 1988–1999	p. a. 1988–1999	Wert-entwicklung 1988–2005	p. a. 1988–2005
DAX	766 %	70 %	351 %	20,6 %
MDAX	338 %	30,7 %	540 %	32 %
SDAX	195 %	18 %	284 %	17 %

Tab. 8: Wertentwicklung der deutschen Aktienindizes

In den Boomjahren von 1988 bis 1999 hatte der DAX die unvergleichliche Wertentwicklung von 766 %. Auf das Jahr umgerechnet bedeutet dies eine jährliche Wertsteigerung von 70 %. Sie werden keinen Investmentfonds finden, der Ihnen ein ähnliches Ergebnis liefert. Die meisten Investmentfonds der Banken konnten nicht einmal annähernd eine solche herausragende Performance liefern.

Um Ihr Geld mit 70 % pro Jahr anzulegen, hätte es gereicht, ein DAX-Zertifikat zu kaufen und es von 1988 bis 1999 zu halten. Allein dieses Beispiel veranschaulicht, welche Überlegenheit die Aktienanlage – und insbesondere das Investment in Indexzertifikaten – gegenüber Anleihen und anderen Anlageformen wie Tagesgeldern und Immobilen hat. Dieses Ergebnis ist umso verblüffender, wenn man berücksichtigt, dass die neunziger Jahre durch Krisenereignisse wie den Golfkrieg, den Bürgerkrieg in Jugoslawien, die Instabilität des Nahen Ostens und zahlreiche andere Belastungsfaktoren geprägt waren. In geschichtlicher Hinsicht waren die achtziger und neunziger Jahre ein goldenes Zeitalter der Börse. Niemals zuvor gab es solche gigantischen Chancen und Kursgewinne wie in diesen beiden Jahrzehnten.

Die Börse boomte unaufhörlich und prägte die Gesellschaft auf eine neue Weise. Begriffe wie „Yuppie" und „New Economy" beeinflussten das Denken der Menschen und die Kultur der Gesellschaft. Menschen, die Jahre 1988 ihr gesamtes Vermögen in die Aktien des DAX angelegt hätten, wären im Jahre 1999, als der Internetboom einen Gipfel erreichte, reich und wohlhabend gewesen. Aus einem Vermögen von 100 000 € wären auf diese Weise gegen Ende der neunziger Jahre 866 000 € geworden. Man hätte dazu keinerlei Investmentfonds oder eine Vermögensverwaltung benötigt – es hätte vollkommen ausgereicht, die 30 DAX-Aktien oder ein entsprechendes Indexzertifikat im Portfolio zu halten.

Kritisch muss man indes anmerken, dass der Anleger niemals hätte in Panik geraten dürfen: Wären die Aktien beispielsweise vor einer Krise veräußert worden, etwa dem Golfkrieg, der Besetzung Kuwaits durch den Irak, die Mexiko- oder die Asienkrise, so hätten die Anleger nie diese Traumrenditen erzielt. Denn dem Anleger wäre es nie gelungen, das richtige Timing zu finden, d. h. den exakten Ein- und Ausstiegstermin. Deshalb empfehlen Experten Folgendes:

• Geldanlegen für die Altersvorsorge bedeutet, dass Sie einen langen Zeithorizont haben; Sie sollten Ihr Geld für eine Dauer von 10, 20 oder 30 Jahren anlegen. Es macht keinen Sinn, jeden Tag die Entwicklung des DAX zu verfolgen. Niemand kann vorhersehen, wo der DAX im Jahre 2010 oder 2020 stehen wird. Auch können zwischenzeitliche Krisen, wirtschaftliche Probleme oder weltpolitische Ereignisse zum Kursrückgang führen oder im schlimmsten Fall einen dramatischen Crash auslösen, der das von Ihnen angelegte Vermögen um beispielsweise 50 % reduziert. Wenn Sie solche Schwankungen emotional nicht verkraften können, sollten Sie auf die Aktienanlage verzichten.

- Sie sollten nicht nach dem richtigen Timing suchen. Einen optimalen Einstiegspunkt gibt es nicht, da niemand vorhersagen kann, wie sich der Aktienindex in einem absehbaren Zeitraum entwickeln wird. Langfristig steigen die meisten Aktienindizes. Die Wahrscheinlichkeit, dass Sie bei einem Investment in einen Aktienindex Verluste machen, nimmt nach fünf Jahren deutlich ab; nach zehn Jahren ist die Wahrscheinlichkeit fast Null.
- Geraten Sie nie in Panik, wenn der Aktienindex aufgrund bestimmter Ereignisse dramatisch fallen sollte. In den meisten Fällen wird dieser Kursverlust nach Jahren wieder aufgeholt. Anleger, die vorsichtshalber aussteigen, um Verluste zu vermeiden, verpassen häufig die stärksten Aufschwungphasen und Aufwärtstrends, da sie zu lange abwarten.
- Für die Altersvorsorge empfiehlt es sich, möglichst breit zu streuen und in vielen Märkten investiert zu sein. Kaufen Sie nicht nur den DAX, sondern auch andere Indizes, so dass Sie auf der ganzen Welt präsent sind. Kommt es zu einem Kursrückgang in Europa, steigen vielleicht die Indizes in Indien, China oder Lateinamerika.

Die Analyse der Renditen der deutschen Aktienindizes veranschaulicht ein weiteres Phänomen: Während die jährliche Wertsteigerung für die Boomjahre von 1988 bis 1999 bei 70 % lag, sank sie danach auf 20,6 % ab. Aufgrund des Zusammenbruchs des Neuen Marktes und der damit verbundenen Baisse der Technologie- und Internetwerte büßte der DAX einen Großteil seines Wertes ein. Er sank von seinem Höchststand von 8064 Punkten im Jahre 1999 auf 2500 Punkte im Jahre 2003. Dieser Kursverlust stellt alles in den Schatten, was es bisher in der deutschen Wirtschaftsgeschichte gegeben hatte. Selbst die Weltwirtschaftskrise von 1929 führte zu keinem derartigen Kurssturz in so kurzer Zeit. In den Folgejahren erholte sich der DAX wieder und erreichte im Jahre 2005 einen Stand von über 5000 Punkten. Die jährliche Wertsteigerung beträgt dennoch, wenn man 1988 als Ausgangsjahr nimmt, respektable 20,6 %. Sie werden mit keiner anderen, einigermaßen sicheren Anlageform 20 % Rendite pro Jahr erzielen. Anleihen brachten es im vergleichbaren Zeitraum im Durchschnitt auf eine Rendite von 6 %. Eine durchschnittliche Wertsteigerung von jährlich 20 % stellt ein hervorragendes Ergebnis dar, und ein Großteil aller gemanagten Investmentfonds erzielt noch nicht einmal annähernd dieses Resultat.

Für die Zukunft muss man aber Einschränkungen machen: Nach den beiden triumphalen Börsenjahrzehnten ist es äußerst unwahrscheinlich, dass nach der Jahrtausendwende ein drittes Börsenjahrzehnt anbrechen wird, das den Anlegern ähnliche Spitzenrenditen bescheren wird. Die Zeit der Champagnerbörse und der gigantischen Kurssteigerungen, die Millionäre über Nacht schufen, ist leider unwiderruflich vorbei. Die Ereignisse vom 11. September in New York, der Golfkrieg und andere weltpolitische Unsicherheiten werden sich auswirken. Dennoch wird es auch in Zukunft Börsenplätze geben, die weit überdurchschnittlich abschneiden und dem Anleger lukrative Renditen ermöglichen.

Die Jahre nach 2003 zeigen, dass die Börse sich trotz der erheblichen Kursverluste, die durch die New Economy entstanden, ziemlich gut erholen konnte.

Der MDAX, der die Aktiengesellschaften mit mittlerer Börsenkapitalisierung umfasst, hat das Boomjahr 1999 bereits weit überflügelt. Während der MDAX 1999 noch bei 4000 Punkten notierte, liegt er bereits 2005 bei über 6000 Punkten. Vergleicht man die Wertentwicklung des DAX und des MDAX, stellt man fest, dass die Blue Chips sich in den neunziger Jahren wesentlich besser entwickeln konnten und hohe Wertsteigerungen erbrachten. Die zunehmende Globalisierung und die internationale Wettbewerbsfähigkeit begünstigten die Global Players in den Konzernzentralen. Mit dem Crash und dem kompletten Zusammenbruch des Neuen Marktes besannen sich die Anleger wieder auf die soliden, mittelständischen Unternehmen. Ein Boom der Nebenwerte setzte ein, der dem MDAX zu einem starken Kursauftrieb verhalf. Anleger, die im Jahre 1988 ihr Geld in die Werte des MDAX investiert hätten, hätten bis 2005 eine jährliche Wertsteigerung von 32 % erreicht. Zwar konnte der MDAX in den Haussejahren der Neunziger nicht mit den Standardwerten gleichziehen, dafür aber wurden Investoren, die dem MDAX den Vorzug gegeben hatten, langfristig mit einer höheren Durchschnittsrendite belohnt.

Ein ganz anderes Bild zeichnet sich beim SDAX ab, der eine Auswahl kleinerer Aktiengesellschaften zusammenfasst. Zwar wird der oft erwähnte Small-Cap-Effekt als Schlüssel zu höheren Renditen angesehen, doch nicht alle kleine Aktiengesellschaften sind zugleich lukrative und gewinnbringende Small Caps. Hier gilt es, die Spreu vom Weizen zu trennen. Bei vielen dieser kleinen Nebenwerte handelt es sich um Familienunternehmen von nur regionaler oder lokaler Bedeutung. Damit sind eine geringe Eigenkapitalbasis, Probleme bei der Finanzierung von Expansionen und ungelöste Nachfolgeprobleme verbunden, die sich schnell bemerkbar machen. Der Anleger sollte stets unterscheiden, ob eine kleine Aktiengesellschaft sich als expandierendes Unternehmen mit hoher Rendite positioniert hat oder ob sie ein unbedeutender Nebenwert mit geringer Innovationskraft und niedrigen Handelsumsätzen ist. Solche „No-Name-Aktien", wie man sie ironisch bezeichnen könnte, sollten Sie auf jeden Fall vermeiden. Der SDAX enthält zwar einige interessante Nebenwerte, die meisten gehören aber zum Gros der Allerweltswerte. Diese Einschätzung spiegelt sich auch in der relativ geringen Durchschnittsperformance des SDAX wider. Das Zauberwort „Small-Cap-Effekt" mit den damit verbundenen hohen Renditen gilt nur für gut positionierte Aktiengesellschaften, keineswegs aber für „Tante-Emma-Werte" aus der Provinz.

2. Indexzertifikate – Dow Jones, Dax und Co.

Die meisten Menschen haben bereits von Indizes gehört, da in jeder Nachrichtensendung über den aktuellen Stand des DAX oder des Dow Jones berichtet wird. In speziellen Börsensendungen erfährt der Zuschauer über einen Ticker etwas über die aktuelle Entwicklung der Börsen in aller Welt.

Doch was ist ein Index? Ein Index ist die Zusammenfassung einer auswählten Gruppe von Aktien, die an einer Börse notiert sind. Der Index einer Börse ist letztlich nichts anderes als eine gezielte Zusammenstellung einzelner Aktien nach bestimmten Kriterien, gleichsam ein Musterportfolio des jeweiligen Landes. Ein Aktienindex stellt eine Kennzahl dar, die sich auf einen spezifischen Korb von Aktien bezieht. Die Anzahl und die Zusammensetzung der einzelnen Aktien sind vorher festgelegt worden. Ein Aktienindex ist daher kein realer Wert, sondern eine Konstruktion, die fortlaufend nach bestimmten Verfahren berechnet wird.

Grundlage für die Berechnung des Aktienindex ist ein Ausgangsjahr, das meist mit 100 oder 1000 Indexpunkten festgelegt wird. So begann der NASDAQ mit 100 Punkten im Jahre 1971 und der DAX mit 1000 Punkten im Jahre 1987. Die Änderungen der Indexzahl geben die Wertentwicklung des Index wieder, d. h. die Performance der Aktien, die in einem Aktienindex enthalten sind. Dieses hypothetische Portfolio dient als Vergleichsmaßstab (Benchmark) für individuell zusammengestellte Aktien.

Wenn Ihr Wertpapierdepot schlechter als der zugrunde liegende Referenzindex abgeschnitten hat, dann wissen Sie, dass eine passive Investmentstrategie, die sich nur an den Index koppelt, vorteilhafter gewesen wäre. Zugleich fungiert der Aktienindex als Börsenbarometer und spiegelt die Tendenz an der Wertpapierbörse wider.

Die Konstruktion eines Index erfolgt in mehreren Phasen. In der ersten Phase wird der Umfang festgelegt. Der Aktienindex soll möglichst den entsprechenden Markt repräsentieren und abbilden. Einige Indizes sind von Vornherein auf diese Aufgabe ausgerichtet, und man spricht dann von All-Share-Indizes oder Gesamtmarktindizes. Andere Indizes dienen eher als Auswahlindizes und geben die Entwicklung eines Börsensegments (MDAX, SDAX) oder einer Branche wieder. In der zweiten Phase werden die Indexstruktur und die Gewichtung der einzelnen Positionen anhand von verschiedenen Kriterien festgelegt.

Bei der Berechnung von Indizes wird grundsätzlich zwischen marktkapitalisierungsgewichteten, grundkapitalgewichteten und preisgewichteten Indizes unterschieden. Die preisgewichteten Indizes lassen sich weiter auffächern in solche, denen eine arithmetische Preisgewichtung zugrunde liegt, und solche, die sich einer geometrischen Preisgewichtung bedienen.

Die Gewichtung einer Aktie kann demnach nach drei Kriterien bestimmt werden: nach der Marktkapitalisierung, nach dem Kurs der jeweiligen Aktien oder – was äußerst selten vorkommt – nach dem Grundkapital der betreffenden Aktiengesellschaft. International am häufigsten wird die Gewichtung nach der Marktkapitalisierung verwendet. Ältere Indizes oder solche mit einer langen historischen Tradition wie der Dow Jones und der japanische Nikkei 225 werden nach dem Kurs der Aktie gewichtet.

Neben den herkömmlichen (arithmetisch) preisgewichteten Indizes unterscheidet man noch geometrisch preisgewichtete Indizes. Bei diesen speziellen Indizes werden die Renditen aller im Index enthaltenen Aktien miteinander multipliziert; danach wird aus diesem Wert die n-te Wurzel gezogen, wobei n für die Gesamtzahl der Aktien im Index steht, und diese Zahl wird mit dem Indexstand der Vorperiode multipliziert. Eine solche Berechnung ist bei den gängigen und weiter verbreiteten Indizes eher selten. Ein geometrisch preisgewichteter Index ist beispielsweise der Value Line Index, der 1700 nordamerikanische Aktien umfasst. Die Indizes der *Euro Stoxx-Gruppe*, die 1998 gegründet wurde, gehören ebenfalls zu den preisgewichteten Indizes.

Die ursprünglich gängige Berechnung nach dem Kurs der Aktien wurde bei der heute üblichen Indexkonstruktion durch die Marktkapitalisierung als Kriterium verdrängt. Die Marktkapitalisierung einer Aktiengesellschaft ist das Produkt aus der Anzahl emittierter Aktien mit dem jeweiligen Aktienkurs. Bei dem auf der Marktkapitalisierung beruhenden Verfahren werden Aktiengesellschaften, die eine höhere Anzahl von Aktien herausgegeben haben, im Vergleich zu einem anderen Unternehmen stärker gewichtet, das zwar einen ähnlich hohen Aktienkurs besitzt, aber weniger Aktien emittiert hat. Der DAX, der S&P 500 und der NASDAQ 100 werden nach diesem Verfahren berechnet.

Die frühere Methode des preisgewichteten Aktienindex wurde zunehmend aufgegeben, da die Gewichtung der Einzelaktie stets nur vom Aktienkurs abhängt. Bei einem starken Kursanstieg in einer Hausse können manche Aktien im Index ein zu hohes Gewicht erlangen, obwohl möglicherweise eine viel geringe Anzahl von Aktien im Markt als bei anderen Werten vorhanden ist, die aber wegen einer schlechteren Kursentwicklung ein geringeres Gewicht im Aktienindex haben. Der Kurs einer stärker gewichteten Aktien beeinflusst auch die Wertentwicklung des gesamten Index nachhaltiger. Zugleich nimmt auch das Gewicht innerhalb des Aktienindex zu. Kursgewichtete Aktienindizes verzerren aus diesem Grund die reale Wertentwicklung eines Aktienmarktes und sind dann weniger repräsentativ.

Zu den großen Indexanbietern gehören *Dow Jones & Co.*, *Stoxx Ltd.*, *Euronext* und die *Deutsche Börse AG*. Es gibt heute zirka 33 000 Indexprodukte, die von den großen Anbietern gezielt vermarktet werden. Die Aufnahme in einen Index gilt zumindest bei den etablierten Indexanbietern als Gütesiegel; denn viele Pensionsfonds oder Investmentfonds beziehen in ihre Anlagestrategien nur Aktien mit ein, die in einem renommierten Index gelistet sind. Aktien, die in keinem Index oder zumindest keinem anerkannten Index enthalten sind, eignen sich auch kaum für das Benchmarking, d. h. die vergleichende Analyse, bei der man einen Referenzindex heranzieht. So ist es nicht verwunderlich, dass es Aktiengesellschaften gibt, die vor Gericht gezogen sind, um in einem Index gelistet zu werden. Vielfach wurde ihnen der Zugang verweigert, weil sie ein bestimmtes Zusatzkriterium wie Quartalsberichterstattung nicht erfüllen wollten.

In einen Index werden nur Aktiengesellschaften aufgenommen, die sich durch eine bedeutende Marktkapitalisierung und eventuell – als Zusatzkriterium – angemessene Börsenumsätze auszeichnen. Unternehmen mit einem geringen Streubesitz (dem Free Float), die sich überwiegend in Familienbesitz oder in den Händen einiger weniger Großinvestoren befinden, scheiden aus. Die Indexzusammensetzung wird in regelmäßigen Abständen, in der Mehrzahl der Fälle jährlich, überprüft.

Indizes werden kontinuierlich, d. h. zumindest börsentäglich, aber in vielen Fällen sogar sekundengenau berechnet. Die Kursentwicklung etlicher Einzelaktien, die nach bestimmten Kriterien wie der Marktkapitalisierung und dem Streubesitz zusammengestellt wurden, wird so in einem Indexstand wiedergegeben.

Indizes informieren über die aktuelle Börsenlage und die Wertentwicklung eines Segments. Die unternehmensspezifischen Faktoren, die den Kurs einzelner Aktien beeinflussen und zu Sonderentwicklungen führen können, werden durch die Vielzahl von Aktien, die in einem Index zusammengefasst werden, geglättet, so dass der Betrachter ein Gesamtbild der Performance des Aktienmarktes in einem Land erhält. Bei Indexzertifikaten ist die Wertentwicklung an den zugrunde liegenden Index gekoppelt. Bei der genauen Berechnung muss man das Bezugsverhältnis mit einbeziehen. Wenn der DAX beispielsweise bei 5000 Punkten steht, dann kostet das Zertifikat bei einem Bezugsverhältnis von 1:100 nämlich 50 Euro. Wenn der DAX nun auf 5500 Punkte steigt, dann steigt auch das Indexzertifikat und kostet schließlich 55 Euro. Wenn der DAX hingegen auf 4500 Punkte fällt, so gibt auch das Zertifikat nach und notiert bei 45 Euro.

In der Praxis kann es vorkommen, dass das Zertifikat nicht exakt die Wertentwicklung nachvollzieht. Dieser Tracking Error kommt durch verschiedene Gebühren zustande und ist sehr geringfügig. Im Allgemeinen folgt aber die Wertentwicklung nahezu exakt dem Indexverlauf. Als Anleger können Sie mit Indexzertifikaten sicher sein, dass die Wertentwicklung immer an den jeweiligen Aktienmarkt gekoppelt ist. Sie haben als Anleger stets den Durchblick, denn Sie können die Indexstände täglich in den Börsennachrichten verfolgen und gegebenenfalls selbst den Kurs Ihres Indexzertifikats berechnen, wenn Sie das Bezugsverhältnis kennen. Das ist allerdings nicht notwendig, da die Kurse aller in Deutschland gehandelten Zertifikate jederzeit über die Internetportale von Finanzdienstleistern wie *Onvista*, über Direktbanken wie *Comdirekt* oder über die Webseiten Ihrer Hausbank abgerufen werden können. Auch an der Frankfurter Wertpapierbörse und an der Stuttgarter *Euwax*, einer spezialisierten Derivatebörse, können Sie die aktuellen Kurse erhalten. Darüber hinaus ist eine Auswahl von Zertifikaten im Videotext des Nachrichtensenders *n-tv* nachzulesen.

Ihre Zertifikate können Sie fortlaufend während der jeweiligen Handelszeiten oder sogar außerbörslich zum aktuellen Kurs kaufen und verkaufen. Die genaue Zusammensetzung und die Berechnungsmethode für die einzelnen Indizes erfahren Sie auf den speziellen Webseiten der Indexanbieter. So hält die Frankfurter Wertpapierbörse Prospekte und umfangreiches Informationsmaterial für Anleger bereit, die über die Berechnung, Zusammensetzung und Gewichtung deutscher Indizes wie den DAX, den REX, den MDAX und andere Indizes informieren. Einzelne Banken und Finanzdienstleister wie *Morgan Stanley* (*MSCI*) haben sich auf die Konstruktion und Berechnung verschiedenster Indizes spezialisiert und bieten neben gängigen Länder- und Regionenindizes auch vielfältige Subindizes an, die branchen- oder themenspezifische Differenzierungen und Untergliederungen vornehmen. Es gibt eine große Fülle an unterschiedlichen Indizes, die die wichtigsten Länder und Regionen der Welt abdecken. Obgleich es auch für exotische Länder einen Index gibt, sind die Emissionsbanken nicht immer bereit, Zertifikate auf solche Länder herauszugeben, denn das Risiko steigt bei diesen Märkten enorm an. So gibt es zwar Zertifikate auf Indizes in Russland, Polen, Ungarn, Thailand und Malaysia, aber bislang hat noch keine Emissionsbank ein Indexzertifikat auf den Aktienmarkt in Argentinien oder in Vietnam herausgebracht. Abgesehen von der Republik Südafrika und Ägypten, gibt es auf keine einzige afrikanische Börse ein Indexzertifikat.

Die Ursachen für die Zurückhaltung der Emissionsbanken sind unterschiedlich. Zum einen bergen manche Länder ein wirtschaftliches und politisches Risiko; zum anderen sind manche Börsen so klein und unbedeutend, dass sich ein Zertifikat nicht lohnt oder Manipulationsmöglichkeiten nicht ausgeschlossen werden können. Gelegentlich ist es auch so, dass der jeweilige Aktienindex nur wenige Werte umfasst oder dass die Sektorengewichtung einseitig ist, so dass einzelne Branchen völlig übergewichtet sind. Vor allem bei

Indizes, die sich auf ein Schwellenland beziehen, ist dies sogar der Regelfall. Die Indizes der Aktienmärkte in Russland und Rumänien beinhalten überdurchschnittlich viele Unternehmen aus der Erdölförderung und der ölverarbeitenden Industrie. Der argentinische Index *Merval* krankt mit nur elf Werten an einer geringen Streuung der Einzelwerte und einer Übergewichtung des Banken- und Finanzdienstleistungssektors.

Aktienindizes kann man folgendermaßen gliedern:

- Kurs- und Performanceindizes
- Indizes eines Börsensegments, eines Landes, einer Region, einer Branche, der Welt
- technische Indizes (Volatilität, Dividendenrendite)
- Aktien-, Derivate-, Rohstoff-, Rentenindizes

2.1 Kurs- und Performanceindizes

Eine für den Anleger sehr wichtige und bedeutende Unterscheidung ist jene zwischen Kurs- und Performanceindizes. Bei Performanceindex-Zertifikaten werden die jährlich anfallenden Bardividenden und die sonstigen Kapitalerträge wie Bezugsrechtserlöse und Sonderzahlungen wieder in die entsprechenden Aktien reinvestiert und erhöhen so die Wertentwicklung. Auch bilanziell bedingte Kapitalveränderungen fließen in die Wertentwicklung mit ein.

Beispielsweise zeigte der DJ-EuroStoxx-50-Performanceindex einen Renditevorsprung von drei Prozent jährlich gegenüber dem gleichnamigen Kursindex. Diese höhere Wertentwicklung ist nur auf die Dividendenanrechnung zurückzuführen. Ein Performanceindex wird daher auch als Total-Return-Index bezeichnet.

Ein Kursindex berücksichtigt keinerlei Dividendenausschüttungen oder Bezugsrechtsänderungen wie beispielsweise die Ausgabe von jungen Aktien bei einer Kapitalerhöhung. Für den Anleger bedeutet die Wahl eines Kursindex Folgendes: Die Dividende, die die Aktiengesellschaften normalerweise an den Aktionär ausschütten, fällt der Bank zu. Im Gegenzug haben Zertifikate, die sich auf einen Kursindex beziehen, meist ein geringeres Spread (die Differenz zwischen An- und Verkaufskurs) und keine oder eine niedrigere Managementgebühr. Doch dies ist keineswegs die Regel: Manche Banken verlangen für ihre Zertifikate hohe Gebühren, obwohl es sich um einen Kursindex handelt. Beachten Sie daher auf jeden Fall, wenn Sie ein Zertifikat kaufen:

- Handelt es sich bei dem zugrunde liegenden Index um einen Kurs- oder um einen Performanceindex?
- Sind die Gebühren bei einem Kursindex wirklich niedriger? Oder kassiert die Bank zusätzlich zu den Dividenden, die sie einbehält, noch ein hohes Spread und eventuell Managementgebühren?

Nur bei Zertifikaten, die sich auf schwer zugängliche Schwellenländer beziehen, ist eine solche Gebührenstruktur gerechtfertigt. Im Zweifelsfall sind Sie mit einem Performanceindex besser beraten.

Der Performanceindex spiegelt in seiner Entwicklung auch die Dividendenausschüttungen und die Bezugsrechtsänderungen wider. In der Praxis muss man Folgendes beachten: Nicht für alle Indizes gibt es sowohl Kurs- als auch Performanceindizes. Der DAX, der in den Zeitungen und Nachrichten veröffentlicht wird, ist generell der Performance-DAX. Zusätzlich wird aber noch ein Kursindex für den DAX angeboten. Beim Erwerb eines Zertifikats sollte man sich daher stets vergewissern, welcher Index gemeint ist. Der Kursindex entwickelt sich in nahezu allen Fällen langsamer und notiert niedriger als der Performanceindex.

Von manchen traditionellen Indizes wird leider nur der Kursindex ermittelt. Dies ist keineswegs eine seltene Ausnahme, sondern sogar der weltberühmte und ehrwürdige *Dow Jones Industrial Average*, der als Synonym für die New Yorker Börse steht, wird nur als Kursindex berechnet. Der fast 175 Jahre alte Aktienindex wird noch heute nach jener Methode berechnet, die von den Gründungsvätern entwickelt wurde. Es handelt sich um einen rein preisgewichteten Index, bei dem die Tageskurse der 30 Einzelwerte addiert werden. Kursindizes sind auch die in den USA üblichen und von Pensionsfonds als Benchmark verwendeten marktbreiten Indizes wie der Russell 3000, der 3000 Aktien umfasst und daher die Gesamtentwicklung des amerikanischen Aktienmarktes genau verfolgt.

In den USA sind Kursindizes weiter verbreitet als in Europa, da die meisten Aktiengesellschaften in Nordamerika, von einigen Ausnahmen abgesehen, nur geringe Dividenden ausschütten. Insbesondere Technologieunternehmen, die im NASDAQ gelistet sind, verzichten vielfach auf eine Ausschüttung der Gewinne, um sie sofort wieder in das Unternehmen zu reinvestieren. Deutsche Unternehmen indes haben eine lange Tradition der Dividendenpolitik, so dass gerade DAX-Unternehmen kontinuierlich Ausschüttungen vornehmen, um Anteilseigner zufrieden zu stellen. Der Trend geht aber auch in Europa hin zu mehr Reinvestitionen, was angesichts der in Deutschland notorisch zu beklagenden, geringen Eigenkapitalausstattung eine sinnvolle Unternehmensstrategie sein kann.

Für etliche Emerging Markets werden keine eigenen Performanceindizes berechnet, so dass hier Kursindizes im Mittelpunkt stehen. Überhaupt haben manche Banken Probleme einen geeigneten Index zu finden, da für manche exotischen Märkte der Index nur alle zwei oder drei Tage berechnet wird, was für die meisten Emittenten von Zertifikaten inakzeptabel ist.

In den USA haben sich mehrere Banken und Investmentgesellschaften auf die Konstruktion und Vermarktung von immer detaillierteren Indizes spezialisiert, um die wachsende Nachfrage zu befriedigen. So gibt es heute nahezu für jeden Markt und jede Branche einen spezifischen Index. Der Boom der Zertifikate verlangt nach immer raffinierteren Indizes, die noch den kleinsten und entrücktesten Markt abdecken. Die meisten Banken scheuen sich jedoch, solche Märkte auszuwählen. So gibt es bislang keine speziellen Zertifikate für einzelne lateinamerikanische Börsen oder manche osteuropäische Länder wie die baltischen Staaten. Bei den Branchenindizes ist dagegen die Spannbreite größer.

2.2 Indizes der Marktsegmente

Die meisten Indizes beziehen sich nicht auf den gesamten Aktienmarkt, sondern auf einen kleineren Ausschnitt aller notierten Aktien. In vielen Fällen kategorisiert man in Standardwerte (Blue Chips, Large Caps) und Nebenwerte (Mid Caps und Small Caps).

Gemeinsames Merkmal aller deutschen Aktienindizes ist, dass sie kapitalgewichtet sind und als Kurs- und Performanceindizes berechnet werden.

An der deutschen Börse werden zwei wichtige Segmente unterschieden, die im Jahr 2003 eingeführt wurden: der General Standard und der Prime Standard.

Die Unternehmen, die im General Standard gelistet sind, erfüllen die Mindestvoraussetzungen für die Börsenzulassung. Diese umfassen die gesetzlichen Anforderungen, einen Jahres- oder Halbjahresbericht sowie die Ad-hoc-Mitteilungen in deutscher Sprache, die bei besonderen Unternehmensereignissen wie beispielsweise einem Gewinneinbruch oder anderen maßgeblichen Geschehnissen veröffentlicht werden müssen. Die Ad-hoc-Mitteilungen werden heute kritischer gesehen als noch vor ein paar Jahren, seitdem bekannt wurde, dass viele Unternehmen im Neuen Markt sie als Marketinginstrument verwendet haben. Teilweise wurden Großaufträge angekündigt, um den Kurs in die Höhe zu treiben, obwohl nicht einmal ein schriftlicher Vertrag vorlag. Selbst Vorverhandlungen wurden bereits als ein neues Projekt der Öffentlichkeit bekannt gegeben. Aufgrund solch irreführender oder sogar gefälschter Ad-hoc-Mitteilungen wurden die Bedingungen für eine Veröffentlichung verschärft.

Ad-hoc-Mitteilungen sind aber für alle börsennotierten Unternehmen gesetzliche Pflicht.

Um in einen Index aufgenommen zu werden, reichen diese gesetzlich vorgegebenen, minimalen Grundvoraussetzungen nicht aus. Die deutsche Börse hat ein zweites Segment definiert, in dem nur Aktiengesellschaften aufgenommen werden, die weitere Kriterien erfüllen. Unternehmen, die zum Prime Standard gehören wollen, müssen beispielsweise Quartalsberichte vorlegen. Der Stuttgarter Automobilhersteller *Porsche* weigert sich, solche Quartalsberichte zu publizieren mit der Begründung, eine vierteljährliche Berichterstattung verunsichere die Investoren und Anleger, da innerhalb eines Jahres Gewinne aufgrund von Investitionen oder anderen Umständen schwanken können. Eine Veröffentlichung würde zu vermehrten Kauf- und Verkaufsempfehlungen führen. Das Unternehmen wurde wegen dieser Weigerung in keinen Index aufgenommen.

Die Quartalsberichterstattung stammt ursprünglich aus den USA. Während deutsche Unternehmen traditionell eher in langfristigen Zeiträumen denken und deshalb weniger unter Druck stehen, müssen sich amerikanische Unternehmen sehr viel härteren Anforderungen stellen. Große Pensionsfonds, die Hunderte von Milliarden Dollar verwalten, können Aktiengesellschaften, die nicht vierteljährlich den Gewinnerwartungen der Analysten entsprechen, durch schnelle Verkäufe oder internen Druck abstrafen. Es ist kein Zufall, dass sich das Shareholder-Value-Konzept zuerst in den USA verbreitete; denn anders als in den meisten Ländern Europas basiert ein entscheidender Anteil an der Altersvorsorge in den USA auf dem Aktienmarkt. Die staatliche Rente ist in den Vereinigten Staaten nur ein Säule unter vielen, die der Altersvorsorge dient. Das Wohlergehen der zukünftigen Pensionäre hängt daher maßgeblich von der Performance des Aktienmarktes ab. Pensionsfonds zögern daher nicht, auch Aktiengesellschaften, die durch ein unzureichendes Management, schlechte Umsätze und eine mangelhafte strategische Positionierung auffallen, zu Umstrukturierungen zu zwingen. Die vierteljährliche Berichterstattung setzt daher viele Unternehmensführungen unter Druck; denn es müssen bis zum jeweiligen Stichtag stets gute Unternehmensnachrichten präsentiert werden, um die Pensionsfonds und die Großinvestoren zufrieden zu stellen.

Neben der Quartalberichterstattung muss ein Unternehmen, das zum Prime Standard gehören möchte, auch den internationalen Rechnungslegungsstandards genügen. Man unterscheidet zwischen der Bilanzierung nach dem deutschen Handelsgesetzbuch (HGB-Bilanzierung), dem europäischen Rechnungslegungsstandard, der als International Financial Reporting Standards (IFRS) bezeichnet wird, und dem amerikanischen System (US-GAAP). Seit 2005 ist der IFRS für alle börsennotierten Unternehmen in Deutschland gesetzlich vorgeschrieben. Deutsche Unternehmen, die an einer amerikanischen Börse notiert sind, müssen selbstverständlich eine Rechnungslegung nach US-GAAP vorlegen.

Der größte Unterschied bei den Rechnungslegungsstandards besteht zwischen der im 19. Jahrhundert entwickelten HGB-Bilanzierung auf der einen Seite und den internationalen Standards von IFRS und US-GAAP. Die HGB-Bilanzierung setzt den Akzent auf den Gläubigerschutz und betont das Prinzip der kaufmännischen Vorsicht. Die internationalen Standards von IFRS und US-GAAP orientieren sich mehr am Investor und versuchen, ein realistisches, wirklichkeitsnahes Bild des Unternehmens zu zeichnen, so dass die Bildung stiller Reserven oder umfassender Rückstellungen, die die wahre Vermögens- und Ertragslage verschleiern würden, unzulässig ist. Weitere Anforderungen, die der Prime Standard stellt, sind die Veröffentlichung eines Unternehmenskalenders und die Abhaltung mindestens einer Analystenkonferenz pro Jahr. Auf solchen Analystenkonferenzen, die aus Unternehmenssicht auch als Roadshow bezeichnet werden, müssen die Vorstände und häufig besonders der CFO (Chief Financial Officer), der für die Finanzen zuständig ist, den kritischen Analysten der Banken Rede und Antwort stehen. Obwohl sich viele Analysten traditionell scheuen, ein Unternehmen herabzustufen, da dies einen Verkaufsdruck auslöst, sind die Analystenkonferenzen für viele Vorstände eher eine unangenehme Feuerprobe.

In der Realität werden jedoch Unternehmen selten zum Verkauf empfohlen; in der euphemistischen und verklausulierten Sprache der Analysten wird eine Aktie allenfalls von „Kaufen" auf „Halten" heruntergestuft, was im Jargon der Börsenexperten bisweilen eine diplomatische Verkaufsempfehlung bedeuten kann. Der Grund für diese vornehme Zurückhaltung liegt darin, dass viele Aktiengesellschaften zugleich Kunden der Banken sind. Eine harsche Abstufung des Unternehmens würde sicherlich die Kundenbeziehung erheblich beeinträchtigen. Diesen Interessenskonflikt versuchen Banken dadurch zu vermeiden, dass sie die Analystenabteilung von den anderen Bereichen abschotten, was man in der Fachsprache als „Chinese Walls" bezeichnet.

Neben einer Analystenkonferenz pro Jahr, die die meisten Unternehmen eher häufiger abhalten, muss das Unternehmen im Prime Standard Ad-hoc-Mitteilungen sowohl auf Deutsch als auch Englisch veröffentlichen.

Weitere Kriterien für die Aufnahme eines Unternehmens in den DAX-30, also den normalen DAX, der täglich in der Börsenberichterstattung erwähnt wird, sind die Marktkapitalisierung des Streubesitzes und der Orderbuchumsatz.

Diese beiden Kriterien sind sehr entscheidend; denn bei der Berechnung der Marktkapitalisierung, die auch Einfluss auf die entsprechende Gewichtung im Index hat, wird nur der Streubesitz, der

General Standard	Prime Standard
Keine Aufnahme in Indizes	Aufnahme in deutsche Indizes
Erfüllung der gesetzlichen Anforderungen	Erfüllung der gesetzlichen Anforderungen
Jahres- oder Halbjahresberichte	Quartalsberichte
Ad-hoc-Mitteilungen auf Deutsch	Ad-hoc-Mitteilungen auf Deutsch und auf Englisch
Rechnungslegung nach IFRS (früher: nach HGB)	Rechnungslegung nach IFRS und eventuell nach US-GAAP (bei Börsennotierung in den USA)
keine	Veröffentlichung eines Unternehmenskalenders
keine	Mindestens eine Analystenkonferenz pro Jahr

Tab. 9: Segmente der Frankfurter Wertpapierbörse im Vergleich

so genannte Free Float, berücksichtigt. Manche Unternehmen befinden sich in den Händen einiger weniger Stammaktionäre oder Familien, die einen Großteil der Aktien besitzen. Bisweilen machen die über die Börse frei verfügbaren Aktien nur wenige Prozent aus. Auf diese Weise sichern sich Eigentümer oder Gründerfamilien einen beherrschenden Einfluss auf das Unternehmen. Gelegentlich werden noch stimmrechtslose Vorzugsaktien an die anderen Aktionäre abgegeben, um sich eine Stimmenmehrheit in der Hauptversammlung zu sichern. Um solche Unternehmen, die quasi von einer kleinen Gruppe von Aktionären dominiert werden, weniger stark zu gewichten, wird bei der Einstufung nur der Streubesitz, d. h. die frei verfügbaren Aktien, in die Gewichtung mit einbezogen. Dieses Vorgehen ist auch deshalb von entscheidender Bedeutung, da Aktien mit geringem Streubesitz sowohl für Privatanleger als auch für institutionelle Anleger äußerst schwierig und problematisch sind. In schwierigen Börsenzeiten oder bei einem plötzlichen Kursanstieg oder –verfall sind die Papiere kaum zu veräußern. Diese Märkte sind zum Teil so eng, dass es unter Umständen mehrere Tage oder Wochen dauern kann, bis eine Verkaufs- oder Kaufsorder abgewickelt werden kann. Für Investmentfonds sind Aktien mit einem so geringen Streubesitz nicht attraktiv, da schon kleinste Kaufaufträge genügen um starke Kursschwankungen auszulösen. Auch die Liquidität und die Börsenumsätze, die für große Transaktionen unabdingbar sind, fehlen. Aus diesem Grunde werden diese Aktien bei der Berechnung des DAX weniger berücksichtigt. Auch der Orderumsatz, der bei der Aufnahme in den Aktienindex eine große Rolle spielt, ist ein maßgebliches Kriterium. Denn nur Aktien, die auch genügend hohe Börsenumsätze aufweisen, sind für institutionelle oder ausländische Anleger interessant. Die Performance des deutschen Aktienmarktes hängt daher grundlegend von diesen liquiden Werten ab. Bei den anderen Indizes der deutschen Börse werden neben der Marktkapitalisierung und dem Orderumsatz noch andere Kriterien herangezogen, die eher qualitative Merkmale darstellen. Dazu gehören die Branchenzugehörigkeit und die Umschlagshäufigkeit.

Der Vorstand der Deutschen Börse entscheidet über die Zusammensetzung der Indizes; ein spezieller Arbeitskreis für Aktienindizes hat eine beratende Funktion und unterbreitet Vorschläge. Dieses Gremium setzt sich aus den Vertretern der Deutschen Börse und aus nationalen und internationalen Finanzinstituten zusammen.

2.3 Der DAX

Zu den Standardwerten zählen die Aktiengesellschaften mit der größten Börsenkapitalisierung. In Deutschland werden sie im DAX zusammengefasst; genauer gesagt handelt es sich um den DAX-30, da 30 Standardwerte in ihm enthalten sind. Er wurde erstmals am 1. Juli 1988 veröffentlicht und wird nach der Methode des Mathematikers *Etienne Laspeyres* berechnet. Die Ausgangsbasis des Index bilden 1000 Punkte, die für den 30. Dezember 1987 festgelegt wurden. Der DAX wird vom Börsenvorstand jährlich in der Zusammensetzung überprüft und als Index jede Sekunde neu aktualisiert. Seine Handelzeit reicht von 9.00 h bis 17.30 h. Nach dem Handelsschluss wurden zusätzlich die Indexstände von 17.45 h bis 20.00 h ermittelt. Dieser spezielle DAX wird L-DAX (late DAX) genannt. Zum DAX-30, der ein Performanceindex ist, gehören solche renommierten Unternehmen wie *Siemens*, *DaimlerChrysler*,

Deutsche Bank, *Metro*, *BMW*, *SAP* und *Volkswagen*. Diese bezeichnet man aufgrund ihrer breiten Börsenkapitalisierung auch als Large Caps. Der Name „Blue Chips" rührt von den Jetons in den Spielcasinos – die blauen sind jene mit dem höchsten Geldwert.

Die Standardwerte gelten meist als „Flaggschiffe" einer Nation und sind weltweit bekannt. Wegen ihrer Größe und ihrer Expansion ist eine Insolvenz eher unwahrscheinlich, zumal es sich um Unternehmen handelt, die seit Jahrzehnten sich im Wettbewerb auf den internationalen Märkten behaupten konnten. Viele Blue Chips sind jedoch bei den Anlegern als träge und wenig innovativ verschrien. Eine ausufernde Bürokratie, eine gewisse Behäbigkeit und Selbstzufriedenheit führt dazu, dass viele dieser Unternehmen mehr vom Glanz der Vergangenheit als von den bahnbrechenden Leistungen in der Gegenwart zehren. Untersuchungen haben in der Tat ergeben, dass kleine Unternehmen wesentlich dynamischer agieren und sich schneller auf neue Märkte einstellen. Dieser Small-Cap-Effekt macht sich auch in der Rendite bemerkbar: Langfristig schneiden kleine Unternehmen besser ab als große. Der Nachteil kleiner Unternehmen besteht darin, dass sie erheblich insolvenzgefährdeter sind. Da bei Indizes aber eine Vielzahl von Aktien zusammengefasst wird, ist hier das unternehmensspezifische Insolvenzrisiko größtenteils ausgeschaltet.

Der Anleger sollte nicht vorschnell auf die Standardwerte verzichten, die in manchen Börsenperioden besser abschnitten als die anderen Börsensegmente. Im langfristigen Vergleich sind zwar die Mid und Small Caps besser positioniert, aber auch die Standardwerte konnten in manchen Perioden erstaunliche Ergebnisse vorweisen.

2.4 Die Zusammensetzung des DAX

Der Deutsche Aktienindex besteht aus 30 Standardwerten, den deutschen Aktiengesellschaften mit der größten Börsenkapitalisierung. Der DAX wird als Performance- und als Kursindex berechnet, wobei in den Medien fast immer nur der Performanceindex veröffentlicht wird.

Aktie	Indexgewicht	Aktie	Indexgewicht
Adidas-Salomon	1,22	HypoVereinsbank	2,44
Allianz	7,09	Infineon	0,87
Altana	0,75	Linde	0,91
BASF	4,09	Lufthansa	0,92
BMW St.	2,40	MAN St.	1,01
Commerzbank	1,83	Metro St.	1,30
Continental	1,83	Münchener Rück	3,55
DaimlerChrysler	5,85	RWE St.	4,89
Deutsche Bank	7,58	SAP	5,47
Deutsche Börse	1,44	Schering	1,99
Deutsche Post	1,96	Siemens	10,43
Deutsche Telekom	8,68	TUI	0,66
E.ON	10,34	Thyssen Krupp	1,29
FMC St.	0,47	Volkswagen St.	1,62
Henkel Vz.	0,89		

Tab. 10: Werte im DAX

Der Deutsche Aktienindex wurde 1988 erstmals publiziert. Zuvor gab es verschiedene Indizes für die deutschen Börsen, die von der *Frankfurter Allgemeinen Zeitung* und der *Commerzbank* berechnet wurden. Der DAX wurde schließlich der mit Abstand wichtigste Index für die deutschen Börsen.

Basis-wert	ISIN	Emissions-bank	Spread	Laufzeit	Ge-bühr	Div.	Bezugs-verhältnis	Quanto
DAX	DE0005437412	ABN	0 %	Open end	–	Ja	1:100	Nein
DAX	DE0007029795	Commerz-bank	0 %	Open end	–	Ja	1:100	Nein
DAX	DE0007093353	Deutsche Bank	0 %	Open end	–	Ja	1:100	Nein

Tab. 11: Beispiele für Indexzertifikate auf den DAX (Open-End-Zertifikate)

Bei einem Bezugsverhältnis von 1 zu 100 wird der Punktestand durch 100 dividiert. Wenn der DAX beispielsweise bei 4000 Punkten steht, kostet das Zertifikat ungefähr 40 €. Der exakte Wert ist abhängig vom Spread (der Differenz zwischen Kauf- und Verkaufskurs), eventuellen Managementgebühren und der Bonität des Emittenten. Bei so einfach strukturierten Wertpapieren wie einem Indexzertifikat, das für die Bank auch keinen hohen Verwaltungsaufwand verursacht, sind Managementgebühren nicht gerechtfertigt. Viele Indexzertifikate verzichten auch auf einen Spread, so dass beim Kauf und Verkauf nur die üblichen Bankprovisionen anfallen, die bei jeder Transaktion ungefähr ein Prozent ausmachen.

Wenn Sie bereits wissen, in welchen Markt Sie investieren wollen, sollten Sie vor allem auf die Ausstattungsmerkmale und die Kostenstruktur achten. Ein Indexzertifikat sollte folgende Kriterien erfüllen:

- Das Zertifikat hat eine unbegrenzte Laufzeit (Open-End-Zertifikate).
- Es werden keine Managementgebühren erhoben.
- Der Spread (die Differenz von An- und Verkaufskurs) liegt unter 0,5 %.
- Der Emittent verfügt über eine hohe Bonität (es handelt sich um eine renommierte Bank).

Bei Indexzertifikaten sollten Sie keine Laufzeitbegrenzung akzeptieren, denn wenn Sie die Wertpapiere für Ihre Altersvorsorge einsetzen, haben Sie bei limitierten Zertifikaten nach Ablauf das Problem, dass Sie Ihr Geld erneut anlegen müssen. Da es eine Vielzahl von Indexzertifikaten gibt, ist dies kein großes Problem, aber es fallen für den Kauf erneut Bankprovisionen an. Nehmen Sie daher nur Open-End-Zertifikate, bei denen es keine Laufzeitbegrenzung gibt.

Da der DAX ein in Deutschland weit verbreiteter und gängiger Index ist, haben Managementgebühren und Spreads keinerlei Berechtigung. Da die Altersvorsorge sich über einen Zeitraum von vielen Jahrzehnten erstrecken kann, sollten Sie nur Zertifikate ins Depot nehmen, die von Banken mit einer hohen Bonität emittiert wurden. Zwar kann niemand vorhersagen, wie die Zahlungsfähigkeit einer Bank in 20 oder 30 Jahren aussehen wird, aber es ist unwahrscheinlich, dass ein großes und anerkanntes Kreditinstitut gleichsam über Nacht zum Insolvenzfall wird.

2.5 Der MDAX

Die Aktiengesellschaften mit mittlerer Börsenkapitalisierung nennt man Mid Caps. Es handelt sich häufig um größere, börsennotierte mittelständische Unternehmen mit solider Eigenkapitalbasis und einer ausgeprägten Wettbewerbsfähigkeit. Diese Aktien werden im MDAX zusammengefasst, der 50 Titel beinhaltet. Diese Unternehmen folgen in der Rangordnung den Standardwerten, was die Marktkapitalisierung und den Börsenumsatz anbelangt. Der MDAX wird alle 60 Sekunden aktualisiert und seine Zusammensetzung halbjährlich überprüft.

In den letzten zehn Jahren schnitt der MDAX gegenüber dem DAX wesentlich besser ab und konnte erheblich zulegen. Anleger, die auf Aktiengesellschaften mit mittlerer Kapitalisierung gesetzt hatten, konnten wesentlich höhere Kurszuwächse verbuchen.

Basis-wert	ISIN	Emissions-bank	Spread	Laufzeit	Ge-bühr	Div.	Bezugs-ver-hältnis	Quanto
MDAX	DE000BGB0WR6	Berliner Bankg.	0,01 %	Open end	–	Ja	1:100	Nein
MDAX	DE000CB44496	Commerz-bank	0,14 %	Open end	–	Ja	1:100	Nein

Tab. 12: Beispiele für Zertifikate auf den MDAX

2.6 Der SDAX

Dass der Small-Cap-Effect nicht uneingeschränkt gilt, zeigt sich am SDAX. Dieser Index bezieht sich auf die Aktiengesellschaften mit der geringsten Börsenkapitalisierung. Er enthält 50 Werte, die im Prime Standard fortlaufend notiert werden. Seine Zusammensetzung wird in einem vierteljährlichen Intervall überprüft, und der SDAX wird an der Börse im 60-Sekunden-Takt aktualisiert. Der SDAX ist wie der MDAX und auch der TecDAX ausländischen Unternehmen zugänglich.

Von diesen ausländischen Werten abgesehen, handelt es sich um Nischenwerte, die als Familienunternehmen geführt werden oder nur von regionaler oder sogar lokaler Bedeutung sind.

Die Performance des SDAX lag gelegentlich weit hinter dem des DAX. Dies ist darauf zurückzuführen, dass diese Unternehmen häufig nicht so wettbewerbsfähig sind, über eine schlechtere Eigenkapitalausstattung verfügen oder aufgrund ihrer Marktenge benachteiligt sind. Das mangelnde Volumen dieser Papiere verhindert, dass sich größere Investoren finden. In manchen Fällen können selbst geringe Stückzahlen nicht erworben oder veräußert werden, ohne bei dem Aktienkurs große Schwankungen auszulösen. Häufig findet überhaupt kaum eine Kursnotierung statt, da kein entsprechendes Angebot abgegeben wird.

Für die meisten Investmentfonds, selbst solche die sich den Small-Cap-Effekt zunutze machen, sind diese Aktien aufgrund ihrer mangelnden Liquidität ein absolutes Tabu. Die meisten Investment- oder Pensionsfonds kaufen erst bei einer Mindestkapitalisierung von 50 Millionen Euro, um hohe Kursausschläge zu vermeiden. Aktien, die keine erkennbaren Umsätze aufweisen und kein entsprechendes Volumen zeigen, sind für alle Investoren uninteressant. Hinzu kommt, dass viele dieser Nischenwerte nur von regionaler Bedeutung sind. Aktiengesellschaften, die sich mehr profilieren wollen, streben den Aufstieg in den MDAX an.

Während im MDAX die aktiveren Aktiengesellschaften angesiedelt sind, stellt sich der SDAX als ein Sammelsurium unterschiedlichster Nischenwerte dar. Zwar gibt es unter ihnen auch Perlen und ambitionierte Unternehmen, aber die meisten haben eher einen Hinterbänkler-Status. Und diese Tatsache spiegelt sich auch in der schlechteren Performance des SDAX wider.

Daneben gibt es noch Aktiengesellschaften, die keinem Index angehören, da sie die verschiedenen Voraussetzungen – wie Börsenkapitalisierung oder regelmäßige Berichterstattung – nicht erfüllen. So gibt es auch auf dem deutschen Markt etliche Aktien, die in keinem Index gelistet sind.

Basiswert	ISIN	Emissionsbank	Spread	Laufzeit	Gebühr	Div.	Bezugsverhältnis	Quanto
SDAX	DE000TB1CQD9	HSB	0,34 %	Open end	–	Ja	1:100	Nein

Tab. 13: Beispiel für ein Zertifikat auf den SDAX

2.7 Der TecDAX

Ein Sonderfall ist der TecDAX; in ihm sind die 30 größten, an den deutschen Börsen notierten Technologieaktien enthalten. Er wird alle sechs Monate einer Revision unterzogen und im 15-Sekunden-Takt aktualisiert. Der TecDAX, den es seit dem 24. März 2003 gibt, ist eigentlich Nachfolger des berüchtigten NEMAX, des Neuen-Markt-Index, der 1997 einführt wurde. Auf dem Neuen Markt wurden Unternehmen notiert, die damals zu den viel umjubelten High-flyern zählten. Insbesondere Internet- und Telekommunikations-werte gehörten dazu und trieben den NEMAX zu immer neuen Höchstständen. In der Spitzenzeit der Börseneuphorie im Jahre 1999 gab es Aktien, deren Kurs sich bereits am Tag der Emission ver-vielfacht hatte. Die Wertentwicklung des NEMAX übertraf alles bis-her da Gewesene. Das Wort New Economy wurde zum Schlagwort, und unzählige Absolventen träumten schon davon, mit einer eige-nen Aktiengesellschaft Multimillionär zu werden.

Viele renommierte Unternehmen aus der Old Economy drängel-ten sich um die neuen Selfmade-Millionäre und die ambitionierten Existenzgründer. Investoren drückten jedem, der nur das Wort „In-ternet" oder „Dot.com" sprach, Schecks in die Hand und wähnten sich bereits im Online-Paradies. Weiterbildungseinrichtungen stampften etliche Studiengänge zum „E-Commerce" aus dem Boden und sprachen nur noch von digitalem Marketing. Doch das Ganze endete in einer Katastrophe: Als der *Siemens*-Ableger *Infineon* im Frühjahr 2000 an die Börse ging, stürmten unerfahrene Anleger die Banken und wollten ein Depot eröffnen, um noch eine der heiß be-gehrten Infineon-Aktien zu ergattern. Selbst Boulevardzeitungen berichteten zu diesem Zeitpunkt ausführlich jeden Tag über Aktien, und in den Nachrichten stellte man die Porträts von Unterneh-mensgründern vor, die mit seltsamen Internetgeschäftsideen den Vertrieb revolutionieren wollten.

Doch kurz nachdem *Infineon* an die Börse kam, brachen die Kur-se dramatisch ein. Internet- und Telekommunikationswerte fielen ins Bodenlose. Das Desaster war unbeschreiblich. Der einst so glor-reiche NEMAX verlor im Laufe der nächsten drei Jahre über 90 % des Wertes. Viele Anleger, die in ihrer Leichtgläubigkeit und Naivität auf Internetwerte gesetzt hatten, verloren praktisch alles. In Deutschland war die Krise relativ gut zu überstehen, da hier zu Lande nur wenige Prozent der Bevölkerung überhaupt Aktien besitzen. In den USA hingegen, wo sogar Pensionsfonds Milliarden in den Aktienmarkt investieren, kam es zu einer Tragödie. Viele Pensionäre, die sich im Boomjahr 1999 noch reich wähnten, verloren durch den beispiellosen Kursrutsch nahezu alles.

Was kann man daraus lernen? Eine Streuung über viele Branchen, Regionen und Länder ist immer sinnvoll. Insbesondere Technologieaktien und –indizes sind trotz ihrer herausragenden Wachstumschancen korrekturanfällig und können herbe Verluste bescheren. Ihre Altersvorsorge sollten Sie auf kein solch unsicheres Fundament stellen.

Basis-wert	ISIN	Emissions-bank	Spread	Laufzeit	Ge-bühr	Div.	Bezugs-verhältnis	Quanto
TecDAX	DE0008319997	Deutsche Bank	0,34 %	Open end	–	Ja	1:100	Nein
TecDAX	DE0009513515	Sal. Opp.	0,34 %	Open end	–	Ja	1:100	Nein

Tab. 14: Beispiele für Zertifikate auf den TecDAX

2.8 Der HDAX und der Midcap Market Index

Der HDAX repräsentiert alle Werte des DAX, des MDAX und des TecDAX. Er ist daher ein branchenübergreifender Index, der die wichtigsten und größten Werte des Prime Standard zusammenfasst.

Der Midcap Market Index bezieht sich auf die 80 Werte, die im MDAX und im TecDAX enthalten sind. Er steht für die mittelständischen Werte aus den klassischen Branchen (wie Finanzen, Maschinenbau, Chemie, Pharma) und dem Technologiesektor. Ausgeklammert sind dabei die großen Standardwerte und Schwergewichte des DAX. Der HDAX und der Midcap Market Index werden halbjährlich überprüft und im 60-Sekunden-Takt aktualisiert.

2.9 Der VDAX

Der VDAX ist ein spezieller Index, der nicht die Wertentwicklung von Aktien oder deren Kurshöhe widerspiegelt, sondern die Volatilität des Aktienmarktes, d. h. dessen Schwankungsbreite. Der VDAX steigt umso mehr, je stärker die Börse schwankt. Große Ausschläge nach oben und nach unten lassen den VDAX ansteigen. Der VDAX gibt in Prozent an, welche Höhe der Volatilität für die nächsten 45 Tage erwartet wird. Grundlage für die Berechnung dieser Schwankungsbreite sind Optionskontakte auf den DAX, die an der Optionsbörse gehandelt werden.

Der VDAX ist daher vor allem ein Indikator, der im Optionshandel beachtet wird. Hohe Kursschwankungen sind für manche Optionsstrategien eine wichtige Voraussetzung, da viele Optionen nur wenige Monate laufen und dann verfallen. Bei einer Option schließt man eine Art Wette ab, dass ein Aktienmarkt oder eine Einzelaktie steigt (Call-Option) oder fällt (Put-Option). Die Option räumt dem Inhaber das Recht ein, einen Basiswert (beispielsweise eine Aktie oder einen Index) an einem bestimmten Tag (Ausübungstag, Optionen europäischen Typs) oder innerhalb einer Ausübungsfrist (Optionen amerikanischen Typs) zu einem vorher festgelegten Preis (Ausübungspreis) zu kaufen oder verkaufen.

Optionen lassen sich auch zu komplexen Optionsstrategien (wie der Verknüpfung einer Call- mit einer Put-Option, was man einen Straddle nennt) verbinden. Für Privatanleger eignen sich diese hochriskanten Geschäfte nicht, da Optionen schon nach kurzer Zeit als völlig wertlos verfallen.

Der VDAX kann Privatanlegern als Anhaltspunkt dienen, ob die Börse in Zukunft stärker schwanken oder eher eine Seitwärtstendenz vollziehen wird. Der VDAX wird alle 60 Sekunden erneuert; es werden acht Subindizes berechnet, die den Anforderungen der Optionshändler Rechnung tragen.

2.10 Der DivDAX

Ein neuer Index, der an der Deutschen Börse konstruiert wurde, ist der DivDAX, der die dividendenstärksten Aktien enthält. Untersuchungen in der Finanzmarktforschung haben ergeben, dass Aktien mit hohen Dividendenrenditen eine überdurchschnittliche Performance vorweisen können. Der DivDAX ist vom DAX abgeleitet und umfasst die 15 Unternehmen mit der höchsten Dividendenrendite. Eine Rückrechnung, die beim Jahr 1999 einsetzt, ergab, dass der DivDAX 4,5 Prozent besser als der Gesamtmarkt abschnitt, wobei die Volatilität geringer war. Die durchschnittliche Dividendenrendite lag bei jährlich 2,4 Prozent. Der DivDAX wird in der Regel einmal im Jahr im September auf seine Zusammensetzung überprüft. Die maximale Gewichtung einer Aktie darf zehn Prozent nicht überschreiten. Durch diese Regelung versucht man zu vermeiden, dass Schwergewichte im DAX wie die Telekom zu großen Einfluss auf die Wertentwicklung des DivDAX gewinnen. Die enthaltenen Werte sind stets hoch liquide und zeichnen sich durch hohe Börsenumsätze aus, da sie dem DAX angehören.

Besonders in einer uneinheitlichen Börsensituation, wenn die Märkte keine klare und eindeutige Tendenz nach oben oder unten erkennen lassen, empfiehlt sich ein Investment in die stärksten Dividendentitel.

Basis-wert	ISIN	Emissions-bank	Spread	Laufzeit	Ge-bühr	Div.	Bezugs-verhältnis	Quanto
DivDAX	DE000HV0ED72	Hypo-Vereins-bank	0,37 %	Open end	–	Ja	1:10	Nein

Tab. 15: Beispiele für ein Zertifikat auf den DivDAX

Wenn Sie in den DivDAX anlegen möchten, finden Sie bereits einige geeignete Zertifikate. Besonders lukrativ ist ein Outperformance-Zertifikat der Deutschen Bank auf den DivDAX. Wenn der Index ansteigt, profitieren Sie bei dem Outperformance-Zertifikat zusätzlich von einer höheren Partizipationsrate, d. h. die Wertentwicklung wird mit einem höheren Faktor multipliziert. Wenn dagegen der DivDAX fällt, sinkt auch Ihr Outperformance-Zertifikat nur um denselben Prozentsatz – die Hebelwirkung setzt nicht bei einer Abwärtstendenz ein.

DAX	30 Standardwerte (Blue Chips) aus dem Prime Standard, seit 1988	Kurs- und Performanceindex Jährliche Überprüfung 1-Sekunden-Takt
MDAX	50 Mid Caps (mittelständische Unternehmen aus den Bereichen Pharma, Chemie, Maschinenbau, Finanzen), auch ausländische Werte	Kurs- und Performanceindex Halbjährliche Überprüfung 60-Sekunden-Takt
SDAX	50 Small Caps (Kleinunternehmen aus dem Prime Standard mit fortlaufender Notierung), auch ausländische Werte	Kurs- und Performanceindex Vierteljährliche Überprüfung 60-Sekunden-Takt
TecDAX	30 größte Technologieunternehmen aus dem Prime Standard, auch ausländische Werte	Kurs- und Performanceindex Halbjährliche Überprüfung 15-Sekunden-Takt
HDAX	110 Unternehmen (DAX, MDAX, TecDAX)	Kurs- und Performanceindex Halbjährliche Überprüfung 60-Sekunden-Takt
Midcap Market Index	80 Unternehmen (MDAX, TecDAX)	Kurs- und Performanceindex Halbjährliche Überprüfung 60-Sekunden-Takt
VDAX	Volatilitätsindex (misst die Schwankungsbreite des DAX für die kommenden 45 Tage)	Grundlage: Optionskontrakte auf den DAX, 8 Subindizes 60-Sekundentakt
DivDAX	Die 15 Unternehmen des DAX mit der höchsten Dividendenrendite	Jährliche Überprüfung im September

Tab. 16: Zusammenfassung der deutschen Indizes

2.11 Der GEX

Seit Anfang 2005 gibt es einen weiteren Index auf deutsche Aktien – den GEX. Die Abkürzung steht für „German Entrepreneurial Index", und dieses neue Börsenbarometer bildet die Wertentwicklung deutscher Familienbetriebe oder eigentümerdominierter Unternehmen ab. Anders als beim DAX oder MDAX sind kapital-marktbezogene Kriterien wie die Börsenkapitalisierung oder die Handelsumsätze für die Aufnahme in den GEX nicht maßgeblich. Ausschlaggebend ist die Aktionärsstruktur, also der Streubesitz, und die Dauer der Börsennotierung. Um als Familienunternehmen definiert zu werden ist es unerlässlich, dass die Eigentümer (Vorstände, eventuell auch Aufsichtsräte oder deren Familien) einen entscheidenden Einfluss geltend machen können. Sie sollten dabei mindestens ein Viertel der Stimmrechte besitzen. Der Anteil ist nach oben hin auf 75 Prozent begrenzt, denn sonst wäre der mögliche Streubesitz für die anderen Aktionäre zu gering. Der Börsengang darf nicht länger als zehn Jahre zurückliegen. Konzerne sind von der Aufnahme in der GEX ebenso ausgeschlossen wie Unternehmen, die, um die Stimmrechte in der Familie zu bündeln, nur Vorzugsaktien herausgeben. Im GEX werden nur Aktiengesellschaften berücksichtigt, die im Prime Standard der deutschen Börse notieren; in diesem Börsensegment sind die Zulassungsanforderungen wesentlich höher gesteckt als im so genannten General Standard. Beispielsweise sind die Unternehmen verpflichtet, eine Quartalberichterstattung vorzulegen.

Die Gewichtung der einzelnen Aktien, die vierteljährlich revidiert wird, orientiert sich an der Marktkapitalisierung der einzelnen Unternehmen. Die Obergrenze für eine einzelne Aktiengesellschaft liegt bei zehn Prozent.

Der GEX hat gegenüber dem DAX den Vorteil, dass er vor allem aus kleinen Unternehmen besteht. Diese eigentümergeführten Unternehmen zeichnen sich häufig durch eine größere Flexibilität und Agilität aus, die der Performance zugute kommt. Dennoch sollte man den Begriff „Familienunternehmen" hier nicht zu eng fassen, denn vielfach handelt es sich auch um Firmen, die weniger familiengeleitet, als von einer Eigentümergruppe dominiert oder gemanagt werden oder aufgrund ihrer überschaubaren Größe zu Unrecht als Familienunternehmen eingestuft werden. Zu den Schwergewichten im GEX zählen die beiden Markenartikelunternehmen *Henkel* und *Fresenius Medical Care (FMC)* sowie *United Internet*. Beispielsweise ist *Fresenius Medical Care* im Eigentum der *Fresenius AG*, die selbst teilweise von einer Stiftung abhängig ist. Im

GEX sind insgesamt 117 Unternehmen zusammengefasst – das sind 30 Prozent der Aktiengesellschaften im Prime Standard der deutschen Börse.

Auf den GEX gibt es nur sehr wenige Indexzertifikate, da für die Banken die notwendige Absicherung ein Risiko darstellt. Einige Aktien im GEX können nur geringe Handelsumsätze vorweisen, und der Markt erscheint damit relativ illiquide. Außerdem befürchten Experten, dass es beim GEX zu häufigen Umschichtungen wegen der 10-Jahres-Regel kommen könnte. Andere familiendominierte Unternehmen wie *BMW*, *Altana* oder *SAP* finden keinen Eingang in den GEX. Die Regel, dass Unternehmen nicht seit mehr als zehn Jahren an der Börse notiert sein dürfen, ist aus wissenschaftlichen Untersuchungen über eigentümerorientierte Unternehmen abgeleitet: Es zeigte sich, dass solche Unternehmen in den ersten zehn Jahren nach der ersten Börsennotiz ihr Eigenkapital im Durchschnitt um 120 Prozent erhöhen können. In den folgenden fünf Jahren beträgt die Zuwachsrate insgesamt nur noch 20 Prozent.

Der GEX ist als neuer Index für eigentümerorientierte Unternehmen eine interessante Konstruktion. Es bleibt abzuwarten, ob es ihm gelingt, besser als der MDAX oder der SDAX abzuschneiden. Der Small-Cap-Effekt und die hohe Dynamik von eigentümer- oder familienorientierten Unternehmen sprechen für ihn.

Basis-wert	ISIN	Emissions-bank	Spread	Laufzeit	Ge-bühr	Div.	Bezugs-verhältnis	Quanto
GEX	DE000TB97852	HSB	0,70 %	Open end	–	Ja	1:100	Nein

Tab. 17: Beispiel für ein Zertifikat auf den GEX

2.12 Benchmark-Indizes

Neben den Indizes, auf deren Basis Zertifikate konstruiert werden, gibt es noch andere Indizes der deutschen Börsen, die als Vergleichsmaßstab für die Performancemessung dienen. Vor allem Investmentfonds müssen ihren Kunden in Broschüren und aktuellen Berichten Schaubilder liefern, in denen die Wertentwicklung eines Investmentfonds mit der eines Index verglichen wird. Manche Fondsgesellschaften versuchen zu tricksen, um zu verhindern, dass

Kunden die Fonds wegen ihrer schlechten Rendite verkaufen. Ein solcher Trick besteht darin, einen Fonds mit einem ungeeigneten Index zu vergleichen.

Wenn ein Investmentfonds beispielsweise seinen Anlageschwerpunkt im Bereich Mid Caps in Deutschland hat und als Vergleich den DAX wählt, dann ist dies ein ungeeigneter Maßstab. Aufgrund des Small-Cap-Effekts entwickeln sich Mid Caps häufig wesentlich besser als die Standardwerte (von einigen Börsenperioden wie den neunziger Jahren abgesehen, in denen die Blue Chips das Rennen machten). Ein sinnvoller Vergleich wäre daher der MDAX. Achten Sie also bei Benchmarks darauf, dass der richtige Vergleichsmaßstab gewählt wurde. Um den Investmentfonds bessere Vergleichsindizes bieten zu können, wurden spezielle Benchmark-Indizes entwickelt.

Der Technology-All-Share-Index umfasst alle Technologiewerte aus dem TecDAX und die übrigen Technologieaktien im Prime Standard.

Der Classic All Share bezieht sich auf alle im MDAX, SDAX und im Prime Standard enthaltenen Aktien, die Branchen angehören, die nicht dem Technologiesektor zuzurechnen sind.

Der Prime All Share fasst alle Aktien zusammen, die im Prime Standard notiert sind. Der Prime All Share wird in 18 verschiedene Branchenindizes (Industry Groups) unterteilt.

Zu guter Letzt gibt es noch den CDAX, den so genannten Composite DAX, der alle Aktien aus dem General Standard und dem Prime Standard, die an der Frankfurter Wertpapierbörse notiert sind, repräsentiert.

Technology All Share	TecDAX und Technologiewerte aus dem Prime Standard
Classic All Share	MDAX, SDAX und alle klassischen (Nichttechnologie-) Werte des Prime Standard
Prime All Share	Gesamter Prime Standard (18 Branchenindizes)
CDAX (Composite DAX)	Prime Standard und General Standard

Tab. 19: Zusammenfassung der deutschen Benchmark-Indizes

2.13 Rentenindizes der deutschen Börse

An der deutschen Börse gibt zwei Indexfamilien für Rentenwerte (Anleihen): die eb.rexx und i.Boxx-Rentenindizes. Rentenindizes spiegeln die Wertentwicklung von Anleihen wider. Der Anleihen- oder Rentenmarkt ist um ein Vielfaches größer als der Aktienmarkt. Die Rentenindizes beruhen auf der elektronischen Handelsplattform Eurex Bonds, an das Handelssysteme wie *Xetra* und *Eurex* anknüpfen.

Die Grundlage für die eb.rexx-Rentenindizes bilden die liquidesten Anleihen im Rentenhandel.

2.14 Der REX

Der bekannteste Rentenindex ist der REX. Er gibt die Kursentwicklung deutscher Staatsanleihen wieder, zu denen neben Bundesanleihen und -obligationen auch die Schatzanweisungen der Bundesrepublik Deutschland, des Fonds „Deutsche Einheit" und der Treuhandanstalt gehören. Aufgenommen werden nur Staatsanleihen mit fester Verzinsung (also keine variabel verzinslichen Anleihen, die man als Floating Rate Notes oder FRN bezeichnet). Er besteht aus 30 idealtypischen Anleihen, die mit einem vorgegebenen Marktanteil gewichtet werden. Die Restlaufzeit liegt zwischen 0,5 und 10,5 Jahren.

Dem REX liegen zur Berechnung keine wirklichen Staatsanleihen zugrunde, da deren Kurs aufgrund verschiedene Einflussfaktoren (wie den Börsenumsätzen) von dem theoretisch richtigen Kurs abweichen kann. Es ist daher bei Rentenindizes üblich, so genannte synthetische Anleihen (d.h. fiktive, theoretisch berechnete Anleihen) zugrunde zu legen. Der REX wird in zehn verschiedene Laufzeit-Subindizes untergliedert. Denn für Anleger ist es wichtig zwischen den verschiedenen Laufzeiten zu differenzieren. Anleihen mit kurzer Laufzeit verhalten sich bei einem Zinsanstieg anders als Renten mit einer langen Laufzeit. Bei einem bevorstehenden Zinsanstieg sollte man nur noch Kurzläufer kaufen, um schneller umschichten zu können, wenn der Zinsanstieg vollzogen ist.

Darüber hinaus wird der REX in drei verschiedene Kuponklassen-Subindizes unterteilt. Der Kupon gibt die Nominalverzinsung wieder, d. h. wie hoch die Zinsen sind, die vertragsgemäß eine Anleihe abwirft. Man unterscheidet einen Kupon von 6 %, 7,5 % und 9 %. Die Bezeichnung „Kupon" stammt aus Zeiten, als es noch keine elektronische Wertpapierverwaltung gab; damals mussten die Anleger die einzelnen Zinskupons aus dem Mantel herausschneiden und bei der Bank einlösen.

2.15 Der REXP

Eine wichtige Variante des REX ist der REXP; bei ihm handelt es sich um einen Performanceindex auf ein hypothetisches Rentenportefeuille. Anders als beim konventionellen REX werden die ausgeschütteten Zinsen und Kursänderungen summiert und bei der Wertentwicklung berücksichtigt.

Ein solcher Performanceindex hat den Vorteil, dass Sie als Anleger schnell erkennen können, welche Rendite Sie mit der Investition in deutsche Staatsanleihen in den letzten Jahren erzielt hätten. Der REXP besitzt nämlich im Gegensatz zum REX eine Basis, die für den 30. 12. 1987 mit 100 festgelegt wurde. Der zwischenzeitliche Anstieg des REXP spiegelt die Wertentwicklung wider, die Staatsanleihen einschließlich der ausgeschütteten Zinsen erbracht hätten.

Basis-wert	ISIN	Emissions-bank	Spread	Laufzeit	Ge-bühr	Div.	Bezugs-verhältnis	Quanto
REXP	DE0006542004	West LB	0,48 %	29. 6. 12	–	Ja	1:1	Nein

Tab. 18: Beispiel für ein Zertifikat auf den REXP

2.16 Andere Rentenindizes

Die i.Boxx-Indizes konzentrieren sich auf die internationalen Rentenmärkte und werden von der Deutschen Börse in Zusammenarbeit mit vielen Investmentbanken herausgebracht. Sie dienen als Basis für die Konstruktion von anleihenähnlichen Zertifikaten. Neben festverzinslichen Anleihen in Euro bilden auch britische Anleihen (Sovereigns) oder quasi-staatliche Anleihen (Sub-Sovereigns) die Grundlage. Daneben fungieren sie auch als Ausgangspunkt für die Indexberechnung besicherter Anleihen (Collateralized Bonds) und von Unternehmensanleihen (Corporate Bonds).

REX	30 idealtypische Anleihen, die deutsche Staatsanleihen repräsentieren	Subindizes mit Laufzeit- und Kuponklassen
REXP	Performanceindex eines hypothetischen Rentenportefeuilles	Basis: 100 (30. 12. 1987)

Tab. 20: Deutsche Rentenindizes

2.17 Die wichtigsten deutschen Börsen für Zertifikate

Obwohl Zertifikate und Optionsscheine an allen deutschen Börsen gehandelt werden, haben sich zwei Börsen als die Marktführer herauskristallisiert: die in Stuttgart beheimatete *Euwax* und die *Frankfurter Wertpapierbörse*.

Das Börsensegment *Euwax* der Stuttgarter Börse wurde 1999 gegründet und verzeichnet seit der Eröffnung eine stetiges und rasches Wachstum. Sie wurde zur Derivatebörse schlechthin und hat ihren Schwerpunkt auf Zertifikate und Optionsscheine gelegt. 2004 waren an der *Euwax* über 57 000 Wertpapiere gelistet, die von 27 Emittenten herausgegeben wurden. Der Umsatz belief sich auf 29,5 Milliarden Euro. Die *Euwax* bietet einige spezielle Vorteile für Anleger: Sobald die Eingabe des Wertpapierauftrags über ein Kreditinstitut oder eine Online-Bank erfolgt, wird die Order sekundenschnell an den Skontroführer der *Euwax* weitergeleitet und unmittelbar ausgeführt.

Die *Euwax* hat eine so genannte Market-Maker-Garantie. Der Market Maker ist die Emissionsbank des Zertifikats; diese Bank muss während der Handelszeit gewährleisten, dass An- und Verkaufsorders der Kunden jederzeit ausgeführt werden können. Kommt kein normaler Handel an schwachen Börsentagen zustande, muss der Market Maker Kurse stellen und die Ausführung ermöglichen. Diese Garantie gilt für einen Mindestwert von 3000 Euro oder 10 000 Wertpapieren. Die Emittentenquotes, d. h. die verbindliche Kursstellung des Herausgebers eines Zertifikats, werden bei der Kursfeststellung berücksichtigt und erhöhen die Liquidität der Börsenumsätze. Der Anleger kann dadurch sicher gehen, dass er jederzeit marktgerechte Preise erzielt.

Die Skontroführer, die für die Kursfeststellung zuständig sind, prüfen als neutrale Vermittler (Intermediäre), ob ein Market Maker überzogene, unangemessene Preise bietet. Das so genannte Mispricing wird verhindert, indem der Skontroführer dem Market Maker (also der Bank, die das Zertifikat herausgegeben hat) den Umfang oder die Art der vorliegenden Anlegeraufträge nicht nennt. Der Market Maker ist aber dennoch verpflichtet, einen Kurs zu stellen, der seiner Einschätzung entspringt. Der Skontroführer sorgt so dafür, dass der Market Maker seine Position im Handelsprozess nicht einseitig nutzen kann.

Zusätzlich hat die *Euwax* ein Limit-Kontroll-System, das alle vorliegenden Kauf- und Verkaufsorders für ein Zertifikat überprüft. Sobald sich eine Übereinstimmung mit einem anderen Handelspartner oder den Emittentenquotes ergibt, wird der Auftrag unverzüglich ausgeführt. Dies optimiert den Vorgang der Preisfeststellung.

Das Best-Price-Prinzip sorgt dafür, dass die Orderausführung mindestens zu dem Kurs erfolgt, den der Emittent als Market Maker vorgibt. In den meisten Fällen ist der Kurs aufgrund der hohen Handelsumsätze an der *Euwax* noch günstiger. Über 90 Prozent der Orders werden innerhalb von 30 Sekunden ausgeführt – die Hälfte aller Orders sogar innerhalb von 10 Sekunden. Um die Anleger zu schützen, gibt es eine spezielle Mistrade-Regelung. Die Kursstellung wird auf Fehler bei der Eingabe oder auf unplausible Handelsabschlüsse überwacht, da bei manchen Derivaten (wie Optionsscheinen oder Hebelzertifikaten) innerhalb kürzester Zeit enorme Kursausschläge stattfinden können. Eine Fehleingabe (durch Vertippen oder mangelnde Konzentration) kann daher bereits enorme Auswirkungen haben. Um den Kundenservice und die Attraktivität der Stuttgarter *Euwax* zu erhöhen, wurde eine Beschränkung der Maklercourtage (Courtagecap) eingeführt: Bei allen Orders gilt eine maximale Obergrenze von 12 Euro, selbst wenn Sie Wertpapiere im Wert von mehreren Millionen kaufen oder verkaufen.

- **Internet:** www.boerse-stuttgart.de
- **n-tv:** Live vom Parkett (10.45 h, 12.45 h, 15.15 h)

- **n-tv Videotext:** Ab Seite 600
- **Telefon Servicecenter:** 0800–226 88 53
- **Anschrift:** Börse Stuttgart AG, Schlossstraße 20, 70174 Stuttgart

2.18 Die Frankfurter Wertpapierbörse (FWB)

In Frankfurt am Main gibt es zwei Arten des Handels: den traditionellen Parketthandel und den vollautomatischen *Xetra*-Handel. Kauf- und Verkaufsaufträge werden dabei in einem zentralen Orderbuch miteinander elektronisch verglichen. Zugriff auf das *Xetra*-System haben lizenzierte Händler. Liegt ein geeignetes Angebot vor, wird der Auftrag unmittelbar ausgeführt. Wenn Angebot und Nachfrage nicht exakt übereinstimmen, ermittelt das System in einer Auktion den Preis mit den höchsten Umsätzen.

Am *Xetra*-Handel in Deutschland nehmen weltweit zirka 280 Teilnehmer aus 18 Ländern teil. In Spitzenzeiten erreicht das *Xetra*-System 260000 Transaktionen pro Tag. Nahezu alle Wertpapiere (Aktien, Anleihen, Zertifikate, Optionsscheine und andere Wertpapiere) können über *Xetra* gehandelt werden. Bei den 30 Aktien des DAX werden 98 Prozent des Handels über *Xetra* abgewickelt. Seit Juni 1999 werden auch alle Indizes anhand der *Xetra*-Kurse berechnet.

An der Frankfurter Wertpapierbörse werden mehr als 6200 Aktien, 8000 festverzinsliche Wertpapiere und 45000 Derivate (Zertifikate, Optionsscheine, Aktienanleihen) gehandelt. Neben dem General Standard, in dem alle Aktien zugelassen werden, die die gesetzlichen Anforderungen erfüllen, gibt es noch den Prime Standard und den Freiverkehr. Im Prime Standard müssen die Aktiengesellschaften zusätzlichen Gütekriterien gerecht werden. Der Freiverkehr weist die geringsten Anforderungen für den Kapitalmarktzugang auf.

Im April 2000 hat die *Frankfurter Wertpapierbörse* ein neues Segment eingeführt, an dem Indexfonds gehandelt werden. Die so genannten Exchange Traded Funds (XTF) sind Investmentfonds, die passiv einen Index wie den DAX, den MDAX, den Stoxx 50 oder den Dow Jones nachbilden. Obwohl Indexfonds im Insolvenzfall sicherer sind, fallen häufig höhere Gebühren als bei einem Zertifikat an. Denn die Fondsverwaltung muss den zugrunde liegenden Index permanent nachbilden. Die meisten Indizes werden zwar nur viertel-, halb- oder jährlich einer Revision unterzogen, aber dennoch entstehen dabei gewisse Verwaltungskosten. Die Gebühren für Indexfonds liegen zwar unter denen aktiv gemanagter Fonds, sind aber trotzdem weitaus höher als die preisgünstiger Zertifikate.

Exchange Traded Funds bieten dem Anleger gegenüber den herkömmlichen Indexfonds einige Vorteile: Während Sie bei einem Indexfonds, den Sie über Ihre Hausbank erwerben, den vollen Ausgabeaufschlag bezahlen müssen, entfällt der Aufschlag, wenn Sie die Indexfonds direkt über die Börse als Exchange Traded Funds (ETF) kaufen. Sie sollten auf jeden Fall einen genauen Vergleich der Kosten und Gebühren vornehmen: Auch bei Exchange Traded Funds werden beim Kauf und Verkauf Bankprovisionen und eine Courtage fällig. Dafür entfällt der Ausgabeaufschlag. Indexzertifikate besonders preisgünstiger Emittenten sind zwar beim Kauf und Verkauf auch mit einer Bankprovision und Courtage verknüpft, dafür wird nur selten eine Managementgebühr erhoben, und der Spread ist sehr viel geringer als der Ausgabeaufschlag bei Indexfonds.

In den meisten Fällen wird ein Indexzertifikat billiger sein. Wenn Sie aus Sicherheitsgründen lieber einen Indexfonds haben möchten, sollten Sie Exchange Traded Funds bevorzugen und bei Ihrer Hausbank eine Verringerung der Bankprovision aushandeln. Exchange Traded Funds werden fortlaufend über das *Xetra*-System gehandelt. Auch der Handel über Makler ist möglich; aber 98 Prozent der Umsätze werden über *Xetra* abgewickelt. Für die nötige Liquidität sorgen die Banken des jeweiligen Indexfonds; diese Banken, die die Funktion eines Market Maker haben, werden auch als „Designated Sponsors" bezeichnet. Der monatliche Durchschnittsumsatz für Exchange Traded Funds liegt bei 3 Milliarden Euro.

Aufgrund dieser Erfolgsgeschichte wurden die handelbaren ETFs ausgeweitet. Neben den klassischen Indexfonds gibt es nun auch Exchange Traded Funds auf Technologiewerte, einzelne Länder, Rentenwerte, Rentenindizes und Aktienbaskets.

2.19 Indizes von Ländern

Für die meisten entwickelten Länder gibt es inzwischen eine Vielzahl günstiger Zertifikate, die die Partizipation an der Wertentwicklung des jeweiligen Index ermöglichen. Allein für die wichtigsten Börsen in Deutschland, den USA und den anderen europäischen Ländern wird eine Fülle von Zertifikaten mit den unterschiedlichsten Ausstattungsmerkmalen angeboten.

Land	Index
Deutschland	DAX, MDAX, SDAX, TecDAX
Österreich	ATX
Schweiz	SMI
Großbritannien	FTSE-100
Frankreich	CAC 40
Italien	MIB 30
Niederlande	AEX
Schweden	OMXS30
Spanien	IBEX 35
Portugal	PSI 20
Griechenland	ASE 20
Tschechien	CTX
Polen	PTX
Ungarn	HTX, BUX
Russland	RDX
Türkei	ISE 30
Südafrika	JSE Top40
Israel	Tel Aviv 25
USA	Dow Jones Industrial Average, NASDAQ, S&P 500
Japan	Nikkei 225, Topix
Hongkong	HSI
China	HSCEI
Südkorea	KOSPI 200
Thailand	S. E. T. 50

Land	Index
Taiwan	MSCI Taiwan
Indonesien	ABN Indonesia
Malaysia	KLCI
Indien	Nifty 50
Australien	ASX 200

Tab. 21: Länderindizes

Neben diesen Standardindizes gibt es spezielle Indizes, die von Investmentgesellschaften wie MSCI konstruiert werden.

Indexzertifikate weisen ein bestimmtes Bezugsverhältnis auf. Diese kleinere Stückelung der Indexzertifikate hat keine Auswirkung auf die Performance, ist aber aus marketingstrategischen Gesichtspunkten geboten, damit auch Kleinanleger zum Zug kommen.

Beim Kauf eines Indexzertifikats sollte der Anleger stets beachten, dass der Indexstand sich auf die jeweilige Währung bezieht. Selbst wenn der Dow Jones oder der NASDAQ beispielsweise um 20 Prozent ansteigt, kann es sein, dass der Anleger Verluste einfährt, wenn die Referenzwährung – in diesem Fall der US-Dollar – sinkt. Gegen solche Währungsschwankungen kann sich der Anleger durch so genannte Quanto-Zertifikate schützen, die fest an den Euro gekoppelt sind und währungsbedingte Schwankungen ausschalten. Falls die Fremdwährung jedoch steigen sollte, profitiert der Anleger auch nicht von diesem Kursanstieg. Das Quanto-Zertifikat wird gleichsam neutral in der heimischen Währung gehalten. Die Anleger bezahlen diese Sicherheit gegenüber Devisenkursschwankungen mit einer höheren Managementgebühr.

2.20 Die europäischen Länder

Börse	Internet
Amsterdam	http://www.aex.nl/
Athen	http://www.ase.gr/
Barcelona	http://www.borsabcn.es/
Brüssel	http://www.stockexchange.be/

Börse	Internet
Dublin	http://www.ise.ie/
Helsinki	http://www.hexgroup.com/
Kopenhagen	http://www.xcse.dk/
Lissabon	http://www.bvl.pt/
London	http://www.stockex.co.uk/
Luxemburg	http://www.bourse.lu/
Madrid	http://www.bolsamadrid.es/
Mailand	http://www.borsaitalia.it/
Oslo	http://www.ose.no/
Paris	http://www.bourse-de-paris.fr/
Stockholm	http://www.stockholmsborsen.se/
Wien	http://www.wbag.at/index_deutsch.html
Zürich	http://www.bourse.ch/

Tab. 22: Börsenplätze in Europa

Wenn Sie nun die einzelnen Indizes auswählen, sollten Sie noch einige weitere Aspekte beachten: Die meisten europäischen Börsen korrelieren in ihrer Wertentwicklung, d. h. die Börsen in Frankfurt, Paris, Amsterdam, London, Mailand oder Stockholm zeigen eine fast parallele Entwicklung. Diese Börsen sind wirtschaftlich eng miteinander verflochten, so dass sie auch eine ähnliche Performance zeigen.

Ein Anleger, der glaubt, er könne das Risiko besonders diversifizieren, wenn er den Aktienindex der Madrider, Pariser und Londoner Börse kauft, irrt. In der Regel entwickeln sich die europäischen Börsen im Gleichschritt. Zeigt die Londoner Börse eine leichtere Tendenz, so fallen auch die Börsen in Frankfurt und Paris. Durch die Einführung des Euro ist dieses Phänomen noch verstärkt worden.

Wenn man sich die Langfristcharts dieser Börsen anschaut, stellt man ernüchtert fest, dass sie fast alle Kursbewegungen synchron nachvollziehen. Es macht daher wenig Sinn, in sein Depot den italienischen, französischen, spanischen oder deutschen Aktienindex aufzunehmen, da die Entwicklung bei all diesen Indizes sehr ähnlich ist. Eine Ausnahme ergibt sich, wenn die absolute Entwicklung betrachtet wird. Der DAX schnitt im Vergleich zu manchen anderen Ländern schlechter ab, was ein Zeichen der unzureichenden Wettbewerbsfähigkeit und des Reformstaus ist. Insbesondere die skandinavischen Märkte überzeugten durch eine viel bessere Wertentwicklung.

Auch Spanien und Portugal schnitten in der Vergangenheit leicht besser ab, da diese Mittelmeerländer gegenüber den westeuropäischen Nachbarn Nachholbedarf hatten. Inzwischen zeigt sich ein weitgehender Gleichlauf der Börsenentwicklung.

Eine weitere Korrelation wird sichtbar, wenn man die nordamerikanischen Märkte mit einbezieht. Die europäischen Börsen folgen fast immer den Vorgaben aus New York. Ein geflügeltes Sprichwort lautet: Wenn die New Yorker Börse hustet, bekommt Frankfurt Grippe. Auch wenn der Zusammenhang nicht immer so eng und drastisch ist, zeigt sich doch auch hier eine Synchronizität zwischen der neuen und der alten Welt. Den europäischen Börsen ist es noch nie längerfristig gelungen, sich von der New Yorker Börsentendenz abzukoppeln – dafür sind diese Volkswirtschaften zu eng miteinander verbunden und verknüpft.

Basis-wert	ISIN	Emissions-bank	Spread	Laufzeit	Ge-bühr	Div.	Bezugs-verhältnis	Quanto
Euro Stoxx50	DE000HV0AYC1	Hypo-Verein.	0,55 %	Open end	–	Ja	1:100	Nein
Euro Stoxx50	DE000SG0EDP5	Société Gen.	0,49 %	Open end	–	Ja	1:100	Nein
Euro Stoxx50	DE0007093411	Deutsche Bank	0 %	Open end	–	Nein	1:100	Nein
Stoxx50	DE000HV0AYD9	Hypo-Verein.	0,64 %	Open end	–	Ja	1:100	Nein
Stoxx50	DE0005868350	Berliner B.	0,03 %	Open end	–	Nein	1:100	Nein
Euro Stoxx	DE000HV0EEV5	Hypo-Verein.	0,55 %	Open end	–	Ja	1:100	Nein
Stoxx 600	DE000HV0AYF4	Hypo-Verein.	1,20 %	Open end	–	Ja	1:10	Nein

Tab. 23: Zertifikate auf den europäischen Aktienmarkt

Ein Depot, das auf eine breite Streuung setzt, wird diesen Zusammenhang berücksichtigen. Ratsam ist es, den nordamerikanischen Markt durch ein eigenes Indexzertifikat abzubilden. Hierbei sollten Sie nicht so sehr auf den Dow Jones, der nur wenige Blue Chips repräsentiert, setzen, sondern auf einen marktbreiten Index wie den S&P 500. Um den europäischen Markt abzubilden, ist es sinnvoll, entweder einen Gesamtindex wie den Stoxx 50 auszusuchen oder gezielt auf einzelne Märkte zu setzen. Dabei genügt es, wenn Sie den DAX, den britischen FTSE 100 und einen anderen europäischen Markt (Skandinavien, Frankreich, Italien, Spanien) hinzufügen.

Basis-wert	ISIN	Emissions-bank	Spread	Laufzeit	Ge-bühr	Div.	Bezugs-verhältnis	Quanto
ATX	AT0000340161	RCB	0,28 %	Open end	–	Nein	1:100	Nein
SMI	CH0012949977	Vontobel	0,20 %	Open end	–	30 %	1:100	Nein
SMI	DE000DB0SM19	Deutsche Bank	0,06 %	Open end	–	nein	1:100	Nein
FTSE 100	DE0007223760	Deutsche Bank	0,04 %	Open end	–	Nein	1:100	Nein
CAC 40	DE000BGB0XW4	Berliner Bankg.	0,02 %	Open end	–	Nein	1:100	Nein
MIB30	DE0007036832	Commerz-bank	0,20 %	Open end	–	Nein	1:1000	Nein
IBEX 35	DE0008194390	Société Gen.	0,05 %	Open end	–	Nein	1:100	Nein
PSI20	CH0020567423	UBS	0,06 %	Open end	–	Nein	1:100	Nein
OMXS 30	CH0020054869	UBS	0,10 %	Open end	–	Nein	1:1	Nein

Tab. 24: Beispiele für Zertifikate auf einzelne westeuropäische Länder

Ein wichtiger Aspekt sind zusätzlich die osteuropäischen Märkte, die bislang keinen Gleichlauf mit den westeuropäischen Börsen zeigen. Osteuropa boomt seit dem Jahr 2002 erheblich, und die Wachstumsraten sind beträchtlich. Inzwischen sind die osteuropäischen Märkte so sehr gestiegen, dass sie bereits als hoch bewertet gelten müssen.

2.21 Die Aktienindizes in Nordamerika

Börse	Internet
American Stock Exchange	http://www.amex.com/
Boston	http://www.bostonstock.com/
Chicago	http://www.chicagostockex.com/
NASDAQ	http://www.nasdaq.com/
New York (NYSE)	http://www.nyse.com/
Philadelphia	http://www.phlx.com/

Tab. 25: Börsenplätze in den USA

Die USA sind mit Abstand der wichtigste Finanzmarkt der Welt. Die bedeutendste Börse ist die *New York Stock Exchange* (*NYSE*), die bereits 1792 gegründet wurde. An ihr sind mehr als 2800 Aktien notiert. Die New Yorker Börse ist eine der wenigen, an der noch ein traditioneller Parketthandel stattfindet. Die *American Stock Exchange* (*AMEX*) gilt als die zweitwichtigste Präsenzbörse der USA. Sie wurde im Jahre 1921 von jungen Börsenhändlern gegründet und konzentriert sich auf Aktien und Anleihen, die wegen ihres geringeren Handelsvolumens an der *New York Stock Exchange* nicht notiert werden können. Den endgültigen Namen „*American Stock Exchange*" erhielt die Börse erst im Jahre 1953. An der AMEX werden zirka 900 amerikanische Aktien und zahlreiche ausländische Wertpapiere gehandelt. Im Technologiesektor hat die *AMEX* bei größeren Unternehmen eine gewisse Vorreiterrolle, denn die Zulassungsbedingungen – vor allem für Startup-Unternehmen – sind liberaler und weit gefasster als an der *New York Stock Exchange*.

Die *NASDAQ* ist die Technologiebörse in den USA. Sie wurde am 8. Februar 1971 als reine Computerbörse ins Leben gerufen und fungiert als der größte Freiverkehrsmarkt (OTC-Markt) der Welt. Die *NASDAQ* hat eine gewisse Vorbildfunktion, denn Zukunftsexperten prognostizieren, dass der globalisierte, computerbasierte Wertpapierhandel mit 24-Stunden-Service in absehbarer Zeit kommen wird. Vorbild wird dafür die *NASDAQ* sein. Selbst renommierte Aktiengesellschaften mit großen Umsätzen wie Apple Computer haben eine Notierung an der *NASDAQ* bevorzugt, da die Kosten geringer sind als an den Präsenzbörsen *NYSE* und *AMEX*. Darüber hinaus erfolgt die Abwicklung von Börsentransaktionen kostengünstiger und weitaus effizienter.

Neben diesen relativ bekannten Börsen in den USA gibt es noch andere, die entweder weniger bedeutend sind oder die Terminmärkte bedienen. Die *National Stock Exchange*, die erst 1962 gegründet wurde und in New York ansässig ist, handelt vor allem mit kleineren Aktiengesellschaften. Zusätzlich gibt es noch in Chicago eine Wertpapierbörse, die *Midwest Stock Exchange*. Sie ist aus der Fusion mit den Börsen in St. Louis, Cleveland, Minneapolis und New Orleans hervorgegangen. Der Börsenplatz Chicago ist weltweit vor allem für seine Terminbörsen bekannt: die *Chicago Mercantile Exchange* (*CME*) und die *Chicago Board of Trade* (*CBOT*). Zusätzliche Börsen finden sich in Boston, Cincinnati und San Francisco.

Der Dow Jones

Der bekannteste und älteste Aktienindex der New Yorker Börse, der New York Stock Exchange, ist der *Dow Jones Industrial Average* (*DJIA*), der in den Medien häufig nur kurz der „*Dow Jones*" genannt wird. Er wurde am 16. Februar 1885 von *Charles H. Dow* und seinem Mitarbeiter *Edward Jones* zum ersten Mal für 10 Aktienwerte veröffentlicht und gilt damit als der älteste Aktienindex. Neben dem *Dow Jones Industrial Average* (*DJIA*) gibt es noch andere Dow Jones Indizes wie den *Dow Jones Transport* und den *Dow Jones* für Versorgungswerte.

Etliche Indexzertifikate wurden auf den Dow Jones herausgegeben; dennoch besitzt der Index einige Besonderheiten, die ihn für ein Investment weniger geeignet erscheinen lassen. Zum Einen ist der Dow Jones ein reiner Kursindex, d. h. Dividendenausschüttungen oder Bezugsrechtsveränderungen bleiben völlig unberücksichtigt. Auch die Formel, mit deren Hilfe der Dow Jones berechnet wird, unterscheidet sich gravierend von den anderen Aktienindizes. Beispielsweise wird die Gewichtung einer Einzelaktie im Index nicht ausreichend berücksichtigt, so dass der Dow Jones erhebliche Verzerrungen aufweist und den Aktienmarkt einseitig widerspiegelt.

Erschwerend kommt hinzu, dass bestimmte Branchen unter diesen Standardwerten gar nicht oder nur unzulänglich vertreten sind. Diese augenscheinlichen Nachteile machen den Dow Jones zu einem weniger sinnvollen Investment, wenngleich die Popularität und Bekanntheit dieses Index überdurchschnittlich groß ist.

3M	Honeywell International
Alcoa	IBM
Altria Group	Intel
American Express	J. P. Morgan Chase
American International Group	Johnson & Johnson
Boeing	McDonald's
Caterpillar	Merck & Co.
CitiGroup	Microsoft
Coca-Cola	Pfizer
Du Pont	Procter & Gamble
Exxon Mobil	SBC Communications
General Electric	United Technologies
General Motors	Verizon Comm.
Hewlett-Packard	Wal-Mart Stores
Home Depot	Walt Disney

Tab. 26: Aktien im Dow Jones Industrial Average (DJIA)

Wie diese Übersicht veranschaulicht, sind einige Branchen im Dow Jones überhaupt nicht vertreten. Aus historischen Gründen wird auch die von fast allen anderen Indizes abweichende Berechnungsweise beibehalten. Der Dow Jones ist daher für Anleger ungeeignet, die einen ausgewogenen Querschnitt des amerikanischen Aktienmarktes abbilden möchten. Ein Vorteil der großen Popularität des Dow Jones ist jedoch, dass eine Vielzahl an unterschiedlichen und kostengünstigen Zertifikaten offeriert wird.

Wenn Sie trotz der Nachteile, die mit einem reinen Kursindex und der geringeren Repräsentativität sowie der Beschränkung auf Standardwerte verbunden sind, den *Dow Jones Industrial Average* in Ihr Depot aufnehmen wollen, sollten Sie auf einen geringen Spread achten. Besonders preiswerte Indexzertifikate auf den Dow Jones verzichten aufgrund der Marktgängigkeit diesen Börsenbarometers vollständig auf die Erhebung eines Spreads.

Basis-wert	ISIN	Emissions-bank	Spread	Laufzeit	Ge-bühr	Div.	Bezugs-verhältnis	Quanto
DJIA	DE0006675812	Citibank	0,01 %	Open end	–	Nein	1:100	Nein
DJIA	DE000A0AMFA2	Berliner Bankg.	0,19 %	Open end	–	Nein	1:100	Ja

Tab. 27: Beispiele für Indexzertifikate auf den Dow Jones Industrial Average (DJIA)

Für ein langfristig laufendes Depot, das Ihrer Altersvorsorge dient, sollten Sie Open-end-Zertifikaten den Vorzug geben, denn befristete Papiere führen dazu, dass Sie nach dem Laufzeitende eine Umschichtung vornehmen müssen, die weitere Kosten und Bankprovisionen nach sich zieht. Generell sind unbefristete, so genannte Open-end-Zertifikate vorteilhafter als Zertifikate mit einer eingeschränkten Laufzeit.

Da der Dow Jones ein reiner Kursindex ist, gibt es in diesem Fall keine Dividendenausschüttung, die auf die Wertentwicklung des Index angerechnet wird. Die Banken vereinnahmen diese Ausschüttungen, so dass Zertifikate auf den Dow Jones generell günstiger sind. Sie sollten darauf achten, dass Sie ein Zertifikat auswählen, das einen Spread von 0,2 % oder weniger hat. Es gibt sogar Zertifikate, die keinerlei Spread aufweisen.

Ein Quantozertifikat ist zusätzlich währungsgesichert. Die Entscheidung, ob für Sie eine Währungsabsicherung wichtig ist oder nicht, hängt von der jeweiligen Marktsituation ab und kann enorme Auswirkungen auf die erzielte Rendite haben.

Bedenken Sie, dass jeder Index in der jeweiligen Landeswährung geführt wird, d. h. obwohl der Stand des Dow Jones nach Punktwerten ausgewiesen wird, werden diese in US-Dollar umgerechnet. Wenn nun der Euro gegenüber dem Dollar erheblich ansteigt, machen Sie auch Verluste, wenn der Dow Jones zulegt. Quantozertifikate setzen die jeweiligen Punktwerte einfach in Euro um; für die emittierende Bank bedeutet dies zusätzliche Kosten durch Verwaltung und Währungsabsicherung, deshalb sind Quantozertifikate allgemein teurer und mit einer zusätzlichen Managementgebühr oder zumindest einer höheren Differenz zwischen dem An- und Verkaufskurs verbunden.

Wenn der Euro historisch betrachtet auf einem Höchststand notiert, sollten Sie auf eine Währungsabsicherung verzichten, da es wahrscheinlich ist, dass der US-Dollar langfristig im Gegenzug ansteigt. Währungsentwicklungen sind aber mit einer unüberschaubaren Vielzahl von Faktoren verbunden, die selten einer genauen Prognose zugänglich sind. Wachstumsraten, Außenhandelsdefizite, politische Krisen und die Innovationsfähigkeit einer Volkswirtschaft fließen neben vielen anderen Parametern in den Währungskurs mit ein. Da Anlagen für die Altersvorsorge sich über Jahrzehnte erstrecken, sind genaue Währungsprognosen nahezu unmöglich. Für vorsichtige Anleger empfiehlt es sich, Quantozertifikate zu bevorzugen, die generell in Euro rechnen. Wegen der damit verbundenen höheren Kosten ist jedoch eine sorgfältige Abwägung der Vor- und Nachteile unerlässlich.

Der Standard & Poor's 500 (S&P 500)

Der *Standard & Poor's 500* (kurz: *S&P 500*) umfasst 500 nordamerikanische Aktiengesellschaften; neben den USA, die den Löwenanteil bilden, sind auch kanadische Werte enthalten. Die genaue Zusammensetzung der 500 Einzelwerte wird monatlich revidiert. Kriterien für die Überprüfung sind der jeweilige Börsenwert und das Handelsvolumen, sodass der S&P 500 die genaue Marktentwicklung einer großen Bandbreite von Aktien in Nordamerika exakt wiedergibt.

Aufgrund seines Umfangs und seiner Branchenvielfalt ist der S&P 500 die erste Wahl für ein Indexzertifikat, das den gesamten nordamerikanischen Markt repräsentiert. Der S&P 500 ist als Kurs- und als Performanceindex erhältlich. Anleger sollten sich die Ausstattungsmerkmale genau ansehen: Zwar ist es sinnvoll, den Performanceindex zu bevorzugen, da die Dividendenausschüttungen eine zusätzliche Wertsteigerung ermöglichen, jedoch berechnen viele Emittenten für diesen Index einen höheren Spread oder zusätzlich eine Managementgebühr, die jährlich anfällt und die Rendite nachhaltig schmälert. Daher kann es unter Umständen ratsamer sein, ein

Zertifikat auszuwählen, das nur auf die Kursindexvariante des S&P 500 ausgerichtet ist.

Der S&P 500 spiegelt in seiner Wertentwicklung das gesamte Spektrum des nordamerikanischen Aktienmarktes wider.

Aktie	Branche
General Electric	Konglomerat
Exxon Mobil	Öl
Microsoft	Software
Citigroup	Banken
Wal-Mart Stores	Handel
Pfizer	Pharma
Bank of America	Banken
Johnson & Johnson	Pharma
American International Group	Versicherung
IBM	IT

Tab. 28: Die wichtigsten Werte des S&P 500

Durch diese breite Streuung werden sowohl Standardwerte wie *IBM* oder *American Express* als auch Biotechnologie- und Halbleiteraktien erfasst. Neben den großen Blue Chips, wie sie auch im Dow Jones zusammengefasst sind, werden Mid Caps und Small Caps mit einbezogen. Anleger, die einen langfristigen Anlagehorizont haben, werden durch diese Diversifikation zusätzlich abgesichert und partizipieren an der Wertentwicklung aller Branchen und Segmente.

Basis-wert	ISIN	Emissions-bank	Spread	Laufzeit	Ge-bühr	Div.	Bezugs-verhältnis	Quanto
S&P 500	DE0007093361	Deutsche Bank	0 %	Open end	–	Nein	1:100	Nein
S&P 500	DE0005562748	Berliner Bankg.	0,24 %	Open end	–	Nein	1:100	Nein

Tab. 29: Beispiele für Indexzertifikate auf den S&P 500

Indexzertifikate auf den S&P 500, die die Dividendenausschüttung berücksichtigen, sind relativ selten. Das Zertifikat der Schweizer Bank *UBS* ist beispielsweise mit einer jährlichen Gebühr von

0,60 % verbunden. Je nach Dauer der Anlage kann daher ein Kurs-indexzertifikat empfehlenswerter sein.

Der NASDAQ 100

Der dritte bedeutsame Index ist der NASDAQ 100, der die wichtigsten Technologiewerte der USA zusammenfasst. Im Vergleich zum S&P 500 enthält er weniger Aktien und ist zudem auf den Technologiesektor spezialisiert. Dieser Index bildet daher nur einen Teil des großen amerikanischen Aktienmarktes ab, was sich auch in der höheren Volatilität niederschlägt. Der NASDAQ-Index ist für die Altersvorsorge nur bedingt geeignet, da viele der Technologietitel enorm schwankungsanfällig sind; dies gilt insbesondere für Branchen wie Biotechnologie, Halbleiter und Software.

Die Computerbörse NASDAQ, die in den siebziger Jahren entstand, ist vor allem ein Markt für innovative, technologiebezogene Branchen. Die schwere Dotcom-Krise, die im Jahre 2000 begann und zu einer Megabaisse führte, hat gezeigt, dass Technologiebörsen weitaus riskanter sind als andere Bereiche des Aktienmarktes. Zeitweise brach der NASDAQ-Index infolge des Desasters der New Economy um mehr als 70 % ein. Arbeitnehmer, die ihre Altersvorsorge in Internetwerten oder anderen Technologietiteln angelegt hatten, verloren fast alles. Zwar hat der NASDAQ im Vergleich zum Dow Jones eine gigantische Wertentwicklung erlebt, doch sind die Risiken und Gefahren unübersehbar.

Der NASDAQ-Index, der ein reiner Kursindex ist und die Dividendenzahlungen unberücksichtigt lässt, besteht aus 100 überwiegend Technologieaktien. Sie werden vierteljährlich entsprechend der Marktkapitalisierung gewichtet. Finanzunternehmen sind im NASDAQ überhaupt nicht vertreten. Bei der Sektorengewichtung stehen Softwareaktien und IT-Services im Vordergrund, die zusammen mehr als 30 % ausmachen. An zweiter Stelle folgen Hardwarehersteller und Unternehmen, die im Bereich IT-Infrastruktur tätig sind. Danach kommen die Branchen Gesundheit bzw. Biotechnologie und Pharma sowie Konsum, Handel und Telekommunikation. Zu den Index-Schwergewichten rechnet man neben *Microsoft*, *Qualcomm*, *Intel*, *Cisco* und *eBay*. Unter den Biotechnologieunternehmen steht *Genentech* an erster Stelle – gefolgt vom Konkurrenten *Amgen*.

Der NASDAQ100 kommt nur bedingt für eine passive Investmentstrategie in Frage, denn die hohe Schwankungsbreite und die einseitige Orientierung an Technologietiteln widerspricht dem Grundsatz der Diversifikation.

Basis-wert	ISIN	Emissions-bank	Spread	Lauf-zeit	Ge-bühr	Div.	Bezugs-verhältnis	Quanto
NASDAQ 100	DE0007093395	Deutsche Bank	0 %	Open end	–	Nein	1:100	Nein
NASDAQ 100	DE0005562763	Berliner Bankg.	0,24 %	Open end	–	Nein	1:100	Ja

Tab. 30: Beispiele für Zertifikate auf den NASDAQ-100

Ein NASDAQ-Zertifikat eignet sich allenfalls als Depotbeimischung für risikobereite Anleger, die vor allem an der Entwicklung der Technologiewerte partizipieren möchten.

Die eindrucksvolle Wertentwicklung, die der NASDAQ-100 zuwege brachte, illustrieren folgende Zahlen: Von 1993 bis zum Jahr 2000, dem eigentlichen Höhepunkt der New-Economy-Euphorie, stieg der Index von 548 Punkten auf den Höchststand von 4704 Punkten im Jahre 2000. Dies bedeutet eine jährliche Wertsteigerung von 108 %. Es muss aber hinzugefügt werden, dass die neunziger Jahre in der Börsengeschichte einzigartig sind; eine solche gewaltige Hausse hatte es zuvor noch nie gegeben. Nach der Jahrtausendwende brachen die Kurse erdrutschartig ein. Bis zum Jahr 2003 zeigte die Börsentendenz beharrlich nach unten und führte zum größten Kursverlust, den es je gab. Die Einbußen sind so enorm, dass sie selbst alle bisherigen Börsencrashs in den Schatten stellen.

Im Jahre 2005 konnte sich der NASDAQ100 etwas erholen, doch die Indexstände liegen immer noch weit unterhalb der einstigen Höchststände. Berechnet man die Megabaisse, die im Jahre 2000 begann, mit ein, dann sinkt die jährliche Wertsteigerung auf bescheidene 13 %. Langfristig betrachtet entspricht dies zwar der durchschnittlichen Rendite einer Aktienanlage; es wird aber deutlich, welche Chancen und Risiken die Aktienanlage in Technologietiteln beinhaltet. Neben dem NASDAQ-100, der die 100 größten Technologiewerte in den USA zusammenfasst, gibt es noch den NASDAQ

Composite Index, der alle gelisteten Aktien an der NASDAQ zusammenfasst.

Neben diesen bekannten Aktienindizes auf den US-Markt gibt es
noch marktbreitere Indizes wie den Wilshire 5000 Market Index, der
entgegen seiner Bezeichnung sogar 7000 Aktien umfasst, und den
Russel Index. Zertifikate auf diese umfassenden US-Indizes sind
aber bislang nicht emittiert worden.

3. Indexzertifikate und Emerging Markets

Emerging Markets sind Schwellenländer, zu denen Russland, China, Indien und Brasilien, aber auch Länder wie Thailand, Malaysia, Argentinien, Venezuela, Mexiko und viele andere zählen. Emerging Markets zeichnen sich durch ein exorbitantes Wirtschaftswachstum aus, das die Wirtschaftsdynamik der entwickelten Länder im Westen bei weitem übertrifft. Während Deutschland ein karges Wirtschaftswachstum von 0,8 Prozent im Jahre 2005 aufweist und damit zum Schlusslicht unter den OECD-Ländern wird, brilliert China mit einem beispiellosen Wachstum von über neun Prozent. Selbst Länder wie Indien oder Russland erreichen Wachstumsraten, die weit über fünf Prozent liegen. Der gesamte südostasiatische Raum stellt sich als Boomzone dar, und auch die früher umstrittenen Volkswirtschaften in Lateinamerika setzen zur Aufholjagd an und überzeugen durch vernünftige Reformen und ein angemessenes Wachstum.

Während nach der Jahrtausendwende die westlichen Börsen im Zuge der Krise des Neuen Marktes und dem stetigen Verfall der Internetwerte permanent ins Bodenlose stürzten und gewaltige Vermögen gleichsam über Nacht vernichteten, eilten die Börsen der Emerging Markets von Rekordhoch zu Rekordhoch. Die russische Börse mit ihren Rohstoffwerten überholte die anderen Aktienmärkte in einem unvorstellbaren Tempo. Ganz Osteuropa boomte und bescherte den Anlegern großen Wohlstand. Während in Frankfurt, London, Paris und New York die Internetwerte auf einen absoluten Tiefststand sanken und viele Anleger ruinierten, herrschte an den Börsen in Prag, Warschau, Budapest und Moskau Hochstimmung. Selbst in Sao Paulo und in Indien konnten die Anleger hervorragend verdienen.

Anders als die westlichen Börsen, die eng miteinander korrelieren und sich fast parallel entwickeln, haben Sie als Anleger an Emerging Markets die Chance auch dann zu profitieren, wenn die Börsen der westlichen Ländern ins Stocken geraten oder in eine Baisse stürzen. Die Emerging Markets koppeln sich meist von den anderen Börsen ab, so dass sie für mutige Anleger besondere Renditechancen bieten. Auch das hohe und dynamische Wirtschaftswachstum und die großen, noch nicht gesättigten Absatzmärkte gewährleisten ein hohes Gewinnpotenzial.

Region	Börse	Internet
Asien	Bangkok	http://www.set.or.th/
	Bombay	http://www.bseindia.com/
	Hongkong	http://www.hkex.com/
	Karachi	http://www.kse.com.pk/
	Kuala Lumpur	http://www.klse.com.my/
	Manila	http://www.pse.com.ph/
	Osaka	http://www.ose.or.jp/
	Seoul	http://www.kse.or.kr/
	Shanghai	http://www.sse.com.cn/
	Shenzhen	http://www.irasia.com/stocks/ shenzhenindex.htm
Lateinamerika	Buenos Aires	http://www.merval.sba.com.ar/
	Caracas	http://www.caracasstock.com/
	Lima	http://www.bvl.com.pe/
	Managua	http://www.bolsanic.com/
	Mexiko	http://www.bmv.com.mx/
	Santiago de Chile	http://www.bolsantiago.cl/
	Sao Paulo	http://www.bovespa.com.br/
Karibik	Cayman Islands	http://www.csx.com.ky/
	Jamaica	http://www.jamstockex.com/
Afrika	Botswana	http://mbendi.co.za/exbo.htm
	Kairo	http://mbendi.co.za/exeg.htm
	Johannesburg	http://www.jse.co.za/
	Nairobi	http://mbendi.co.za/exke.htm
Ozeanien	Sydney	http://www.asx.com.au/
	Neuseeland	http://www.nzse.co.nz/

Tab. 31: Börsenplätze weltweit

Dennoch sollten Sie bedenken, dass die Risiken in solchen Emerging Markets um ein Vielfaches höher sind als in entwickelten Ländern. Neben politischen Risiken, die sich in einem Umsturz oder einer Destabilisierung des Landes äußern können, spielen auch wirtschaftspolitische Risiken eine ausschlaggebende Rolle. Hohe Inflationsraten, eine dirigistische, auf Interventionen angelegte Wirtschaftspolitik und Währungsmanipulationen können nie vollständig ausgeschlossen werden. Die Bilanzierungspraxis entspricht keineswegs den westlichen Standards, und es mangelt in manchen Ländern an einem funktionierenden Rechtssystem, das internationale Mindestvorgaben erfüllt. Eine verfehlte Wirtschaftspolitik kann – wie in Argentinien geschehen – in den Staatsbankrott münden. Argentinische Anleihen war danach kaum noch etwas wert.

Sie sollten daher bei Investments in Emerging Markets große Vorsicht walten lassen und alle relevanten Umstände besonders berücksichtigen. Zertifikate haben bei Investments in Schwellenländern den Vorteil, dass sie das Risiko durch eine sorgfältige Streuung über eine Vielzahl von Werten erheblich minimieren. Es gibt nicht nur Zertifikate auf die Indizes einzelner Ländern wie China, Indien, Russland, Ungarn und andere osteuropäische Länder, sondern auch Zertifikate, die sich auf mehrere Regionen beziehen. Besonders bekannt geworden sind die so genannten BRIC-Zertifikate, die sich auf die Länder Brasilien, Russland, Indien und China erstrecken. Durch eine breite Streuung können Sie das Risiko, das mit einzelnen Ländern verbunden ist, beträchtlich reduzieren. Die Investition in singuläre Länder ist nicht nur wegen der mangelnden Diversifizierung ein Problem, sondern es gibt gelegentlich auch keine Zertifikate, da die Börsen mancher Staaten sehr klein und wenig liquide sind. Manche Indizes umfassen nur einige wenige Werte, die meist im Finanzsektor angesiedelt sind. Daher spiegeln diesen Exotenindizes nicht die gesamte Branchenvielfalt wider. Ein typisches Beispiel dafür ist der argentinische Index *Merval*, der nur aus 11 Aktien besteht und in dem die Bankenbranche überdurchschnittlich vertreten ist. Aus den genannten Gründen gibt es beispielsweise so gut wie keine Zertifikate auf lateinamerikanische Indizes.

Im Folgenden betrachten wir eine Auswahl einzelner Emerging Markets.

3.1 China

Nahezu ein Viertel der Weltbevölkerung lebt in der Volksrepublik China. Das Reich der Mitte wird in einem Zeitraum von 10 bis 15 Jahren zur weltgrößten Volkswirtschaft noch vor den USA aufsteigen. Die 1,3 Milliarden Einwohner des Riesenreiches stellen einen einzigartigen Absatzmarkt dar, der die Weltwirtschaft stärker beflügeln wird als jedes andere Ereignis in der Geschichte der Weltwirtschaft. Chinas unstillbarer Hunger nach Rohstoffen wirbelt schon jetzt die Rohstoffpreise auf den internationalen Märkten durcheinander und führte zu einem gigantischen Anstieg der Öl- und Metallpreise. Darüber hinaus entwickelt sich die chinesische Wirtschaft so dynamisch, dass die Industrien der westlichen Ländern zunehmend unter Druck geraten – allen voran die Textilindustrie. Aber auch in anderen Sektoren holen die Chinesen zügig auf; ein typisches Beispiel ist die Automobilindustrie.

Das Wirtschaftswachstum Chinas lag in den letzten Jahren bei dem Drei- bis Vierfachen, das der Durchschnitt der entwickelten OECD-Länder erzielen konnte. Die Wachstumsrate wurde mit 9, gelegentlich sogar mit 9,5 Prozent beziffert, was Weltrekord ist. Das reale Bruttoinlandsprodukt belief sich im Jahre 2002 auf über 1,246 Billionen US-Dollar. Als China 2001 der Welthandelsorganisation (WTO) in Genf beitrat und damit den Abbau von Handelshemmnissen und Zöllen befürwortete, wurde ein gewaltiger Wachstumsimpuls ausgelöst. Zu diesem Zeitpunkt betrug der Anteil der Land- und Forstwirtschaft 15 Prozent am Bruttoinlandsprodukt, während Industrie und Gewerbe über 51 Prozent der Wirtschaftsleistung erbrachten. Der Dienstleistungssektor trug rund ein Drittel dazu bei.

Die Olympischen Spiele werden 2008 in China stattfinden; schon diese Vergabe signalisiert, dass China eine strategische Führungsrolle in der Weltwirtschaft von morgen innehaben wird. Die Investitionen in die Infrastruktur werden zügig vorangetrieben, und auch die technischen Innovationen haben deutlich zugenommen. Das 21. Jahrhundert wird – wie von vielen Futurologen bereits vorhergesagt – ein „pazifisches" Jahrhundert werden, in dem die Beziehungen zwischen den USA und dem asiatischen Markt die entscheidende Rolle spielen werden. Während Deutschland in der Liste der wohlhabendsten Länder, die die Weltbank in Washington regelmäßig erstellt, immer mehr absinkt und bereits den bescheidenden Platz 22 einnimmt, wächst China mit Riesenschritten. Eine pulsierende Metropole wie Shanghai verkörpert den ganzen Glanz und die atemberaubende Dynamik der chinesischen Volkswirtschaft.

Diese Stärke bekommen auch Städte wie Hongkong und Singapur zu spüren, die in der Vergangenheit als profitable Wirtschaftsstandorte galten. Immer mehr Unternehmen wandern in die kostengünstigere Küstenregion Chinas ab. Das Lohngefälle, das zwischen Hongkong und Festlandchina besteht, ist fast noch dramatischer als das zwischen Deutschland und Polen.

China verfügt mit enorm niedrigen Personalkosten über einen einzigartigen Wettbewerbsvorteil. Was das Exportvolumen anbelangt, so steht China an vierter Stelle hinter Japan, den USA und Deutschland. In zehn Jahren, so prognostiziert man, wird das Reich der Mitte mehr exportieren als die USA. Zu den bedeutendsten Exportgütern zählen heute neben Textilien elektronische Produkte, die in großer Zahl die anderen Märkte überschwemmen.

Der chinesische Aktienmarkt

Angesichts dieser optimistischen Aussichten müsste der chinesische Aktienmarkt eigentlich endlos boomen. Doch das ist leider bislang nicht der Fall gewesen. Es gibt dafür auch eindeutige Gründe. Der chinesische Aktienmarkt, der kompliziert und vielschichtig organisiert ist, wurde erst 1990 gegründet. Es gibt die Börse in Shanghai und in Shenzhen. Wenn Sie in China investieren möchten, müssen Sie zuerst eine wichtige Unterscheidung treffen. Es gibt in China mehrere Kategorien von Aktien: die A-Aktien, B-Aktien, H-Aktien, Red Chips und N-Shares.

Die A-Aktien notieren in der chinesischen Währung und sind nur Chinesen zugänglich; sie werden an den Festlandbörsen Shanghai und Shenzhen gehandelt. Ein Großteil der Notierungen sind A-Aktien; sie haben den Nachteil, dass nur ein geringer Anteil der A-Aktien als Streubesitz frei verfügbar ist. Dieser Anteil wird auf ein Drittel geschätzt; die restlichen Aktien befinden sich in der Hand der Regierung oder sind Belegschaftsaktien. Die staatliche Planungskommission, die mit der chinesischen Zentralbank zusammenarbeitet, verwaltet diese Bestände an A-Aktien.

Die B-Aktien, die auch ausländische Investoren erwerben können, werden an der Börse in Shanghai in US-Dollar gelistet und sind an der Börse in Shenzhen in Hongkong-Dollar notiert. Bis zum Jahr 2001, als eine Reform erfolgte, konnten B-Aktien nur von ausländischen Anlegern erworben werden. Nach der Novellierung des Aktienrechts waren sie auch für Chinesen zu kaufen. Jedoch gilt der Markt für B-Aktien nach Expertenmeinung als wenig liquide und intransparent. Er spielt daher bei Investitionsüberlegungen nur eine marginale Rolle. Als die chinesische Regierung den Aktienhandel liberalisierte und es auch Chinesen gestattete, B-Aktien zu kaufen, stiegen diese B-Aktien sehr stark an. In der Folgezeit tendierten die chinesischen Aktienmärkte eher seitwärts oder gaben nach. Die Ursache dafür ist, dass sich unter den A- und B-Aktien viele Unternehmen befinden, die noch in staatlicher Hand sind und sich durch eine geringe Profitabilität auszeichnen. Vielfach werden dort zu viele Personen beschäftigt, und die Rentabilität, die Arbeitsproduktivität und die Innovationsfähigkeit sind gering ausgeprägt. Die chinesische Regierung hat das Problem, dass es trotz aller umsichtigen und vielfältigen Reformen noch zu viele Staatsunternehmen gibt, die mehr einer kameralistischen Wirtschaftsführung folgen und kaum wettbewerbsfähig sind. Daher gehen Experten davon aus, dass die A- und B-Aktien der chinesischen Börsen noch lange auf einen Aufschwung warten lassen.

Die so genannten H-Aktien (H-Shares) werden nur in Hongkong an der Börse in US-Dollar gelistet und können bislang nur von Ausländern erworben werden. Die dort notierten H-Aktien sind meist einwandfreie und wirtschaftlich solide Blue Chips mit starker Exportorientierung.

Die Aktien werden in Hongkong geprüft und nach den dort geltenden, verschärften Emissionsbedingungen an die Börse gebracht. Deshalb konnte sich dieses Segment relativ gut entwickeln. Bisher gibt es 38 H-Aktien an der Börse in Hongkong. Verglichen mit Osteuropa war aber die Performance eher mäßig. Da die H-Aktien momentan nur Ausländern zugänglich sind, wird vermutet, dass ein starker Kursanstieg in absehbarer Zeit möglich sein könnte, wenn die chinesische Regierung auch die in Hongkong notierten Aktien zum Kauf für Chinesen freigibt. Die H-Aktien werden durch den *Hang Seng China Enterprises Index (HSCEI)* abgebildet.

Zusätzlich werden noch die Red Chips gehandelt; diese Aktiengesellschaften sind in Hongkong ansässig und betreiben auch in der Stadt ihre Geschäfte, werden aber größtenteils von Festlandchina kontrolliert, d. h. die chinesische Regierung in Peking oder staatliche Organisationen halten mehr als 35 Prozent des Aktienkapitals.

Daneben gibt es noch N-Shares, die als Qualitätsaktien gelten, da sie in New York gelistet sind. Da diese chinesischen Aktien nicht direkt an der Börse zugelassen sind, werden sie aus organisatorischen und juristischen Gründen als American Depositary Receipts (ADR) gehandelt, eine Art Aktienersatz. American Depositary Receipts sind Hinterlegungsscheine, die von US-amerikanischen Banken herausgegeben werden. Sie beziehen sich auf eine bestimmte Stückzahl ausländischer Aktien. ADRs nehmen nicht an Kapitalerhöhungen teil, und entstehende Bezugsrechte bei der Emission junger Aktien werden veräußert, da die US-Gesetze ein solche Emission bei ausländischen Aktiengesellschaften nicht zulassen. In Deutschland werden ADRs als normale Inhaberpapiere gehandelt. Vielfach spielt bei ADRs auch die Relation zur zugrunde liegenden Aktie eine Rolle. Da in den USA „optisch" niedrige Aktienkurse bevorzugt werden, die unter 100 US-Dollar notieren, um auch für Kleinanleger Aktieninvestments erschwinglich zu machen, können ADRs nicht nur mehrere Stück einer Aktie bündeln, sondern sich ebenso auf einen Bruchteil einer Aktie beziehen.

N-Shares gelten als besonders profitabel und lukrativ, da die Zulassungskriterien in den USA streng sind. Eine ausreichende Liquidität bei den Handelsumsätzen und eine große Transparenz werden vorausgesetzt. Es sind lediglich 16 N-Shares notiert; weitere chinesische Aktien werden im amerikanischen Freiverkehr (OTC) gehandelt.

Die langfristige Performance der chinesischen Aktien wird entscheidend davon abhängen, ob es der chinesischen Regierung gelingt, die überhitzte Konjunktur ohne größere Turbulenzen und Einbrüche durch eine sinnvolle, kontrazyklische Wirtschaftspolitik abzukühlen. Auch die mangelnde Transparenz der Börsen und die starke staatliche Einflussnahme durch Kursabsprachen stellen ein Hindernis für ausländische Investitionen dar.

Darüber hinaus muss die Regierung in Peking das Problem der Massenarbeitslosigkeit auf dem Land und in den abgelegenen Provinzen bewältigen. Man schätzt, dass im weniger entwickelten Landesinneren Hunderte von Millionen Wanderarbeitern auf der Suche nach einer Beschäftigung sind. Damit geht auch die schwierige Privatisierung maroder Staatsbetriebe und die Gestaltung der Währungspolitik einher, die maßgeblichen Einfluss auf zukünftige Exportchancen haben wird. China ist letztlich ein Land mit krassen Gegensätzen: Während die Küstenregion und insbesondere das Perlfluss-Delta prosperieren und immer neue Rekorde schaffen, ist das Landesinnere von Arbeitslosigkeit und mangelnder Entwicklung gekennzeichnet. Die chinesische Regierung wird lange Zeit benötigen, um diesen Spagat zu meistern, aber die Chancen stehen angesichts einer Bevölkerung von 1,3 Milliarden Menschen, die beträchtlichen Nachholbedarf an allen erdenklichen Konsumgütern haben, sehr gut.

Investoren, die sich für China entschieden haben, sollten noch abwarten, bis die überhitzte Konjunktur sich beruhigt hat. Erst wenn die chinesischen Börsen wieder erkennbar anziehen, ist ein Einstieg sinnvoll. China kann, da das Land exzellente Entwicklungschancen hat, als ein langfristiges Investment gelten.

Zertifikate auf den chinesischen Aktienmarkt

Bei den Zertifikaten haben Sie die Wahl zwischen Papieren, die auf H-Aktien in Hongkong setzen, und den B-Aktien, die beispielsweise in Shanghai notiert werden. Die H-Aktien sind in dem Index HSCEI (Hang Seng Chinese Enterprises Index) zusammengefasst; es handelt sich hierbei um einen reinen Preisindex. Dieser Index umfasst 38 Einzelaktien, wobei – wie für Schwellenländer charakteristisch – bestimmte Branchen dominieren. Die Gewichtung erfolgt jährlich nach der durchschnittlichen Marktkapitalisierung. Die zugrunde liegende Währung, in der der Index notiert, ist der Hongkong-Dollar. Beim HSCEI machen Rohstoff- und Transportwerte mehr als 50 Prozent aus. Dieser Index spiegelt daher nicht die gesamte Branchenvielfalt der chinesischen Wirtschaft wider, wenngleich die beiden genannten Sektoren im Index sehr breit diversifiziert sind. Zu den Rohstoffwerten zählen neben Erdölunternehmen auch Kupfer- und Aluminiumproduzenten. Der Transportbereich fächert sich auf in Airlines, Reedereien und Eisenbahnunternehmen. Finanzwerte machen an der Gewichtung des Index über 13 Prozent aus. Einer der größten Werte im Börsenbarometer ist *China Telekom*, das in der Gewichtung auf einem der vorderen Plätze steht. Der HSCEI entwickelte sich kontinuierlicher und weniger volatil als die B-Aktien, die teilweise auch herbe Kursverluste mit sich bringen konnten.

Die Performance der chinesischen Aktien unterscheidet sich erheblich in Abhängigkeit vom gewählten Index. Während der HSCEI in einem Zeitraum von drei Jahren um mehr als 110 Prozent zulegen konnte, verbuchte der MSCI China nur einen eher mageren Zuwachs von knapp 50 Prozent im gleichen Zeitraum. Der *MSCI Golden Dragon*, der auch Taiwan mit seinem Branchenschwerpunkt im Bereich der IT-Technologie mit einbezieht, brachte es auf weniger als 20 Prozent. Das Gleiche gilt für den Hang Seng Index, der sich auf Hongkong konzentriert. Angesichts dieser deutlichen Unterschiede sollten Anleger vorsichtig auf dem chinesischen Aktienmarkt agieren. Denn obwohl das Land eine beispiellose und einzigartige Zukunftsperspektive besitzt, hängt die Performance an den chinesischen Aktienmärkten von einer Vielzahl anderer Faktoren ab.

Basis-wert	ISIN	Emissions-bank	Spread	Lauf-zeit	Ge-bühr	Div.	Bezugs-verhältnis	Quanto
HSCEI	DE0008158130	Société Gen.	0,50 %	Open end	–	Nein	1:10	Nein
HSCEI	DE000A0ABG39	ABN	1,33 %	Open end	–	Nein	1:10	Ja
B-Aktien	NL0000448900	ABN	2,50 %	Open end	–	Nein	1:1	Nein

Tab. 32: Beispiele für Zertifikate auf die chinesischen Aktienmärkte

3.2 Hongkong

Galt Hongkong früher als das Tor zur Welt, so ist der Glanz der einstigen Boomtown und britischen Kronkolonie verblasst. Das enorme Lohngefälle zwischen Hongkong und dem tüchtigen Festland hat zur Abwanderung von Unternehmen beigetragen, so dass die Wachstumsraten in den letzten Jahren heftig schwanken und nur noch vergleichsweise unterdurchschnittliche Werte erreichen. Während das Bruttoinlandsprodukt im Jahre 2000 noch eindrucksvolle 10 Prozent zulegte, wurde ein Jahr darauf nur mehr als ein halbes Prozent erreicht. Sicherlich muss man hier den weltweiten Einbruch der neuen Märkte der New Economy berücksichtigen, doch auch im Jahre 2003 erzielte Hongkong „nur" 4 Prozent, während das chinesische Festland mit über 9 Prozent Wirtschaftswachstum aufwarten konnte. Im Vergleich zu Deutschland ist Hongkong immer noch mehr als viermal besser, aber Anzeichen der Krise sind nicht zu übersehen.

Hongkong verdankt seine bisherige Spitzenstellung und seine herausragende Dynamik dem großen Strukturwandel, der in den letzten Jahrzehnten vollzogen wurde. Hongkong wandelte sich vom Produktionsstandort zu einem innovativen Dienstleistungszentrum. Im Jahre 2002 trug der sekundäre Sektor mit Industrie und Gewerbe nur noch 6,1 Prozent zur Wirtschaftsleistung bei. Import und Export, Groß- und Einzelhandel sowie Hotellerie und Gastronomie verbuchten einen Anteil von 32 Prozent an der gesamten Wirtschaftsleistung. Im Welthandel nimmt Hongkong Platz 8 ein und gilt als das Tor zu China. Es ist eine strategisch wichtige Drehscheibe im internationalen Handel und besitzt den mit Abstand größten Container- und Frachtflughafen der Welt. Die Finanz- und Geschäftsdienstleistungen sind perfektioniert und auf höchstem internationalen Niveau angesiedelt. Die große internationale Erfahrung und die Weltläufigkeit Hongkongs sichern der Stadt einen Spitzenplatz in der Rangliste der Wettbewerbsfähigkeit.

Langfristig wird Hongkong aber das Problem haben, dass die chinesische Küstenregion für viele Unternehmen zunehmend attraktiver wird und wie ein Magnet Direktinvestitionen anzieht. Als Finanz- und Dienstleistungszentrum wird Hongkong dennoch weiterhin eine wichtige Rolle spielen.

Zertifikate auf den Aktienmarkt in Hongkong

Anleger, die sich für Hongkong interessieren, können Zertifikate auf den Hang-Seng-Index erwerben. Der Hang-Seng-Index, der 1969 erstmals veröffentlicht wurde, wird als Preisindex nicht nur nach den gängigen Kriterien Marktkapitalisierung und Börsenumsätze zusammengestellt, sondern das zuständige Indexkomitee prüft zusätzlich die Solidität der einzelnen Unternehmen anhand von Finanzdaten. Auch legt man großen Wert darauf, dass die aufgenommenen Unternehmen die Branchenvielfalt und die wirtschaftlichen Verhältnisse in Hongkong widerspiegeln. Aufgrund dieser Besonderheit ist der als besonders solide und finanzstark geltende Finanzkonzern *HSBC* mit einem Drittel im Hang-Seng-Index vertreten. Zusammen mit den beiden Telekommunikationskonglomeraten *China Mobile* und *Hutchinson* machen die drei Unternehmen gut die Hälfte des Hang-Seng-Indexes aus. Viele Unternehmen, die darüber hinaus in diesem Index gelistet sind, führen zwar ihren Hauptsitz in Hongkong, aber ihre Geschäfte sind international ausgerichtet und haben ihren Schwerpunkt im Ausland. Daher kann der Hang-Seng-Index (HSI) nicht als ein typischer Länderindex angesehen werden. Zwar erhält auch der HSI viele Impulse von den Entwicklungen auf dem chinesischen Festland, die meisten Unternehmen sind aber in westlichen Märkten präsent.

Basis-wert	ISIN	Emissions-bank	Spread	Laufzeit	Ge-bühr	Div.	Bezugs-verhältnis	Quanto
HSI	DE0003721411	Deutsche Bank	0,62 %	Open end	–	Nein	1:10	Nein
HSI	DE000A0ABG21	ABN	1,49 %	Open end	–	Nein	1:100	Ja

Tab. 33: Zertifikate auf den Aktienindex in Hongkong (HSI)

3.3 Taiwan

Auf der Insel Taiwan mit einer Fläche von zirka 36 000 km² leben zirka 23 Millionen Menschen. In der Rangliste der Länder steht Taiwan, was den Export anbelangt, auf Platz 15, und als Exportland belegt die Insel den Platz 17. Auch Taiwan hatte in der Vergangenheit ein weit überdurchschnittliches Wirtschaftswachstum, das 2001 erstmals einen Rückgang des Bruttoinlandsprodukts von 2,2 Prozent hinnehmen musste. Danach stiegen die Wachstumsraten wieder auf 3 bis 4 Prozent.

Das Wachstum Taiwans ist hauptsächlich von der Exportwirtschaft abhängig, daher verfügt das Land nach Schätzungen von Experten über die drittgrößten Devisenreserven der Welt. Die Hälfte des Außenhandels wird mit Ländern wie den USA, Japan, Hongkong und China abgewickelt.

Die taiwanesische Wirtschaft ist eine der am meisten deregulierten der Welt. Sie kann als Modell für eine neoliberale Wirtschaftspolitik gelten; denn in kaum einem anderen Teil der Welt sind die Globalisierung, die Wettbewerbsfähigkeit und die Privatisierung so weit vorangeschritten. Im Jahre 2002 rief die Regierung ein Entwicklungsprogramm mit dem Namen „Herausforderung 2008" ins Leben, das mehrere wichtige Wirtschaftsziele formuliert. Taiwan strebt beispielsweise eine Steigerung der Ausgaben für Bildung, Forschung und Entwicklung auf drei Prozent des Bruttoinlandsprodukts an. Die Arbeitslosenquote soll auf vier Prozent verringert werden; die Wachstumsrate der Wirtschaft auf über fünf Prozent gesteigert werden. Flankiert und unterstützt werden diese Maßnahmen durch gezielte Steuersenkungen, die Investitionen in Taiwan attraktiv machen sollen. So können bestimmte Technologiebranchen eine Steuerbefreiung von bis zu fünf Jahren in Anspruch nehmen. Als Symbol der wirtschaftlichen Stärke gilt auch die Tatsache, dass in der Hauptstadt das höchste Hochhaus der Welt steht – das *Taipei 101*.

Taiwan ist weltweit einer der wichtigsten Chiplieferanten der Welt. Führend ist dabei das Unternehmen *Taiwan Semiconductor*, das 1987 gegründet wurde und als einer der größten Chiphersteller der Welt gilt. Taiwan hat eine zusätzliche Initiative gestartet, die so genannte *„Two Trillion and Twin Star Initiative"*, die die Umsätze des Halbleitersektors auf 25 Milliarden Euro erhöhen möchte. Zu den geförderten Schlüsselbranchen zählen neben der Chipproduktion die Herstellung von Flachbildschirmen und die Biotechnologie. Taiwan wird innerhalb kürzester Zeit nach derzeitigen Prognosen zum weltweit größten Hersteller von Flachbildschirmen avancieren. Schön heute gehört Taiwan in der IT-Branche zur Weltspitze. Produkte aus Taiwan finden sich praktisch in jedem Haushalt; das

Land ist führend bei der Produktion von statischen Speichern für PCs, bei der Entwicklung von Netzwerkverteilern und der Herstellung der WLAN-Technologie sowie von DVD-Laufwerken.

Die boomende Computer- und Telekommunikationsindustrie wäre ohne die Halbleiter aus Taiwan nicht funktionsfähig. Schon ein Erdbeben auf der Insel kann zu drastischen Engpässen bei Halbleiterelementen führen. Auch die Volksrepublik China, die Taiwan als abtrünnige Provinz betrachtet, verwendet für den Ausbau der Telekommunikationsstrukturen Halbleiter aus Taiwan. Viele Unternehmen haben längst eine Niederlassung im Reich der Mitte und profitieren von der hohen Nachfrage nach Computerchips und anderen elektronischen Bauteilen. Unzählige taiwanesische Unternehmer investieren aktiv und sachkundig auf dem chinesischen Festland.

Der Aktienmarkt in Taiwan

Die Börse konnte bisher nicht so sehr von diesem Boom und dem starken Wachstum profitieren. Die Entwicklung war in den letzten Jahren eher mäßig, und viele Investmentfonds haben Taiwan gegenüber anderen Ländern in der Region untergewichtet. Ein Grund dafür ist, dass viele taiwanesische Firmen ihre Produktionsstätten in das Ausland verlagert haben. Die Wettbewerbsfähigkeit wurde durch die Aufwertung der chinesischen Währung beeinträchtigt, und auch die enorm gestiegenen Energiekosten verhinderten einen nachhaltigen Börsenanstieg, da Taiwan zu hundert Prozent von Energieimporten abhängig ist. Die gesamte Industrie ist zudem sehr technologielastig, so dass ein Investment in Taiwan einem Engagement in der IT-Industrie gleichkommt.

Investoren, die sich speziell für die Insel interessieren, haben die Möglichkeit ein Zertifikat zu kaufen, das sich auf den MSCI Taiwan bezieht. Man sollte bedenken, dass die starke Ausrichtung der taiwanesischen Volkswirtschaft auf die Elektronik- und Computerindustrie erhebliche Schwankungen des Index nach sich ziehen kann. Wie der Zusammenbruch der New Economy zeigt, sind moderne Branchen wie Elektronik, Software, Computerindustrie und der Internetsektor äußerst schwankungsanfällig. Auch Taiwan vollzieht einen Strukturwandel, der durch das enorme Lohngefälle zwischen der Insel und dem chinesischen Festland entsteht.

Basis-wert	ISIN	Emissions-bank	Spread	Laufzeit	Ge-bühr	Div.	Bezugs-verhältnis	Quanto
MSCI Taiwan	NL0000331429	ABN	1,50 %	Open end	–	Nein	10:1	Nein

Tab. 34: Beispiel für ein Zertifikat auf den taiwanesischen Aktienmarkt

3.4 Thailand

Auch Thailand profitiert von der großen Dynamik Chinas. Das Land wies in den neunziger Jahren weit überdurchschnittliche Wachstumsraten auf. Eine schwere Zäsur in der Erfolgsgeschichte des Landes bedeutete die Asienkrise im Jahre 1997, die zu einem drastischen Rückgang der Aktienkurse führte. Im Krisenjahr sank das Bruttoinlandsprodukt um fast zwei Prozent, und im Jahr 1998, als die Krise ihr volles Ausmaß annahm, reduzierte sich das thailändische Bruttoinlandsprodukt um mehr als zehn Prozent. Diese verheerende Asienkrise erfasste nicht nur Thailand, sondern die gesamte Region. In den Folgejahren 1999 und 2000 erholte sich die Wirtschaft teilweise wieder und erreichte Wachstumsraten von fast fünf Prozent. 2002 und 2003 lagen die Wachstumsraten des Bruttoinlandsprodukts wieder über sechs Prozent.

In der Rangliste der am stärksten wachsenden Volkswirtschaften rangiert Thailand noch vor Singapur, Malaysia, Südkorea und Taiwan. Die thailändische Regierung fördert durch ein breit angelegtes Investitionsprogramm, das insbesondere dem Ausbau der Infrastruktur dient, die Konjunktur und hat umfassende Steuersenkungen durchgesetzt. Seit der Jahrtausendwende hat der thailändische Aktienmarkt eine bessere Wertentwicklung gebracht als die meisten anderen Börsen in der Region. Anleger, die sich speziell für Thailand interessieren, können Zertifikate auf den Index der Börse in Bangkok kaufen, den S. E. T. 50.

Basis-wert	ISIN	Emissions-bank	Spread	Laufzeit	Ge-bühr	Div.	Bezugs-verhältnis	Quanto
S.E.T. 50	NL0000322865	ABN	1,04 %	Open end	–	Nein	100:1	Nein

Tab. 35: Beispiel für ein Zertifikat auf den thailändischen Aktienmarkt

3.5 Singapur

Der Stadtstaat Singapur galt früher als einer der bevorzugten Wirtschaftsstandorte in Asien, da er sich durch eine hohe Sicherheit und günstige Investitionsbedingungen auszeichnet. Die Wirtschaftspolitik in Singapur sieht den kontinuierlichen Abbau von Handelshemmnissen vor und setzt unumwunden auf eine freie Marktwirtschaft, die sich an den Erfordernissen der Globalisierung orientiert. Singapur vertritt das Prinzip der Nichteinmischung und unterhält vielfältige Beziehungen zu ASEAN-Ländern wie Brunei, Malaysia, Indonesien, Laos, Thailand und Vietnam. Um hoch qualifizierte Fachkräfte und Spezialisten gezielt anzuwerben, betreibt der kleine Stadtstaat eine systematische Einwanderungspolitik, die den Wirtschaftsstandort stärken soll. Die Wirtschaft ist hoch industrialisiert und zeichnet sich durch ein weltweit führendes Maß an Weltoffenheit und Wettbewerbsfähigkeit aus. Singapur zählt in den Rankinglisten internationaler Wirtschaftsforschungsinstitute zu den vorteilhaftesten Wirtschaftsstandorten der Welt. Der Stadtstaat engagiert sich in der Welthandelsorganisation (WTO) und hat zusätzlich zur weiteren Liberalisierung des Handels zahlreiche bilaterale Abkommen mit einzelnen Staaten wie Japan, Australien, den USA und Neuseeland abgeschlossen. Viele multinationale Unternehmen haben sich in Singapur angesiedelt.

Zu den wichtigsten Branchen zählen neben Elektronik und Informationstechnologie die erdölverarbeitende Industrie sowie Gen- und Biotechnologie. Das Bildungswesen ist in Singapur sehr gut ausgebaut und auf die Förderung innovativer, zukunftsträchtiger Technologien ausgerichtet. Im Dienstleistungssektor finden sich vor allem Unternehmen aus den Branchen Logistik, Transport und Finanzen. Singapur verfügt zudem über eine hervorragende Infrastruktur, zu der auch der Container-Umschlaghafen zählt, einer der wichtigsten und effizientesten Seehäfen der Welt.

3.6 Indien

Indien ist nach China mit etwas über einer Milliarde Einwohnern das bevölkerungsreichste Land der Welt. Obwohl ein Großteil der

Bevölkerung unter dem Niveau lebt, das Chinesen zur Verfügung steht, gibt es in Indien gut ausgebildete und hoch qualifizierte Fachkräfte, die meist fließend und perfekt Englisch sprechen. Die Zahl der Hochschulabsolventen liegt bei jährlich 1,5 Millionen. Obgleich das Land noch von der allgegenwärtigen Landwirtschaft dominiert wird, expandieren sowohl der Industrie- als auch der Dienstleistungssektor. Die unzähligen Outsourcing-Projekte europäischer und amerikanischer Unternehmen haben dazu geführt, dass in Indien eine boomende, serviceorientierte Softwarebranche entstanden ist. Die Spitzenkräfte in Indien, die die gleiche Qualifikation wie europäische Informatiker besitzen, helfen, die Personalkosten zu senken. Inzwischen werden sogar in der Automobilkonstruktion, im Ingenieurwesen und im Software-Engineering immer mehr Aktivitäten nach Indien verlagert.

Anders als viele südostasiatische Länder war Indien von der Asienkrise 1997 so gut wie nicht betroffen. Das Land wächst mit gleich bleibend hohen Raten. 1997 lag das Wirtschaftswachstum bei über 4,4 Prozent und in den Folgejahren fiel es bis auf das Jahr 2002 nie unter vier Prozent. Im Jahre 2003 erreichte es sogar den Spitzenwert von über acht Prozent. Im Gegensatz zu etlichen anderen Ländern in Südostasien ist die indische Wirtschaft durch eine breite Branchenstreuung charakterisiert. Staatliche Eingriffe und Subventionen sind weniger verbreitet als China, und indische Geschäftsleute entwickeln eine ausgeprägtere Eigeninitiative, die die Wettbewerbsfähigkeit erhöht. Die Kapitalrendite liegt – dem indischen Industrieverband zufolge – bei durchschnittlich 19 Prozent, während sie für China auf 14 Prozent beziffert wird. Die indische Wirtschaft gehört zur Spitze in den Branchen Informationstechnologie, Pharma, Biotechnologie und Raumfahrtforschung.

Ein umfassendes Privatisierungsprogramm, das von der Regierung eingeleitet und durchgesetzt wurde, führt vor allem zu positiven Effekten in der Öl- und Gasindustrie sowie in der Telekommunikationsbranche. Die IT-Branche konzentriert sich auf Mumbai, das frühere Bombay; diese Region wird bereits als das *„Silicon Valley Asiens"* bezeichnet. Über 80 Unternehmen in Indien haben eine Marktkapitalisierung von mehr als einer Milliarde US-Dollar. Im Jahre 2005 lag das Wirtschaftswachstum bei über 7 Prozent. Es wird geschätzt, dass ein Fünftel der indischen Bevölkerung dem Mittelstand angehört.

Der indische Aktienmarkt

Der indische Aktienmarkt ist bereits merklich angestiegen; aber langfristig hat das riesige Land ähnlich wie China eine große Chance, zu den Topperformern unter den Aktienmärkten aufzusteigen. Anleger, die sich für Indien interessieren, sollten ein Zertifikat erwerben, das sich auf den bekanntesten Index, den Nifty 50, bezieht. Darüber hinaus gibt es auch die Möglichkeit das Risiko breiter zu streuen, indem Sie ein Zertifikat erwerben, das sich über mehrere Länder erstreckt wie die BRIC-Zertifikate, die gleichzeitig auf die Aktienmärkte in Brasilien, Russland, Indien und China setzen.

Basis-wert	ISIN	Emissions-bank	Spread	Lauf-zeit	Ge-bühr	Div.	Bezugs-verhältnis	Quanto
Nifty 50 Top 40	NL0000202166	ABN	1,03 %	Open end	0,30 % p. a.	Nein	1:1	Nein

Tab. 36: Beispiel für ein Zertifikat auf den indischen Aktienmarkt

3.7 Südkorea

Südkorea profitiert von der Stärke und der Wachstumsdynamik Chinas, denn das Reich der Mitte ist das Hauptexportland. Südkorea gilt als die zehntgrößte Volkswirtschaft der Welt. Die dramatische Asienkrise von 1997 traf das Land mit am schwersten; beinahe wäre es zum Staatsbankrott gekommen. Nur dank der Hilfe des Internationalen Währungsfonds (IWF) gelang es, das Land in einem mühsamen und beschwerlichen Anpassungsprozess wieder auf Kurs zu bringen. Diese Umstrukturierung war mit erheblichen Härten und Einbußen verbunden. Doch im Gegensatz zu Japan konnte Südkorea mit viel Geschick und Umsicht die notwendigen Strukturreformen vorantreiben und beispielsweise das Bankensystem von Grund auf erneuern und stabilisieren.

Noch 1960 galt Südkorea als eines der ärmsten Länder der Welt. Südkorea war nach 35-jähriger japanischer Kolonialherrschaft ein unterentwickeltes Agrarland geblieben. Der Korea-Krieg hatte das

Land größtenteils zerstört und seine Lebensadern aufgrund der Teilung des Landes abgeschnitten. Dank einer unvorstellbaren wirtschaftlichen Dynamik und einem hohen Maß an Fleiß und Disziplin gelang es Südkorea, auf Platz 10 in der Weltrangliste aufzusteigen – gemessen am Bruttoinlandsprodukt. Die Unternehmensgewinne in Südkorea steigen im Durchschnitt pro Jahr um 15 bis 20 Prozent. Nach der Jahrtausendwende lagen die Wachstumsraten um die fünf Prozent jährlich mit geringfügigen Schwankungen.

Südkorea ist eine Hochtechnologie-Nation, die weltweit Anerkennung findet. Das Land zeichnet sich vor allem durch seine Industrie, die Bauwirtschaft und den Finanzdienstleistungssektor aus. Südkorea ist darüber hinaus nicht nur einer der Spitzenreiter bei Hochgeschwindigkeitsanschlüssen und Breitbandzugängen im weltweiten Vergleich, sondern das Land verfügt auch über Topqualifikationen im Bereich der biotechnologischen Forschung. Die Regierung fördert gezielt einzelne Zukunftsbranchen wie Raumfahrt, Biotechnologie, Nano- und Informationstechnologie. Die Infrastruktur wird mit großem Elan systematisch ausgebaut; Südkorea möchte eine Brückenfunktion zwischen dem pazifischen Wirtschaftsraum und Europa wahrnehmen.

Zu den bedeutendsten Handelspartnern zählen China, die USA, Japan und Hongkong. Die Wirtschaftsgeschichte Südkoreas ist die Geschichte eines Landes, das sich vom Armenhaus zu einer wohlhabenden und dynamischen Industrienation mauserte. Anders als vielen Industrieländern gelang es Südkorea, die Wachstumsdynamik bis in die Gegenwart aufrechtzuerhalten. Erkennbar ist dieser beispiellose Erfolgskurs daran, dass das asiatische Land in die OECD aufgenommen wurde, einem exklusiven Wirtschaftsclub westlicher Nationen.

Der Aktienmarkt in Südkorea

Der wichtigste Börsenindex und damit der Leitindex in Seoul ist der KOSPI 200, der nach der Marktkapitalisierung der einzelnen Unternehmen gewichtet ist und in der heimischen Währung, dem koreanischen Won, notiert; *Samsung* gehört mit fast einem Viertel in der Indexgewichtung zur wichtigsten Aktie, die das Börsenbarometer enthält. Anleger sollten beachten, dass viele der Schwergewichte im KOSPI 200 weniger regionale Firmen als international ausgerichtete Konzerne sind, die den Schwerpunkt ihrer Geschäfte im Ausland haben. Dazu gehören neben dem Automobilkonzern *Hyundai* das Chemieunternehmen *LG Chemical* und das im Bereich Unterhaltungs- und Haushaltselektronik positionierte *LG Electronics*. Die 200 Aktien des KOSPI repräsentieren 93 Prozent der Börsenkapitalisierung in Südkorea. Somit ist der KOSPI ein breit angelegter Länderindex, der neben international agierenden Konzernen auch regional tätige Firmen umfasst.

Basis-wert	ISIN	Emissions-bank	Spread	Laufzeit	Ge-bühr	Div.	Bezugs-verhältnis	Quanto
KOSPI 200	DE0005715155	ABN	0,09 %	Open end	–	Nein	1000:1	Nein

Tab. 37: Beispiel für ein Zertifikat auf den südkoreanischen Aktienmarkt

3.8 Russland

Russland hat in den letzten Jahren erheblich an Wachstum zugelegt. Nach der schweren Krise von 1998, die das Land zutiefst erschütterte, erholte sich die Wirtschaft mit großen Schritten. Das Wirtschaftswachstum lag in den letzten fünf Jahren fortlaufend bei über fünf Prozent. jährlich. Hauptursache ist vor allem die seit 2002 boomende Erdölindustrie, die dem Land hohe Steuereinnahmen beschert und einer der wichtigsten Exportartikel ist. Russische Ölkonzerne arbeiten aufgrund des niedrigen Lohnniveaus unter wesentlich besseren Voraussetzungen als ausländische Konzerne. Der drastische Anstieg des Erdölpreises, der auch durch die hohe Nachfrage aus China weiter angeheizt wird, ließ Russland zu einem Boomland werden. Russland besitzt die größten Erdgasreserven der Welt und steht in der Rangliste der Erdölförderländer an achter Stelle. Viele internationale Konzerne in diesem Sektor haben ihre Investitionen in Russland erheblich ausgeweitet.

Der Aktienmarkt in Russland

Im Vergleich zu anderen Ländern sind russische Aktien – auch aufgrund der politischen und rechtlichen Unwägbarkeiten in der

Vergangenheit – relativ niedrig bewertet. Eine starke Aktienrallye im Jahre 2005 machte deutlich, dass Russland in den Fokus des Anlegerinteresses gerückt ist.

Ein breit gestreutes Investment in russische Aktien ermöglicht ein Zertifikat auf den RDX-Index. Bei diesem Index handelt es sich um einen Auswahlindex; denn der Aktienerwerb ist für Ausländer in Russland erheblich eingeschränkt. Selbst an der Wiener Börse, die aufgrund ihrer Nähe zu Osteuropa eine Mittlerfunktion innehat, sind nur wenige russische Standardwerte notiert. Als Hilfsmittel verwendet man so genannte „Global Depositary Receipts" (GDRs). Diese Wertpapiere ersetzen die Aktien, die für Ausländer nicht zugänglich sind, indem eine Partnerbank in dem jeweiligen Land die eigentlichen Aktien in ihrem Depot hält. Das ist für Ausländer die einzige Möglichkeit, um sich an einem solch restriktiv angelegten Aktienmarkt zu beteiligen. Leider haben diese Global Depositary Receipts (GDRs) den Nachteil, dass für sie kaum Umsätze zustande kommen und die Liquidität gering ist.

Aufgrund dieser enormen Schwierigkeiten beim Zugang zum russischen Markt versucht der RDX-Index eine Auswahl der besten Standardwerte vorzunehmen. Das Indexkomitee tagt vierteljährlich und bestimmt die Zusammensetzung des RDX anhand der Kriterien Liquidität, Börsenkapitalisierung sowie der Repräsentativität der Sektoren und Märkte. Keine Aktie darf mehr als ein Viertel am Index ausmachen. Diese bereits im Vergleich zu anderen Indizes extrem hohe mögliche Gewichtung einer Aktiengesellschaft wird noch dadurch ungünstig beeinflusst, dass der RDX nur acht Unternehmen umfasst, die zu 80 Prozent im Bereich der Öl- und Gasförderung angesiedelt sind. Ähnlich wie die Börsen in Kanada, Südafrika und Australien ist Russland somit eine noch stärker ausgeprägte Rohstoffbörse, die gänzlich von den Preisen für Erdöl und Erdgas abhängig ist.

Ein starker Preisrückgang beim schwarzen Gold, wie er nach der jahrelangen Hausse der Erdölpreise sehr wahrscheinlich ist, wird auch die russische Börse deutlich in Mitleidenschaft ziehen. Die Wertentwicklung der russischen Börse spiegelt also in erster Linie die nach der Jahrtausendwende einsetzende Hausse der Rohstoffpreise – und insbesondere des Erdöls – wider und nicht den Aufbruch Russlands als mögliche Industrienation. Zertifikate auf den RDX-Index sind daher nur als Depotbeimischung geeignet, da man von den Rohstoffpreisen durch spezielle Rohstoffzertifikate oder Branchenzertifikate im Bereich der Erdölindustrie besser profitieren kann.

Für Anleger, die mehr auf Sicherheit setzen, empfiehlt es sich, stattdessen ein Zertifikat auf den CECE-Index zu erwerben. Der CECE-Index fasst mehrere osteuropäische Länder zusammen. Der russische Aktienmarkt ist im Vergleich zu den Börsen in Budapest, Prag, Bratislava und Warschau sehr rohstofflastig. Eine Konsolidierung des Erdölpreises würde auch zu Einbußen bei den russischen Rohstoffaktien führen, zumal die Börse bereits eine überdurchschnittliche Wertsteigerung hinter sich hat.

Basis-wert	ISIN	Emissions-bank	Spread	Laufzeit	Ge-bühr	Div.	Bezugs-verhältnis	Quanto
RDX-Euro	AT0000481221	RCB	0,56 %	Open end	–	Nein	1:100	Ja
RTX in US-$	DE000GS8SLF2	GOS	1,47 %	Open end	–	Nein	1:100	Nein

Tab. 38: Beispiele für Zertifikate auf den russischen Aktienmarkt

3.9 Polen

Deutschlands Nachbar Polen hat den Übergang von der staatlich gelenkten Zentralverwaltungswirtschaft zur freien Marktwirtschaft mit Bravur und Engagement bewältigt. Vergleicht man Ostdeutschland, das trotz milliardenschwerer Subventionen noch immer am Tropf des Westen hängt und fast fünf Prozent des Bruttoinlandsprodukts als Transferleistungen benötigt, mit dem erfolgreichen Polen, dann verdient die Eigeninitiative und die hohe Dynamik der polnischen Wirtschaft besonderes Lob und hohe Anerkennung. Allein im Jahre 2003 erreichte die polnische Wirtschaft ein rekordverdächtiges Wirtschaftswachstum von sieben Prozent. Seit dem liegen die Wachstumsraten bei durchschnittlich vier Prozent. Die wichtigsten Wirtschaftssektoren sind die Landwirtschaft und die Industrie. Die größten Deviseneinnahmen erzielt Polen mit dem Export von Nutzvieh, jedoch ist die Agrarwirtschaft im Vergleich mit den westlichen EU-Ländern weniger wettbewerbsfähig und nur unzureichend technisiert, was in Zukunft zu Einbußen führen wird.

Die Industrie in Polen wird von der Lebensmittelverarbeitung, dem Bergbau, dem Maschinenbau und der Hüttenindustrie dominiert. Der wichtigste Handelspartner ist Deutschland. In Zukunft wird sich vermutlich das starke Wachstum abschwächen, da die neuen EU-Beitrittsländer wie Rumänien und Bulgarien im Wettlauf um niedrigere Personalkosten und optimale Produktionsstandorte weitere Vorteile bieten. Wer in Polen investieren möchte, kann auf ein Zertifikat setzen, das sich auf den WIG 20 oder den PTX, der in Euro berechnet wird, bezieht.

Basis-wert	ISIN	Emissions-bank	Spread	Laufzeit	Ge-bühr	Div.	Bezugs-verhältnis	Quanto
PTX (Euro)	AT0000454178	RCB	0,71 %	Open end	–	Nein	1:100	Ja

Tab. 39: Beispiel für ein Zertifikat auf den polnischen Aktienmarkt

3.10 Tschechien

Die tschechische Wirtschaft konnte sich im Vergleich zu Polen weniger dynamisch entwickeln; inzwischen haben etliche Wirtschaftsreformen zu einer Beschleunigung des Wachstums beigetragen, so dass nun die Börse in Prag zu einer der Favoriten in Osteuropa zählt. Im Jahre 2003 lag das Wirtschaftswachstum wieder bei über vier Prozent. Deutschland, die Slowakei, Großbritannien, Österreich und Frankreich gehören zu den wichtigsten Exportmärkten, die das kleine Land mit seinen über zehn Millionen Einwohnern bedient. Neben der Produktion von Autos und dem Maschinenbau gehört die Elektrobranche zu den Schwerpunktindustrien. Die Regierung in Prag setzte in den letzten Jahren einige Steuerreformen durch, die zu einem starken Anstieg der ausländischen Direktinvestitionen führten und das Land zu einem wichtigen Investitionsstandort machen. Die wichtigsten Indizes der Prager Börse sind der PXD und der PX-50.

Basis-wert	ISIN	Emissions-bank	Spread	Laufzeit	Ge-bühr	Div.	Bezugs-verhältnis	Quanto
PX-50	CH0021606139	UBS	0,96 %	Open end	–	Nein	1:1	Nein

Tab. 40: Beispiel für ein Zertifikat auf den tschechischen Aktienmarkt

3.11 Ungarn

Auch Ungarn wies in den letzten Jahren im Durchschnitt ein Wirtschaftswachstum von über vier Prozent auf. Viele Industriezweige boomen; denn die Reallohnsteigerungen waren beträchtlich. Eine zunehmende Inlandsnachfrage treibt die Wirtschaft voran und führt zu einem anhaltenden Konsumboom. Auch der Tourismus ist eine wichtige Einnahmequelle. Zu den industriellen Schwerpunkten zählen Maschinenbau und Automobilindustrie, Telekommunikation und Elektronik. Darüber hinaus exportiert Ungarn landwirtschaftliche Produkte. Nach Anfangsschwierigkeiten in den neunziger Jahren stabilisiert sich das Land zusehends; auch das Leistungsbilanzdefizit konnte kontinuierlich gesenkt werden. Inzwischen hat Ungarn von allen osteuropäischen Ländern die höchsten ausländischen Direktinvestitionen pro Kopf.

Auch in den letzten Jahren entwickelte sich der Aktienmarkt sehr erfreulich und wies hohe Steigerungsraten auf. Der wichtigste Aktienindex in Budapest ist der BUX. Am 20. Juli 2005 übersprang der Bux die wichtige Marke von 20 000 Punkten. Der Bux umfasst eine Marktkapitalisierung von 25 Milliarden Euro und spiegelt 58 Prozent des Gesamtwertes aller ungarischen Aktiengesellschaften wider. Der Bux enthält 12 Aktiengesellschaften, von denen vier im Vordergrund stehen. Neunzig Prozent des Gesamtwertes entfallen auf diese vier Unternehmen, zu denen die *OTP Bank*, der Öl- und Gaskonzern *MOL*, das Pharmaunternehmen *Gedeon Richter* und das Telekommunikationsunternehmen *Magyar Telecom* zählen.

Basis-wert	ISIN	Emissions-bank	Spread	Laufzeit	Ge-bühr	Div.	Bezugs-verhältnis	Quanto
HTX (Euro)	AT0000454194	RCB	0,80 %	Open end	–	Nein	1:100	Ja

Tab. 41: Beispiel für ein Zertifikat auf den ungarischen Aktienmarkt

3.12 Investieren in Osteuropa

Ein breit gestreutes Depot wird die osteuropäischen Märkte, die in den letzten Jahren einen beispiellosen Boom durchlebten, mit einbeziehen.

Börse	Internet
Bratislava	http://www.bsse.sk/
Litauen	http://www.nse.lt/
Ljubljana	http://www.ljse.si/
Prag	http://www.pse.cz/defaulten.htm
Riga	http://www.rfb.lv/
Tallinn	http://www.tse.ee/
Zagreb	http://www.zse.hr/

Tab. 42: Börsenplätze in Osteuropa

Als Zertifikate kommen vor allem solche in Frage, die sich auf alle osteuropäischen Märkte beziehen. Diese werden durch den CECE-Index abgebildet, der die Indizes der Länder Polen, Tschechien und Ungarn zusammenfasst. Auch einzelne osteuropäische Indizes sind denkbar, wobei Länder wie Polen (PTX), Tschechien (CTX) und Ungarn (HTX, BUX) aufgrund ihrer wirtschaftlichen Rahmenbedingungen als sicher gelten. Von einem Investment auf den russischen Aktienindex sei eher abgeraten; Russland (RDX) sollte nur als Depotbeimischung erwogen werden. Dasselbe gilt für die Türkei (ISE 30).

Basis-wert	ISIN	Emissions-bank	Spread	Laufzeit	Ge-bühr	Div.	Bezugs-verhältnis	Quanto
CECE (Euro)	NL0000212009	ABN	0,46 %	Open end	–	Nein	1:100	Nein
ISE 30	DE000DB0AMD2	Deutsche Bank	1,23 %	Open end	–	Nein	1000:1	Nein

Tab. 43: Beispiel für Zertifikate auf Osteuropa und die Türkei

3.13 Die anderen Emerging Markets

Die anderen, bislang noch nicht erwähnten Emerging Markets finden bei den Anlegern oft weniger Beachtung, da die Börsen sehr viel kleiner sind und es kaum Zertifikate auf diese Aktienmärkte gibt. Nichtsdestoweniger sollten Sie diese kleineren Länder nicht außer Acht lassen, da deren Performance oft noch höher ist als die der größeren und bekannteren osteuropäischen Länder.

Das Baltikum, Slowenien und die Slowakei

Ein typisches Beispiel ist Slowenien, dessen Pro-Kopf-Einkommen bereits heute über dem von Portugal liegt. Das kleine Land mit einer Bevölkerung von nur zwei Millionen Einwohnern hatte 2004 und 2005 ein Wirtschaftswachstum, das über vier Prozent erreichte. Sowohl der Konsum als auch die Exporte legten deutlich zu. Überdurchschnittliche Lohnzuwächse und ein gefestigtes Wachstum machen Slowenien zu einem prosperierenden Land in Osteuropa.

Noch besser schneidet die Slowakei ab, die 2004 und 2005 ein Wirtschaftswachstum von über fünf Prozent verbuchen konnte. Die niedrigen Steuern und ein ausgezeichnetes Wirtschaftsklima machen das Land für ausländische Investoren besonders interessant. Auch in der Automobilproduktion ist die Slowakei ein begehrter Standort. Diese herausragenden Strukturmerkmale manifestieren sich auch in der Wertentwicklung der Börse. Der Aktienindex der Slowakei, der SAX, konnte von Mitte 2004 bis Sommer 2005 um mehr als 168 Prozent zulegen und erreichte damit die beste Performance von allen osteuropäischen Ländern.

Die baltischen Staaten gehören ebenfalls zu den wachstumsstarken Ländern. Litauen beispielsweise hat eine geringe Staatsverschuldung, so dass der Beitritt zur Eurozone bereits im Jahre 2007 vollzogen werden könnte. Estland weist für die Jahre 2004 und 2005 ein Wirtschaftswachstum von über 6 Prozent auf. Auch hier wird die Euro-Einführung für das Jahr 2007 prognostiziert. Lettland hingegen leidet unter einem hohen Leistungsbilanzdefizit; vorteilhaft sind hier nur die gute Beschäftigungslage und ein erstaunliches Wirtschaftswachstum von acht Prozent im Jahre 2004 und 7,3 Prozent im Jahre 2005.

Rumänien und Bulgarien

Von den größeren osteuropäischen Ländern sind vor allem Rumänien und Bulgarien von großer Bedeutung. Der EU-Beitritt beider Länder im Jahre 2007 gilt trotz der Verfassungskrise der Europäischen Union als sicher. Rumänien ist zu einem der interessantesten Standorte für ausländische Investoren geworden: Ein erstaunlich niedriges Lohnniveau, eine boomende Wirtschaft und ein Steuersatz von 16 Prozent machen das Land zu einem attraktiven Investitionsstandort. Der Aktienindex der Bukarester Börse, der BET 10, stieg seit Sommer 2004 innerhalb eines Jahres um 97 Prozent. Im Jahr 2004 lag das Wirtschaftswachstum bei 8,3 Prozent.

Auch das benachbarte Bulgarien gewinnt zunehmend an Attraktivität. Die äußerst niedrigen Löhne und eine enorm steigende Industrieproduktion locken immer mehr Investoren in das Land, das 2004 ein Wirtschaftswachstum von 5,7 Prozent erzielte. Der Aktienindex der Börse in Sofia, der SOFIX, kletterte seit Mitte 2004 in einem Jahr um 64 Prozent nach oben.

Für Anleger ist es schwierig, in Sofia und Bukarest Geld anzulegen; die Märkte sind zwar reizvoll und noch relativ niedrig bewertet, aber ziemlich illiquide. Bislang gibt es nur ein Indexzertifikat auf Rumänien, das von der österreichischen *Centro-Bank* emittiert wurde. Auch die anderen Märkte, speziell die baltischen Länder, sind bisher über Zertifikate nicht zugänglich. Interessierte Anleger sollten auf gut positionierte und leistungsstarke Investmentfonds ausweichen.

Basis-wert	ISIN	Emissions-bank	Spread	Laufzeit	Ge-bühr	Div.	Bezugs-verhältnis	Quanto
ROTX	AT0000481403	RCB	0,66 %	Open end	–	Nein	1:100	Nein

Tab. 44: Beispiel für ein Zertifikat auf den rumänischen Aktienmarkt

Ägypten

Ein Outperformer, der den internationalen Beobachtern durch eine besonders ausgeprägte Wertentwicklung auffiel, ist das Land am Nil. Obwohl der Nahe Osten als instabile Region gilt und die meisten Anleger diese Länder grundsätzlich meiden, konnte Ägypten überzeugen. An den beiden Börsen in Kairo und Alexandria notieren über 100 Unternehmen mit einem Marktwert von 50 Milliarden Euro. Auch europäische Konzerne wie *Vodafone* und die französische *Société Générale*. Der ägyptische Leitindex Case 30 erreichte in den Jahren 2004 und 2005 eine Performance von insgesamt mehr als 430 Prozent. Für das Jahr 2005 wird ein Wirtschaftswachstum von fünf Prozent prognostiziert. Die umfangreichen Privatisierungen, ein umfassendes Steuersenkungsprogramm und zusätzliche Einnahmen aus der Gasförderung haben zu dem Wirtschaftsboom in dem Land am Nil beigetragen. Aufgrund der bereits angestiegenen Aktienkurse und der Unsicherheit in der Region eignet sich – wenn überhaupt – ein solches Zertifikat, das *ABN Amro Bank* emittiert hat, nur als geringfügige Depotbeimischung.

Basis-wert	ISIN	Emissions-bank	Spread	Laufzeit	Ge-bühr	Div.	Bezugs-verhältnis	Quanto
CASE 30	NL0000047991	ABN	2,25 %	Open end	–	Nein	1:10	Nein

Tab. 45: Zertifikat auf den ägyptischen Aktienmarkt

Vietnam

Andere Länder, die ebenfalls durch hohe Wachstumsraten gekennzeichnet sind, können durch Investoren nur schwer erschlossen werden. Ein typisches Beispiel ist Vietnam, dessen Exporte im Jahre 2004 um fast 30 Prozent anstiegen. Die Regierung plant für den Zeitraum von 2006 bis 2010 ein jährliches Wirtschaftswachstum von 7,5 Prozent. Bereits im Jahre 2004 erreichte Vietnam ein Wachstum von 7,7 Prozent. Obwohl noch mehr als 60 Prozent der Bevölkerung in der Landwirtschaft tätig sind, hat Vietnam als ein noch relativ wenig beachtetes Schwellenland ein enormes Potenzial. Anders als manche Länder in der Region fördert Vietnam im Südchinesischen Meer Öl und Gas. Ein WTO-Beitritt des Landes gilt bereits als sicher.

Der Aktienindex der vietnamesischen Börse (*Vietnam Stock Exchange Index*) besteht aus lediglich fünf Aktien. Insgesamt werden 30 Werte gehandelt. Aufgrund dieser geringen Handelsbreite und der unzureichenden Liquidität gibt es bisher weder ein Zertifikat auf vietnamesische Aktien noch einen in Deutschland zugelassenen Investmentfonds. Sollte jedoch eines Tages ein MSCI-Index für Vietnam erstellt werden, werden auch Zertifikate und Investmentfonds erhältlich sein. Die daraus resultierende, sprunghafte Nachfrage nach vietnamesischen Aktien würde einen erheblichen Kursanstieg auslösen.

3.14 Die Bedeutung der Emerging Markets

In einem weltweit gestreuten Portfolio dürfen die Emerging Markets nicht fehlen. Die Schwellenmärkte überzeugen durch ihr gigantisches Wirtschaftswachstum und die beispiellose Dynamik, die den Aktienmärkten zu einer besonderen Performance verhilft. Wer jemals einen Blick auf die Skyline von Shanghai oder Bangkok geworfen hat, wird sofort erkennen, wo die Märkte der Zukunft liegen. Emerging Markets haben aber den Nachteil, dass ihre Wertentwicklung starken Schwankungen unterworfen ist. Wie die Asienkrise von 1997 zeigte, sind diese Länder besonders krisenanfällig und instabil. Die indonesische Währung beispielsweise fiel damals ins Bodenlose, und auch in Thailand brachen die Aktienkurse dramatisch ein. Der Staatsbankrott Argentiniens stellt ein weiteres markantes Beispiel für die Instabilität dieser Länder dar.

Dennoch wäre es falsch, diese Regionen aufgrund der Risiken zu meiden. Während in Europa und Nordamerika viele Anleger durch die Jahrhundertbaisse in den Jahren zwischen 2000 und 2003 gewaltige Verluste hinnehmen mussten (zeitweise verlor der NEMAX, der inzwischen abgeschaffte Index des Neuen Marktes über 90 % seines Wertes!), boomten die Börsen der Schwellenländer. China eilte mit einem jährlichen Wirtschaftswachstum von 8 bis 9 % von Rekord zu Rekord; die osteuropäischen Märkte stürmten neue Gipfel, und auch in Indien und Lateinamerika verzeichneten die Börsen immer neue Höchststände. Während die Anleger in Europa und Nordamerika über den Verfall der Internetwerte jammerten, bemerkte kaum einer, wie sehr die Emerging Markets sich anschickten, eine Spitzenperformance zu erzielen. Wer auf westliche Technologiewerte gesetzt hatte, verlor fast alles, während in Moskau, Budapest, Warschau, Hongkong, Caracas und Bangkok Rekordstimmung herrschte.

Da diese Börsen sich unabhängig von den westlichen Märkten verhalten, bilden sie ein Gegengewicht, das dazu beitragen kann, das Depot besser auszutarieren. Selbst wenn in Paris oder Frankfurt die Kurse nachgeben, kann es sein, dass gerade in Indien, Thailand, Malaysia oder Venezuela ein neuer Börsenboom beginnt.

Natürlich gab es auch lange Phasen in der Börsengeschichte, in der die Emerging Markets stagnierten oder sanken. Langfristig jedoch ist diesen dynamischen Ländern mit ihren großen Märkten eine brillante Zukunft sicher. Depots für die Altersvorsorge sollten ohnehin einen Zeithorizont von 10 oder 20 Jahren haben. Daher ist es ratsam, die Emerging Markets in ein breit gestreutes Portfolio mit aufzunehmen.

4. Geldanlage in Indizes

Für die Geldanlage in Indizes sollten Sie einige grundlegende Aspekte bedenken. Die Auswahl eines bestimmten Index ist von großer Bedeutung und sollte sehr sorgfältig erfolgen.

4.1 Empfehlungen zur Auswahl von Indizes

- Beachten Sie die Zusammensetzung des Index. Wählen Sie nur Indizes, die auch die von Ihnen gewünschten Werte enthalten. Performanceindizes sind aufgrund der Anrechnung von Dividendenschüttungen und Bezugsrechtsänderungen vorteilhafter.
- Kaufen Sie nur offizielle Indizes, die auch täglich berechnet werden und marktgängig sind. Viele Banken sind dazu übergegangen, eigene, willkürlich zusammengewürfelte Indizes zu kreieren, um ihre Produkte besser verkaufen zu können. Solche künstlich geschaffenen Indizes orientieren sich häufig an Nischenmärkten, werden nicht immer börsentäglich berechnet und werden von anderen Marktteilnehmern und Banken nicht benutzt.
- Für ein breit gestreutes Portfolio empfiehlt es sich, sowohl Standardwerte (DAX) als auch Nebenwerte (MDAX) zu berücksichtigen. In einigen Börsenphasen konnten Blue Chips eine höhere Performance erreichen, während in anderen Börsenperioden die Nebenwerte das Feld anführten. Der Small-Cap-Effekt, der wissenschaftlich bewiesen ist, gilt letztlich nur für ausgewählte, innovative Unternehmen mit mittlerer Börsenkapitalisierung.

Ein hinreichend diversifiziertes Portfolio sollte darauf ausgerichtet sein, auch andere Märkte mit einzubeziehen. Die wichtigsten westlichen Börsen korrelieren miteinander, d. h. sie vollziehen einen Gleichlauf: Steigt in New York die Börse, so folgen meist London, Paris, Frankfurt und die anderen europäischen Börsen nach. Andere Assetklassen wie Rohstoffe und Immobilien sowie Emerging Markets, also die Schwellenländer, verhalten sich häufig gegenläufig oder koppeln sich vom Trend der Leitbörsen ab, so dass Verluste, die an den westlichen Börsen gemacht werden, durch die Kurssteigerungen an diesen Exotenbörsen ausgeglichen werden können.

4.2 Die Asset Allocation in der Praxis

Land und Region	Gewichtung	Beispiele für Indizes
Eurozone und EWR-Staaten (Schweiz, Großbritannien, Norwegen)	40 %	Stoxx 50, Eurostoxx 50, einzelne Indizes (DAX, CAC40, FTSE100)
Nordamerika (USA, Kanada)	30 %	S&P 500, NASDAQ 100
Osteuropa	10 %	CECE, BUX, CTX, PTX, RDX
Asien	10 %	Hang Seng, Kospi 200, S. E. T. 50, Nifty 50
Japan	5 %	Topix
Lateinamerika	5 %	Latibex Top 50

Tab. 46: Beispiel für die Asset Allocation (die Portfoliozusammensetzung)

Für den Anleger, der den gesamten europäischen Markt auch außerhalb der Eurozone (Großbritannien, Schweiz, Norwegen) mit einbeziehen möchte, empfiehlt sich ein Zertifikat auf den Stoxx 50, der die 50 größten Aktiengesellschaften Westeuropas enthält. Der Eurostoxx 50 dagegen bezieht sich nur auf die Unternehmen innerhalb der Eurozone. Bedenken Sie, dass Blue Chips – also die großen Standardwerte – in bestimmten Börsenphasen eine schlechtere Wertentwicklung vorzeigen als die Mid und Small Caps. Bei den Indizes gibt es nur wenig spezielle Zertifikate, die auch diese Börsensegmente abbilden. Im Zweifelsfall nehmen Sie ein Zertifikat auf den MDAX, den SDAX oder den GEX. Wenn man sich den Small-Cap-Effekt noch besser zunutze machen möchte, ist ein Strategiezertifikat empfehlenswert.

Der große nordamerikanische Aktienmarkt wird durch den S&P mit seinen 500 Werten sehr gut abdeckt. Dieser enthält nicht nur US-amerikanische Standard- und Nebenwerte, sondern auch teilweise kanadische Aktien. Ein Zertifikat nur auf den kanadischen Aktienmarkt ist nicht sinnvoll; die kanadische Börse wird ähnlich wie Australien oder Südafrika von Minenwerten dominiert, die einem völlig anderen Börsenzyklus folgen.

Für Osteuropa eignet sich am besten der CECE-Index, der alle wichtigen osteuropäischen Märkte umfasst. Es ist auch denkbar, einzelne Indizes selbst zusammenzustellen; dabei sollten die Länder Polen (PTX), Tschechien (CTX) und Ungarn (BUX) im Vordergrund stehen. Auf die Börsenindizes der baltischen Staaten gibt es bislang kein in Deutschland gehandeltes Zertifikat.

In Asien spielt der chinesische Markt eine zunehmend wichtige Rolle. Ein Land, das von 1,3 Milliarden Menschen bewohnt wird und die größte Wachstumsregion der Welt darstellt, wird die Zukunft entscheidend beeinflussen.

Die anderen asiatischen Märkte sind für ein ausgeglichenes Depot ebenso von entscheidender Bedeutung. In erster Linie bieten sich dafür die Länder Thailand (S. E. T. 50), Indien (Nifty 50) und Südkorea (Kospi 200) an. Aufgrund der beträchtlichen politischen und wirtschaftlichen Risiken sind Engagements in Malaysia und Indonesien nur von sekundärer Bedeutung. In Asien gibt es einige Boomländer wie Vietnam und Laos, deren Aktienmärkte von Ausländern bisher kaum erschlossen sind.

Japan ist unter den Ländern als hoch entwickelte Volkswirtschaft ein Sonderfall. Das Land der aufgehenden Sonne leidet seit 1990 an einer schweren Rezession, gepaart mit leichten Deflationstendenzen. Die japanische Regierung setzte ein in der Geschichte beispielloses Konjunkturprogramm in Gang, das aber gegen die anhaltende Rezession nichts ausrichten konnte. Inzwischen erreicht die Staatsverschuldung Höchstwerte, und die japanische Börse, die in den achtziger Jahren noch als die Vorzeigebörse schlechthin galt, ist auf ein absolutes Tief gefallen. Der Nikkei-Index stürzte von seinem Höchststand Anfang der neunziger Jahre mit 40 000 Punkten auf 8000 Punkte nach der Jahrtausendwende. Langfristig wird sich Japan erholen, es kann aber noch einige Jahre dauern, bis die Krise endgültig überwunden ist. Anleger sollten daher weniger als 5 % in ihrem Depot halten. Andererseits ist die Gefahr eines Kursverlusts in Japan gering, da alle Aktienkurse im historischen Vergleich auf einem Tiefststand notieren.

Der Nikkei 225 ist wie der Dow Jones Industrial Average ein preisgewichteter Index, der die 225 Aktiengesellschaften an der First Section der *Tokyo Stock Exchange* zusammenfasst. Eine solche Preisgewichtung wurde von den modernen Indizes aufgegeben, da sie zu einer Verzerrung der Marktverhältnisse führt. Nur der Dow Jones Industrial Average (DJIA) und der Nikkei 225 verwenden noch diese traditionelle Berechnungsweise. Die Zusammensetzung des Nikkei 225 wird selten aktualisiert, und wegen der hohen Kursunterschiede bei japanischen Aktien fallen die Nachteile einer Preisgewichtung stärker auf. Für Anleger empfiehlt sich daher eher der wenig beachtete Topix, der mehr als 1400 Aktien des ersten Segments an der Tokioter Börse beinhaltet und eine Gewichtung nach dem Börsenwert der einzelnen Aktiengesellschaft vornimmt. Er wird seit 1988 berechnet und umfasst alle zum amtlichen Handel an der Tokioter Börse zugelassenen Aktien. Der Topix ist damit ein verlässlicherer Index der japanischen Börse und spiegelt die entsprechenden Wertentwicklungen des Gesamtmarktes besser und umfassender wider. Am besten eignet sich deshalb für ein Engagement in Nippon der marktbreite Topix-Index.

Basis-wert	ISIN	Emissions-bank	Spread	Laufzeit	Ge-bühr	Div.	Bezugs-verhältnis	Quanto
Nikkei 225	CH0012309172	UBS	0 %	Open end	–	Nein	1:10	Nein
Nikkei 225	CH0021195364	UBS	0 %	Open end	–	Nein	1:100	Ja
Topix	DE0007264327	Commerz-bank	0,37 %	Open end	–	Ja	1:1	JA
Topix	DE0009057646	ABN	0,81 %	Open end	–	Nein	1:100	Ja

Tab. 47: Beispiele für Zertifikate auf japanische Aktienindizes

Lateinamerika gilt zwar als krisengeschüttelte Region und einige Länder sind notorisch instabil, aber einige Börsen konnten enorme Zuwächse erzielen. Trotz des Staatsbankrotts in Argentinien stiegen die Aktien, und auch die Börse in Caracas konnte zeitweilig um mehr als 200 % zulegen. Selbst das reformfreudige Brasilien nährt die Hoffnungen der Anleger, ebenso wie Mexiko, das von der Zugehörigkeit zur Nordamerikanischen Freihandelszone (*NAFTA*) profitiert. Dennoch sind Korruption, krasse soziale Unterschiede und Misswirtschaft ein Kennzeichen vieler Länder in Lateinamerika.

Wer von dem Boom der Börsen profitieren möchte, hat nur wenig Wahlmöglichkeiten: Zertifikate auf die einzelnen Länderindizes gibt es in Deutschland bislang nicht, denn viele dieser Börsen sind relativ klein und wenig liquide. Daher hat die Bank *Société Générale* einen eigenen Index konstruiert, der die 15 größten Aktiengesellschaften in Lateinamerika umfasst, den Latibex Top 15. Obwohl sonst bei von Banken eigens konstruierten Indizes abgeraten wird, ist dieses Zertifikat eine gute Möglichkeit die 15 wichtigsten Blue Chips Lateinamerikas in das Depot mit aufzunehmen. Darüber hinaus gibt es noch ein Zertifikat auf den brasilianischen Index Bovespa.

Basis-wert	ISIN	Emissions-bank	Spread	Lauf-zeit	Ge-bühr	Div.	Bezugs-verhältnis	Quanto
Latibex Top 15	DE000SG0AZC4	Société Gen.	0,81 %	Open end	–	Nein	1:10	Nein
BOVESPA	NL0000194769	ABN	0,59 %	Open end	–	Ja	1:100	Nein

Tab. 48: Beispiele für Zertifikate auf Lateinamerika

Mancher Anleger stellt sich nun vielleicht die Frage: Warum kann man nicht einfach in einen Weltindex investieren? Ein bekannter globaler Index ist der MSCI World von Morgan Stanley.

Sektorengewichtung	Ländergewichtung
Energie 10 %	USA 52 %
Werkstoffe 11 %	Japan 11 %
Industrie 10 %	Großbritannien 11 %
Nichtbasisprodukte 12 %	Frankreich 4 %
Basisprodukte 8 %	Deutschland 3 %
Gesundheitswesen 5 %	Schweiz 3 %
Finanzwesen 24 %	Kanada 3 %
Informationstechnologie 11 %	Sonstige 13 %
Telekommunikation 4 %	
Versorger 4 %	

Tab. 49: Die Zusammensetzung des MSCI World

Die fünf größten Positionen im MSCI World Index sind: *Exxon Mobil, General Electric, BP, Microsoft* und die *Citigroup*. Einige Banken wie etwa die *Commerzbank* haben ein Zertifikat auf den MSCI World aufgelegt. Daneben gibt es noch den Global Titans 50, der nur die wichtigsten 50 Blue Chips der Weltbörsen beinhaltet. Diese globalen Indizes haben mehrere Nachteile: Zum einen umfassen sie wirklich wie der MSCI World sämtliche Weltregionen, auch jene, in denen das Wirtschaftswachstum stagniert und politische und militärische Krisen an der Tagesordnung sind; zum anderen konzentrieren sie sich wie der Global Titans 50 vorwiegend auf träge Standardwerte, deren Wertentwicklung unterdurchschnittlich verläuft. Insgesamt ist die Wertentwicklung der globalen Zertifikate aus den genannten Gründen eher mäßig. Anleger, die dennoch auch andere Weltregionen in ihre Anlagestrategie mit einbeziehen möchten, finden auch dafür Zertifikate. Beispielsweise gibt es ein spezielles Zertifikat, das den afrikanischen Kontinent abdeckt. Doch hierbei handelt es sich vorwiegend um südafrikanische Aktien, wobei in Südafrika Minenwerte überwiegen. Rohstoffaktien haben einen völlig anderen Zyklus als andere Branchen und eignen sich daher nur für ein Spezialdepot. Viele afrikanische Länder haben kaum Wirtschaftsreformen eingeleitet, so dass der schwarze Kontinent für Anleger wenig attraktiv erscheint. Interessant für Investoren könnte langfristig die Tatsache sein, dass die USA verstärkt an der Westküste nach Erdöl suchen und dort bereits intensive Bohrungen durchführen. Doch die Börsen dieser Länder sind kaum entwickelt oder gar nicht vorhanden. Aussichtsreicher Kandidat für ein boomendes Erdölland an der Westküste ist das unscheinbare und nahezu unbekannte Sao Tomé.

Als letzte Region bleibt der fünfte Kontinent. Die australische Börse (Index: ASX 200) wird – wie kaum anders zu erwarten – von Minengesellschaften dominiert. Ihre Wertentwicklung hängt daher wesentlich von der Preisentwicklung solcher Rohstoffe wie Kohle, Gold, Uran und Metallen ab. Wenn Sie ein spezielles Portfolio mit Rohstoffen anlegen möchten, sollten Sie auf die Vielzahl von Rohstoffzertifikaten zurückgreifen.

Basis-wert	ISIN	Emissions-bank	Spread	Laufzeit	Ge-bühr	Div.	Bezugs-verhältnis	Quanto
MSCI World	DE000WLB5056	West LB	0,49 %	Open end	–	Nein	1:10	Nein
Global Titans 50	DE0006675846	Citibank	0,48 %	Open end	–	Nein	1:10	Nein
ASX 200	DE000A0AMFC8	Berliner Bankg.	0,17 %	Open end	–	Nein	1:100	Nein
JSE	CH0013514457	UBS	0,76 %	Open end	–	Nein	1:10	Nein
Africa 40	NL0000210144	ABN	1,47 %	Open end	–	Nein	1:100	Nein
Dubai	DE000DB52810	Deutsche Bank	2,17 %	Open end	–	Nein	1:1	Nein

Tab. 50: Zertifikate für Welt- und sonstige Indizes (Australien, Südafrika)

5. Indexzertifikate und Optionsstrategien

Optionen unterscheiden sich von herkömmlichen Wertpapieren wie Aktien, Zertifikaten und Optionsscheinen dadurch, dass sie eine Wette auf den Verlauf eines Kurses darstellen. Das Underlying kann ein Index oder eine einzelne Aktie sein. Optionen werden an einer speziellen Börse, der *Eurex*, gehandelt.

Während Optionsscheine meist eine Laufzeit von ein oder zwei Jahren haben, verfallen Optionen bereits nach wenigen Wochen. Für Privatanleger sind daher Optionsgeschäfte äußerst riskant und wenig empfehlenswert. Dennoch ermöglichen es Optionen, Portfolios gezielt gegen Risiken abzusichern. Beispielsweise kann man ein Portfolio, das hauptsächlich aus Blue Chips, also den Standardwerten des DAX besteht, durch eine Put-Option auf den DAX absichern. Wenn der DAX plötzlich fällt und an Wert verliert, steigt die Put-Option überproportional an und kompensiert die entstehenden Verluste. Viele professionelle Vermögensverwalter bedienen sich der Put-Optionen, um größere Portefeuilles in schwierigen Börsenperioden oder in einer Baisse abzusichern.

Eine solche Portfolio-Insurance erfordert eine genaue Analyse der Zusammensetzung, um eine optimale Option zu finden. Neben den Optionen gibt es noch Futures, die eine Nachzahlungspflicht des Kunden begründen können. Bei Futures oder Termingeschäften ist der Anleger nur zur Anzahlung einer gewissen Summe verpflichtet, die man Margin nennt und die als Sicherheitsleistung für den Broker dient. Wenn sich der Future schlechter entwickelt als erwartet, kann der Broker den Kunden zu weiteren Zahlungen auffordern, um die Deckung zu erhöhen. Termingeschäfte sind daher äußerst riskant; sie können über den Totalverlust hinaus den Anleger weiter verschulden und in den völligen Ruin treiben.

Insgesamt sind solche komplexen Absicherungs- oder Hedging-Strategien eher für Experten relevant. Dennoch gibt es auch einzelne Strategien, die für Privatanleger interessant sein können, die auf Zertifikate setzen. Bestimmte Zertifikate ermöglichen es dem Anleger, auf fallende Kurse zu setzen. Dadurch kann der Investor auch profitieren, wenn ein Aktienmarkt eine länger anhaltende Abwärtstendenz oder gar eine Baisse aufweist.

5.1 Bear-Indexzertifikate

Wenn Sie bei einem bereits stark angestiegenen Markt von fallenden Aktienkursen ausgehen oder einen Crash in naher Zukunft befürchten, dann sind Bear-Indexzertifikate ein geeignetes Mittel, um sich gegen einen drohenden Kurssturz weiter abzusichern. Während es bei Aktien nicht unmittelbar möglich ist, durch fallende Kurse zu profitieren, gibt es bei den Zertifikaten eine spezielle Variante, die es Ihnen gestattet, bei einem Kurssturz Gewinne zu erzielen. Diese so genannten Bear-Indexzertifikate, die es auch auf einzelne Aktien gibt, steigen, wenn der zugrunde liegende Index fällt.

Zugleich können Sie mit solchen Bear-Indexzertifikaten eine effiziente Absicherung eines Portfolios vornehmen. Wenn Sie glauben, dass die Börse in den nächsten Monaten drastisch fallen wird, Sie sich dieser Prognose aber nicht sicher sind, können Sie ein Bear-Indexzertifikat erwerben, um Ihr Portefeuille abzusichern. Wenn Ihr Wertpapierdepot vorwiegend aus DAX-Werten besteht, können Sie sich mit Hilfe eines Bear-Indexzertifikats auf den DAX gleichsam versichern. Ein solches Verfahren nennt man auch Hedging.

Institutionelle Anleger wie große Banken, Versicherungen, Pensionsfonds oder Investmentgesellschaften wenden solche Methoden regelmäßig an, um ein großes Portfolio gegen Kursverluste abzusichern. Professionelle Portfoliomanager bedienen sich allerdings aufgrund der höheren Flexibilität hierzu meist keiner Bear-Indexzertifikate, sondern verwenden Optionen, da sie gezielter eingesetzt werden können. Bear-Indexzertifikate haben gegenüber den Optionen den entscheidenden Vorteil, dass sie meist als Open-end-Zertifikate gehandelt werden und somit unbefristet gültig sind, während Optionen bereits nach wenigen Monaten verfallen und komplett wertlos werden, wenn die Wette, um die es sich hier eigentlich handelt, nicht eintrifft. Optionen sind daher für Privatanleger zu risikoreich. Das Hedging verursacht in der Praxis relativ hohe Kosten. Obwohl es möglich ist, anhand von Simulationsmodellen eine möglichst exakte Absicherung vorzunehmen, die der Portfoliozusammensetzung entspricht, ist auch die Portfolio-Insurance keine wirkliche Versicherung gegen drohende Kursverluste.

Die meisten Investmentfonds, die in ihren Broschüren auf ihre ausgezeichnete Absicherung verweisen, haben gegen eine langfristige Baisse keine Chance; die Wertentwicklung ist meist negativ trotz guter Absicherung. Der Grund dafür ist, dass eine komplette Absicherung so hohe Kosten verursacht, dass die Performance in Mitleidenschaft gezogen wird. Die Portfoliomanager haben häufig nur die schwierige Wahl zwischen einer hohen Performance oder einer ausgezeichneten Absicherung, wobei für die meisten Investmentfonds die Entscheidung zugunsten der höheren Performance ausfällt.

Optionsstrategien mit Bear-Zertifikaten

Mit Bear-Zertifikaten lassen sich auch komplexe Optionsstrategien nachbilden. Eine Strategie, die auf fallende Kurse setzt, nennt man auch Short-Strategie (oder kurz: „Shorten"), während das Gegenteil davon, also die Erwartung steigender Kurse, eine Long-Strategie ist. Eine raffinierte Optionsstrategie kombiniert beide Varianten, setzt also gleichzeitig auf steigende und fallende Kurse. Dies nennt man einen Straddle. Wenn also beispielsweise die Aktienkurse steigen, wird das Indexzertifikat immer mehr wert, während das Bear-Zertifikat Verluste einfährt. Wenn umgekehrt ein Crash oder eine Baisse beginnt und die Aktienmärkte fallen, steigt das Bear-Zertifikat stark an und das normale Indexzertifikat fällt mit den Aktienmärkten. Bei dieser Kombination ergibt sich ein Nullsummenspiel, denn was das eine Zertifikat gewinnt, verliert das Gegenstück. Um einen Straddle attraktiv zu machen, braucht man anstelle zweier Standardzertifikate zwei Hebelzertifikate.

Ein Zertifikat mit einem Hebel von beispielsweise 10 steigt um das Zehnfache, wenn die Börse 100 Prozent gewinnt oder verliert. Bei einem Straddle kann also ein Zertifikat sich vervielfachen, während der Gegenpart gegen Null sinkt. Die einzige Situation, bei der man theoretisch mit einem Straddle verlieren kann, ist, wenn die Börse eine längere Seitwärtstendenz vollzieht. Wenn die Kurse lange Zeit nur in einer engen Bandbreite schwanken, ist mit einem Straddle nichts zu verdienen. Bei Optionen besteht sogar die Gefahr, dass der Straddle nach Ablauf weniger Monate völlig wertlos wird und das gesamte eingesetzte Kapitel verloren geht. Bei kombinierten Hebelzertifikaten besteht diese Gefahr nicht, wenn sie unbefristet sind (open end) und über keine Knock-out-Schwelle verfügen.

Insgesamt ist die Portfolio-Insurance, das systematische Hedging von Portfoliopositionen, eher eine Domäne der Experten, denn um ein Portfolio genau abzusichern, sind komplexe Berechnungen erforderlich, die sich an der so genannten Optionspreistheorie orientieren. Mit Bear-Zertifikaten, die es nur auf wenige Aktien und Indizes gibt, kann man ein Portfolio aus vielen unterschiedlichen Wertpapieren mit hoher Diversifikation nur unzulänglich gegen Kursverluste absichern.

5.2 Victory-Zertifikate – Spekulation mit Netz

Es gibt aber noch andere Optionsstrategien, die für den Anleger von Nutzen sein können. Das beste Zertifikat würde sowohl bei steigenden als auch bei fallenden Kursen Gewinne schreiben. Der Anleger wäre damit unabhängig von den Launen und Unwägbarkeiten der Aktienmärkte.

Eine solche Optionsstrategie, die gleichzeitig auf steigende und fallende Kurse setzt, nennt man einen Straddle. Der Anleger gewinnt, wenn die Aktien oder Indizes fallen oder steigen. Selbst eine ausgeprägte Baisse würde zu Gewinnen führen. Nur wenn die Kurse länger seitwärts tendieren, wäre eine solche Strategie ungünstig; in diesem Fall müsste der Anleger die Börsenflaute aussitzen und warten, bis die Märkte wieder eine stärkere Volatilität an den Tag legen.

Bislang gab es noch kein „Straddle-Zertifikat", obwohl diese Anlageform für viele Anleger von großem Nutzen wäre. Die Sal. Oppenheim Bank hat inzwischen ein Zertifikat auf den Markt gebracht, das genau diese Strategie verfolgt. Es heißt „Victory-Zertifikat" und macht – wie die Marketingstrategen es vollmundig formulieren – „unabhängig von den Launen der Märkte". Das Victory-Zertifikat bezieht sich auf den marktbreiten EuroStoxx 50, der die größten Standardwerte der Eurozone umfasst.

Mit einem solchen Victory-Zertifikat kann der Anleger bei steigenden und bei fallenden Kursen gewinnen.

Das Victory-Zertifikat funktioniert folgendermaßen: Die Bank möchte natürlich von der Emission eines solchen Wertpapiers auch profitieren, daher ist eine Hürde eingebaut, die das Zertifikat erst überwinden muss, damit der Straddle aktiviert wird. Erst wenn diese Hürde überwunden ist, gewinnt das Zertifikat sowohl bei Aufwärts- als auch bei Abwärtsbewegungen.

Der zugrunde liegende EuroStoxx 50 muss die Gewinnstufe von 3500 Punkten erreicht haben. Erst dann wird das Zertifikat zu einem lukrativen „Victory-Zertifikat", das jede Auf- und Abwärtsbewegung mit einer guten Rendite belohnt. Diese Bedingung wird in Fachkreisen auch „Lock-in-Mechanismus" genannt, da die Aktivierung erst erfolgt, wenn diese Gewinnstufe von 3500 Punkten erreicht worden ist.

Sobald diese Gewinnstufe erreicht wurde, hat der Anleger eine Mindestrendite von 18,24 Prozent erzielt, denn das Indexniveau des EuroStoxx 50 lag bei der Emission bei 2960 Punkten, und die Gewinnstufe wurde bei 3500 Punkten festgelegt. Die Differenz der beiden Indexstände beträgt genau 18,24 Prozent. Nachdem das Zertifikat die Gewinnstufe erreicht hat, macht der Anleger weitere Gewinne: Je größer der Abstand zwischen dem tatsächlichen Kurs des EuroStoxx 50 und der Gewinnstufe von 3500 Punkten nach oben oder unten ist, desto höher steigt der mögliche Gewinn. Am Ende der Laufzeit erhält der Anleger dann diese zusätzliche Rendite.

Falls der EuroStoxx 50 aber die Gewinnstufe von 3500 Punkten verfehlt und weiter abwärts tendiert, dann wird der Lock-in-Mechanismus nicht in Gang gesetzt. Das Papier verhält sich dann wie ein normales Indexzertifikat auf den EuroStoxx 50.

Fazit: Der Anleger, der ohnehin ein Zertifikat auf den EuroStoxx 50 erwerben möchte, sollte sich das Victory-Zertifikat des Sal. Oppenheim genau ansehen. Gegenüber einem herkömmlichen Indexzertifikat bietet es etliche Vorteile. Während ein normales Zertifikat auf den EuroStoxx 50 bei einer Abwärtsbewegung verliert und der Anleger Verluste hinnehmen muss, profitiert der Käufer des Victory-Zertifikats auch von solchen Abwärtstendenzen, sobald der Lock-in-Mechanismus greift. Für den Anleger ist es letztlich ein Vorteil:

Selbst wenn die Gewinnstufe nicht erreicht wird, verhält sich das Victory-Zertifikat wie ein Indexzertifikat auf den EuroStoxx 50. Der Anleger hat auf jeden Fall den Vorteil, dass er mehr Rendite erwirtschaftet, sobald die Gewinnstufe erreicht wird. Der Gewinn ist umso höher, je mehr der zugrunde liegende Index schwankt. Der EuroStoxx 50 ist allerdings weniger volatil als manche anderen Indizes. Dennoch hat das Victory-Zertifikat so viele Vorteile, dass es nach Erreichung der Gewinnschwelle jedes herkömmliche Euro-Stoxx-50-Indexzertifikat an Sicherheit überflügelt. Leider sind die anderen Emittenten auf dem Derivate-Markt dem Beispiel der Sal. Oppenheim nicht gefolgt, so dass der Anleger nur wenig Auswahl unter diesen vielversprechenden Zertifikaten hat.

Wenn Sie ein Victory-Zertifikat kaufen möchten, sollten Sie vor allem darauf achten, dass die Differenz zwischen dem Emissionskurs des Underlying, also beispielsweise dem aktuellen Stand des EuroStoxx 50, und der Gewinnstufe nicht zu groß ist. Die Differenz bei dem erwähnten Papier beträgt 18,24 Prozent, was ein vertretbarer Wert ist, denn das Zertifikat läuft bis zum 18. 6. 2010. Bei diesem Zeithorizont ist es durchaus sehr wahrscheinlich, dass der Euro-Stoxx 50 die Marke von 3500 Punkten überspringt. Selbst wenn das Börsenbarometer der Eurozone danach auf 1000 Punkte absacken sollte oder einen Gipfel von 7000 Punkten erklimmt, Sie wären mit einem Victory-Zertifikat auf jeden Fall ein Gewinner.

Index	ISIN	Emittent	Laufzeit
DJ EuroStoxx 50	DE000SAL4DK8	Sal. Oppenheim	18. 6. 10
DJ EuroStoxx 50	DE000SAL5MP5	Sal. Oppenheim	6. 8. 10

Tab. 51: Victory-Zertifikate

6. Branchenzertifikate – den Börsenzyklus nutzen

Während Indexzertifikate ein Land oder eine gesamte Region repräsentieren, beziehen sich diese Zertifikate auf einzelne Branchen. Für den Anleger hat dies den Vorteil, dass er sich den Börsenzyklus zunutze machen kann, da die Wertentwicklung einzelner Branchen von der konjunkturellen Entwicklung abhängt. Anleger, die in Branchen- oder Themenindizes investieren, sollten besonders darauf achten, dass die allgemeine Börsenkonjunktur günstig ist und auch die ausgewählte Branche zurzeit von der Entwicklung profitiert. Anders als bei Indexzertifikaten ist hier eine akribischere Analyse unabdingbar. Sie sollten die Branche im Einzelnen betrachten und deren Chancen exakt einschätzen können. Branchenzertifikate sind nur teilweise für die Altersvorsorge geeignet und richten sich eher an erfahrene Anleger, die sich den Auf- und Abstieg einzelner Branchen zunutze machen. Darüber hinaus schwankt die Wertschätzung von Branchen im Verlauf des Konjunkturzyklus, was als Branchenrotation bezeichnet wird. Es gibt Branchen, die zu Beginn eines Wirtschaftsaufschwungs prosperieren, während andere erst in einer Boomphase voll zur Geltung kommen. Andere Branchen laufen zur Hochform auf, wenn sich bereits ein Abschwung oder eine Rezession ankündigt. Andere Wirtschaftszweige wiederum trotzen selbst einer Depression oder verhalten sich generell konjunkturresistent. Experten meinen daher, dass die länderspezifische Diversifikation im Westen nur eine untergeordnete Rolle spielt, da sich die meisten westlichen Börsen im Gleichlauf bewegen. Die enge Korrelation zwischen der Wall Street und den westeuropäischen Börsen verhindert eine sinnvolle Streuung. Daher ist es wichtig, andere Länder und Emerging Markets mit einzubeziehen, um eine möglichst effektive Diversifikation zu erreichen.

Eine andere Methode besteht darin, auf unterschiedliche Branchen zu setzen. Zu Beginn eines Konjunkturzyklus boomen meist die Rohstoff- und Chemiewerte; in einer Phase der Hochkonjunktur erweisen sich die Konsumaktien als Favoriten und danach die Bankaktien, da die Überhitzung der Konjunktur zu einer Erhöhung der Leitzinsen führt, was für die Kreditinstitute höhere Einnahmen bedeutet. Am Ende des Booms – gleichsam mit Verzögerung – nimmt der Konsum noch einmal zu, so dass auch hochwertige Güter wie Autos stärkeren Absatz finden. Als konjunkturresistent gelten Pharmawerte und Versorger (Utilities). Die alte Faustregel, es handele sich dabei um Witwen- und Waisenpapiere, muss aber relativiert werden: Aufgrund der zahlreichen Reformmaßnahmen in der Gesundheitspolitik haben Pharmaaktien längst diesen Ruf verloren; die Zulassung von Medikamenten und die restriktive Gesetzgebung machen auch für Pharma- und Biotechnologieunternehmen die kostspielige Forschung zu einem gefährlichen Spiel. Viele kleine Biotechnologieunternehmen haben häufig nur ein oder zwei Medikamente in der Pipeline. Eine Studie, die die Wirkungslosigkeit des Präparats belegt oder gefährliche Nebenwirkungen aufdeckt, bedeutet das Aus. Andererseits können Biotechnologieunternehmen, die ein wirksames Medikament entwickeln, mit Milliardenumsätzen und einer Vervielfachung des Aktienkurses rechnen.

Kritisch betrachten sollte man auch die Versorger, zu denen vor allem die großen Elektrizitätswerke gehören. Wegen der Überregulierung in Europa und den problematischen Energiemärkten sind diese Werte keineswegs Witwen- und Waisenpapiere. Auch die Automobilindustrie leidet unter den anhaltend hohen Erdölpreisen und der Rabattschlacht in den USA, die die Gewinnmargen erheblich drückt. Relativ konjunkturunabhängig sind lediglich die Lebensmittel- und Getränkebranche, wenn nicht gerade ein Lebensmittelskandal die Gewinnmargen drückt.

Branchenzertifikate ermöglichen dem Anleger zwar die Chance, vom Konjunkturzyklus zu profitieren, jedoch sind die Schwankungen wesentlich größer. Wenn Sie auf die falsche Branche setzen, riskieren Sie höhere Verluste als bei Indexzertifikaten. Auch versierten und sachkundigen Volkswirten ist es nicht möglich, den Augenblick der konjunkturellen Situation exakt zu bestimmen. Was als Wirtschaftsaufschwung angekündigt wurde, entpuppt sich möglicherweise ein halbes Jahr später als Konjunkturabschwung. Die konjunkturelle Abhängigkeit der Branchen wird als Branchenrotation bezeichnet; doch es ist fast unmöglich, diese Branchenrotation durch die gezielte Auswahl verschiedener Wirtschaftszweige in

Kursgewinne umzumünzen. Die meisten Indexanbieter berechnen zu den Standardindizes, die sich auf ein Land beziehen, eine Vielzahl von Branchenindizes, die das gesamte Spektrum abzudecken versuchen. Dabei berücksichtigt man auch aktuelle Entwicklungen und konstruiert neue Branchenindizes, um den Wünschen der Kunden besser gerecht zu werden.

Arten von Branchenindizes

Der Indexanbieter *Dow Jones & Co.* untergliedert die über tausend Aktien des global ausgerichteten Dow Jones World Index in 18 verschiedene Sektoren: Banken, Bau, Chemie, Einzelhandel, Energie, Finanzdienstleistungen, Gesundheitsvorsorgung, Industriegüter und -dienstleistungen, Kraftfahrzeuge, Medien, Nahrungsmittel und Getränke, nichtzyklische Waren und Dienstleistungen, Rohstoffe, Technologie, Telekommunikation, Versicherungen, Versorgung sowie zyklische Waren und Dienstleistungen. Für jede einzelne Branche wird ein spezieller Index konstruiert, der unter der Bezeichnung „Dow Jones Sector Titans" vermarktet wird. Die Bezeichnung „Titan" aus der griechischen Mythologie steht für die besten Unternehmen innerhalb der Branche. In jedem dieser Branchenindizes werden die 30 besten Marktführer weltweit aufgenommen. Kriterien für die Aufnahme sind neben der Marktkapitalisierung und dem Börsenwert verschiedene Kennzahlen aus der Fundamentalanalyse. Neben solchen Titan-Branchenindizes gibt es auch solche, die eine bestimmte Anzahl von Unternehmen in einem Branchenindex zusammenfassen, ohne sich nur auf die Marktführer zu beschränken. Solche Branchenindizes nennt man auch Total-Markt-Indizes.

Daneben werden für die Branchenindizes weitere Subindizes kreiert, um den Sektor weiter aufzufächern und zu spezifizieren. Beispielsweise wurden vor einigen Jahren neben einem Internetindex zusätzlich Subindizes entworfen, die die Wertentwicklung einzelner Segmente der Internetbranche besser repräsentieren. Ein Beispiel dafür ist ein spezialisierter Subindex auf Internet E-Commerce. Die Anbieter kreieren auch Indexgruppen, um die Branchenentwicklung einzelner Länder und Regionen genauer zu veranschaulichen. Auch Investmentstile fließen in die Überlegungen mit ein. So genannte Sustainability-Indizes folgen der Unternehmensphilosophie eines nachhaltigen, umweltverträglichen Wachstums. Ein ganz markanter Vorteil bei der Anlage in Branchenindizes ist die damit verbundene hohe Transparenz, denn die einzelnen Branchenindizes werden in kurzen Abständen aktualisiert – meist im Minutentakt – und in vielen Fachpublikationen veröffentlicht. Wir betrachten nun einzelne Branchen im Detail.

6.1 Die Biotechnologie

Eine der sicherlich faszinierendsten Branchen ist die Biotechnologie, denn seit der Entschlüsselung des Humangenoms und vieler Fortschritte beim Molekulardesign gilt die Biotechnologie als eine der großen Zukunftstechnologien des 21. Jahrhunderts. Anleger sollten trotz der Euphorie, die sich in den letzten Jahren verbreitete, den Biotechnologiesektor kritisch analysieren, da dieser Zweig starken Schwankungen unterliegt. Mit der Krise der Technologieaktien und dem Zusammenbruch des Neuen Marktes verlor auch die einst so stürmisch gefeierte Branche ihren großen Glanz. Das Gros der Biotechnologiewerte stürzte mehr als die meisten anderen Aktien ins Bodenlose. Aktien, die vorher 100 Euro wert waren, sanken auf Cent-Beträge. Auch ist die Biotechnologiebranche stärker als andere insolvenzgefährdet; denn die meisten Biotechnologieunternehmen haben nur ein oder zwei Medikamente oder andere Produkte in der so genannten Pipeline. Die Forschung kann sich über viele Jahre erstrecken und etliche Millionen verschlingen. Wird ein Medikament am Ende wegen gefährlicher Nebenwirkungen oder gar Wirkungslosigkeit nicht zugelassen, bedeutet dies das Ende für das Unternehmen.

Im Jahre 2003 gab es weltweit 4471 Biotechnologieunternehmen, davon sind 611 börsennotierte Aktiengesellschaften. Der Anteil der US-amerikanischen Aktiengesellschaften liegt bei 314 Unternehmen. In Europa gibt es 96 und in Kanada 81 börsennotierte Biotechnologieunternehmen.

Bei Biotechnologieunternehmen sollte der Anleger stets berücksichtigen, dass die Gefahr einer Insolvenz besonders hoch ist: In den ersten Jahren schreiben die meisten Firmen nur rote Zahlen. Bis ein Produkt oder ein Arzneimittel die Marktreife erlangt hat, dauert es in der Regel unzählige Jahre. Häufig stellt sich nach jahrelanger Forschung heraus, dass das anvisierte Medikament im Vergleich zu anderen wirkungslos oder weniger wirksam ist. Auch dies kann bereits das Ende des Unternehmens bedeuten. Stellt sich jedoch heraus, dass ein Medikament besonders hilfreich ist, kann die Arzneimittel-Zulassungsbehörde (in den USA: *Food and Drug Administration – FDA*) das Verfahren sogar beschleunigen. Die Aktie eines solchen Biotechnologieunternehmens kann sich innerhalb weniger Wochen vervielfachen. Häufig werden solche Unternehmen auch von Pharmakonzernen aufgekauft, so dass der Anleger davon zusätzlich profitiert und den so genannten Squeeze-out-Effekt nutzen kann, wenn Altaktionäre zu besseren Konditionen ausbezahlt werden müssen.

Zertifikate auf die Biotechnologiebranche haben den entscheidenden Vorteil gegenüber dem Einzelinvestment, dass sie den Anleger vor der möglichen Insolvenz eines Biotechnologieunternehmens schützen, denn jeder Branchenindex besteht aus einer Vielzahl von Aktien, so dass der Ausfall eines Unternehmens einen nur geringen Effekt auf die Entwicklung des jeweiligen Branchenindex hat.

Indizes im Bereich Biotechnologie

Es gibt zwei wichtige Indizes im Biotechnologiesektor: den Amex Biotechnology und den Nasdaq Biotechnology. *Amex* ist die Abkürzung für *American Stock Exchange*. Die AMEX, die *American Stock Exchange*, ist eine zweite, weniger bekannte amerikanische Börse, an der die Standardwerte gehandelt werden, die nicht an der *NYSE* gelistet sind. Für den Biotechnologiesektor bedeutet diese Unterscheidung Folgendes: Der Branchenindex Amex Biotechnology umfasst vor allem die größeren Biotechnologieunternehmen. Einige dieser Unternehmen, wie *Amgen* und *Genentech*, sind so bedeutend, dass sie sich mit den herkömmlichen Pharmariesen messen können. Auch die anderen Biotechnologiefirmen erreichen eine weit überdurchschnittliche Größe, gemessen an der Börsenkapitalisierung und an den Umsätzen.

Der Branchenindex NASDAQ Biotechnology hingegen fasst all

jene Unternehmen zusammen, die zu den kleineren in der Branche gehören. Das sind auch Betriebe, die nur ein einziges Produkt oder ein Arzneimittel in der Pipeline haben. Sie sollten daher bedenken: Die Amex-Unternehmen sind von ihrer Liquidität, Finanzierung und Marktstärke solider und weniger krisenanfällig. Die NASDAQ-Unternehmen erscheinen dagegen eher als Pioniere und mögliche Stars von morgen. Hierbei handelt es sich mehr um Hoffnungswerte, deren zukünftiges Schicksal noch unbekannt ist. Der Small-Cap-Effekt kann unter diesen Umständen für eine bessere Performance sorgen: Langfristig werden die wendigeren und flexibleren NASDAQ-Biotechnologieunternehmen eine größere Wertentwicklung erzielen mit jedoch größeren Schwankungen und überdurchschnittlichen Risiken. Die Volatilität kann außerordentlich hoch sein. Die bereits etablierten Unternehmen, wie sie im Amex Biotechnology überwiegend gelistet sind, garantieren dagegen eine geringere Schwankungsbreite und eine eher kontinuierliche Wertentwicklung, wenn man bei diesem unruhigen Sektor überhaupt von Kontinuität sprechen darf.

Der Branchenindex Amex Biotechnology umfasst 17 verschiedene Werte, die vierteljährlich durch ein Indexkomitee anhand der Kriterien Börsenwert und Liquidität überprüft werden. Es handelt sich um einen reinen Kursindex, der keine Dividendenausschüttungen berücksichtigt.

Applera Corp-Celera Genomics Group	Affymetrix
Vertex Pharmaceuticals	Protein Design Labs
Human Genome Sciences	Genzyme
Millenium Pharmaceuticals	Amgen
Invitrogen	Cephalon

Tab. 52: Die zehn wichtigsten Biotechnologiewerte des Amex Biotechnology

Auf den Amex Biotechnology sind verschiedene Branchenzertifikate erhältlich, manche davon währungsgesichert (Quantozertifikate), denn der Amex Biotechnology wird als amerikanischer Index in US-Dollar gehandelt.

Basis-wert	ISIN	Emissions-bank	Spread	Lauf-zeit	Ge-bühr	Div.	Bezugs-verhältnis	Quanto
Amex Biotech	DE0006106701	ABN	1,51 %	Open end	–	Nein	1:10	Nein
Amex Biotech	DE000A0AB883	ABN	2,01 %	Open end	Var.	Nein	1:10	Ja
NASDAQ Biotech	NL0000194397	ABN	1,51 %	Open end	0,75%	Nein	1:10	nein
NASDAQ Biotech	NL0000194439	ABN	1,49 %	Open end	Var.	Nein	1:10	Ja

Tab. 53: Beispiele für Biotechnologie-Branchenzertifikate

6.2 Die Pharmabranche

Viele Jahre verdienten Pharmaunternehmen exzellent, doch inzwischen haben die Gesundheitsreform, die Missachtung von Patenten und restriktive Gesetze zur Kostendämpfung dazu beigetragen, dass die Gewinnmargen sinken. Viele Pharmaunternehmen müssen die Kosten für Forschung und Entwicklung innerhalb von 12 Jahren hereinholen, denn nur so lange sind internationale Patente gültig. Danach haben meist Generika-Hersteller, die diese Präparate dann billig kopieren dürfen, größere Umsätze. Manche Länder ignorieren sogar den Patentschutz oder schränken die Preise von Arzneimitteln ein. Unter diesen Vorzeichen ist auch die einst hoffnungsvolle Pharmabranche zu einem schwierigen Fall geworden. Zwar büßten Pharmawerte nicht so viel ein wie die durch die Börsenbaisse zwischen 2000 und 2003 gebeutelten Biotechnologiewerte, aber es dauerte sehr lange, bis sich die Pharmabranche wieder erholte. Inzwischen gibt es einige lukrative Pharmatitel, die durch eine gute Wertentwicklung glänzen. Etliche Pharmaunternehmen sind große Konzerne, die Verluste häufig durch andere Bereiche kompensieren können.

Der Anleger erhält durch ein Branchenzertifikat eine gute Auswahl der interessanten Pharmaunternehmen mit besten Umsätzen.

Ein wichtiger Index ist dabei der Amex Pharmaceutical Index. Zu den zehn wichtigsten Pharmaunternehmen in diesem Index zählen:

Pfizer	Astra Zeneca
Johnson & Johnson	Abbott Laboratorys
Glaxo Smith Kline	Eli Lilly & Co.
Sanofi-Aventis	Merck & Co.
Amgen	Wyeth

Tab. 54: Die Pharmaunternehmen des Amex PharmaceuticalIndex

Diese Unternehmen gelten als die weltgrößten und bedeutendsten Unternehmen, die es in den USA gibt. Allein aufgrund ihrer Größe und ihrer Finanzkraft sichern sie eine kontinuierliche Wertentwicklung ab. Dies gilt jedoch nur dann, wenn die Pharmabranche an sich boomt, was angesichts der Probleme, die das Gesundheitswesen aufgrund der chronischen Unterfinanzierung in vielen Ländern hat, fraglich erscheint.

Basis- wert	ISIN	Emissions- bank	Spread	Lauf- zeit	Ge- bühr	Div.	Bezugs- verhältnis	Quanto
DJ Titans Health	DE0006351646	DRB	1,00 %	Open end	–	Nein	1:10	Nein
Amex Pharma	DE0006874837	ABN	1,12 %	Open end	–	Nein	1:10	Nein
Estoxx Health	DE0007093718	Deutsche Bank	0,20 %	Open end	–	Nein	1:10	Nein
Stoxx Helath	DE0007036949	Commerz- bank	0,74 %	Open end	–	Nein	1:10	Nein

Tab. 55: Beispiel für Zertifikate auf die Pharmabranche

6.3 Die Branche der Energieversorger

Die Energieversorger, die im Englischen als „Utilities" bezeichnet werden, gehörten früher zu den sicheren Aktien, die sich durch eine stetige und von wenigen Schwankungen gekennzeichnete Entwicklung von anderen Papieren abhoben. Diese Zeiten sind längst vorbei, seitdem in der Öffentlichkeit eine kritische Diskussion um die Zukunft der Energieversorgung geführt wird. Steigende Erdölpreise, Risiken in der Atomenergie, Umweltverschmutzung und hohe Stromkosten haben dazu geführt, dass die Aktien der Energieversorger einen Achterbahnkurs hinter sich haben. Im Vergleich zu anderen Branchen entwickelten sich die Versorger unterdurchschnittlich;

nur in jüngster Zeit war ein deutlicher Kursanstieg zu beobachten. Die weltweit zu erkennende Deregulierung der Energiemärkte wird die Gewinnzuwächse der großen Energiekonzerne reduzieren. Vorteile der Energieversorger sind indes ihre Konjunkturresistenz, da der Energieverbrauch weitgehend unabhängig von Rezessionen und Boomphasen ist. Darüber hinaus wird den Energiemärkten ein wichtiger Stellenwert in der Zukunft beschieden sein: Der gewaltige Anstieg der Solaraktien (einige konnten den Kurs vervielfachen) macht deutlich, dass die Prosperität der Weltwirtschaft von der Lösung des Energieproblems abhängt. Die Aktien von Unternehmen im Bereich der alternativen Energien konnten daher überproportional zulegen.

Ein wichtiger Index in diesem Bereich ist der Amex Utilities, der die größten amerikanischen Energieversorger umfasst. Die zehn wichtigsten Unternehmen in diesem Index sind:

Exelon	Entergy
Southern	First Energy
Duke Energy	American Electric Power
Dorninion Resources	FPL Group
TXU	PG&E

Tab. 56: Die zehn größten Aktiengesellschaften des Amex Utilities

Auch in Europa gibt es eine Vielzahl interessanter Energieversorger; die Branchenzertifikate beziehen sich meist auf den Euro Stoxx, der in einzelne Wirtschaftszweige untergliedert ist, ebenso wie auf den Stoxx, der auch britische und schweizerische Unternehmen mit einbezieht. In manchen Fällen bezieht sich der Begriff Versorger nicht nur auf Energiewirtschaft, sondern auch auf die Wasserversorgung, die manchen Gemeinden und auch international privatisiert wurde.

Basis-wert	ISIN	Emissions-bank	Spread	Lauf-zeit	Ge-bühr	Div.	Bezugs-verhältnis	Quanto
Estoxx Utilities	DE0007093478	Deutsche Bank	0,27 %	Open end	–	Nein	1:10	Nein
Stoxx Utilities	DE0007036972	Commerz-bank	0,75 %	Open end	–	Nein	1:10	Nein

Tab. 57: Branchenzertifikate im Bereich der Energieversorger (Utilities)

Alternative Energien

Alternative Energien haben seit dem beharrlichen Anstieg der Rohölpreise große Beachtung gefunden, was sich in dem steilen Anstieg der Solaraktien äußert. Für diesen speziellen Sektor gibt es einzelne Zertifikate, die gezielt alternative Energien thematisieren. Im Vordergrund stehen Unternehmen, die Solarzellen herstellen und sich mit Photovoltaik beschäftigen; aber es gibt auch Zertifikate, die sich auf Unternehmen im Bereich der Brennstoffzellen oder der Wasserstoffwirtschaft konzentrieren. Bei diesen Zertifikaten handelt es sich im strengen Sinne nicht um Branchen-, sondern um Basketzertifikate, da die Unternehmen von einer Bank als Aktienkorb zusammengestellt wurden.

Zertifikat	ISIN	Emittent	Laufzeit
Brennstoffzellen Active	DE0006962566	West LB	14. 12. 06
New Energy Active	DE0006962590	West LB	31. 1. 07
Wassertechnik Active	DE0006962608	West LB	9. 4. 08

Tab. 58: Zertifikate im Bereich der alternativen Energien (New Energy)

Ein anderes Beispiel für ein Zertifikat auf Brennstoffzellen ist das von der *UBS* herausgegebene Basketzertifikat Fuel Cell 3 (ISIN: CH0017913747). Das Zertifikat läuft bis zum 26. 2. 07 und repräsentiert einen Aktienkorb von Unternehmen, die im Bereich der Brennstoffzellen tätig sind.

SYMYX Technologies Inc.	Quantum Fuel Systems Technologies Worldwide Inc.
Syntroleum Corp.	Fuel Cell Energy
Adesa Inc.	Avista Corp.
Impco Technologies Inc.	Plug Power Inc.
Allete Inc.	Ballard Power Systems Inc.
Idacorp Inc.	

Tab. 59: Unternehmen im Bereich Brennstoffzellen

6.4 Die Internetbranche

Kaum ein anderer Sektor geriet so unter die Räder wie die Internetbranche: Durch die Megabaisse in den Jahren seit der Jahrtausendwende bis 2003 fielen die Indizes um mehr als 90 Prozent. Von allen Technologieaktien wurden die Internetwerte am schlimmsten in Mitleidenschaft gezogen, und in kaum einer Branche gab es so viele Insolvenzen und Betrugsfälle. Viele der einst geschätzten Dot.coms zeigten sich im Verlauf der schweren Krise als Unternehmen, die kein zuverlässiges Fundament hatten. Von Finanzierungsfehlern abgesehen, war die Organisation mangelhaft und defizitär. Viele Geschäftsmodelle erwiesen sich als unrentabel. Noch heute machen die meisten Anleger einen großen Bogen um diese Werte und den gesamten Technologiesektor. Der Kurssturz zwischen 2000 und 2003 war weitaus verheerender als der Schaden, den die Weltwirtschaftskrise von 1929 anrichtete.

Wenn Sie Internetwerte kaufen, vergewissern Sie sich, dass es solide Aktien mit einem nachvollziehbaren Geschäftsmodell sind. Internetwerte, die nur Verluste produzieren, sollten Sie grundsätzlich ablehnen. Ein Branchenzertifikat auf Internetwerte schützt sie zwar vor den Folgen einer möglichen Insolvenz, da sich das Risiko auf eine Vielzahl von Aktien verteilt. Bedenken sollten Sie dennoch, dass diese Branchenindizes im Gegensatz zu den breit angelegten Aktienindizes nur wenige Werte umfassen, so dass auch der Ausfall eines Unternehmens sich in einem Wertverlust bemerkbar macht. Auch die Diversifikation, die ein Internet-Branchenindex ermöglicht, schützte nicht vor dem dramatischen Absturz des gesamten Sektors. In Deutschland wurde der Neue Markt als eigenes Börsensegment komplett geschlossen. Die höherwertigen Technologieaktien werden nun im so genannten TecDAX zusammengefasst. Der frühere NEMAX 50 (der Neue-Markt-Index), der inzwischen abgeschafft wurde, stürzte in den Jahren nach der Jahrtausendwende um mehr als 90 Prozent ab. Wer es nicht geschafft hatte, rechtzeitig seine Technologieaktien zu verkaufen, ruinierte sich.

Beherzigen Sie daher stets die goldene Börsenregel: Eine breite Streuung über viele Branchen, Assetklassen (Aktien, Anleihen, Immobilien, Rohstoffe), Länder und Weltregionen schützt zumindest vor einem solchen Desaster. Während nämlich die Inhaber von Internetaktien horrende Verluste machten, freuten sich andere Börsianer über den starken Anstieg der osteuropäischen Aktienmärkte.

Obwohl sich die Internetwerte inzwischen wieder leicht erholt haben, sollten Sie eine Branche, die es innerhalb kürzester Zeit geschafft hat, Milliardenvermögen zu vernichten, besonders kritisch prüfen.

Basis-wert	ISIN	Emissions-bank	Spread	Lauf-zeit	Ge-bühr	Div.	Bezugs-verhältnis	Quanto
DJ Internet Commerce	DE0006874852	ABN	1,51 %	Open end	–	Nein	1:1	Nein
DJ Internet Services	DE0006874860	ABN	1,51 %	Open end	–	Nein	1:1	Nein

Tab. 60: Branchenzertifikate auf Internetaktien

6.5 Die Halbleiterindustrie

Die Halbleiterindustrie gehört zu den wichtigsten Motoren der Informationstechnik. Ohne moderne und schnelle Prozessoren würde sie keine Fortschritte machen. In den letzten Jahren litt die Halbleiterindustrie besonders unter dem Zusammenbruch des Neuen Marktes und dem Absturz der Technologiewerte. Vielfach war der Markt übersättigt, und selbst der Marktführer *Intel* hatte Probleme, neue Marktanteile hinzuzugewinnen und die Umsätze zu steigern. Inzwischen hat sich die Halbleiterindustrie wieder relativ erholt. Angesichts der langjährigen Megabaisse, die insbesondere den Technologiesektor betraf, erholen sich die Kurse erst allmählich. Dennoch ist die Performance dieser Branche im Vergleich zu anderen Wirtschaftszweigen unterdurchschnittlich. Ein wichtiger Index für den US-Markt im Bereich der Halbleiterindustrie ist der S&P Semiconductor Index.

Intel	Broadcom
Texas Instruments	Xilinx
Analog Devices	Advanced Micro Devices
Maim Integrated Products	Altera
Linear Technology	Freescale Semiconductor

Tab. 61: Die zehn wichtigsten Unternehmen des S&P Semiconductor Index

Zertifikat	ISIN	Emittent	Laufzeit
S&P Semiconductor	NL0000400174	ABN Amro	Open end

Tab. 62: Ein Zertifikat auf die Halbleiterbranche

7. Basketzertifikate – Die Auswahl der Spezialisten

Bei Basketzertifikaten handelt es sich um eine Zusammenstellung verschiedener Wertpapiere, meist Aktien, die zu einem Korb oder „Basket" zusammengefasst werden. Da diese Zusammenstellung meist unter themenspezifischen Gesichtspunkten erfolgt, spricht man auch von Themenzertifikaten. Die Banken haben eigene Abteilungen, die unter der Bezeichnung „Financial Engineering" firmieren; dort konstruieren Experten zu Marketingzwecken neue Wertpapiere.

Ein solcher „Korb" aus verschiedenen Aktien folgt einem bestimmten Thema oder Aspekt. In gewisser Weise ähneln Basketzertifikate den Investmentfonds, bei denen Experten und Analysten bestimmte Aktien oder andere Wertpapiere auswählen, um eine höhere Performance als der Markt zu erzielen. In der Realität schneidet die Mehrzahl der Investmentfonds schlechter als der Vergleichsindex ab. Diese aktive Investmentstrategie ist daher meistens renditeschwächer als die Geldanlage in Indexzertifikaten, die als passive Investmentstrategie bezeichnet wird.

Die Basketzertifikate kopieren nun diese aktive Investmentstrategie, denn anstelle des Index, der den gesamten Aktienmarkt eines Landes oder einer Region repräsentiert, werden einzelne Aktien herausgepickt. Wie erfolgreich dieser Aktienkorb ist, hängt letztlich vom Geschick des jeweiligen Experten ab. Der Fair Value eines Basketzertifikats berechnet man, indem jede Aktie, die im Korb enthalten ist, mit der Anzahl und dem aktuellen Aktienkurs multipliziert wird. Die einzelnen Positionen im Basket werden dann summiert, um den Gesamtwert des Aktienkorbes zu ermitteln.

Was ist nun der Vorteil gegenüber Investmentfonds? Der Vorteil besteht lediglich darin, dass die Gebühren für Basketzertifikate in der Regel niedriger sind als bei Investmentfonds; denn bei den Zertifikaten fällt außer dem Spread (der Differenz zwischen An- und Verkaufskurs), der in Einzelfällen bis zum fünf Prozent betragen kann, kein Ausgabeaufschlag an. Bedenkt man, dass auch bei vielen Basketzertifikaten jährliche Managementgebühren anfallen und beim An- und Verkauf jeweils Bankprovisionen erhoben werden, so gleichen sich die Gebührenstrukturen allmählich an. Kritiker wenden daher ein, Basketzertifikate seien „verkappte" Investmentfonds mit vergleichbar hohen Gebühren.

Die Basketzertifikate haben aber gegenüber den klassischen Investmentfonds einen entscheidenden Nachteil: Während ein Investmentfonds innerhalb kürzester Zeit die Wertpapiere umschichten kann, ist dies bei Basketzertifikaten nicht vorgesehen. Die so genannte Reallokation, d. h. die Veränderung der Zusammensetzung des Aktienkorbes, findet – je nach Emissionsbedingungen – nur in größeren zeitlichen Abständen statt. Die bei der Emission vorgegebene Struktur der Wertpapiere wird normalerweise bis zur Endfälligkeit beibehalten; viele Banken halten das für riskant, da sich die Börse anders entwickeln kann, so dass eine Umschichtung sinnvoll erscheinen mag. Etliche Basketzertifikate sehen daher eine Überprüfung der Zusammensetzung nach bestimmten Zeiträumen (meist vierteljährlich) vor. Durch diese permanente Revision entstehen allerdings zusätzliche Managementgebühren.

Ob diese ständige Umschichtung ein Vor- oder Nachteil ist, lässt sich nicht klar ermitteln. Die meisten Investmentfonds, die sogar täglich ihren Bestand austauschen können, verursachen dadurch hohe Kosten und Gebühren, die die Performance erheblich schmälern. Vielfach hinken sie in einem hektischen Aktionismus der Börsenentwicklung hinterher, so dass sie weit hinter der Rendite des Vergleichsindex, der als Benchmark dient, zurückfallen. Einem Großteil der Investmentfonds, der ausschließlich in deutsche Aktien investiert, gelingt es nicht, den DAX zu schlagen. Deshalb kann die starre Struktur der Basketzertifikate für den Anleger von Vorteil sein, denn durch die langsamere Umschichtung wird eine der Rendite abträgliche Betriebsamkeit verhindert. Dennoch hängt die erzielbare Rendite von der Zusammensetzung ab, und ob Experten wirklich die besten Aktien auswählen, ist fraglich.

Da Basketzertifikate in erster Linie ein Marketinginstrument der Banken sind, folgen sie häufig modischen Trends, um die Nachfrage und das aktuelle Interesse der Kunden zu befriedigen. Wenn ein Trend allgemein öffentlich bekannt ist, hat er meist den Zenit überschritten, so dass die Anleger Verluste machen. Solche Modeerscheinungen klingen dann innerhalb weniger Wochen wieder ab, so dass sie dann in den Depots der Anleger als Ladenhüter aus vergangenen Zeiten erscheinen. So legten die meisten Banken Basketzertifikate für Osteuropa auf, als gerade die Börsen in Osteuropa boomten. Doch zu diesem Zeitpunkt war die Hausse bereits im vollen Gange. Den Banken gelingt es nicht, Trends frühzeitig zu erkennen. In dem Moment, in dem ein Basketzertifikat auf dem Markt erscheint, ist der Zug häufig schon abgefahren.

Aspekt	Basketzertifikat	Emittent	ISIN
Länder und Regionen	Asian Tigers 50	Merrill Lynch	DE0003532891
	Europa Strategie	Commerzbank	DE0007264194
	BRIC	ABN Amro	NL0000463487
	Ostbasket	RCB	AT0000481197
Branchen	Brennstoffzellen Active	West LB	DE0006962566
	New-Energy-Active	West LB	DE0006962590
	Wasser Active 2	West LB	DE000WLB5GV8
	Worldwide Logistics	Merrill Lynch	DE0006006463
Immobilien	Asia Real Estate	ABN Amro	NL0000308070
	Europa Immobilia	Merrill Lynch	DE0006495468
	Europa Top 15 Immobilien	UBS	DE0006379852
Rohstoffe	Silberminen	ABN Amro	NL0000331437
	Soft Commodity	ABN Amro	NL0000405850
	Top 10 Goldminen	BHF	DE0006793656
Börsensegmente	BENMAX 50	ABN Amro	DE0005591374
	Euro MidCap Select	Deutsche Bank	DE0001022713
Themen	IPO Select Basket	Sal. Opp.	DE000SBL1PQ4
	Luxus-Active	West LB	DE0006962574
	M&A-Zertifikat	Société Gen.	DE000SG63FU9
	World Leader	Deutsche Bank	DE0008408279
	WM-Select	West LB	DE0008364969

Tab. 63: Beispiele für Basketzertifikate

Von den Basketzertifikaten muss man Strategiezertifikate unterscheiden. Während Basketzertifikate überwiegend auf bestimmte Branchen oder bisweilen Themen setzen, orientieren sich Strategiezertifikate an bestimmten Erkenntnissen aus der Finanzmarktforschung oder setzen auf gewisse Analyseverfahren. Die Abgrenzung zwischen Basket- und Strategiezertifikaten ist dennoch nicht immer eindeutig.

Die Basketzertifikate folgen in ihrer Systematik den Indexzertifikaten. Es gibt Basketzertifikate auf bestimmte Marktsegmente, einzelne Länder und Regionen sowie Themen.

Während länder- und regionenspezifische Basketzertifikate weniger sinnvoll erscheinen, da hier ein breiter angelegter Index interessanter sein kann, können manche dieser Basketzertifikate dem Anleger Vorteile bringen.

Das modische Thema „Neue Energie" und insbesondere „Brennstoffzellen" spiegelt sich in der Vielzahl der emittierten Wertpapiere zu diesem Sektor wider. Dennoch waren Solaraktien und auch Unternehmen, die im Bereich der Brennstoffzellen-Forschung tätig sind, bereits auf ihrem Höhepunkt, als die Zertifikate emittiert wurden. Für den Anleger kam der Einstieg zu spät.

Basketzertifkate auf Immobilien

Besondere Aufmerksamkeit sollte der Anleger den Basketzertifikaten auf Immobilienindizes widmen, die sie sich besonders zur Diversifikation eignen. Ein Depot enthält meist verschiedene Assetklassen wie Aktien oder Anleihen. Doch Experten empfehlen, dass neben diesen beiden Klassen auch Immobilien bei der Geldanlage berücksichtigt werden sollten, da sich diese einer allgemeinen Baisse an der Börse entziehen können. Während Aktien fallen und Anleihen nur geringe Zinsen abwerfen, kann sich der Abstecher auf den Immobilienmarkt lohnen. Doch wie kann man dies bewerkstelligen?

Falls Ihre Bank Ihnen offene Immobilienfonds anbieten sollte, bleiben Sie skeptisch. Diese Anlageform wird häufig als sehr sicher eingestuft. Mit Einschränkungen ist dies richtig, doch werden bei offenen Immobilienfonds ein Ausgabeaufschlag von 5 % und laufende Managementgebühren fällig. Die jährliche Wertentwicklung der meisten offenen Immobilienfonds liegt bei mageren 2 bis 4 %. Offene Immobilienfonds sind für Anleger völlig uninteressant. Besondere Vorsicht sollten Sie auch bei so genannten geschlossenen Immobilienfonds walten lassen. Hier handelt es sich nicht um Wertpapiere, sondern um richtige Immobilienanteile, die früher als Steuersparmodell verkauft wurden. Die Gefahren und Risiken sind bei geschlossenen Immobilienfonds enorm, denn trotz Vermietungsgarantie endete für viele Anleger dieses Investment mit erheblichen Einbußen und manchmal mit dem Ruin.

Basketzertifikate auf Immobilienindizes bieten Ihnen dagegen auf intelligente Weise die Möglichkeit, an der Wertentwicklung des Immobilienmarktes teilzuhaben. Das Zertifikat knüpft an einen Immobilienindex an, der die Wertentwicklung europäischer Immobilien nachzeichnet. Dadurch haben Sie die Möglichkeit, Ihr Depot nicht nur mit Aktien und Anleihen zu bestücken, sondern zur zusätzlichen Absicherung auf Immobilien zu setzen.

Die Real Estate Investmenttrusts (REITs)

Eine Möglichkeit, in Immobilien über Zertifikate zu investieren, sind so genannte REITs. Die Abkürzung REIT steht für Real Estate Investmenttrust; es handelt sich um eine Art Immobilienfonds nach angelsächsischem Recht. REITs sind börsennotiert und weisen zum Teil hohe Handelsumsätze auf. Die Renditechancen entsprechen im Prinzip einem Direktinvestment in Immobilien, denn – abhängig von dem Land, in dem ein REIT domiziliert – werden 80 bis 100 Prozent der Erträge an die Anteilseigner ausgeschüttet. In Deutschland gibt es bislang keine REITs; deren Einführung wird jedoch erwogen. Vergleichbar der Funktionsweise von REITs sind börsennotierte Immobiliengesellschaften, bei denen aber die Besteuerung der Erträge auf der Unternehmensebene erfolgt. In der Vergangenheit konnten REITs höhere Renditen erzielen als die herkömmlichen börsennotierten Immobiliengesellschaften.

Zertifikate und Immobilienindizes

Einer der wichtigsten Anbieter für Immobilienindizes ist die *Global Property Research* (GPR). Der bedeutendste Index in diesem

Bereich ist der GPR 250 Index, der alle weltweit notierten REITs und Immobiliengesellschaften zusammenfasst. Zum GPR 250 gibt es spezifische Unterindizes, die sich auf einzelne Regionen oder Länder beziehen wie den GPR 250 Germany, den GPR 250 United Kingdom oder den GPR 250 Europe.

Für Immobilientrusts gibt es zum Teil eigene Indizes. Ein Beispiel dafür ist der Topix-Reits-Index, der 17 in Tokio gelistete Immobilientrusts zusammenfasst. Diese Immobilientrusts besitzen in der japanischen Metropole neben Bürogebäuden auch Einkaufszentren. Anders als in den USA, wo die Immobilienpreise nach dem Zusammenbruch der New Economy und dem Niedergang der Technologiewerte stark gestiegen sind, da viele Anleger ihr Geld sicherheitshalber in Häuser investierten, haben sich die Immobilienpreise in Asien teilweise halbiert. Ursache dafür war die Asienkrise, die einen Niedergang des gesamten Immobilienmarktes nach sich zog und zwischen 1997, mit dem Beginn der schweren Asienkrise, und 2003 für sinkende Preise sorgte. Inzwischen erholen sich die Immobilienpreise wieder. Im Jahre 2003 übertraf der sich auf Hongkong beziehende Hang-Seng-Property & Construction-Index den örtlichen Aktienindex Hang Seng um 40 Prozentpunkte. Die Immobilientrusts in Hongkong wickeln auch Projekte auf dem chinesischen Festland ab.

Basis-wert	ISIN	Emissions-bank	Spread	Lauf-zeit	Ge-bühr	Div.	Bezugs-verhältnis	Quanto
EPRA Europe	DE000HV092P2	Hypo-Vereinsb.	0,99 %	Open end	0,25 %	Ja	1:100	Nein
EPRA Global	DE000HV092N7	Hypo-Vereinsb.	1,00 %	Open end	0,25 %	Ja	1:100	Nein
Asia Real Estate	NL0000308070	ABN	2,50 %	Open end	–	Nein	1:1	Nein
HSI Properties	NL0000027688	ABN	2,02 %	Open end	–	Nein	1:10	Nein
TOPIX REITs	NL0000425833	ABN	0,96 %	Open end	Var.	Nein	1:100	Ja
S&P Home-building	NL0000423200	ABN	2,01 %	Open end	–	Nein	1:10	Nein

Tab. 64: Beispiele für Immobilienzertifikate

Das von der ABN Amro Bank herausgegebene Zertifikat Asia Real Estate investiert in die 30 größten Aktien des Bloomberg-Asien-Reits-Index – ausgenommen sind nur China und Australien. Über 60 Prozent der im Zertifikat enthaltenen Trusts stammen aus Hongkong und fast 30 Prozent aus Japan. Die restlichen Immobilientrusts sind in Singapur, Taiwan und auf den Philippinen tätig.

Daneben bietet die ABN Amro Bank noch eine Vielzahl anderer Immobilienzertifikate an. Beispielsweise bezieht sich der GPR/ABN Amro Global Top 30 Property Total Return Index auf die 30 größten Immobiliengesellschaften und REITs weltweit. Die Gewichtung eines Landes kann maximal 20 Prozent betragen, um eine breite Streuung zu erreichen. Der Index wird nach Marktkapitalisierung gewichtet und jährlich angepasst. Auch die Dividendenausschüttungen werden zu 75 Prozent angerechnet. In dem Index sind Länder wie die USA, Großbritannien, Japan, Frankreich, Hongkong, Australien, Singapur und andere vertreten. Für den asiatischen Raum wurde ein eigenes Zertifikat emittiert. Zudem gibt es auch ein Papier, das sich ausschließlich auf die weltweit größten Real Estate Investmenttrusts bezieht.

Name des Zertifikats	ISIN	Spread	Managementgebühr	Laufzeit
GPR Global Top 30 Property Open End Zertifikat	NL0000048742	1,5 %	0,75 %	Open end
GPR Global Top 30 REITs Open End Zertifikat	NL0000048759	1,5 %	0,75 %	Open end
GPR Continental Europe Property Open end Zertifikat	NL0000048787	1 %	1 %	Open end
GPR Asia/ Pacific Property Open End Zertifikat	NL0000048775	1,5 %	1 %	Open end
GPR US REITs Property Open End Zertifikat	NL0000048726	1,5 %	1 %	Open end

Tab. 65: Zertifikate auf Immobilienindizes und REITs

Die vorherige Übersicht stellt die verschiedenen Immobilienzertifikate der ABN Amro Bank dar, die sich entweder auf Indizes mit REITs und andere börsennotierte Immobiliengesellschaften oder ausschließlich auf REITs beziehen. Der Anleger hat die Möglichkeit, durch die Auswahl eines speziellen Zertifikats bestimmte Regionen oder Länder zu bevorzugen.

7.1 Spezielle Basketzertifikate

Basketzertifikate, die auf spezielle Börsensegmente oder Rohstoffe setzen, sind nur eingeschränkt für Anleger geeignet; durch die Selektion repräsentieren diese Zertifikate nicht den gesamten Markt. Das manifestiert sich in einer größeren Volatilität und möglicherweise einer geringeren Rendite. Ein typisches Beispiel ist das Zertifikat auf die 10 weltgrößten Goldminen. Da Goldminenaktien besonders schwankungsanfällig sind, zeigt sich dies auch im Zertifikat. Bei Rohstoffen ist es generell besser, auf einen marktbreiten Index zu setzen statt auf eine Auswahl von Aktiengesellschaften.

Unter den themenspezifischen Zertifikaten ist besonders das Papier „Luxus-Active" der *West LB* interessant. Luxusgüter wie Champagner, Parfüms und andere Premium-Markenartikel können sich oft auch bei einem Konjunkturrückgang behaupten, da eine kaufkräftige Klientel die Nachfrage aufrechterhält. Dennoch zeigen auch Luxusaktien keine weit überdurchschnittliche Performance, die den Länderindex übertrifft. Vergleichbares gilt für Zertifikate auf Venture-Capital-Unternehmen. Diese Wagniskapitalgesellschaften finanzieren Start-up-Unternehmen, um sie an die Börse zu bringen und die Anteile später lukrativ zu veräußern. Obwohl manche Neuemission einen raketengleichen Aufschwung erzielen konnte und den Anlegern exorbitante Gewinne bescherte, zeigen Langfristanalysen, dass die Mehrzahl der Neuemissionen den Anlegern eher Verluste einträgt. Nur eine sorgfältige Auswahl kann überdurchschnittliche Gewinne mit sich bringen. Auch Venture-Capital-Unternehmen stellen am Ende oft frustriert fest, dass sich von zehn hoffnungsvollen Start-up-Unternehmen nur eines zum Star entwickelt.

Private Equities und Start-up-Unternehmen

Eine besonders innovative Idee ist ein Basketzertifikat auf Private-Equity-Unternehmen, das von der *ABN Amro Bank* emittiert wurde. Private-Equity-Firmen finanzieren nicht börsennotierte Start-up-Unternehmen und führen eine Beratung durch. Zusätzliche Dienstleistungen, die bei der Existenzgründung von Vorteil sein können, runden das Angebotsspektrum ab. Neben der Erarbeitung eines Businessplans und der Erstellung einer innovativen Produktkonzeption helfen diese Private-Equity-Unternehmen bei der Umstrukturierung und der Entwicklung eines tragfähigen Vertriebskonzepts. Sie finanzieren Management-Buyouts, d. h. das Management des neu gegründeten Unternehmens hat die Möglichkeit, die Firma selbst aufzukaufen. Am häufigsten endet die Beziehung zu dem Start-up-Unternehmen mit einem Börsengang in einem überschaubaren Zeitraum von zehn Jahren, der es dem Private-Equity-Unternehmen ermöglicht, die eigenen Anteile an der Börse zu versilbern. Insofern sind die Private-Equity-Unternehmen Initiatoren für das IPO (das Initial Public Offering). Auch renommierte Unternehmen wie die in den USA heimische, internationale Kaffeekette *Starbucks*, der Halbleiterhersteller *Intel*, der Pay-TV-Sender *Premiere* und andere bedienten sich der Hilfe von Private-Equity-Unternehmen.

Private Equity spielt auch eine Rolle, wenn sich ein Unternehmen in einer schwierigen Turnaround-Phase befindet oder eine angespannte finanzielle Situation meistern muss. In diesem Zusammenhang spricht man von mezzaninen Finanzierungsformen, die die Kluft zwischen Eigen- und Fremdkapital überbrücken und besonders für die in Deutschland mit einer geringen Eigenkapitalbasis ausgestatteten mittelständischen Unternehmen von Relevanz sind.

Eines der bekanntesten Private-Equity-Unternehmen ist Permira, das sich 1985 von der Investmentgesellschaft *Schroders* löste und seitdem ein Volumen von 11 Milliarden Euro verwaltet. Zu den betreuten Unternehmen zählen neben dem bekannten Textildiscounter *Tacco* der Brillendesigner *Rodenstock* und der Fernsehsender *Premiere*. Die Bruttorendite, die die überaus erfolgreiche *Permira* erzielte, lag dabei seit 1997 bei über 40 Prozent jährlich. Private-

Equity-Unternehmen tragen dazu bei, die Profitabilität der betreuten Firmen zu steigern und zu erhöhen. Ein Beispiel dafür ist *Wincor Nixdorf*, das von der Private Equity *KKR* betreut wurde und innerhalb von fünf Jahren die Zahl der Beschäftigten bis zum Börsengang im Jahre 2004 verdoppeln konnte.

Zertifikate auf Private Equities

Das von der *ABN Amro Bank* herausgegebene Zertifikat investiert in einen Index, den so genannten LPX Major Market Performance Index, der die 15 wichtigsten internationalen börsennotierten Private-Equity-Unternehmen umfasst. Die Dividendenanrechnung erfolgt zu 75 Prozent. Das Open-end-Zertifikat hat eine Geld-Brief-Spanne von 1,5 Prozent und beinhaltet eine jährliche Managementgebühr von 1,65 Prozent. Das vom Index repräsentierte Private-Equity-Portfolio ermöglicht dem Anleger auf diese Weise zirka 1000 Direktinvestitionen und 100 Beteiligungen an nicht börsennotierten Unternehmen. Zu den wichtigsten Private-Equity-Unternehmen im LPX Index zählen die französische Aktiengesellschaft *Eurazeo* sowie die amerikanischen Private-Equity-Unternehmen *American Cap. Strategies* und *Allied Cap. New*.

Wenn Sie sich für Private Equity interessieren, ist das Zertifikat der *ABN Amro Bank* eine ausgezeichnete Möglichkeit, an der Wertentwicklung dieser innovativen Firmen zu partizipieren. Sie erhalten ein breit gestreutes Paket an aktiven Global Playern, die in dynamische Start-up-Unternehmen investieren und eine überdurchschnittliche Rendite generieren.

Dennoch sollten Sie bedenken, dass nicht jede Neuemission ein Renner wird. Von 10 Unternehmen, die an die Börse gebracht werden, entwickelt sich eines als Shootingstar. In der Vergangenheit war dies beispielsweise bei dem bekannten Internetunternehmen *Google* der Fall, dessen ausgeklügelte Suchmaschine sich großer Beliebtheit erfreut. In der Regel erweisen sich aber die meisten Unternehmen nach ihrer IPO eher als mittelmäßige Kandidaten; nur 3 oder 4 von 10 Neuemissionen können eine überdurchschnittliche Performance vorweisen. Mehr als die Hälfte floppt und beschert den Anlegern nur Verluste oder eine magere Rendite. Als der Internetboom und die New Economy ihre Glanzzeit hatten, im legendären

Jahr 1999 und zur Zeit der Jahrtausendwende, brachten Neuemissionen den euphorisch gestimmten Anlegern innerhalb weniger Stunden Traumrenditen von mehr als hundert oder noch mehr Prozent. Neuemissionen waren damals häufig vielfach überzeichnet. Gewiefte Anleger eröffneten gleich mehrere Depots bei verschiedenen Banken, um mehr Aktien zugeteilt zu bekommen – insbesondere die federführenden Konsortialbanken waren interessant, denn sie konnten ihre eigenen Kunden häufig zuerst bedienen.

Die fast grenzenlose Begeisterung schlug indes schnell in Ernüchterung um, als die Kurse dramatisch einbrachen und auf die Champagnerlaune der New Economy der Katzenjammer einer jahrelangen Megabaisse folgte, die den Neuen Markt so beutelte, dass der NEMAX, das damalige Börsenbarometer dieses Segments, einen Großteil seines Wertes einbüßte. In den Jahren danach ging die Zahl der IPOs deutlich zurück. Während noch im Jahr 1999 Hunderte von Unternehmen an die Börse drängten und das Neue-Markt-Segment, das inzwischen wieder abgeschafft wurde, sich gigantisch aufblähte, gab es danach nur einige wenige Neuemissonen pro Jahr. Insofern sollten Sie auch Neuemissionen kritisch beurteilen und die entsprechenden Gefahren beachten. Auch Private-Equity-Unternehmen können Fehlentscheidungen treffen.

Mit dem Private-Equity-Zertifikat der *ABN Amro Bank* können Sie das Risiko stärker diversifizieren, da der Index sich auf 15 verschiedene internationale Private-Equity-Unternehmen bezieht.

Basis-wert	ISIN	Emissions-bank	Spread	Lauf-zeit	Ge-bühr	Div.	Bezugs-verhältnis	Quanto
LPX Major Market	NL0000022978	ABN	1,50 %	Open end	1,65 %	75 %	1:2,93	Nein

Tab. 66: Beispiel für ein Zertifikat auf einen Index von Private-Equity-Unternehmen

Basketzertifikate und „Sportaktien"

Ein besonders gelungener Marketing-Gag ist das Zertifikat der West LB zur Fußball-Weltmeisterschaft im Jahre 2006. Dieses Basketzertifikat umfasst alle Aktien, die irgendwie einen Bezug zur WM haben und davon profitieren. Dies können neben Sportartikelherstellern wie *Nike* und *Adidas-Salomon* auch Lebensmittelkonzerne oder Eventagenturen sein. Tatsächlich verzeichnete das Basketzertifikat eine beträchtliche Wertentwicklung, wenngleich sich die Dynamik vor dem Beginn der WM abflacht.

Das im Herbst 2000 herausgegebene Zertifikat läuft bis zum Endspiel der Fußball-Weltmeisterschaft im Jahre 2006, das im Berliner Olympiastadion stattfindet. Von der Emission bis Mitte 2005 verzeichnete das Zertifikat eine Wertsteigerung von 180 Prozent. Diese ausgezeichnete Performance ist aber bei näherer Betrachtung nicht auf das vermeintlich erfolgsträchtige Portfolio von 11 Sportaktien zurückzuführen, sondern nur auf einen einzigen Wert, der eine gewaltige Performance hinter sich hat.

Der renommierte Sportartikelhersteller *Puma* erreichte in den Jahren 2000 bis 2005 eine gewaltige Performance von 1600 Prozent. Aufgrund dieses Spitzenergebnisses, das auch an der deutschen Börse bewundernswert ist, wurde der gesamte Aktienkorb des Zertifikats beflügelt. Die anderen Aktien in dem Basket schnitten eher durchschnittlich ab; einige Unternehmen wie *Kinowelt* und *Sunburst* gingen erschreckenderweise gar Pleite. Die herausragende Positionierung verdankt Puma weniger der Fußball-WM, die nur wenig zur Steigerung der Absatzzahlen beitrug, sondern vielmehr der Neuausrichtung des Unternehmens, das sich eine stärkere Lifestyle-Orientierung zu Eigen machte. Inzwischen ist in dem Aktienkorb das Unternehmen Puma der größte Posten überhaupt, da keine jährliche Anpassung der Gewichtung vorgesehen ist. Da das Unternehmen durch den hohen Anstieg bereits überbewertet ist, kann man zu einem Kauf des Zertifikats eigentlich nicht raten.

Auch auf die Olympiade in London wurde ein spezielles Zertifikat herausgegeben. Sie sollten aber bedenken, dass dieses Sportereignis erst im Jahr 2012 stattfinden wird. Selbst wenn man berücksichtigt, dass eine Olympiade der britischen Hauptstadt Milliardenumsätze einbringen wird, so ist es unwahrscheinlich, dass Hotelketten, die Gastronomie, der Einzelhandel, Sponsoren und Dienstleistungsunternehmen bereits Jahre zuvor von diesem Boom profitieren. Die Wertsteigerung wird erst unmittelbar vor dem Beginn der Olympiade einsetzen. Lediglich Sportartikelhersteller steigern ihre Umsätze bereits vor dem eigentlichen Megaevent; viele dieser Sportunternehmen haben aber schon in der Vergangenheit eine beachtliche Wertentwicklung gezeigt, so dass in Zukunft eher eine Konsolidierung zu erwarten ist.

Etwas positiver erscheint das Zertifikat der *West LB* auf die 2008 in China stattfindende Olympiade, da in dem Schwellenland Branchen wie Touristik, Bau, Sportartikel, Medien und Immobilien überdurchschnittlich von den Millionen Besuchern aus aller Welt profitieren werden. Allein der Ausbau der Stadien, die Erhöhung der Hotelkapazitäten und zahlreiche Dienstleistungen werden für einen zusätzlichen Boom sorgen. Kritisch bleibt aber anzumerken, dass der Aktienkorb dieses Zertifikats nicht jährlich angepasst wird. Diese starre Struktur kann zu Verwerfungen führen, zumal vermutlich nicht alle Branchen gleichermaßen von dem Jahrhundertereignis profitieren werden. Die Laufzeit ist außerdem relativ kurz, und der Internetwert *Chinadotcom*, der an der NASDAQ notiert wird, nimmt ein großes Gewicht ein. Angesichts der Schwankungsanfälligkeit von Internetwerten und der Tatsache, dass China ein Schwellenland ist, sollte man sich der Risiken stets bewusst sein.

Darüber hinaus emittierte die *West LB* ein weiteres Sportzertifikat, das auf die Fußball-WM in Südafrika setzt, die 2010 stattfindet (South-Africa-2010-Select-Basketzertifikat). Der Aktienkorb setzt sich aus 11 Werten aus den Branchen Telekom, Bau, Einzelhandel und Getränke zusammen. Anders als bei dem fraglichen Zertifikat auf die WM 2006 in Deutschland, das einen Totalausfall von zwei Unternehmen verzeichnete, enthält das Pendant auf die Weltmeisterschaft in Südafrika nur Standardwerte. Allerdings erfolgt auch hier keine jährliche Anpassung, und die Dividendenausschüttungen bleiben ebenso unberücksichtigt wie eine Währungsabsicherung. Zwar erwies sich der südafrikanische Rand als eine gegenüber dem Euro sehr stabile Währung, jedoch sollte man die mehrjährige Laufzeit des Zertifikats und damit die unsichere Währungsprognose berücksichtigen. Aufgrund des Booms in Südafrika sind viele der Aktien zudem bereits auf einem Allzeithoch, so dass eine Konsolidierung einsetzen könnte.

Die Idee der Sportzertifikate ist eine gelungene Marketingidee und findet angesichts der Fußball-WM und der Olympiade in China und London eine breite Resonanz. Anleger sollten sich im Klaren sein, dass die überdurchschnittliche Performance bei dem Zertifikat auf die Fußball-WM in Deutschland lediglich dem überragenden Abschneiden des Sportartikelherstellers *Puma* zu verdanken war. Und selbst diese Spitzenperformance war nicht auf die Umsatzsteigerungen durch begeisterte Sportfans zurückzuführen, sondern auf die Positionierung als innovatives Lifestyle-Unternehmen. Insofern hat Puma mehr mit *Louis Vuitton* gemeinsam als mit krisengeschüttelten Unternehmen wie dem börsennotierten Bundesligaverein *Borussia Dortmund*. Kritisch zu sehen ist auch die Übergewichtung mancher Internet- und Telekommunikationswerte und die starre Struktur des Aktienkorbs.

Insgesamt sollten Sie Basketzertifikate skeptisch und vorsichtig beurteilen. Ein Kauf lohnt sich nur dann, wenn ein Basketzertifikat eine spezielle Branche (wie beispielsweise Immobilien) oder ein bestimmtes Thema (wie Brennstoffzellen, Luxusaktien) abdeckt. Seien Sie jedoch auf der Hut: Das modische Anlagethema von heute kann der Ladenhüter von morgen sein.

8. Strategiezertifikate – die Zauberkünstler

Strategiezertifikate, die gelegentlich auch als Performancezertifikate bezeichnet werden, setzen auf bestimmte Strategien, die den Erkenntnissen der Finanzmarktforschung entlehnt sind oder sich auf allgemeine Analysemethoden stützen. Während der klassische Gedanke bei der Schaffung von Zertifikaten darin bestand, einen Aktienmarkt möglichst repräsentativ abzubilden und so das Risiko zu streuen, setzen Strategiezertifikate darauf, bestimmte Marktmechanismen zu erkennen, mit deren Hilfe es möglich ist, Überrenditen zu erzielen.

Solche Ansätze werden auch Handelssysteme genannt, denn aus einer zugrunde liegenden Gesamtheit von Aktien werden in bestimmten zeitlichen Abständen Aktien gewählt, die ein vorher festgelegtes Kriterium erfüllen. Dieser Kriterienkatalog wird gelegentlich aus den Erkenntnissen der empirischen Kapitalmarktforschung abgeleitet, oder es wird eine spezifische Investmentstrategie entwickelt, mit deren Hilfe man Überrenditen erzielen möchte. Solche Kriterien können die Marktkapitalisierung eines Unternehmens, die Gewinnentwicklung oder ein günstiges Kurs-Gewinn-Verhältnis (KGV) betreffen. Die Kriterien werden in technische und fundamentalanalytische untergliedert. Fundamentalanalytische Aspekte werden aus den Bilanzen des jeweiligen Unternehmens abgeleitet wie beispielsweise das Gewinnwachstum oder die Dividendenrendite. Technische Kriterien ergeben sich aus Chartanalyse und der technischen Analyse. Hierzu gehören die relative Stärke, das Kursmomentum oder von technischen Indikatoren ausgelöste Kurssignale, beispielsweise wenn ein Markt überverkauft ist oder ein gleitender Durchschnitt von unten durchbrochen wird.

Fundamentalanalyse versus Chartanalyse

Manche Strategiezertifikate beruhen ausschließlich auf einem solchen Handelssystem. Die Anlageentscheidungen trifft in diesem Fall kein Analystenstab, sondern ein automatisches Handelssystem, das eine akribische, computerbasierte technische Analyse durchführt. Die Signale und die Filter werden konsequent umgesetzt. Die subjektiven Erwägungen von Analysten und Experten werden ausgeklammert, zumal diese häufig von den Modeströmungen an den Finanzmärkten geprägt sind.

Für den Privatanleger wäre es schwierig bis unmöglich, sich selbst ein Handelssystem aufzubauen, denn dazu bedarf es ausgeklügelter Analysesysteme, die Millionen von Kursdaten in jeder Sekunde durchkämmen und auswerten. Ein Zertifikat ist in diesem Fall vorteilhafter, da es auch komplexe Strategien umsetzen kann. Ein solches Zertifikat zeichnet sich durch Kosteneffizienz, ein aktives, theoretisch untermauertes Portfoliomanagement aus, das durch seine hohe Transparenz und die objektiven Auswahlkriterien der technischen Analyse überzeugt.

Strategiezertifikate, die ausschließlich auf solchen technischen Handelssystemen basieren, sind aber auch riskant, da fundamentalanalytische Erwägungen wie die Ertrags- und Finanzlage eines Unternehmens vollständig ausgeblendet werden. Eine technische Analyse kann auch nur dann als ausgereift gelten, wenn sie eine Vielzahl komplex mit einander verknüpfter Kriterien berücksichtigt. Die rein technische Ausrichtung bleibt ein Kritikpunkt; ein wissenschaftlicher Beweis für die Gültigkeit der Chart- und der technischen Analyse ist bisher ausgeblieben. Bilanziell orientierte Experten, die sich hauptsächlich fundamentaler Daten bedienen, qualifizieren die technische Analyse gerne als „Kaffeesatzleserei" ab, da die Verläufe der Aktienkurse nichts über die zukünftige Entwicklung aussagen.

Die empirische Finanzmarktforschung

Untersuchungen in der empirischen Finanzmarktforschung haben allerdings aufgezeigt, dass es eine gewisse, schwach ausgeprägte Korrelation zwischen den Kursdaten geben kann, die sich über mehrere Wochen erstreckt. Erforscht wird dieser Bereich insbesondere von der fraktalen Analyse, die von *Benoit Mandelbrot* gegründet wurde, und die mit der Chaostheorie und dem Konzept der nichtlinearen Dynamik verwandt ist. Die Forschung steht aber hier noch ganz am Anfang.

Anleger, die ein Strategiezertifikat erwerben möchten, das sich nur an der technischen Analyse orientiert, sollten darauf achten, dass der Emittent auch ein umfangreiches Backtesting durchführt. Unter Backtesting versteht man eine Simulation, bei der die Kursentwicklung des Zertifikats fiktiv für einen vergangenen Zeitraum berechnet wird. Zeigt das Backtesting eine hohe Wertentwicklung, so besteht zumindest eine gewisse Wahrscheinlichkeit, dass das Modell auch in Zukunft funktioniert. Jedoch können sich die Börsenkonstellationen ändern und das Modell sich im Nachhinein als Flop erweisen. Eine kritische Begutachtung ist auf jeden Fall vonnöten.

Die empirische Finanzmarktforschung hat gezeigt, dass es in den Finanzmärkten tatsächlich Phänomene und Anomalien gibt, die höhere Renditen ermöglichen. Die so genannte Effizienzmarkthypothese wurde damit teilweise widerlegt; es ist aber umstritten, ob diese Phänomene in allen Börsenphasen gelten und ob sie nicht durch das Massenverhalten von Anlegern langfristig konterkariert werden. Bislang hatte die Effizienzmarkthypothese behauptet, alle Informationen würden unmittelbar in die Aktienkurse einfließen, so dass es unmöglich wäre, einen Informationsvorsprung zu erlangen oder Kurse gezielt vorherzusagen. Erst durch die empirische Finanzmarktforschung wurden gewisse Unregelmäßigkeiten und Abweichungen von der Markteffizienz entdeckt. So fand man beispielsweise heraus, dass die Aktienkurse am stärksten im Januar steigen und besonders an Montagen. Die ersten Tage im Januar sind dabei die renditeträchtigsten. Diese Phänomene wurden als Januar- und Montag-Effekt bezeichnet. Doch was geschieht, wenn sich Millionen von Anlegern weltweit dieses Phänomen zunutze machen und Wertpapiere im Hinblick auf diese Überrendite-Effekte am Freitag bzw. im Dezember kaufen, um von dem hohen Kursanstieg im Januar zu profitieren? Eine solche Veränderung des Anlegerverhaltens würde zweifelsohne den Januar- und den Montag-Effekt verschwinden lassen. Im Augenblick sind beide Effekte aber noch vorhanden.

Die von den Banken konstruierten Strategiezertifikate berufen sich auf solche Gesetzmäßigkeiten und strukturellen Mechanismen der internationalen Finanzmärkte, die zum Teil empirisch durch Forschungsarbeit belegt sind oder auf alltäglichen Beobachtungen beruhen. Andere Strategiezertifikate setzen auf die herkömmliche fundamentale oder technische Analyse.

8.1 Fundamentalanalytisch orientierte Strategien

Die Fundamentalanalyse bedient sich verschiedener Bilanzkennzahlen und zusätzlicher Berechnungen, um von der Vermögens-, Finanz- und Ertragslage eines Unternehmens Renditeprognosen abzuleiten. Neben klassischen Kennzahlen wie Eigenkapital-, Gesamtkapital- und Umsatzrentabilität, Cashflow, EBIT und anderen gibt es eine Reihe von Möglichkeiten, die Bilanz eines Unternehmens systematisch auszuwerten. Die Fundamentalanalyse wird von vielen Experten als der Königsweg der Aktienanalyse angesehen; sie hat indes den entscheidenden Nachteil, dass alle verfügbaren Kennzahlen vergangenheitsorientiert sind und über die aktuelle Situation eines Unternehmens nur wenig aussagen. Eine Extrapolation vorhandener Trends – wie der Gewinnentwicklung –, d. h. eine Projektion der bisherigen Entwicklung in die Zukunft, ist nur mit vielen Vorbehalten und Einschränkungen zulässig. Kurzfristig können externe Veränderungen eintreten, die alle Prognosen hinfällig werden lassen. Zwar halten es viele Anlageberater für sicherer, ein Unternehmen auszuwählen, das seit mehr als fünf oder zehn Jahren stetig Gewinne erwirtschaftet hat, eine Garantie für hohe Renditen in der Zukunft ist dies aber nicht.

Einige Zertifikate setzen auf solche fundamentalanalytisch orientierten Strategien. Dabei werden meist die Unternehmen ausgewählt, die aufgrund ihrer Kennzahlen zu den Markt- oder Branchenführern zählen.

Strategie	ISIN	Emittent	Laufzeit
Best of World II	DE0006006430	Merrill Lynch	29. 1. 08
Euroleader	DE0008366709	Deutsche Bank	20. 2. 08
Sector Leader	DE0007093486	Deutsche Bank	30. 3. 09

Tab. 67: Beispiele für Strategiezertifikate auf Markt- und Branchenführer

Andere Zertifikate machen sich den Gegensatz zwischen Value Investing und Growth Investing zunutze.

Die Value-Strategie

Unter Value Investing versteht man die Investition in Substanz-werte; diese zeichnen sich durch einen hohen Buchwert aus und haben vor allem eine hohe Eigenkapitalbasis und greifbare Werte in ihrem Unternehmensportfolio.

Die Grundidee des „Value Investing" besteht darin, dass sich die Aktien am besten entwickeln, die am niedrigsten bewertet sind. Wenn die Kapitalmärkte effizient sind, dann werden diese Aktien früher oder später korrekt eingestuft und den Bewertungsrückstand aufholen. Eine niedrige Bewertung kann sich in einem günstigen Kurs-Gewinn-Verhältnis oder einer hohen Dividendenrendite ausdrücken. Hohe Dividendenausschüttungen sprechen für einen großen wirtschaftlichen Erfolg, vor allem wenn sie über mehrere Geschäftsjahre kontinuierlich erhöht wurden. Überdurchschnittliche Dividendenrenditen wirken zudem als Puffer gegen mögliche Kursverluste. Aktien, die beispielsweise eine Dividendenrendite von drei oder vier Prozent aufweisen, können selbst bei einem starken Börseneinbruch kaum um drastische fünfzig Prozent nachgeben. Denn dann würde die Dividendenrendite auf erstaunliche sechs bis acht Prozent ansteigen und läge damit weit über der Umlaufrendite von herkömmlichen Anleihen.

In der Tat schnitten starke Dividendentitel in der Vergangenheit zeitweilig wesentlich besser ab als Aktien mit keinen oder geringen Dividendenausschüttungen. Langfristig konnte man mit dividendenstarken Papieren eine höhere Rendite erzielen als mit dem DAX. Dies gilt insbesondere für schwache Börsenperioden. Nur in einer ausgeprägten Boomphase, wie sie in der zweiten Hälften der neunziger Jahre eintrat, konnten Technologiewerte diese Performance übertreffen. Charakteristisch für Substanzwerte ist auch ein niedriges Kurs-Gewinn-Verhältnis.

Das Kurs-Gewinn-Verhältnis ist branchenspezifisch und gibt an, über wie viele Jahre ein Gewinn in der gegebenen Höhe erwirtschaftet werden muss, um den gegenwärtigen Preis einer Aktie zu rechtfertigen. Jedoch sollten Sie darauf achten, dass ein besonders niedriges KGV auch das Ergebnis eines langen Kursverfalls sein kann. Aktien sind nur dann kaufenswert, wenn sie über ein niedriges KGV verfügen, aber zugleich einen Kursanstieg aufweisen.

Aktien, die sich in einem langfristigen, andauernden Abwärtstrend befinden, sind trotz eines günstigen KGV zu meiden. Um Substanzwerte sicher und zuverlässig auszuwählen, sollte man daher auch noch andere Kennzahlen heranziehen und die Gesamtsituation des Unternehmens würdigen.

Strategie	ISIN	Emittent	Laufzeit
Europa Substanz Plus	CH0013812976	UBS	Open end

Tab. 68: Ein Zertifikat auf Substanzwerte (Value Investing)

Die Growth-Strategie

Growth Investing konzentriert sich auf so genannte Wachstumswerte, die durch ein hohes und dynamisches Gewinnwachstum und eine starke Marktexpansion gekennzeichnet sind.

Dieser Ansatz beruht auf der These, dass Aktien mit dem höchsten Gewinnwachstum am stärksten steigen werden. Auch die Growth-Strategie, die auf wachstumsstarke Aktien ausgerichtet ist, kann eine Outperformance gegenüber dem DAX erzielen. Obwohl es für den Betrachter widersprüchlich erscheint, wenn sowohl die Growth- als auch die ihr entgegensetzte Value-Strategie den DAX als Benchmark übertreffen können, so ist die Erklärung für dieses Paradox einfach: Während Substanzaktien vor allem in börsenschwachen Perioden und bei einer Seitwärtstendenz eine überdurchschnittliche Rendite erreichen, toppen Wachstumsaktien den Vergleichsindex vor allem in ausgeprägten Boomphasen.

Wachstumswerte findet man mehrheitlich im Technologiesektor. Über viele Jahrzehnte konnten Substanzwerte eine etwas höhere Rendite erzielen; erst in den neunziger Jahren übertrumpften die Technologiewerte mit ihrem exorbitanten Wachstum die damals als langweilig geltenden Substanzwerte. Seit der starken Baisse, die mit dem Zusammenbruch des Neuen Marktes einherging, haben die meisten Anleger das Vertrauen in Technologiewerte vollständig verloren. Die solideren Substanzwerte erfreuen sich seit diesem Ereignis wieder der höheren Gunst der Anleger.

Strategie	ISIN	Emittent	Laufzeit
Europa Wachstum Plus	CH0011585837	UBS	Open end

Tab. 69: Ein Zertifikat auf Wachstumswerte (Growth Investing)

Strategie	ISIN	Emittent	Laufzeit
German Top 12 II	DE0006006455	Merrill Lynch	29. 1. 08
Value Leader	DE0007096836	Deutsche Bank	29. 6. 09

Tab. 70: Beispiel für Strategiezertifikate, die sich am Value bzw. Growth Investing orientieren.

Die PEG-Strategie

Andere Strategiezertifikate basieren auf einzelnen Kennzahlen oder speziellen Strategien. Eine häufig genutzte Kennzahl für solche Konstruktionen ist das PEG (Price Earnings to Growth), das eine Relation zwischen Kurshöhe und Gewinndynamik herstellt. Für die Berechnung wird das aktuelle Kurs-Gewinn-Verhältnis (KGV) durch das erwartete langfristige Wachstum des Gewinns pro Aktie geteilt. Je niedriger das PEG ist, desto geringer wird die Aktie bewertet. Als Idealwert wird ein PEG von 1 angesehen, das eine faire Bewertung der Aktie bedeutet. Es handelt sich um Unternehmen, die überdurchschnittliche Gewinne generieren, aber noch niedrig eingestuft sind. Aktien, die nach dem PEG auswählt wurden, weisen ein besonders hohes Gewinnwachstum aus und entsprechen damit dem Growth Investing. Die Kennzahl PEG setzt das KGV in Beziehung zum langfristig prognostizierten durchschnittlichen Gewinnwachstum und zeigt damit im übertragenen Sinne das „Preis-Leistungs-Verhältnis" einer Aktie an.

Strategie	ISIN	Emittent	Laufzeit
Euro PEG 20	CH0012048358	UBS	4. 4. 06
German PEG 10	CH0011923493	UBS	7. 3. 06
US PEG 20	CH0012796402	UBS	13. 9. 06

Tab. 71: Zertifikate auf die PEG-Strategie

Die Dividendenstrategie

Die Dividendenstrategie beruht auf der Erkenntnis, dass Aktiengesellschaften, die eine vergleichsweise hohe Dividende ausschütten, auch langfristig eine bessere Performance erwirtschaften. Bei gleichem Kursniveau zweier Aktien ist jene lukrativer, die eine höhere Dividende ausschüttet, da der Anleger dadurch eine zusätzliche Rendite erhält.

Die Dividendenstrategie wird folgendermaßen realisiert: Der Anleger kauft Aktien mit einer hohen Dividendenrendite; wenn der Kurs der Aktie ansteigt, sinkt allmählich die Dividendenrendite, da sich die Relation des Aktienkurses zu den Dividendenausschüttungen verändert. Wenn die Dividendenrendite erheblich gesunken ist, wird das Papier abgestoßen und eine neue Aktie mit hoher Dividendenausschüttung erworben. Wissenschaftliche Untersuchungen konnten zeigen, dass man durch diese Strategie eine Überrendite erzielt, d. h. eine höhere Performance als der Gesamtmarkt. Jedoch gelten diese Gesetzmäßigkeiten in erster Linie für Large Caps, also für Standardwerte mit einer hohen Marktkapitalisierung. Für kleine Unternehmen – wie Small Caps oder Mid Caps – eignet sich die Dividendenstrategie nicht. Der Grund dafür ist, dass solche Klein- und mittelständischen Unternehmen eine geringere Dividendenkontinuität vorweisen können und in schwierigen Zeiten die Ausschüttungen kürzen oder gänzlich streichen. Die meisten Technologieunternehmen schütten ohnehin keine Dividende aus.

Bei der Dividendenstrategie sollte man zudem beachten, dass häufige Umschichtungen und die damit verbundenen Transaktionskosten die Überrendite zunichte machen können. Diese Strategie funktioniert daher nur, wenn man sich auf eine überschaubare Zahl von Dividendentiteln beschränkt und häufige Umschichtungen generell vermeidet.

Eine Weiterentwicklung und Verfeinerung der Dividendenstrategie ist die Dow-5-Strategie, die darauf beruht, dass die fünf Werte des Dow Jones Industrial Average (DJIA) herausgesucht werden, die die höchste Dividendenrendite und die größte relative Stärke vorweisen.

Da immer mehr Unternehmen nach amerikanischem Vorbild Aktienrückkauf-Programme, die in Deutschland erst seit einigen Jahren zulässig sind, starten, wird es zunehmend schwieriger, Aktien zu finden, die den Dividendeneffekt in Reinform widerspiegeln. Hinzu kommt, dass viele Technologiewerte kaum oder gar keine Dividende an die Anteilseigner ausschütten. Vielfach werden die Gewinne gleich wieder in das Unternehmen reinvestiert.

Um dieses Problem zu umgehen, hat beispielsweise die *UBS* ein Zertifikat emittiert, das sowohl die höchste Dividendenrendite als auch die Aktienrückkaufrendite berücksichtigt (Welt Dividende Plus, ISIN: CH0019514105). Ein anderes Zertifikat, das ebenfalls von der UBS herausgegeben wurde, deckt den Bereich der Dividendenstrategie bei den Small Caps, d. h. den Aktiengesellschaften mit niedrigerer Börsenkapitalisierung, ab. Der Anleger profitiert hierbei zugleich von den hohen Dividendenausschüttungen und dem erhöhten Wertentwicklungspotenzial, das Small Caps gegenüber Standardwerten haben.

Strategie	ISIN	Emittent	Laufzeit
Welt Dividende Plus	CH0019514105	UBS	8. 10. 09
Top 20 Small Cap Select Index	CH0021681041	UBS	Open end

Tab. 72: Zertifikate auf die Dividendenstrategie

Strategie	ISIN	Emittent	Laufzeit
Dividend Stars Europe	DE000SG0EDJ8	Société Générale	Open end
Dividend Stars USA	DE000SG0EDH2	Société Générale	Open end
Global Dividend Runner	DE0006211345	Hypo Vereinsbank	1. 9. 06
Welt Dividend Plus	CH0019514105	UBS	8. 10. 09

Tab. 73: Weitere Beispiele für Zertifikate auf die Dividendenstrategie

Die Income-Trust-Strategie

Income Trusts (ITs) sind bestimmte kanadische Unternehmen, die Kapital, das beim Börsengang zugeflossen ist, in Anlagen oder Unternehmen investieren, die einen zusätzlichen Cashflow erzeugen. Meist handelt es sich um Unternehmen aus der Ölbranche. Ein neues Zertifikat, das speziell auf diese Strategie ausgerichtet ist, gestattet es dem Anleger, an der überdurchschnittlichen Performance dieser Income Trusts zu partizipieren. Pro Sektor werden maximal sechs Income Trusts in den Index aufgenommen.

Strategie	ISIN	Emittent	Laufzeit	Dividende
Top 15 Income Trust Index	CH0021338352	UBS	Open end	Ja

Tab. 74: Die Income-Trust-Strategie

Technisch orientierte Strategien

Die technische Analyse untersucht die Verläufe von Aktienkursen anhand von Charts, speziellen Signalen und Indikatoren. Der Chart stellt den Kursverlauf einer Aktie, eines Index oder eines Wertpapiers grafisch als Linie oder in anderer Form dar. Es gibt Linien-, Balken-, Candlestick-(Kerzen-) Charts, Point & Figure Charts, Renko und Kagi-Charts. Der Chartanalyse liegt die so genannte Dow-Theorie zugrunde, die von *Charles Dow* entwickelt wurde. Die Chartanalyse beruht auf gewissen grundsätzlichen Überlegungen und Annahmen.

Eine entscheidende These ist die Vorstellung, dass die Kurse alle verfügbaren Informationen und Einflussfaktoren komplett widerspiegeln und einpreisen. Die Kapitalmarktforschung hat Anfang der siebziger Jahre aus diesen Erwägungen die Effizienzmarkthypothese aufgestellt. Die zweite Annahme, die dem Chart zugrunde liegt, ist die Vorstellung, dass alle Kurse Trends entwickeln, deren Dynamik, Verlauf und Ausdehnung man mit Hilfe komplexer Berechnungen und Indikatoren ermitteln kann. Dabei wird zwischen dem Primär-, dem Sekundär- und dem Tertiärtrend differenziert. Die dritte Annahme der Chartanalyse ist, dass Trends und Kurvenverläufe der Vergangenheit eine prognostische Qualität besitzen und zuverlässige Aussagen über die Zukunft machen können.

Konzepte der technischen Analyse

Die technische Analyse lässt sich in verschiedene Konzeptionen untergliedern: Neben der Trendanalyse, die auf der Betrachtung der Trendlinien und den im Chart erkennbaren Trendkanälen beruht, gibt es die Formationsanalyse, die zwischen Keilen, Flaggen, Wimpeln, Rechtecken, Kopf-Schulter- und W-Formationen unterscheidet. Ergänzt wird die technische Analyse durch komplexe Indikatoren, die zusätzlich Widerstands- und Unterstützungslinien sowie das Handelsvolumen berücksichtigen. Es gibt Indikatoren, die ermitteln, ob eine Kursentwicklung einem Trend gleicht. Indikatoren der Trendbestimmung sind beispielsweise das Average Directional Movement (ADX). Andere Indikatoren beschreiben einen aktuellen Trend – man nennt sie daher Trendfolge-Indikatoren; zu ihnen gehören die gleitenden Durchschnitte, die Bollinger Bands und das MACD. Eine dritte Kategorie von Indikatoren analysiert die Veränderungsraten von Kursreihen und ermittelt Übertreibungssituationen, wenn beispielsweise ein Markt überkauft oder überverkauft ist. Solche Indikatoren werden auch als Oszillatoren bezeichnet; die bekanntesten sind das Momentum, der Relative-Stärke-Index (RSI) und der Stochastik-Indikator. Darüber hinaus gibt es spezielle Indikatoren, die das Handelsvolumen betrachten und daraus Schlussfolgerungen zur Marktsituation ziehen. Zu den Volumenindikatoren zählen das Upside-Downside-Volume, der Chaikin-Oszillator und das On-Balance-Volume.

Die technische Analyse ist umstritten und wird kontrovers beurteilt, denn es ist ungewiss, ob man aus Kursverläufen der Vergangenheit die Entwicklung des Aktienkurses in der Zukunft vorhersagen kann. Die Standard Finance, d. h. die klassische Finanzmarkttheorie, ging davon aus, dass die einzelnen Kursdaten voneinander unabhängig und dem Zufall unterworfen sind. Neuere Untersuchungen bezweifeln diese Auffassung und untermauern die These, dass eine gewisse Abhängigkeit zwischen den einzelnen Kursdaten besteht. Diese neue Richtung der Finanzmarktforschung wird fraktale Finanzmarkttheorie genannt; sie ist eng verwandt mit der Chaostheorie und der nichtlinearen Dynamik. Obwohl es noch keine eindeutigen empirischen Befunde gibt, deutet eine Vielzahl von

Faktoren darauf hin, dass ein solcher Zusammenhang bestehen könnte. Bislang gibt es aber noch kein Modell, das diese komplexen Zusammenhänge sinnvoll erklären könnte. Die Interpretationen der technischen Analyse sind dafür nicht ausreichend.

Die meisten Zertifikate, die auf der technischen Analyse beruhen, verwenden das Momentum, d. h. die Kursdynamik einer Aktie. Das Momentum gehört in der technischen Analyse zu den Oszillatoren, die die Schwungkraft einer Aktie oder eines Wertpapiers messen. Wenn die Dynamik einer Aktie oder eines Index nachlässt und sich verlangsamt, ist es nahe liegend, dass auch die aktuelle Kursbewegung ihr Ende findet. Das Momentum wird grafisch als eine Kurve abgebildet, die um eine Mittellinie oszilliert. Solange das Momentum sich oberhalb der Mittellinie bewegt, hält die Kursdynamik an. Je mehr die Schwungkraft nachlässt, desto stärker tendiert das Momentum zur Mittellinie, bis sie endgültig durchbrochen wird und damit die Dynamik in einen Abwärtstrend mündet. Wenn die Momentumlinie immer tiefer sinkt, bedeutet dies, dass die Aktie einen immer stärker werdenden Abwärtstrend vollzieht. Umgekehrt gilt: Je stärker das Momentum ansteigt, desto erfreulicher entwickelt sich die Schwungkraft eines Wertpapiers.

Je stärker ein Kurs steigt, desto interessanter wird er, weil man vermutet, dass sich diese Tendenz zumindest kurzfristig fortsetzt. Dieses Konzept basiert auf einem Trendfolgesystem. Fundamentalanalysten lehnen eine solche Position ab, da sie eine Aktie nach fundamentalen Kriterien wie der Gewinnentwicklung, der Umsatz- oder Eigenkapitalrendite bewerten. Vertreter der technischen Analyse argumentieren, der aktuelle Anstieg einer Aktie sei auf Gründe und Faktoren zurückzuführen, die der Öffentlichkeit nicht zugänglich seien. Die Fundamentalanalyse betrachte nur Einflussfaktoren in der Vergangenheit, die längst in die Aktienkurse eingepreist seien.

Diese Argumente, die von den Befürwortern der technischen Chartanalyse vorgebracht werden, sind durchaus fundiert, wenn bedacht wird, dass Übernahmen, bevorstehende Gewinnsprünge und andere wichtige Ereignisse den meisten Anlegern und der Öffentlichkeit erst im Nachhinein bekannt gegeben werden. Ein starker, unerklärlicher Anstieg einer Aktie deutet darauf hin, dass im Unternehmen positive Entwicklungen stattfinden, obgleich eine Aktie

auch dann sprunghaft ansteigen kann, wenn sie aufgrund von Ge-
rüchten oder Empfehlungen in Fachpublikationen besonders empfohlen wird. Kritische Anleger sollten daher in ihrer Analyse stets
sowohl fundamentalanalytische als auch technische Faktoren
berücksichtigen.

Neben Zertifikaten, die ausschließlich auf die Momentumstrate-
gie setzen, werden auch welche angeboten, die eine Kombination
verschiedener markttechnischer Indikatoren einsetzen.

Strategie	ISIN	Emittent	Laufzeit
Euro Momentum	DE0002928355	Merrill Lynch	8. 4. 06
Global Momentum	DE0003044459	Merrill Lynch	5. 7. 06
MDAX Momentum	DE0006522691	DZ-Bank	16. 4. 07
Fallen Angels	DE0006962665	West LB	7. 7. 06

Tab. 75: Beispiele für technisch orientierte Strategiezertifikate

Andere Strategiezertifikate setzen auf den bereits beschriebenen
Montags- und Januar-Effekt, in dem sie beispielsweise saisonal unterschiedlich in den DAX investieren. Im Durchschnitt schlechte
Börsenmonate wie der September oder der Oktober werden gemieden, während man im Januar und Februar stärker investiert ist.

Beispiel für saisonal orientierte Strategiezertifikate:

Strategie	ISIN	Emittent	Laufzeit
DAX – Best Seasons	DE0005592828	ABN Amro	Open end

Tab. 76: Saisonale Strategien

Der Small-Cap-Effekt

Eine andere wichtige Strategie, die auch empirisch belegt ist, ist
der Small-Cap-Effekt. Small Caps sind kleine Aktiengesellschaften,
die durch eine besonders dynamische Wertentwicklung hervorste-
chen. Vergleichen Sie am besten die Blue Chips, die großen Standardwerte, mit einem Elefanten, und die kleinen Aktiengesellschaften mit einem Hasen. Obwohl kleine Aktiengesellschaften häufiger
insolvenzgefährdet sind, entwickeln sie doch eine größere Schnel-
ligkeit und Dynamik als die trägen und überbürokratisierten Riesen

mit ihrer Behäbigkeit. Langfristig erzielen daher die Small Caps (von small capitalization – geringer Börsenkapitalisierung) und die Mid Caps (also vor allem jene Aktien, die im MDAX gelistet sind) eine höhere Rendite als die Standardwerte. Es gab nur einzelne Börsenperioden wie die neunziger Jahre, in denen die Blue Chips mehrere Jahre besser abschnitten.

Strategiezertifikate, die auf den Small-Cap-Effekt setzen:

Strategie	ISIN	Emittent	Laufzeit
Euro Mid Cap Select	DE0001022713	Deutsche Bank	31. 5. 07
Deutsche Small Caps	CH0012207574	LEH	31. 3. 06

Tab. 77: Zertifikate für den Small-Cap-Effekt

9. Discountzertifikate – Schnäppchen für Ihr Depot

Manche Anleger befürchten, dass sie zum falschen Zeitpunkt einsteigen und in eine Abwärtstendenz geraten. Gerade das Timing ist oft ein wichtiger Aspekt, wenn es darum geht, höhere Renditen zu erzielen. Doch bislang gibt es keine Methode, um den richtigen Zeitpunkt für den Einstieg zu ermitteln. Wenn Sie unsicher sind, ob Sie Ihr Geld im Augenblick investieren sollen oder nicht, dann helfen Ihnen vielleicht Discountzertifikate: Sie haben eine Art Sicherheitspuffer nach unten, der vor Kursverlusten schützt. Erst wenn die untere Schwelle vom Aktienkurs oder vom Kurs des Index durchbrochen wird, machen Sie Verluste.

Die Höhe des Discounts hängt davon, wie sehr der Gewinn des Zertifikats nach oben begrenzt ist. Am Ende der Laufzeit ist es maßgeblich, ob der Kurs des Basiswertes (also der Aktie oder des Index) über der Höchstgrenze liegt oder nicht. Notiert der Kurs unter dem Cap, erhalten Sie die Aktie zum festgelegten Bezugsverhältnis geliefert. Notiert der Basiswert über der Höchstgrenze, dann bekommen Sie den Betrag bar ausbezahlt. Der Abschlag wirkt wie ein Sicherheitspuffer, der Sie vor Kursverlusten schützt. Selbst wenn die Aktie fallen sollte, entsteht Ihnen, anders als dem Aktionär, kein Verlust. Analog dazu verhält sich das Investment in Indizes mit Hilfe von Discount-Zertifikaten, jedoch bekommen Sie am Ende immer einen Barausgleich, da Indizes nicht geliefert werden können.

Ein Discount-Zertifikat bezieht sich nicht immer auf eine Aktie oder einen spezifischen Index. Manchmal gibt es ein festgelegtes Bezugsverhältnis, so dass beispielsweise zehn Zertifikate einen Index oder eine Einzelaktie repräsentieren. Das Zertifikat wird durch das Bezugsverhältnis für Kleinanleger billiger, obwohl diese Relation keine weiteren Auswirkungen auf die Wertentwicklung des Discount-Zertifikats hat. Discount-Zertifikate berücksichtigen auch automatisch eventuelle Kapitalerhöhungen der Aktiengesellschaften oder andere Maßnahmen, die Einflüsse auf die Höhe des Aktienkurses haben wie einen Aktiensplit. Diesen Mechanismus nennt man „Verwässerungsschutz", denn der Emittent passt das Zertifikat fortlaufend an solche Änderungen an, indem er den Basiswert, das Bezugsverhältnis und den Höchstbetrag entsprechend modifiziert. Bei Discount-Zertifikaten, die sich auf Aktienindizes beziehen, ist eine solche Anpassung nicht erforderlich, da der Indexanbieter oder Indexsponsor die Anpassung des einzelnen Wertes selbständig vornimmt.

Mit einem solchen Sicherheitspolster, wie sie Discount-Zertifikate mit sich bringen, können Sie auch dann an der Börse engagiert sein, wenn diese bereits eine stärkere Aufwärtsentwicklung hinter sich hat. Selbst wenn der Kurs bei einer Korrektur erheblich fallen sollte, machen Sie erst Verlust, wenn der Discount, d. h. der Sicherheitsabschlag, aufgebraucht ist. Der Discount ist keine starre statische Größe; vielmehr kann sich der Discount des Zertifikats erhöhen oder verringern, wenn der Basiswert sich entsprechend bewegt.

Manche Discountzertifikate bieten Ihnen einen „Rabatt" von zehn bis zwanzig Prozent. Für ängstliche Anleger ist dies ein guter Weg, um sich gegen Kursverluste abzusichern. Selbst bei einer länger anhaltenden Baisse haben Sie dann noch genügend Zeit, um rechtzeitig auszusteigen und Ihre Wertpapiere zu veräußern.

Doch haben Discountzertifikate auch unübersehbare Nachteile. Sie sind mit einem „Cap", also einer Obergrenze oder einem Höchstbetrag, ausgestattet.

Die Art und Höhe der Rückzahlung von Discount-Zertifikaten hängt vom Kurs des Basiswertes am festgelegten Bewertungstag ab, denn die Emissionsbank kann das Discount-Zertifikat in Aktien begleichen. Ist der Cap während der Laufzeit erreicht, nehmen Sie nicht mehr an der weiteren Wertentwicklung des zugrunde liegenden Wertpapiers (Underlying) teil. Wenn man daher ein Discountzertifikat erwirbt, steht von Vornherein fest, welche maximale Rendite bis zum Laufzeitende zu erzielen ist. Die vermeintliche Sicherheit, die mit dem Discount (Rabatt) erreicht wird, büßt man bei der möglichen Rendite wieder ein, da die Wertentwicklung „gedeckelt" ist.

Finanztechnisch verbirgt sich auf komplizierte Weise hinter einem Discount Zertifikat der Kauf eines Basiswertes und der gleichzeitige Verkauf einer Call-Option auf diesen Basiswert. Durch Optionen kann man sowohl auf steigende (Call-Option) als auch auf fallende Kurse (Put-Option) wetten. Für den Verkauf der Call-Option bekommt der Investor eine Prämie, die dem Verkaufspreis des Calls entspricht. Der Preis des Discount-Zertifikats gleicht deshalb dem Preis des Basiswertes abzüglich der für den verkauften Call erhaltenen Optionsprämie. Die Prämie ermöglicht den Abschlag auf den Basiswert, der als Sicherheitspolster dient. Der Preis einer Call-Option hängt neben etlichen anderen Faktoren von der Volatilität des Basiswertes ab. Ist der Basiswert sehr schwankungsanfällig, ist der Wert der Call-Option relativ hoch. Für ein Discount-Zertifikat hat dies einen hohen Abschlag zur Folge und ermöglicht einen ausgeprägten Puffer gegen mögliche Kursverluste. Für den Anleger ist es letztlich irrelevant, wie die Funktionsweise mit den Optionsstrategien genau funktioniert, denn dies betrifft nur die Emissionsbank. Der Anleger hat mit den Optionen selbst nichts zu tun, denn er erwirbt nur das Discountzertifikat.

Bei der Rückzahlung von Discountzertifikaten gibt es am Ende der Laufzeit zwei wichtige Zeitpunkte: Den Bewertungstag, an dem die Emissionsbank die Entscheidung trifft, ob sie das Zertifikat in Geld zurückzahlt oder in Aktien tilgt, die dem Depot des Anlegers gutgeschrieben werden. Der andere wichtige Termin ist der Fälligkeitstag. An diesem Tag werden die Zertifikate aus dem Depot des Anlegers ausgebucht und der Geldbetrag dem Konto gutgeschrieben bzw. – wenn die Emissionsbank dies entschieden hat – die entsprechenden Aktien in das Wertpapierdepot des Anlegers eingebucht. Der Fälligkeitstermin ist aus Gründen der Abrechnungstechnik stets einige Tage später festgelegt.

Discountzertifikate eignen sich besonders für Anleger, die in einer unsicheren Börsensituation Risiken vermeiden wollen und einen Sicherheitspuffer für ihre Anlage suchen. Besonders empfehlenswert sind Discount-Zertifikate, wenn die Aktienkurse nur langsam steigen, wenig fallen oder über einen überschaubaren Zeitraum seitwärts tendieren. Mit dieser Absicherung ist aber auch nur eine eingeschränkte Rendite möglich. Selbst wenn die zugrunde liegende Aktie sich verdoppeln oder verdreifachen sollte, würde das Discountzertifikat bei der vorher festgelegten Obergrenze gestoppt. Andererseits schützt der eingebaute Rabatt (Discount) den Anleger vor

Börsenkorrekturen. Bei einer dramatischen Baisse, die sich über längere Zeit hinzieht, kann auch ein Discountzertifikat Verluste machen, wenn die Papiere nicht rechtzeitig verkauft werden. Der maximale Ertrag der meisten Discountzertifikate liegt zwischen 2 und 20 %. Der Spread bewegt sich bei Discountzertifikaten in der Regel zwischen 0,5 und 1,5 Prozent.

Resümierend kann man sagen, sollten Sie folgende Kennzahlen beim Kauf eines Discount-Zertifikats besonders beachten:

- Der Discount zeigt, um wie viel Prozent das Zertifikat gegenüber einem Direktinvestment günstiger ist, wie viel „Rabatt" Sie erhalten. Dieser Prozentsatz beschreibt, um wie viel Prozent der Kurs des Basiswertes bis zum Ende der Laufzeit fallen kann, ehe der Investor Verluste macht.

- Der Wert eines Discountzertifikates kann nur bis zum Höchstbetrag, dem Cap, ansteigen. Die Wertentwicklung ist auf jeden Fall begrenzt, gleichviel wie hoch der Basiswert (die Aktie oder Index) noch ansteigt. Der Unterschied zwischen dem Zertifikate-Kurs und dem Höchstbetrag (Cap) ergibt die maximale Gewinnchance zum Ende der Laufzeit.

Für die langfristige Altersvorsorge eignen sich aus den genannten Gründen diese Zertifikate weniger, da ihre maximale Rendite eingeschränkt und die Laufzeit immer begrenzt ist. Zudem werden Dividendenausschüttungen in der Wertentwicklung nicht berücksichtigt. Gesellschaftsrechtliche Maßnahmen wie die Ausgabe junger Aktien und von Bezugsrechten fließen in die Wertentwicklung des Discount-Zertifikats mit ein.

Wann sich Discountzertifikate rentieren

Discountzertifikate sind eine Anlageform für unsichere Börsenzeiten mit unklarer Tendenz oder in einer Boomphase, wenn man einen Kurseinbruch oder eine Rezession befürchtet. Das Sicherheitspolster des Discount federt einen Einbruch ab.

Bei den Discountzertifikaten unterscheidet man zwischen solchen, die auf Aktien ausgegeben werden, und jenen, die sich auf Indizes beziehen. Bei den Aktien handelt es sich meist um deutsche oder internationale Standardwerte wie *Allianz*, *Bayer*, *Deutsche*

Bank, DaimlerChrysler, Deutsche Telekom, SAP und andere Blue Chips. Je höher der Abschlag ausfällt, desto stärker ist die Aktie in letzter Zeit gefallen. Dadurch erhöht sich auf die maximale Rendite; dennoch sollten Sie bedenken, dass eine Aktie, die stark gefallen ist, sich auf den Discount auswirkt und dass dieser Trend noch längere Zeit anhalten kann.

Discountzertifikate sind eine sinnvolle Anlageform für Anleger, die das Risiko, das mit Aktien verbunden ist, scheuen und eine höhere Rendite als bei Anleihen und Bundeswertpapieren anstreben. Vor allem in Börsensituationen, in denen die Kurse stagnieren, eine längerfristige Seitwärtstendenz vorherrscht oder nur geringe Kursanstiege zu erwarten sind, erweisen sich Discountzertifikate als optimale Anlageentscheidung.

In Boommärkten erzielen Discountzertifikate aufgrund der Deckelung durch das Cap eine zu geringe Performance. Anleger können diese Renditeeinbußen vermeiden, indem sie eine Rolling-Strategie verfolgen, d. h. es werden die alten Discountzertifikate gegen neue getauscht, die ein höheres Cap vorweisen können und so die Deckelung flexibel der Marktsituation anpassen. Eine andere Möglichkeit besteht darin, auf garantieähnliche Discountzertifikate zurückzugreifen, die einen Lock-in-Mechanismus haben. Dieser Mechanismus wird aktiviert, wenn eine bestimmte Mindestschwelle überschritten wird; die Rendite, die sich dabei ergibt, wird gleichsam bis zum Laufzeitende fixiert und dem Anleger garantiert. Solche Garantieprodukte, die auf Discountzertifikate aufgesattelt sind, haben jedoch eine ungünstigere Renditestruktur.

Insgesamt betrachtet sind Discountzertifikate nur als Depotbeimischung sinnvoll, wenn Sie die oben erwähnten Börsensituationen nutzen möchten. Inzwischen haben auch Investmentgesellschaften den Vorteil von Discountzertifikaten erkannt, um sich gegen Kursverluste in schwierigen Marktsituationen abzusichern. Ein Investmentfonds der zur Deutschen Bank gehörenden DWS bietet einen Fonds an, der ausschließlich auf Discountzertifikate setzt.

10. Bonuszertifikate

Bonus-Zertifikate ermöglichen es dem Anleger, in leicht fallenden oder seitwärts tendierenden Märkten Gewinne zu erzielen. Im Gegensatz zum Discountzertifikat ist die Performance nicht durch einen Höchstbetrag (Cap) limitiert. Der Anleger hat die Chance, auch in stark steigenden Märkten noch Gewinne zu erzielen, denn der Bonus ist gleichsam eine zusätzliche Absicherung, falls die Kurse später wieder fallen sollten. Der Bonus wird am Ende der Laufzeit fällig, wenn der Kurs des Basiswerts (beispielsweise einer Aktie) sich in einer vorher festgelegten Bandbreite bewegt hat. Diese Bandbreite besteht aus zwei Schwellen: dem Sicherheitslevel und dem Bonuslevel. Der Sicherheitslevel, der nicht unterschritten werden sollte, liegt häufig zum Zeitpunkt der Emission des Bonuszertifikats 20 bis 40 Prozent unterhalb des Kurses der zugrunde liegenden Aktie. Der Bonuslevel ist meist 10 bis 30 Prozent oberhalb des aktuellen Aktienkurses festgelegt.

Wenn die Aktie, die dem Bonuszertifikat zugrunde liegt, zum Zeitpunkt der Fälligkeit den Bonuslevel berührt oder wieder unterschritten hat, bekommt der Anleger eine Rückzahlung mit Bonus. Steht die Aktie bei der Fälligkeit des Bonuszertifikats unter dem Sicherheitslevel oder hat sie den Sicherheitslevel touchiert oder gar unterschritten, dann erhält der Anleger den aktuellen Gegenwert der Aktie.

Zum besseren Verständnis sollen noch einmal die drei möglichen Szenarien aufgelistet werden:

Szenario	Ergebnis
Aktie über dem Bonuslevel	Der Anleger erhält die Aktie oder den Gegenwert in Geld.
Aktie zwischen Bonus- und Sicherheitslevel	Der Anleger erhält den Wert der Aktie zum Zeitpunkt der Emission und den Bonus.
Aktie unter dem Sicherheitslevel	Der Anleger erhält die Aktie oder den Gegenwert in Geld.

Tab. 78: Szenarien bei Bonuszertifikaten

Das Ganze soll an einem konkreten Beispiel erläutert werden. Ein fiktives Bonuszertifikat auf die Aktie *DaimerChrysler* hat folgende Konditionen:

- Kurs des Bonuszertifikats bei Emission: 35 €
- Kurs der DaimlerChrysler-Aktie bei Emission: 35 €
- Bonuslevel: 43 €
- Sicherheitslevel: 26 €

Mögliche Szenarien:

Der Kurs der Aktie steigt und notiert über dem Bonuslevel:

- Kurs der Aktie bei Fälligkeit: 45 €
- Kurs des Bonuszertifikats bei Fälligkeit: 45 €
- Gewinn der Aktie: 28,6 %
- Gewinn des Bonuszertifikats: 28,6 %

Der Aktie bewegt sich die gesamte Zeit zwischen dem Bonus- und dem Sicherheitslevel:

- Kurs der Aktie bei Fälligkeit: 30 €
- Kurs des Bonuszertifikats bei Fälligkeit: 43 €
- Verlust der Aktie: – 14,3 %
- Gewinn des Bonuszertifikats: 22,9 %

Erläuterung: Der Anleger erhält trotz des Kursverlustes der Aktie einen Gewinn von 22,9 Prozent; denn die Aktie bewegte sich die gesamte Laufzeit zwischen dem Bonus- und dem Sicherheitslevel. Der Aktionär hätte in der gleichen Zeit einen Verlust von 14,3 Prozent hinnehmen müssen.

Die Aktie fällt unter den Sicherheitslevel und notiert am Laufzeitende wieder über dem Sicherheitslevel:

- Kurs der Aktie bei Fälligkeit: 30 €
- Kurs des Bonuszertifikats bei Fälligkeit: 30 €
- Verlust der Aktie: – 14,3 %
- Verlust des Bonuszertifikats: – 14,3 %

Erläuterung: Wenn der Sicherheitslevel oder – wie er auch genannt wird: Absicherungsniveau – berührt oder unterschritten wird, dann verfällt der Bonus. Dies gilt auch dann, wenn die Aktie am Ende der Laufzeit wieder über den Sicherheitslevel steigt und sich in der Bonuszone befindet. Der Bonus geht beim Berühren oder Unterschreiten des Sicherheitslevels unweigerlich verloren. Das Bonuszertifikat verhält sich dann in seiner Wertentwicklung wie die zugrunde liegende Aktie.

Als Faustregel können Sie sich merken: Wenn die Aktie über dem Bonuslevel oder unter dem Sicherheitslevel (also außerhalb der Bonuszone) notiert, dann verhält sich das Bonuszertifikat wie das Underlying.

Einzelne Bonuszertifikate können von diesen Konditionen abweichen, denn die Emissionsbanken haben oft individuelle Regelungen; Sie sollten sich die jeweiligen Beschreibungen und Konditionen der Bonuszertifikate sorgfältig durchlesen, um gegen Überraschungen gefeit zu sein. Beispielsweise kann es sein, dass Sie entweder die zugrunde liegende Aktie oder den Gegenwert in Geld erhalten. All diese Bedingungen werden Ihnen von der Emissionsbank in dem Verkaufsprospekt oder einer entsprechenden Broschüre verbindlich mitgeteilt.

Bonuszertifikate sind bereits relativ komplexe Wertpapiere, bei denen Sie sich mit den Einzelheiten vertraut machen müssen, um zu verstehen, welches Zertifikat sich am besten für Sie eignet. Die genaue Betrachtung des Bonus- und Sicherheitslevels sowie der Laufzeit sind von entscheidender Bedeutung.

Wann sich Bonuszertifikate lohnen

Das interessante Risikoprofil der Bonuszertifikate ist vor allem dann relevant, wenn die Börse eine Seitwärtstendenz zeigt oder die künftige Kursentwicklung schwer prognostizierbar erscheint. Für die langfristige Altersvorsorge kommen Bonuszertifikate nur bedingt in Frage, denn wegen der mittleren oder kurzen Laufzeit erfordern sie stets eine Wiederanlage, die mit hohen Kosten und Gebühren verbunden ist. Bei stark fallenden Kursen bieten Bonuszertifikaten keinen richtigen Schutz. Sie sind eher für laue Börsenzeiten geeignet, in denen die Kurse weder besonders nach oben noch nach unten tendieren. Eine Schaukelbörse mit geringen Bandbreiten ist die ideale Situation für Bonuszertifikate.

Die Emissionsbank finanziert die Bonuszertifikate über die Einbehaltung der Dividenden. Bonuszertifikate haben gegenüber den Discount-Zertifikaten den Vorteil, dass sie nach oben hin unbegrenzt sind, so dass sie bei der vollen Wertentwicklung der zugrunde liegenden Aktie partizipieren. Sie verfügen daher über wesentlich höhere Ertragschancen als Discount-Zertifikate, bei denen die Wertentwicklung stets durch das Cap gedeckelt ist. Deshalb gilt: Je höher die Wahrscheinlichkeit ist, dass eine Aktie nach einer Seitwärtsbewegung oder einem Schwankungsverlauf in einem engen Korridor nach oben ausbricht, desto eher ist ein Bonuszertifikat geeignet. Ist dagegen der Seitwärtstrend langfristiger Natur, dann empfiehlt sich ein Discount-Zertifikat, das nach unten abgefedert ist, falls die Aktie dann sinken sollte.

Bonuszertifikate gibt es nicht nur auf Aktien, sondern auch auf Indizes.

Anstatt eine Aktie zu kaufen, erwirbt der Anleger ein Bonus-Zertifikat und verbessert dadurch sein Chancen-/Risiko-Verhältnis deutlich.

Finanztechnisch ist ein Bonuszertifikat die Kombination aus dem Kauf eines Basiswerts und dem Kauf einer Down-and-out-Verkaufsoption. Die Verkaufsoption wird durch die Dividendenzahlungen finanziert, die während der Laufzeit des Bonuszertifikats anfallen. Die Basis der Verkaufsoption entspricht dem jeweiligen Bonuslevel. Die Grenze der Down-and-out-Verkaufsoption korrespondiert dem Sicherheitslevel des Bonuszertifikats. Auf diese Weise finanziert die Emissionsbank das Bonus-Zertifikat.

Bonus-Zertifikat	Laufzeit	ISIN	Sicherheitslevel	Bonuslevel
Bayer	19. 12. 08	DE000ABN0U19	15	31
Deutsche Bank	24. 12. 08	DE000ABN0U27	52	84
Nokia	13. 2. 09	NL0000211035	12,2	20,5
DJ Euro Stoxx 50	12. 6. 08	DE000ABN0XN5	2100	3450
Nikkei 225 (Quanto)	21. 7. 08	NL0000411486	9100	13700

Tab. 79: Beispiele für Bonus-Zertifikate

10.1 Komplexe Bonus-Zertifikate

Neben diesen einfacher strukturierten Papieren gibt es auch komplexere Bonus-Zertifikate, die auch als Double-up-Protect-Zertifikate bezeichnet werden. Bei ihnen wird die Wertentwicklung in mehrere Zonen gegliedert. In dem folgenden Beispiel gibt es für jede Zone eine bestimmte Wertentwicklung:

Zone	Wertentwicklung
Unterhalb des Sicherheitslevels	wie beim Direktinvestment (Aktie, Index)
Bonuszone (zwischen Sicherheits- und Bonuslevel)	Rückzahlung in Höhe des Bonus-levels
Cap-Zone (zwischen Bonus- und Cap-Level)	Bonuslevel plus zweifache Performance des Basiswerts zwischen Emissions- und Fälligkeitstag (Double-up)
Maximalzone	Maximale Rückzahlung entspricht den Bedingungen des Zertifikats

Tab. 80: Zoneneinteilung bei komplexen Bonus-Zertifikaten

Insgesamt betrachtet sind Double-up-Protect-Zertifikate sehr komplex strukturierte Wertpapiere mit mehreren Zonen. Sie eignen sich vor allem für konservative Anleger, die innerhalb einer bestimmten geschätzten Bandbreite, in der sich der Aktienkurs voraussichtlich bewegen könnte, eine überdurchschnittliche Performance erzielen wollen. Auch das Double-up-Protect-Zertifikat hat einen Cap und damit eine Deckelung der möglichen Wertentwicklung. Die maximale Rückzahlung mag dafür ein Ausgleich sein, aber sobald der Aktienkurs das Maximum überschreitet, bleibt die Wertentwicklung limitiert. Solche komplexen Konstruktionen eignen sich weniger für die Altersvorsorge. Sowohl für Experten als auch für Privatanleger ist es äußerst schwer abzuschätzen, in welchem Korridor ein Aktienkurs über einen mittleren Zeitraum eine Seitwärts- oder Schaukelbewegung vollzieht. Nur in diesem eng umgrenzten Bereich bieten Double-up-Protect-Zertifikate einen spürbaren Vorteil.

Zertifikat	Laufzeit	ISIN	Sicher-heit	Bonus	Cap
ABN Amro	21. 12. 07	NL0000427862	13,20	18,87	28,30
Daimler-Chrysler	21. 12. 07	NL0000428126	23,42	33,46	44,50
Deutsche Bank	21. 12. 07	NL0000428118	43,90	62,72	77,15

Tab. 81: Beispiele für Double-up-Protect-Zertifikate

11. Sprintzertifikate

Ein Sprintzertifikat funktioniert ähnlich wie ein Double-up-Protect-Zertifikat. Wenn die Aktie unterhalb des Basispreises notiert, dann verhält sich das Sprintzertifikat wie die zugrunde liegende Aktie. Erst wenn das Papier den Startlevel überwindet und damit in die Sprintzone eintritt, beginnt der eigentliche Vorteil. Innerhalb dieser Zone entsteht eine Hebelwirkung, so dass der „Sprint" des Zertifikats beginnen kann. In den meisten Fällen verdoppelt sich die Wertentwicklung des Zertifikats gegenüber der Aktie. Wenn jedoch die Aktie einen gewissen, vorher definierten Cap überschreitet, kommt die Wertentwicklung zum Stillstand.

Das Sprintzertifikat beruht demnach auf einer Aktie, deren Kurs zum Fälligkeitszeitpunkt dafür maßgeblich ist, welche Rendite mit dem Zertifikat erwirtschaft und wie das Zertifikat getilgt wird. Wenn der Aktienkurs am Fälligkeitstermin zwischen dem festgelegten Startlevel und Stopppreis liegt, erreicht der Anleger eine höhere Rendite als mit der zugrunde liegenden Aktie. Der Anleger bekommt neben einer Aktie auch einen Bargeldbetrag und profitiert somit zweifach. Diese Gewinnsituation tritt ein, wenn die Aktie am Fälligkeitstermin über dem Startlevel notiert. Der maximale Gewinn entspricht der Differenz zwischen dem Startpreis und dem festgelegten Stoppkurs.

Wenn die Aktie über den Stoppkurs steigt, endet die Beteiligung an der Wertentwicklung. Das Sprintzertifikat wird gleichsam an dieser Grenze gestoppt. Der Anleger erhält am Ende die Differenz zwischen dem Stopp- und Startpreis, die den maximalen Gewinn des Sprintzertifikats darstellt, bar ausbezahlt. Der Besitzer des Zertifikats ist insbesondere dann schlechter gestellt als bei einem Direktinvestment, wenn die Aktie nach der Überschreitung des Stoppkurses zu einem weiteren Höhenflug ansetzt.

Sprint- und Discount-Zertifikate bergen jedoch beispielsweise auch ein höheres Risiko als Indexzertifikate. Nicht nur die mangelnde Streuung bedeutet ein Wagnis, denn im Gegensatz zu Indexzertifikaten investiert der Anleger nur in ein einziges Unternehmen, das insolvenzgefährdet sein kann. Wenn das Unternehmen zahlungsunfähig wird und nach dem Insolvenzverfahren vom Kurszettel der Börse verschwindet, wird auch das Discount- oder Sprintzertifikat völlig wertlos, da es sich ja auf ein einzelnes Unternehmen bezieht. Discount- und Sprintzertifikate, denen Indizes zugrunde liegen, sind daher sicherer.

Der Anleger erzielt mit einem Sprintzertifikat eine höhere Rendite. Von seiner Konstruktion her setzt sich die Rendite dieses Wertpapiers aus der Wertentwicklung der zugrunde liegenden Aktie und einer Call-Option zusammen, die eine zusätzliche Renditesteigerung ermöglicht. Diese Überrendite wird dann erreicht, wenn der Kurs der zugrunde liegenden Aktie am Fälligkeitstermin zwischen dem Start- und dem Stopppreis des Sprintzertifikats notiert.

Vorteile von Sprintzertifikaten

Sprintzertifikate sind eine vorteilhafte Anlage für Anleger, die überdurchschnittliche Erträge bei einem vermuteten begrenzten Kursanstieg der zugrunde liegenden Aktie erzielen wollen. Das Sprintzertifikat beruht auf einer Aktie, deren Kurs zum Fälligkeitszeitpunkt bestimmt, wie die Wertentwicklung einzustufen ist. Notiert der Kurs der Aktie bei Fälligkeit des Zertifikats in der Zone zwischen dem vorher festgelegten Start- und Stopppreis, bekommt der Anleger mit dem Sprintzertifikat eine höhere Rendite als bei einem Direktinvestment. Erst wenn diese Aktie über den festgelegten Höchstbetrag steigt, hat die Aktie eine bessere Performance als das Sprintzertifikat. Bei einem Kursrückgang verhält sich das Sprintzertifikat in der Wertentwicklung wie das Underlying. In vielen Fällen erhält der Anleger, wenn die Aktie unter dem Startpreis notiert, am Ende der Laufzeit des Sprintzertifikats vom Emittenten die zugrunde liegende Aktie.

Quattro-Sprintzertifikate

Neben solchen einfachen Sprintzertifikaten, die eine Verdoppelung der Performance innerhalb der Sprintzone ermöglichen, gibt es auch Quattro-Sprintzertifikate, wie sie von der *Société Générale* herausgegeben werden. Bei einem Quattro-Sprintzertifikat beträgt die Partizipationsrate in der Sprintzone nicht 200 Prozent, sondern 400 Prozent. Die Partizipationsrate (Partizipationsquote) legt fest, in welchem Umfang ein Zertifikat an den jeweiligen Kursveränderungen des Basiswertes beteiligt ist. Bei Index- und Strategie-Zertifikaten ist man unbegrenzt an allen Anstiegen und Verlusten beteiligt (unbegrenzte Partizipation 100 Prozent). Andere Zertifikate bieten dagegen eine geringere oder auf einen bestimmten Betrag begrenzte Partizipation.

Finanztechnisch verbirgt sich hinter einem Sprintzertifikat eine Kombination aus einem Discountzertfikat und ein Capped Call. Ein Capped Call bedeutet den Kauf und den Verkauf zweier Calls mit gleicher Laufzeit.

Sprintzertifikate eignen sich vor allem für Börsensituationen, die keine klare Tendenz erkennen lassen. Es treten nur geringe Kurssteigerungen auf. Ein Sprintzertifikat ermöglicht es dem Anleger, auch in einer solchen Börsenlage von den schwachen Kursentwicklungen zu profitieren. Der Inhaber eines Sprintzertifikats nutzt die überproportionale Entwicklung seines Zertifikats, solange sich der zugrunde liegende Aktienkurs innerhalb der Sprintzone bewegt.

Zertifikat	Laufzeit	ISIN	Basispreis
Deutsche Telekom Quattro Sprinter	23. 6. 06	DE000SG2KPP2	15,50 €

Tab. 82: Beispiel für ein Sprintzertfikat

12. Zinszertifikate

Zinszertifikate sind ein relativ neues Anlageinstrument. Viele Anleger kennen vielleicht aus dem Fernsehen Banken, die für die Anlage in Tagesgeldern werben. Dabei können höhere Zinsen erzielt werden, insbesondere wenn diese Tagesgelder nicht in Euro, sondern in anderen Währungen angelegt werden. Um in den Genuss solch höherer Tagesgeldzinsen zu gelangen, musste man bislang ein Konto bei einer solchen Bank eröffnen. Zwar wurden dafür meist keine oder nur geringe Gebühren in Rechnung gestellt, und vieles konnte auch relativ zeitsparend erledigt werden, aber es war nahezu unmöglich, Tagesgeldkonten in exotischen Währungen zu eröffnen. Allenfalls Dollar-Konten waren üblich.

Angesichts historisch niedriger Zinsen erkannten die Banken sehr schnell, dass es viele Kunden gab, die gerne höhere Zinsen hätten und boten Zertifikate an.

Zinszertifikate sind börsengehandelte Zinsanlagen, die dem Anleger Zugang zu kurzfristigen Geldmarktsätzen verschiedener Währungen ermöglichen. Zinszertifikate werden wie alle anderen Arten von Zertifikaten an der Börse gehandelt. Der Vorteil für den Anleger besteht darin, dass er eine für ihn attraktive Währung wählen kann, die hohe Zinsen verspricht. Darüber hinaus sind Sie von dem jeweiligen Kreditinstitut unabhängig, d. h. eine aufwändige Kontoeröffnung bei einer speziellen Bank, die diese Tagesgelder anbietet, ist nicht mehr erforderlich. Sie kaufen einfach das Zertifikat und legen damit automatisch Ihr Geld in einer Fremdwährung als Tagesgeld an.

Die dabei ausgeschütteten Zinsen werden Ihnen nicht gesondert gut geschrieben, da der bürokratische Aufwand enorm wäre; vielmehr werden die Zinsen dem Zertifikat aufgeschlagen, so dass der Kurs Ihres Zinszertifikats mit jeder Zinsausschüttung anwächst.

Die Zinsgutschrift erfolgt bei den meisten gängigen Zinszertifikaten täglich. Zinszertifikate gleichen somit Fremdwährungskonten, sind aber für den Anleger vorteilhafter, da sie eine flexible Anlage zu besseren Konditionen ermöglichen. Sie können sehr viel schneller von einer Währung in die andere wechseln, indem sie das Zinszertifikat an der Börse verkaufen und ein anderes erwerben.

Gegenüber Fremdwährungsanleihen – also Anleihen, die in anderen Währungen wie Dollar, Yen, Norwegische Kronen oder Schweizer Franken notieren – haben Sie den Vorteil, dass das für Anleihen spezifische Risiko einer Kursschwankung entfällt. Wie alle Schuldverschreibungen reagieren Anleihen auf die Entwicklung des Leitzinses der jeweiligen Zentralbank. Werden die Zinsen erhöht, dann fallen die Kurse der bereits emittierten Anleihen; fallen dagegen die Leitzinsen aufgrund einer konjunkturbelebenden Maßnahme der Zentralbank, dann steigen die Kurse der Anleihen, denn sie pendeln sich immer auf dem Niveau der geltenden Umlaufrendite ein.

Für Anleger bedeutet dies: Die Europäische Zentralbank in Frankfurt am Main hat ein sehr niedriges Zinsniveau festgelegt, wenn man es mit den Leitzinsen in den USA und Großbritannien vergleicht. Ursache für diese Geldpolitik ist ein völlig unzureichendes Wirtschaftswachstum in der Eurozone; durch die Ausweitung der Geldmenge und durch die niedrigen Zinsen erhofft sich die Zentralbank eine baldige Konjunkturbelebung in den Ländern, die den Euro als Gemeinschaftswährung haben. Wenn Sie ein Haus oder eine Eigentumswohnung kaufen möchten, dann ist dies ein günstiger Zeitpunkt für eine Baufinanzierung. Denn historisch betrachtet waren die Zinsen selten so niedrig. Für Anleger, die Anleihen kaufen wollen, ist diese Phase eine ungünstige Zeit, denn die Zinsen sind auf einem Tiefststand angelangt. Auf fast allen Girokonten wird nicht einmal mehr eine Mindestverzinsung von einem halben Prozent gewährt. Man muss schon die Konditionen von Hunderten von Banken durchforsten, um ein Kreditinstitut zu finden, das dem Girokontoinhaber ein halbes Prozent zugesteht. Auch bei den Tagesgeldern sieht die Situation nicht viel besser aus: Magere ein bis zwei Prozent bieten manche Institute und bei den Termingeldern, bei denen Sie Ihr Geld über einen längeren Zeitraum von 1, 3, 6 oder mehr Monaten fest anlegen müssen, werden nur geringfügig höhere Zinsen gewährt.

Aber auch Anleihen sind in einer Situation niedrigerer Leitzinsen kein Ausweg. Die Bundeswertpapiere, zu denen neben Bundesobligationen und Bundesanleihen Bundesschatzbriefe und Finanzierungsschätze zählen, werfen nur eine magere Rendite ab. Bei börsennotierten Anleihen wie Bundesobligationen und Bundesanleihen sowie anderen Schuldverschreibungen (Pfandbriefe, Kommunalobligationen, Unternehmensanleihen) besteht zudem das Risiko eines Kursverlusts. Gerade in Zeiten mit einem niedrigen Zinsniveau ist absehbar, dass langfristig die Leitzinsen wieder ansteigen werden, so dass die Kurse der Anleihen sinken, wenn deren Nominalzins niedriger ist als das zukünftige Zinsniveau.

Für Anleger ist dies generell ein Dilemma: Denn viele möchten auf Nummer sicher gehen und in ihrem Depot verzinsliche Wertpapiere haben. Doch bei einem allgemein niedrigen Zinsniveau drohen in Zukunft Kursverluste, wenn die Zinsen wieder steigen, es sei denn die Wertpapiere werden bis zur Endfälligkeit gehalten, was unter Umständen viele Jahre dauern kann. Daher sollte man bei niedrigen Zinsen nur Kurzläufer kaufen, d. h. Anleihen, die in wenigen Monaten fällig sind.

Auch Fremdwährungsanleihen sind häufig kein vernünftiger Ausweg, denn wenn in der Eurozone die Leitzinsen niedrig sind, ist es bei den anderen Volkswirtschaften ähnlich. Zwar haben Großbritannien und die USA höhere Leitzinsen, aber selbst diese sind im langfristigen Vergleich als niedrig einzustufen. Diese Niedrigzinspolitik strahlt auf andere Länder aus, deren Börsenzyklus weniger mit den OECD-Ländern korreliert. Hierzu gehören die lateinamerikanischen Staaten, deren Anleihen früher als hochverzinslich galten. Inzwischen ist auch dort das Zinsniveau kontinuierlich gesunken. Aufgrund des viel höheren Ausfallrisikos und der schlechten Bonität mancher Staaten gelten diese Anleihen als äußerst riskant. Der Staatsbankrott Argentiniens und der dramatische Wertverlust der argentinischen Anleihen ist für alle Anleger ein warnendes Beispiel.

Sie sollten Anleihen kaufen, wenn das Zinsniveau generell hoch ist und sie dann bis zur Endfälligkeit halten. Ein guter Zeitpunkt wäre beispielsweise die deutsche Wiedervereinigung gewesen. Damals gab der Bundesfinanzminister Bundesanleihen heraus, deren Nominalzins mehr als acht Prozent erreichte. Wenn die Anleihe zehn Jahre läuft, hätten Sie jedes Jahr sichere acht Prozent Zinsen einstreichen können. Doch diese Zeiten sind leider vorbei. Inzwischen kommen selbst Bundesanleihen nur noch auf einen Nominalzins von knapp über drei Prozent.

Anleihen in Euro ausländischer Emittenten haben häufig einen höheren Zinssatz, jedoch ist hier auch das Ausfallrisiko größer. Anleihen werden in der Regel von so genannten Ratingagenturen in ihrem Bonitätsrisiko eingestuft. Anleihen hoher Qualität haben ein Rating von AAA (Triple A) oder AA. Zwar mögen Obligationen mit einer schlechteren Bonität (BBB bis B) attraktivere Zinsen abwerfen, das Ausfallrisiko nimmt dafür indes erheblich zu. Wenn der Schuldner zahlungsunfähig ist, verlieren Sie in fast allen Fällen das gesamte Kapital. Bislang galt, dass Staaten eigentlich nicht zahlungsunfähig werden können, schließlich kann die Regierung ständig neue Steuern erheben, staatseigene Unternehmen verkaufen oder Bodenschätze verpfänden, aber das Beispiel Argentinien belehrt uns eines Besseren. Kaufen Sie daher nur Qualitätsanleihen mit höchster Bonität. Leider werden Sie feststellen, dass solche Euro-Qualitätsanleihen auch von ausländischen Emittenten nur niedrige Zinsen mit sich bringen.

Eine weitere Möglichkeit sind Fremdwährungsanleihen, die nicht in Euro, sondern in einer anderen Währung notieren. Bei diesen Schuldverschreibungen werden tatsächlich deutlich höhere Zinsen erreicht. Deren Höhe ist im Wesentlichen von zwei grundlegenden Faktoren abhängig: der Bonität des Schuldners und der Stabilität der jeweiligen Fremdwährung. Auch wenn eine Fremdwährungsanleihe über die höchste Bonität verfügt (AAA), dann sind Zinsen bis zu 15 Prozent möglich. Solch exorbitant hohe Zinsen federn in der Realität nur das enorme Währungsrisiko ab. Je schwächer und anfälliger eine Währung ist, desto höher sind auch die Zinsen, die ein Staat zahlen muss. Daher findet man solche beeindruckenden Zinssätze nur in Schwellen- und Entwicklungsländern, deren Währung völlig instabil oder erheblich inflationsgefährdet ist.

Die Stabilität einer Währung unterliegt einer Vielzahl von Einflüssen: Zum einen fördert eine ausgeglichene Außenhandelsbilanz die Stabilität einer Währung ebenso wie angemessen hohe Leitzinsen und ein stetiges Wirtschaftswachstum. Zum anderen muss generell ein Vertrauen in die jeweilige Volkswirtschaft vorhanden sein. Länder, die wenig exportieren, aber dafür umso mehr konsumieren,

hohe Staatsschulden mit sich bringen, ein geringes Wirtschaftswachstum vorweisen können und eine ungünstige Wirtschaftsstruk-
tur haben, wenig wettbewerbsfähig und vertrauenswürdig sind,
haben eine Weichwährung mit hoher Inflation. Der Wert einer
Fremdwährung wird außerdem beeinflusst von der im Lande herrschenden Inflation und dem Außenwert einer Währung. Eine Inflation ist im Grunde eine Art Zwangssteuer des Staates, die die An-
leihenbesitzer schleichend enteignet.

Betrachten Sie daher, wenn Sie Anleihen kaufen, nicht nur die
Nominalverzinsung, sondern auch die Realverzinsung. Den Realzins erhalten Sie, wenn Sie von dem Nominalzins, d. h. der Zins, der
Ihnen jährlich oder halbjährlich bezahlt wird, die jährliche Inflationsrate abziehen. Ein Beispiel: Wenn in einem Land eine Anleihe
einen Nominalzins von 3 Prozent und die Inflationsrate bei 1,5 Prozent liegt, dann bleibt Ihnen ein Realzins von 1,5 Prozent. In manchen Ländern, die eine besondere hohe Inflationsrate haben, kann
die Realverzinsung sogar im negativen Bereich liegen. Für die langfristige Altersvorsorge benötigen sie eine adäquate Realverzinsung,
die mit Anleihen bei einem niedrigen Zinsniveau nur schwer zu erreichen ist; daher raten Experten, dass der Aktienanteil in Ihrem
Portefeuille prozentual mindestens 100 minus Lebensalter betragen
sollte.

Zinszertifikate haben für Sie nun die folgenden Vorteile:

- Das Risiko einer anleihenbedingten Kursschwankung ist ausgeschlossen, denn es handelt sich um Tagesgelder, die im kurzfristigen Bereich angesiedelt sind.
- Zinszertifikate können jederzeit an der Börse verkauft werden –
sie unterliegen keiner Terminbindung, so dass Sie jederzeit von einer Währung in die andere umschichten können.
- Sie haben anders als bei den von den Banken angebotenen Fremdwährungskonten, Tagesgeldern und Termingeldern eine Vielzahl
von verschiedenen Währungen zur Auswahl.
- Ein Bonitätsrisiko tritt nicht auf, da es sich um Tagesgelder handelt. Das einzige Ausfallrisiko bei einem Zertifikat ist, dass der
Emittent insolvent werden könnte. Die meisten Großenbanken
(wie *ABN Amro*), die Zertifikate herausgeben, gehören zu den
Banken mit der höchsten Bonitätsstufe.

- Die Zinsen werden nicht ausgeschüttet, sondern sofort dem Zertifikat gut geschrieben, so dass dessen Kurs ansteigt. Dies ist ein Vorteil, sonst müssten Sie die ausgeschütteten Zinsen jedes Mal erneut selbst anlegen bei möglicherweise ungünstigeren Zinsen und zusätzlichen Kosten.

Diese Vorteile sprechen für Zinszertifikate. Sie haben aber auch erhebliche Nachteile, die sich jeder Anleger vor Augen halten sollte:

- Das Währungsrisiko ist insbesondere bei Weichwährungen aus Schwellen- und Entwicklungsländern beträchtlich. Unterschätzen Sie niemals das Währungsrisiko; es gibt Unternehmen, die dadurch in die Insolvenz getrieben wurden. Selbst ein Unternehmen wie VW machte durch eine falsche Währungsspekulation vor Jahren Millionenverluste. Ein Währung kann im Zweifelsfall zwischen 30 und 50 Prozent ihres Wertes verlieren. Zur Zeit der Asienkrise im Jahre 1997 büßte die indonesische Währung innerhalb kürzester Zeit 90 Prozent ihres Wertes ein. Auch der vermeintlich sichere US-Dollar schwankt gegenüber dem Euro bis zu 40 Prozent. Dasselbe gilt für die osteuropäischen Währungen (Zloty, Forint, tschechische Krone) und den südafrikanischen Rand. Was nützen Ihnen zehn Prozent Zinsen, wenn im selben Zeitraum die Währung um 20 Prozent fällt. Sie machen dann Verlust.
- Auch Zinszertifikate verursachen Kosten; wie bei allen Zertifikaten fällt nämlich der Spread an (die Differenz zwischen An- und Verkaufskurs). Bei seltenen Währungen ist der Spread häufiger sehr hoch. Darüber hinaus muss der Kunde bei seiner Bank für den An- und Verkauf über die Börse Bankprovisionen entrichten. Solche Provisionen werden stets in Rechnung gestellt, ganz gleich, ob Sie Aktien, Anleihen oder Zertifikate kaufen oder verkaufen. Die meisten Bank verlangen für jede Transaktion ein Prozent (bei Anleihen gilt in der Regel eine ermäßigte Bankprovision von 0,5 Prozent), d. h. bei An- und Verkauf fallen insgesamt zwei Prozent an. Hinzu kommt der Spread. Die Größenordnung der entstehenden Gebühren liegt deshalb zwischen zwei bis fünf Prozent. Wenn Sie daher ein Zinszertifikat mit einem Zinssatz von 5 Prozent kaufen und Gebühren beim An- und Verkauf von 5 Prozent

anfallen, erzielen Sie keine vernünftige Rendite. Achten Sie deshalb beim Kauf von Zinszertifikaten auf Folgendes: Der Spread sollte auch bei seltenen Währungen möglichst gering sein. Die Bankprovisionen können Sie senken, wenn Sie mit Ihrem Berater verhandeln. Bei Kleinanlegern ist jedoch der Verhandlungsspielraum sehr eingeengt, bei Großkunden ist er größer.

- Zinszertifikate sind eigentlich eine Anlageform mit kurzfristigem Zeithorizont, da die zugrunde liegenden Tagesgelder nur dazu konzipiert worden sind, Anlagegelder für einen kurzen Zeitraum zu parken. Ob sich Zinszertifikate für die langfristige Altersvorsorge eignen, ist äußerst fraglich. Bei einem hohen Zinsniveau sind Qualitätsanleihen, die bis zur Endfälligkeit gehalten werden, sinnvoller. Andererseits kann man Währungsschwankungen leichter umgehen, wenn man die Papiere rechtzeitig abstoßen kann; das ist ein Vorteil der Zinszertifikate, die keine anleihenspezifischen Schwankungen kennen.

- Ein weiterer, erheblicher Nachteil, der eigentlich ein absolutes K. O.-Kriterium für deutsche Anleger ist, besteht in der steuerlichen Situation. Bislang gelten Zinszertifikate als Finanzinnovationen, was drastische Steuernachteile mit sich bringt. Lassen Sie sich auf jeden Fall von Ihrem Steuerberater ausführlich beraten, bevor Sie Zinszertifikate erwerben.

Betrachten wir nun die Renditechancen einzelner Währungen:

Nach der Jahrtausendwende profitieren Anleger vor allem von der Aufwertung osteuropäischer Währungen, die von der Aussicht auf den Beitritt zur Europäischen Währungsunion beflügelt wurden. Besonders eindrucksvoll erscheint ein jährliche Rendite von 11,9 Prozent bei polnischen Zloty und 10,5 Prozent bei ungarischen Forint. Diese osteuropäischen Beitrittsländer zeichnen sich durch ein hohes und dynamisches Wirtschaftswachstum aus. Probleme ergeben sich bei der Staatsverschuldung und bei der Inflationsbekämpfung. Langfristig haben diese Länder bei einer fortschreitenden Haushaltskonsolidierung die Chance, dem Euroraum beizutreten. Aufgrund dieser Aussichten konvergieren die Inflationsraten. Der Zloty und der Forint gewannen an Stabilität und wurden dadurch gegenüber dem Euro aufgewertet. Ob dieser Trend in Zukunft anhält, lässt sich nicht klar voraussagen, da insbesondere in Ungarn die hohe Staatsverschuldung anhält.

Zinszertifikate beziehen sich immer auf die kurzfristigen Zinssätze, also in der Regel die Tagesgeldsätze der jeweiligen Währung. Bei manchen Zertifikaten kann sich das Papier auch auf Ein- bis Dreimonats-Zinsen beziehen. Die unterschiedliche Höhe der Zinsen spiegelt die Stabilität der einzelnen Währungen wider: Während Anlagen in Schweizer Franken zwischen 1998 und 2003 nur jährlich mit 2,7 Prozent rentierten, erzielten Tagesgelder in der Türkischen Lira im Sommer 2003 beeindruckende 30 Prozent. Dennoch handelt es sich bei der türkischen Lira um eine erheblich inflationsgefährdete Währung. Dass die Anleger bislang größere Verluste vermeiden konnten, lag an der politischen Perspektive der Türkei, Vollmitglied der Europäischen Union werden zu können. Bei Währungen spielen langfristig makroökonomische Aspekte die Hauptrolle.

Die Diversifikation ist bei Zinszertifikaten leicht zu bewerkstelligen, denn Sie können für Ihr Depot einen breitgestreuten Mix unterschiedlicher Währungen zusammenstellen.

Zinszertifikate können strategisch eingesetzt werden, indem Anleger kurzfristig Geld in bestimmten Währungen „parken" oder gezielt auf eine bestimmte Währung setzen. Anlagen in US-Dollar haben in den letzten zehn Jahren eine deutlich höhere Rendite erzielt als kurzfristige Zinsanlagen in Euro; dennoch ist auch die Wertentwicklung des US-Dollar gegenüber dem Euro sehr schwankungsintensiv. Das vor allen in den neunziger Jahren erheblich stärkere Wirtschaftswachstum in den USA zog viele Investoren an und sorgte für eine große Nachfrage nach US-Dollar. Die wirtschaftlichen Rahmenbedingungen in den USA waren beträchtlich besser als in Europa. Auch andere Währungen entwickelten sich zum Teil besser; dies gilt insbesondere für den Australischen Dollar und den Südafrikanischen Rand, der zu einer Lieblingswährung deutscher Anleger avancierte. Nach diesem starken Kursanstieg sollte man aber das Rückschlagpotenzial dieser Währungen beachten.

Zinszertifikate sind vor allem auch für Anleger interessant, die bislang in Emerging-Markets-Anleihen investiert haben. Diese Bonds der Schwellen- und Entwicklungsländer sind durch ein hohes Ausfallrisiko und bei Fremdwährungsanleihen durch starke Währungsschwankungen charakterisiert.

Viele Emerging-Markets-Anleihen notieren über ihrem Nominalwert (100), da das Zinsniveau inzwischen erheblich gesunken ist. Sie beinhalten daher neben dem bonitätsspezifischen Ausfallrisiko auch ein zusätzliches Kursrisiko durch steigende Zinsen. Darüber hinaus liegen die kurzfristigen Zinsen in Entwicklungs- und Schwellenländern nicht selten über den langfristigen Zinssätzen. Anders als bei Anleihen beziehen sich Zinszertifikate überwiegend auf die kurzfristigen Zinssätze. Zinsänderungen haben darum keinen oder nur einen geringen Einfluss auf den Kurs der Zinszertifikate.

Investments in Währungen so genannter Schwellen- oder Entwicklungsländer beinhalten aber stets ein gewisses, unwägbares politisches Risiko. Ausländische Investoren können gewissen Restriktionen unterliegen oder im schlimmsten Fall zwangsenteignet werden. Auch die Verstaatlichung ausländischer Bankguthaben oder die Einrichtung von Devisenkontrollen, die jeden Transfer ins Ausland unterbinden, ist denkbar. Solche Beeinträchtigungen können unter Umständen für einen längeren Zeitraum, d.h. Wochen oder Monate, andauern.

Zinszertifikat	Land	Wertpapierkennnummer
Euro-Zinszertifikat	Eurozone	DE0009185652
US-Dollar-Zinszertifikat	USA	DE0009187294
Britisches Pfund	Großbritannien	DE0009186049
Schweizer Franken	Schweiz	DE0009187419
Australischer Dollar	Australien	DE0009187401
Norwegische Kronen	Norwegen	DE0009186247
Polnischer Zloty	Polen	DE0009187070
Ungarischer Forint	Ungarn	DE0009186072
Südafrikanischer Rand	Südafrika	DE0009185561
Türkische Lira	Türkei	DE0009187229

Tab. 83: Zinszertifikate

Im schlimmsten Fall kann daher ein Zinszertifikat auch den Wert null erreichen und für den Anleger mit dem Totalverlust enden. In Ländern wie Norwegen, den USA, Kanada oder Australien ist dieses Risiko nicht gegeben; in Schwellenländern kann bei einer schweren politischen Krise, die mit einem Umsturz einhergeht, eine solche Katastrophe eintreten, wenngleich es in der jüngeren Wirtschaftsgeschichte dafür keine prägnanten Beispiele gibt.

13. Anleihenähnliche Zertifikate

Neben den Zinszertifikaten, die sich auf Tagesgelder bzw. Ein-oder Drei-Monatsgelder beziehen, werden neue Formen von anleihenähnlichen Zertifikaten emittiert, die es dem Anleger ermöglichen, über Zertifikate indirekt an der Wertentwicklung von Anleihen, anleihenähnlichen Anlageformen oder Rentenindizes zu partizipieren.

Anders als bei anderen Kategorien von Zertifikaten hat hier der Anleger leider nur eine geringe Auswahl. Während es schätzungsweise Tausende von Indexzertifikaten gibt, ist die Zahl der anleihenähnlichen Zertifikate überschaubar. Der Grund dafür ist, dass Anleihen geringere Renditen haben als Aktien oder Derivate. Wegen der hohen Gebühren, die durch den Spread, eventuelle Managementgebühren und die anfallenden Bankprovisionen entstehen, müssen anleihenähnliche Anlageformen schon hohe Renditen abwerfen, um diesen Nachteil zu kompensieren.

Man kann drei Kategorien von anleihenähnlichen Zertifikaten unterscheiden:
- Indexbasierte Zertifikate
- Zertifikate mit Rentenbaskets
- Genussschein-Zertifikate

Anleihen werden auch Obligationen, verzinsliche Wertpapiere, Bonds, Schuldverschreibungen oder Renten genannt. Wie für Aktienmärkte gibt es daher auch für Anleihen- oder Rentenmärkte spezielle Rentenindizes. Ein in Deutschland weit verbreiteter Rentenindex ist der REX. Analog zu den Aktienindizes unterscheidet man Kurs- und Performanceindizes. Während der Kursindex nur die Schwankungen von definierten Anleihen widerspiegelt, fließen in den Performanceindex auch die Zinszahlungen mit ein. Für Anleger ist es daher vorteilhafter, einen Performanceindex zu wählen. Der REX als Performanceindex hat das Kürzel REXP.

Neben diesen indexbasierten Zertifikaten, die die Wertentwicklung deutscher Staatsanleihen abbilden, existieren spezielle Rentenbaskets, also Zusammenstellungen von Anleihen. Dabei kann es sich um Staatsanleihen (also in Deutschland Bundeswertpapiere) oder um Unternehmensanleihen (so genannte Corporate Bonds) handeln. Manche Rentenbaskets unterscheiden sich hinsichtlich ihrer Laufzeit. Kurzläufer empfehlen sich bei einem niedrigen Zinsniveau, während Langläufer eher in Phasen mit einem sehr hohen Zinsniveau interessant sind. Der Anleger kann zwischen anleihenähnlichen Zertifikaten mit kurzer, mittlerer und langer Laufzeit wählen.

Zertifikat	Laufzeit	ISIN
REXP	29. 2. 16	LU0125681006
Eb. Rexx Government Germany	Open end	DE000HV0AZ9
iBoxx Germany kurz	Open end	DE000HV0A0A5
iBoxx Germany mittel	Open end	DE000HV0A0B3
iBoxx Eurozone mittel	Open end	DE000HV0A0C1
iBoxx Sov. kurz	31. 3. 09	DE0007721615
iBoxx Sov. lang	31. 3. 09	DE0007721631
iBoxx Sov. mittel	31. 3. 09	DE0007721623
JPM EMU Gov. Bond mittel	10. 5. 07	DE0007873606
JPM EMU Gov. Bond kurz	1. 8. 06	DE0007873929

Tab. 84: Beispiele für anleihenähnliche Zertifikate

Ein typisches Beispiel für ein Rentenbasket ist das Zertifikat der *Dresdner Ba*nk auf den i Boxx € Liquid Sovereigns Index (WKN: 772161). Dieser Index setzt sich aus den liquidesten Staatsanleihen zusammen, die zur Eurozone gehören. Die Auswahl besteht aus Anleihen mit verschiedenen Laufzeitklassen: aus Kurzläufern (1,5–5,5 Jahre), Anleihen mit mittelfristiger Laufzeit (5,5–10,5 Jahre) und Langläufern (mehr als 10,5 Jahren). Der Anleger kann folglich Zertifikate aussuchen, die seinen Vorgaben gerecht werden.

Zertifikate auf Genussscheine

Andere Zertifikate beziehen sich auf anleihenähnliche Wertpapiere. Zu nennen sind in diesem Zusammenhang die Genussscheine. Genussscheine berechtigen zur Teilnahme an der Gewinnausschüttung eines Unternehmens. Sie sind gleichsam eine Kombination aus Aktie und Anleihe, denn eine Gewinnausschüttung erfolgt bei Genussscheinen nur dann, wenn das Unternehmen Gewinne erwirtschaftet. Bei Verlusten gehen die Inhaber von Genussscheinen leer aus. Bei vielen Genussscheinen wird eine Mindest- oder Festverzinsung vorgesehen. Die Gläubigerstellung des Investors ist besser als die eines Aktionärs. Andererseits kann mit Genussscheinen auch eine Verlustbeteiligung verbunden sein, und sie haften als Eigenkapital, was insbesondere bei von Banken herausgegebenen Genussscheinen eine gewisse Rolle spielt.

Genussscheine sind riskanter als Anleihen, doch sie bieten im Gegenzug eine höhere Rendite. Denn Unternehmen müssen das Risiko eines Gewinnausfalls durch höhere Renditen wettmachen. In Deutschland werden Genussscheine mit fester Ausschüttung meist von Banken wie der *Commerzbank*, der *Aareal Bank*, der *Dresdner* und der *DZ Bank* herausgegeben. Ein Zertifikat fasst mehrere solcher Genussscheine in einer Auswahl zusammen. Bei den meisten Genussschein-Zertifikaten sehen die Konditionen eine in bestimmten Zeitabständen übliche Überprüfung der Zusammensetzung vor. Dieser Service kostet den Anleger jedoch eine jährliche Managementgebühr.

Zertifikat	Laufzeit	ISIN
Genussschein Select	30. 4. 08	DE0001605202
Genussschein Tracker	4. 5. 07	DE0006183643

Tab. 85: Genussschein-Zertifikate

14. Zertifikate auf Investmentfonds

Die Zahl der in Deutschland zugelassenen Aktienfonds liegt bei über 2500 mit steigender Tendenz. Viele Anleger finden es daher schwer, einen geeigneten Fonds zu finden. Die meisten Banken empfehlen häufig hauseigene Produkte oder jene Investmentfonds, mit deren Gesellschaften eine Kooperation besteht.

Gegen die Investmentfonds, die in Deutschland bekannter und populärer sind als Zertifikate, spricht die schlechte Performance, die die meisten Fonds trotz der Betreuung durch hoch qualifizierte Experten und moderner Analysesysteme aufweisen, und die hohen Gebühren (Ausgabeaufschlag und laufende jährliche Managementgebühren). Zwischen 50 % – 80 % der Investmentfonds scheitern an der Benchmark, d. h. einem Vergleichsindex, der der Zusammensetzung oder dem Themenschwerpunkt des Fonds ähnelt. Beispielsweise schneidet der DAX in vielen Fällen wesentlich besser ab als Investmentfonds, die in deutsche Standardwerte investieren.

Die hohen Gebühren und die steigenden Transaktionskosten beim häufigen Umschichten schmälern die erreichbare Rendite deutlich. Anfangs erfolgreiche Investmentfonds erzielen oft über einen längeren Zeitraum nur eine durchschnittliche oder unterdurchschnittliche Performance. Angesichts solcher Ergebnisse ist es erstaunlich, dass viele Anleger dennoch Investmentfonds als Anlageinstrument für die Altersvorsorge bevorzugen.

Bereits eine Veränderung im Fondsmanagement oder eine veränderte Anlagestrategie können sich innerhalb kürzester Zeit auf die Wertentwicklung eines Investmentfonds auswirken. Um die Orientierung für die Anleger zu verbessern, gibt es eine Reihe von Gesellschaften, die eine Bewertung von Investmentfonds durchführen. Dieses Rating besteht entweder aus Sternen oder anderen Benotungsskalen, mit deren Hilfe die Fonds eingestuft werden. Eine der bekanntesten Gesellschaften ist *Feri Trust*. Die Bestnoten A und B wurden an weniger als 50 Prozent der Investmentfonds vergeben. Nur ein Drittel aller Fonds erzielte ein überdurchschnittliches Ergebnis. In manchen Untersuchungen war die Zahl der Fonds, die den Vergleichsindex schlagen konnte, noch wesentlich geringer.

Unter diesen Umständen erscheinen Investmentfonds für den Anleger unattraktiv. Bei der in der Werbung häufig gerühmten hohen Sachkompetenz der Fondsmanager und Experten müsste man erwarten, dass ein Fonds mit Leichtigkeit den „trägen" Index überrundet. Die Tatsache, dass die meisten Fonds nur ein unterdurchschnittliches Ergebnis erreichen, zeigt indes, wie schwierig es ist, an der Börse außergewöhnliche Ergebnisse zu erzielen. Selbst unter besten Bedingungen erreichen die meisten Fondsmanager nur ein Ergebnis, das knapp unter dem Index liegt. Die Vorteile des passiven Investments durch Indexzertifikate werden dadurch umso deutlicher: Obwohl Indexzertifikate nur den Durchschnitt von vielen Aktien widerspiegeln, sind sie deutlich besser als das vermeintlich expertenorientierte Stockpicking. Ob nun Zertifikate auf Investmentfonds wirklich nutzbringend sind, sei dahingestellt. Die erreichbare Performance hängt letztlich davon, wie geschickt die Emissionsbank bei der Auswahl der Investmentfonds war.

Wie funktionieren Zertifikate auf Investmentfonds?

Vorteile solcher Investmentfonds-Zertifikate bestehen mit Einschränkungen darin, dass die meisten dieser Zertifikate sich auf mehrere, sorgfältig ausgewählte Investmentfonds beziehen, so dass eine höhere Diversifikation erreicht wird. Der Anleger kann seine Gelder auf etliche Investmentfonds verteilen. Zertifikate suchen – um dem Investor einen Vorteil gegenüber der herkömmlichen Anlage in Fonds bieten zu können – die besten Investmentfonds aus und ermöglichen auf diese Weise eine Renditeoptimierung. Dies erfolgt in einer halbjährlichen Anpassung, die darauf ausgerichtet ist, den Referenzindex, der als Benchmark dient, zu übertreffen. Solche häufigen Anpassungen haben für den Anleger den gravierenden Nachteil, dass sie mit hohen Managementgebühren verbunden sind, so dass sich die Kostenstruktur von Investmentfonds und Investmentfonds-Zertifikaten annähert. Zertifikate besitzen den Vorteil, dass die Ausgabeaufschläge entfallen.

Sie sollten, wenn Sie ein solches Zertifikat kaufen, nachrechnen, ob die jährlich anfallenden Managementgebühren des Investmentfonds-Zertifikats langfristig nicht teurer kommen. Allerdings haben auch fast alle Investmentfonds eine hohe jährliche Managementgebühr. Ein genauer Vergleich kann Ihnen bei der Entscheidung helfen, welches Wertpapier von der Gebührenstruktur günstiger ist. Ein weiterer Vorteil der Investmentfonds-Zertifikate besteht darin, dass kein Mindestanlagevolumen, wie es bei manchen großen Investmentgesellschaften Usus ist, vorausgesetzt wird. Zertifikate können auch mit kleineren Beträgen erworben werden; wegen der hohen Bankprovisionen und den bei manchen Banken üblichen Mindestprovisionen bei geringen Orders sollten Sie sich vorher bei Ihrer Hausbank erkundigen.

Das Rating von Investmentfonds

Zu den bedeutendsten Fonds-Rating-Unternehmen gehören *Feri Trust*, *S&P*, *Morningstar* oder *Lipper*. Sie analysieren und bewerten zahlreiche Investmentfonds in regelmäßigen Abständen, um dem Anleger angesichts der Vielzahl von Investmentfonds eine Orientierung zu bieten. Die daraus resultierenden Fonds-Ratings und die in Fachzeitschriften veröffentlichten Rating-Listen dienen sowohl professionellen als auch privaten Investoren als Entscheidungshilfe. Die Fondsbewertung nimmt in Anbetracht der Vielzahl deutscher und ausländischer Investmentfonds immer mehr zu. Es gibt in Deutschland mehr Investmentfonds als deutsche börsennotierte Aktien. Schon diese Relation macht deutlich, dass es für Privatanleger und für institutionelle Investoren äußerst schwierig ist, bei dieser Fülle an Fondsprodukten den Überblick zu behalten.

Die Fondsratings helfen dem Anleger, gute von schlechten Fonds zu sondern. Dabei spielt nicht nur die eigentliche Performance eine Rolle, sondern auch die Investmentstrategie, das Management und die Fondszusammensetzung. Zwischen den Investmentfonds in einer Anlagekategorie (beispielsweise deutsche Aktien, internationale Aktien, Rohstoffaktien) bestehen beträchtliche Performanceunterschiede. Die Bewertung von Fonds geschieht in erster Linie unter den Gesichtspunkten Rendite und Risiko.

Die Rendite wird mit Hilfe komplexer Formeln über die Performance des jeweiligen Fonds und die Wiederveranlagung der Ausschüttungen berechnet (bei thesaurierenden Fonds, die den Vorteil des Zinseszinseffektes nutzen, werden die Ausschüttungen sofort wieder angelegt, so dass sie in der Wertentwicklung enthalten sind). Das Risiko einer Fondsanlage lässt sich unter anderem anhand der Volatilität (Schwankungsbreite) eines Fonds bemessen; für den Anleger ist es vorteilhafter, einen Fonds zu wählen, der eine geringere Schwankungsbreite besitzt, wenn die Performance hoch ist. Rendite- und Risikoparameter werden zu Kennzahlen zusammengefasst, die es ermöglichen, jeden Fonds einzeln zu bewerten. Manche Fondsratings gehen noch weiter und betrachten zusätzliche Aspekte wie das Timingverhalten und die Beständigkeit des Managements und der Investmentgesellschaft.

Die *Feri Trust GmbH* gehört zur *Feri Finance Gruppe*, einem der größten bankenunabhängigen Vermögensverwalter im deutschsprachigen Raum. Der Name *Feri* stand ursprünglich für die Abkürzung *Financial and Economic* Research International. *Feri* zeichnet sich dadurch aus, dass die Anlagegrundsätze dieses Vermögensverwalters auf wissenschaftlichen Analysen beruhen. Diese Dienstleistungen werden von *Feri Trust* unabhängig von der Vermögensberatung angeboten und erstrecken sich auf die Analyse von Volkswirtschaften, Währungen, Branchen, Zinsen, Immobilien und Investmentfonds. Am bekanntesten wurde *Feri Trust* durch seine akribische Analyse und sein großes Know-how im Bereich der Investmentfonds. Die Analysen beruhen sowohl auf einer quantitativen, performanceorientierten Bewertung der Fonds als auch einer qualitativen Untersuchung. *Feri Trust* befragt die einzelnen Fondsmanager und macht sich dadurch ein Gesamtbild über die Anlagestrategie, die Fondszusammensetzung und das Management. Etliche Wirtschaftsmagazine und größere Tageszeitungen nutzen die detaillierten Fondsanalysen, um den Lesern eine Entscheidungshilfe zu geben.

Das Fondsrating von *Feri Trust* erlaubt eine schnelle, transparente und präzise Beurteilung von Fonds. Als Fondsnoten werden die Buchstaben von A bis E verwendet.

Das A-Rating ist die höchste Kategorie und die höchste Auszeichnung für einen Investmentfonds. Voraussetzung für die Verleihung dieses Premiumtitels ist eine stabile, überdurchschnittliche Performance eines Investmentfonds über einen Zeitraum von fünf

Jahren bei geringem Risiko. Fonds, die schlechter als mit der Kategorie C eingestuft wurden, sind unterdurchschnittlich und schneiden generell schlechter als der Durchschnitt der Vergleichsfonds ab. Anleger sollten sie meiden.

Zertifikate auf Investmentfonds berücksichtigen neben dem Fondsrating und der eigentlichen Performance noch andere Kriterien. Beispielsweise wird darauf geachtet, dass der Investmentfonds ein bestimmtes Volumen aufweist und dass jede Investmentgesellschaft in der Fondszusammenstellung nur einmal vertreten ist, um eine größere Streuung zu erreichen. Die Wertentwicklung des Zertifikats hängt damit von den Einzelwerten (dem Net Asset Value – NAV) der Investmentfonds ab. Die Emittenten von Investmentfonds-Zertifikaten wählen meist keine thesaurierenden Investmentfonds aus, sondern solche, die periodische Ausschüttungen vornehmen. Die Ausschüttungen werden häufig nicht in der Wertentwicklung berücksichtigt, denn sie kommen der Emissionsbank zugute. Für die halbjährliche Umschichtung berechnet die Emissionsbank eine zusätzliche Managementgebühr.

Manche Investmentfonds-Zertifikate haben einen Outperformance-Mechanismus, der dazu beitragen soll, die Wertentwicklung zu steigern. Bei dem Outperformance-Mechanismus handelt es sich um einen performanceabhängigen Gewichtungsmechanismus. Am Ende einer jeden Halbjahresperiode findet ein Vergleich der prozentualen Wertentwicklung der im jeweiligen Zertifikat enthaltenen Fonds statt. Investmentfonds, die besser abgeschnitten haben als andere, werden in der neuen Halbjahresperiode stärker gewichtet.

Ein Beispiel für ein solches Investmentfonds-Zertifikat ist das von der *ABN Amro Bank* herausgegebene Best of Funds Deutschland Zertifikat. Grundlage für die Auswahl der fünf Investmentfonds mit dem Anlageschwerpunkt Deutschland ist der Feri Trust Best of Funds Basket Deutschland. Die Anpassung des Portfolios erfolgt regelmäßig im Juni und Dezember eines jeden Jahres. Der Spread (die Differenz zwischen An- und Verkaufskurs) beträgt 1 %; die jährliche Managementgebühr beläuft sich auf 0,75 %. Als das Zertifikat aufgelegt wurde, enthielt es folgende Investmentfonds:

Investmentfonds	Feri Trust Rating	Gewichtung
DWS Select-Invest	A	20 %
ADIG Fondak	A	20 %
Julius Bär German Value Stock Fund	A	20 %
BWK-Aktien-Strategie Deutschland	A	20 %
CONCENTRA	A	20 %

Tab. 86: Im Zertifikat enthaltene Investmentfonds

Der Ausgabeaufschlag, der sonst bei Investmentfonds erhoben wird, entfällt für den Käufer des Zertifikats. An Gebühren zahlt er den Spread (Geld-Brief-Spanne) für das Zertifikat, die jährliche Managementgebühr und die durchschnittliche Fondsmanagementgebühr, die von den einzelnen Investmentfonds erhoben wird. Angesichts dieser Kostenstruktur wird deutlich, dass Indexzertifikate wesentlich billiger sind. Zwar haben diese Investmentfonds-Zertifikate gewisse Vorteile gegenüber dem Direktinvestment in Fonds, aber im Vergleich zu einer passiven Investmentstrategie mit Indexzertifikaten sind sie relativ teuer. Und es ist nicht bewiesen, dass diese aktive Investmentstrategie in jedem Fall gegenüber dem Vergleichsindex eine höhere Performance erzielt.

Zertifikat	Laufzeit	ISIN
Best of Funds Deutschland	Open end	NL0000466894
Best of Funds Europa	Open end	NL0000466886
Best of Funds Welt	Open end	NL0000466878
Best of Funds Emerging Markets	Open end	NL0000466902
Best of Funds Asia	Open end	NL0000472165
Best of Funds Japan (Quanto-Zertifikat)	Open end	NL0000466910

Tab. 87: Investmentfonds-Zertifikate

15. Garantiezertifikate

Ähnlich wie Garantiefonds gibt es auch spezielle Zertifikate, die von der Emissionsbank mit einer Garantie ausgestattet sind. Für viele Anleger, die durch die schwere Baisse nach der Jahrtausendwende drastische Einbußen erlitten und die durch fragwürdige Internetwerte einen Großteil ihres Vermögens verloren, wurden Aktien zu einem Albtraum. Viele schworen sich, nie mehr in Aktien zu investieren und in Zukunft einen großen Bogen um die Börse zu machen. Besonders Technologietitel und Aktien, die einst zum Börsensegment Neuer Markt gehörten, wurden gemieden. Viele Anleger hatte nach dem gewaltigen Kurssturz und den horrenden Verlusten jegliches Vertrauen verloren. Aber die Rentenmärkte waren keine Alternative: Die Zinsen sind seit der Jahrtausendwende auf einem historischen Tiefpunkt, und die Realverzinsung, die man durch Anleihen erreichen kann, ist so niedrig, dass sie sich nicht für die langfristige Altersvorsorge eignet. Angesichts knapper Rentenkassen und drohender Altersarmut stehen viele Menschen vor der entscheidenden Frage: Wie kann ich mein Geld so anlegen, dass ich im Alter sorglos leben kann?

Die Banken, die diesen Wunsch nach mehr Rendite bei gleichzeitiger Sicherheit der Anlage erkannten, gaben eine Vielzahl neuer Produkte heraus, die mit einer Garantie versehen waren. Allein die Garantiezusage war für viele sicherheitsorientierte Anleger lukrativ. Denn wer mit Technologie- oder speziell Internetaktien 80 bis 90 Prozent verloren hatte, fand es plötzlich beruhigend, wenn die Bank mit einem Garantiezertifikat nicht nur den Kapitalerhalt am Ende der Laufzeit, sondern manchmal sogar eine Mindestverzinsung garantierte.

Solche Garantien haben aber auch enorme Nachteile: Die Bank kalkuliert diese Zertifikate so, dass diese Garantie sie letztlich nichts kostet. Das bedeutet: Der Anleger erzielt meist nur eine magere Rendite. Die Risikovermeidung erkauft der Anleger durch eine schlechte Performance. Die Garantien, die die Banken geben, sind oft an so komplexe Voraussetzungen geknüpft, dass sie für den Anleger meist nur wenig Vorteile bringen. Häufig ist die Wertentwicklung der angeblich überdurchschnittlichen Verzinsung an die Entwicklung eines Aktienkorbs geknüpft, wobei die Partizipationsrate dann nicht einmal bei 100 Prozent liegt. Komplizierte Berechnungen und spezielle Formeln machen Garantiezertifikate oft für Privatanleger zu schwer durchschaubaren Wertpapierkonstruktionen. Als absolutes K. O.-Kriterium kommt hinzu, dass Garantiezertifikate in den meisten Fällen zurzeit als Finanzinnovationen eingestuft werden, was sie steuerlich völlig unattraktiv macht.

Wenn Sie sich mit dem Gedanken tragen, Garantiezertifikate zu kaufen, überlegen Sie bitte, ob Sie diese gravierenden Nachteile akzeptieren können. In den meisten Fällen kann eine andere Lösung für Sie wesentlich besser sein. Ein unkonventioneller Lösungsvorschlag wäre: Sie überarbeiten die Struktur Ihres Portfolios. Wenn Sie sehr sicherheitsorientiert sind, sollten Sie Ihr Portfolio zu 80 Prozent mit sicheren Qualitätsanleihen (mit dem höchsten Ranking Triple A) bestücken und die restlichen 20 Prozent in den Aktienmarkt über Indexzertifikate investieren. Selbst wenn die Aktienmärkte rückläufig sein sollten, haben Sie die sicheren Zinsen aus Ihren Anleihen und können so Verluste ausgleichen. Langfristig profitieren Sie von der höheren Performance der Aktienmärkte über Ihren 20-prozentigen Anteil.

Ein Beispiel für ein Garantiezertifikat ist das All Time High Zertifikat der Hypo Vereinsbank. Bei diesem Zertifikat werden halbjährlich die 16 Aktien mit der höchsten Dividendenrendite von 50 Aktien herausgesucht, die im Global-Titans-Index enthalten sind. Dieser Index umfasst die 50 größten Unternehmen der Welt, zu denen beispielsweise *DaimlerChrysler*, *ENI* und *Altria* zählen.

Die Garantie dieses Zertifikats besteht darin, dass am Ende der Laufzeit im Jahre 2011 die Anleger 90 Prozent des höchsten, während der Laufzeit erzielten Monatsschlusskurses dieses Aktienkorbes zurückerhalten. Sollten also die in der Auswahl enthaltenen Aktien im Jahre 2011 erheblich gefallen sein, so bekommen die Anleger immer noch eine recht ansehnliche Rendite; es werden nämlich diese 90 Prozent des jemals erzielten Höchstkurses garantiert.

Trotz dieser interessanten Konstruktion sollte man bedenken, dass große Unternehmen im Vergleich zu Small Caps in vielen Börsenphasen eine unterdurchschnittliche Wertentwicklung vorweisen (eine Ausnahme sind die frühen neunziger Jahre).

16. Airbag-Zertifikate

Garantiezertifikate sind für manche Anleger deshalb uninteressant, weil sie die mögliche Wertentwicklung durch einen Cap zu sehr begrenzen und damit die zukünftige Partizipation an der Performance einer Einzelaktie oder eines Index einschränken. Airbag-Zertifikate, die auch als Protect-Zertifikate bezeichnet werden, sind gleichsam eine Abwandlung der Garantiezertifikate. Analog zum Kfz-Bereich könnte man den Unterschied zwischen einem Garantie- und einem Airbag-Zertifikat mit dem Unterschied zwischen einer Vollkasko- und einer Teilkaskoversicherung vergleichen.

Der komplette Schutz des Kapitals, wie er bei den Garantieprodukten üblich ist, verhindert eine vollständige Ausschöpfung der potenziellen Wertsteigerung. Airbag-Zertifikate bieten nur eine „Teilkasko"-Absicherung an. Wertverluste sind bei diesen Zertifikaten nur bis zu einer vorgegebenen Grenze geschützt. Im Gegenzug partizipieren Sie vollständig oder erreichen eine Partizipationsrate, die bei fast hundert Prozent liegt. Wenn der Basiswert also überproportional ansteigt, dann sind Sie mit von der Partie.

Ein Beispiel soll die Funktionsweise eines solchen Airbag-Zertifikats veranschaulichen. Gehen wir von einem Indexstand von fiktiven100 Punkten aus. Eine Emissionsbank gibt ein Airbag-Zertifikat zu einem Preis von 100 Euro heraus, wobei der Airbag, also die Schutzgrenze, auf 25 Prozent des Wertes festgelegt ist. Die Partizipationsquote soll 100 Prozent betragen. Beim Fälligkeitstermin, der mehrere Jahre in der Zukunft liegt, sind folgende Szenarien möglich:

- Der Index notiert über dem Ausgangsniveau. Sie bekommen als Anleger den Indexgewinn, d. h. wenn der Index von 100 Punkten auf 250 Punkte gestiegen ist, haben Sie einen Gewinn von 150 Prozent gemacht. Ihre Wertentwicklung entspricht der eines Indexzertifikats.
- Der Index ist unter das Ausgangsniveau von 100 Punkten gefallen, liegt aber noch über der Schutzgrenze (die bei 25 Prozent unterhalb des Ausgangsniveaus angesetzt ist – also bei 75 Punkten).

Wenn demnach der Index zwischen 100 und 75 Punkten notiert, wird der Airbag ausgelöst. Sie erhalten dann 100 Euro. Ein Airbag-Zertifikat ist demnach ein modifiziertes Garantieprodukt, das in einem gewissen Bereich unterhalb des festgelegten Indexstandes eine Absicherung ermöglicht.

• Wenn der Index unter die Schutzgrenze fällt, also in unserem Beispiel unter 75 Punkte (25 % des Ausgangsniveaus), dann entstehen Verluste. Im Gegensatz zu einem Indexzertifikat sind in das Airbag-Zertifikat Puffer eingebaut, die den Kurssturz abmildern. Wenn beispielsweise der Index um 40 Prozent fällt und damit die Schutzgrenze von 75 Punkten verletzt, büßt der Anleger in Airbag-Zertifikaten nur 20 Prozent ein. Die genaue Abfederung hängt von den Konditionen ab, die die Emissionsbank in ihrem Verkaufsprospekt formuliert hat. Entscheidend sind dabei auch die Laufzeit und das Bezugsverhältnis.

Sehr wichtig für den Anleger ist, dass die Airbag-Zertifikate ihre Schutzwirkung erst am Fälligkeitstermin entfalten. Während der Laufzeit wird der Airbag nicht ausgelöst. Deshalb kann der Kurs des Zertifikats während der Laufzeit durchaus unter den Emissionspreis fallen, selbst wenn der zugrunde liegende Index sich noch in der eigentlichen, vom Airbag eingegrenzten Schutzzone befindet.

Doch der Indexstand ist nicht der alleinige Einflussfaktor für den Kurs des Airbag-Zertifikats. Auch die ausgeschütteten Dividenden, das jeweilige Zinsniveau und die Restlaufzeit des Airbag-Zertifikats üben einen nachhaltigen Einfluss auf das Kursniveau des Zertifikats aus.

Airbag-Zertifikate schützen keineswegs vor kurzfristigen Kursrückgängen. Für solche Fälle sind Discount-Zertifikate, die einen ausgeprägten Puffer haben, oder Bear-Zertifikate, die eine Putstrategie umsetzen, sinnvoller. Airbag-Zertifikate eignen sich vorwiegend für langfristig orientierte Anleger mit einem Zeithorizont von fünf oder mehr Jahren. Solche Anleger setzen auf langfristig steigende Aktienkurse, befürchten aber zwischenzeitlich leichte Kurskorrekturen. Falls die Börse sinken sollte und sich der Indexstand in der Absicherungszone bewegt, muss der Anleger die Airbag-Zertifikate bis zur Fälligkeit halten, um von der Schutzwirkung des

Airbags zu profitieren. Sollten die Indexstände über das Ausgangsniveau steigen, dann partizipiert er in vollem Umfang und ist dem Inhaber eines herkömmlichen Indexzertifikats gleichgestellt.

17. Outperformance-Zertifikate

Stellen Sie sich vor, ein Bekannter von Ihnen kauft *Daimler-Chrysler*-Aktien, während Sie selbst Outperformance-Zertifikate auf diesen Wert erwerben. Nehmen wir an, die Aktie Ihres Bekannten wäre um 30 Prozent angestiegen. Ihr Outperformance-Zertifikat hätte in demselben Zeitraum beispielsweise um 60 Prozent zugelegt. Ein klarer Renditevorteil, den Sie nutzen sollten.

Outperformance-Zertifikate heißen so, weil sie eine überdurchschnittliche Wertentwicklung (Outperformance) gestatten. Der Mechanismus funktioniert folgendermaßen: Wenn die zugrunde liegende Aktie oder der Index ansteigt, dann wird die Wertentwicklung des Outperformance-Zertifikats durch einen Hebel stärker vorangetrieben. Wie stark dieser Vorsprung ist, hängt von der Partizipationsrate ab. Wenn beispielsweise ein solches Zertifikat über eine Partizipationsrate von 200 Prozent verfügt, dann würden Sie, wenn die darauf bezogene Aktie um 50 Prozent steigt, sich über eine Wertentwicklung von 100 Prozent freuen. Wenn sich die Aktie im Wert verdoppelt, vervierfacht sich Ihr Zertifikat.

Das ist ein enormer Vorteil, denn selbst wenn Sie eine schwache Aktie ausgewählt haben, gleicht der Hebel des Outperformance-Zertifikats diesen Nachteil sofort aus. Auch eine geringe Wertentwicklung führt bei einem Outperformance-Zertifikat zu einer stattlichen Rendite. Doch diese Form des Zertifikats hat noch einen weiteren großen Vorteil: Wenn Ihre Aktie fällt, dann fällt das Outperformance-Zertifikat nur um denselben Prozentsatz, d. h. der Hebel wirkt nicht nach unten, sondern nur bei einer Aufwärtsentwicklung.

Ein Outperformance-Zertifikat bietet daher den Anlegern unvergleichliche Vorteile:

• Der Anleger profitiert bei einer positiven Börsenentwicklung um ein Vielfaches mehr als der Aktionär mit seinem Direktinvestment; denn durch die Partizipationsrate steigt der Kurs des Zertifikats erheblich stärker an.

• Bei einer fallenden Börsentendenz macht der Anleger keine

größeren Verluste als der Aktionär, da die Hebelwirkung nicht bei fallenden Kursen eintritt.

Die meisten Anleger sind gut beraten, wenn sie bei einem Investment ihr Wertpapier mit einem Outperformance-Zertifikat vergleichen. In vielen Fällen bedeutet das Zertifikat eine deutliche Steigerung der Rendite. Der Anleger nimmt also mit einem Hebel an der Entwicklung des Aktienmarktes teil. Dieser wirkt nur in eine Richtung, nämlich wenn die Kurse steigen. Bei fallenden Kursen verhalten sich Outperformance-Zertifikate wie der jeweilige Basiswert.

Bedauerlicherweise gibt es auf dem Markt nur wenige Outperformance-Zertifikate. Die Banken rechnen sehr sorgfältig durch, ob sich die Emission eines solchen Zertifikats wirklich für sie lohnt; denn der Anleger profitiert am meisten. Daher wird die überwiegende Zahl der Outperformance-Zertifikate nur auf Aktien mit einer geringen relativen Stärke, d. h. einem schwachen Kursanstieg, herausgegeben. Die Banken finanzieren ihre Kosten häufig über die ausgeschütteten Dividenden, die einbehalten werden. Die Aktien, für die Outperformance-Zertifikate emittiert werden, sind daher meist dividendenstarke Titel mit geringen Kursbewegungen. Die Banken geben gleichsam Outperformance-Zertifikate auf „Ladenhüter" unter den Aktien heraus, um den Anlegern eine bessere Performance zu bieten.

Darüber hinaus findet man auch Outperformance-Zertifikate auf Indizes, wobei häufig Indizes ausgewählt werden, die eher eine träge Entwicklung hinter sich haben wie der marktbreite Euro Stoxx 50, der Stoxx 50 mit den relativ wenig volatilen europäischen Standardwerten und den Nikkei 225. Ein weiterer Nachteil der Outperformance-Zertifikate besteht darin, dass sie nur für einen kurzen Zeitraum herausgegeben werden.

Outperformance-Zertifikate sind Direktinvestments in Aktien oder Indizes in vielen Marktsituationen deutlich überlegen. Der Anleger profitiert in jedem Fall bei einer Aufwärtstendenz von der Hebelwirkung, muss jedoch auf die Dividendenzahlungen verzichten. Dies ist nicht weiter nachteilig; denn auch Indexzertifikate, die auf Kursindizes ausgerichtet sind, berücksichtigen keine Dividendenausschüttungen.

Der Wirkungsmechanismus eines Outperformance-Zertifikats soll an einem Beispiel erläutert werden.

Nehmen wir an, ein Outperformance-Zertifikat auf die *Daimler-Chrysler*-Aktie hat eine Laufzeit von 1,5 Jahren. Die Partizipationsrate soll 165 % betragen. Der Basispreis, ab dem erst die Hebelwirkung einsetzt, ist 34 €, und die *DaimlerChrysler*-Aktie notiert an der Börse bei ebenfalls 34 €. Wenn die *Daimler-Chrysler*-Aktie auf 50 € ansteigt, dann beträgt der Wert des Outperformance-Zertifikats 60,40 € (Berechnung: 34 € + 16 € × 165 %). Der Kursanstieg von 16 € wird mit dem Faktor 165 Prozent multipliziert. Wenn die Aktie unterhalb des Basispreises von 34 € notiert, erhält der Anleger eine Rückzahlung in Höhe des Aktienkurses am Ende der Laufzeit. Wenn folglich die *DaimlerChrysler*-Aktie auf 30 € sinkt, bekommt der Anleger 30 €; ein Hebel wird nicht wirksam, da der Basispreis unterschritten wurde.

Daimer-Chrysler-Aktie	Outperformance-Zertifikat
– 30 %	– 30 %
– 20 %	– 20 %
– 10 %	– 10 %
0 %	0 %
10 %	16,5 %
20 %	33,0 %
30 %	49,5 %
40 %	66,0 %
50 %	82,5 %

Tab. 88: Fiktives Beispiel für die Wertentwicklung eines Outperformance-Zertifikats (bei einer Partizipationsrate von 165 %)

Insgesamt sind Outperformance-Zertifikate ein relativ interessantes und lukratives Investment, das dem Anleger eine überdurchschnittliche Performance zusichert. Auch bei fallenden Kursen schneidet der Anleger nicht schlechter ab, als wenn er die Aktie oder den Index direkt gekauft hätte. Bei der Auswahl sollten Sie darauf achten, dass Sie keine Werte auswählen, denen nur Aktien mit einer geringen Wertsteigerungschance zugrunde liegen. Auch bei den Indizes sollten Sie solche präferieren, die in der Vergangenheit durch eine überdurchschnittliche Wertentwicklung gekennzeichnet waren.

Zertifikat	Laufzeit	ISIN	Partizipation
BASF	6. 7. 07	NL0000410868	145 %
Daimler-Chrysler	6. 7. 07	NL0000410876	150 %
RWE	6. 7. 07	NL0000410918	150 %
ENI	6. 7. 07	NL0000410892	180 %

Tab. 89: Beispiele für Outperformance-Zertifikate

Achten Sie beim Kauf darauf, dass die zugrunde liegende Aktie oder der Index über oder nahe bei dem Basispreis notiert, denn nur dann profitieren Sie von der Hebelwirkung bei einer Aufwärtsbewegung.

18. Rohstoff-Zertifikate

Mit der Jahrtausendwende begann ein beispielloser Boom der Rohstoffmärkte, der zu einem drastischen Anstieg der Rohölpreise führte. Aber auch andere Rohstoffe zogen an und wurden für viele Anleger interessant. Galten in den achtziger und neunziger Jahren Rohstoffe als langweilig und als Underperformer, wurden sie nun von den Banken neu entdeckt.

Mit dieser Euphorie an den Rohstoffmärkten wurde eine Vielzahl von speziellen Rohstoff-Zertifikaten emittiert, die alle Bereiche abdecken und dem Anleger eine Investition in die unterschiedlichsten Rohstoffe ermöglichen. Es gibt aber einige wichtige Unterschiede zwischen Rohstoffinvestments und Aktienengagements. Wenn Sie eine Aktie kaufen, werden Sie Miteigentümer eines Unternehmens. Etliche Anleger machen sich diese Tatsache nicht wirklich bewusst: Wenn Sie eine Aktie erwerben, ist dies nicht nur ein Stück Papier oder eine Zahl, die auf Ihrem Monitor erscheint, sondern Sie sind Eigentümer eines Unternehmens geworden. Wenn Sie sich diese Tatsache bewusst machen, werden Sie auch sehr viel sorgfältiger bei der Aktienauswahl vorgehen. Möchten Sie denn ein marodes Stahlunternehmen wirklich Ihr Eigentum nennen? Sie kaufen nicht ein Stück Papier, das Sie in zwei Wochen wieder abstoßen, sondern Sie sind letztlich Miteigentümer eines Unternehmens. Sie sollten daher genau überlegen, welches Unternehmen zu Ihnen passt und ob Sie sich damit identifizieren können.

Bei Rohstoff-Zertifikaten verhält es sich etwas anders: Sie beziehen sich auf keine Einzelaktien oder eine Auswahl von Aktien, sondern auf den eigentlichen Rohstoff. Während Aktienkurse meist von komplexen Faktoren – es können Millionen von Einflüssen sein – bestimmt werden, findet man bei Rohstoffen stets einige Hauptfaktoren, die den Preis eines Rohstoffes ansteigen oder fallen lassen können. Wenn beispielsweise im Golf von Mexiko ein Hurrikan beträchtliche Verwüstungen anrichtet und Ölplattformen beschädigt, bewirkt diese Naturkatastrophe einen Anstieg der Erdölpreise. Ähnliche Auswirkungen haben Unruhen im Nahen Osten, fehlgeschlagene Explorationen an der Westküste Afrikas oder Streiks in Venezuela. Anders als bei Aktien, bei denen so viele Faktoren einwirken, dass sie niemals gänzlich erfasst werden können, erkennt man bei Rohstoffen meist die wichtigeren Einflussfaktoren, die den Preis nachhaltig determinieren.

Wenn in Kalifornien oder anderswo ein starker Frost die Orangenernte gefährdet oder die Kaffeeernte in Brasilien schlechter ausfällt, dann wirkt sich dies unmittelbar auf den Rohstoff aus. Der Kurs einer Aktie wie *IBM* richtet sich hingegen nicht nur nach der Gewinnentwicklung, der Wettbewerbs- und Innovationsfähigkeit, nach Marktexpansion, dem branchenspezifischen Marktpotenzial, dem Umfeld, den Meinungen der Analysten und der technischen Verfassung der Börse, sondern auch nach dem Konjunkturzyklus und einer ganzen Reihe anderer Einflussgrößen, die häufig nicht einmal aufgelistet werden können.

Rohstoffbörse	Gehandelte Rohstoffe	Internetadresse
Chicago Board of Trade (CBOT)	Mais, Sojabohnen, Reis, Ölsaaten	www.cbot.com
Chicago Mercantile Exchange (CME)	Tierische Rohstoffe, Mais, Sojabohnen, Weizen	www.cme.com
Kansas City Board of Trade (KC)	Weizen	www.kcbot.com
New York Board of Trade (NYBOT)	Baumwolle (NYCE), Kaffee, Zucker, Kakao (CSCE)	www.nyce.com www.csce.com
New York Mercantile Exchange (NYMEX)	Öl, Ergas, Energieträger, Edel-, Industriemetalle	www.nymex.com www.comex.com
London International Petroleum Exchange (IPE)	Öl, andere Energieträger	www.theipe.com
London International Financial Futures Exchange (LIFFE)	Kakao, Kaffee, Zucker, Weizen	www.liffe.com
London Metal Exchange (LME)	Industriemetalle	www.lme.co.uk

Tab. 90: Rohstoffbörsen weltweit

Der Preis eines Rohstoffes lässt sich auf die simple Gegenüberstellung von Angebot und Nachfrage zurückführen. Wird ein Rohstoff wegen einer Missernte, Unruhen, Streiks oder wetterbedingten Katastrophen knapp, dann steigen die Preise. Was sich einfach nachvollziehen lässt, ist in der Realität kompliziert. Häufig ist weder das weltweite Angebot exakt zu beziffern, noch kennt man die genaue Nachfrage.

Bislang wurden Rohstoffe eher skeptisch beurteilt. Das hat folgende Gründe: Wenn Sie Geld in einen Rohstoff investieren, investieren Sie nicht in produktives Kapital. Eine Aktie wie *IBM*, *SAP* oder *Schering* zu kaufen bedeutet, dass Sie ein Unternehmen haben, das über Immobilien, Geräte, Maschinen und Einrichtungen verfügt, ein Unternehmen, in dem Tausende von hoch qualifizierten Menschen täglich mehr als acht Stunden arbeiten, forschen und neue Produkte und Dienstleistungen entwickeln.

Ein Rohstoff hingegen ist nur ein Stück Materie oder ein Ding, dessen Preis letztlich davon abhängt, wie viel verfügbar ist und wie viele Menschen es kaufen wollen. Ein Biotechnologieunternehmen, das ein neues, bahnbrechendes Medikament entwickelt, kann seinen Aktienkurs verzehnfachen, was in der Praxis jedoch selten vorkommt. Ein Rohstoff wie Erdöl kann sich nicht innerhalb weniger Tage oder Wochen in seinem Preis verzehnfachen; dies würde vermutlich den Zusammenbruch der Weltwirtschaft bedeuten. Selbst über einen Zeitraum von vielen Jahren können die Preise von Agrargütern wie Weizen, Kaffee oder Kakao sich keineswegs ohne weiteres vervielfachen. Ein starker Anstieg trifft man natürlich bei Rohstoffen auch an, aber im Vergleich zu dem Potenzial, das Aktien haben, ist der Anstieg in den letzten Jahrzehnten eher moderat verlaufen. Nur wirklich extrem knappe Rohstoffe können sich enorm verteuern – deren Kurs kann dann regelrecht explodieren.

18.1 Indizes auf Rohstoffe

Rohstoffindex	Merkmale
Reuters – CRB Futures Price Index	17 Rohstoffe, alle gleichgewichtet mit 5,875 %
Dow Jones AIG Commodity Index	20 Rohstoffe, Erdgas und Rohöl haben jeweils einen Anteil von 12,28 %; Entwicklung hängt von der Marktpreis-gewichtung ab
Goldman Sachs Commodity Index (GSCI)	24 Rohstoffe, Gewichtung richtet sich nach dem weltweiten Produktionsvolumen, Energieträger machen fast 75 % aus
Rogers International Commodities Index RICI)	35 Rohstoffe, Gewichtung nach Bedeutung für den Welthandel und nach den Börsenumsätzen; Rohöl macht mehr als ein Drittel aus.
DB Liquid Commodity Mean Reversion Index (DBLCI)	Der von der Deutschen Bank entwickelte Index beschränkt sich auf die 6 meistgehandelten Rohstoffe: Rohöl, Heizöl, Aluminium, Gold, Mais und Weizen. Es erfolgt eine Veränderung der Gewichtung, wenn die Preise einzelner Rohstoffe über dem Zwölf-Monats-Durchschnitt liegen.

Tab. 91: Rohstoffindizes

Wenn Sie ein Indexzertifikat auf Rohstoffe kaufen möchten, sollten Sie sich vorher überlegen, welcher Index am geeignetsten ist. Obwohl der CRB-Index von *Reuters* in vielen Fachpublikationen börsentäglich veröffentlicht wird, ist er für ein Investment am wenigsten geeignet. Im CRB-Index werden 17 Rohstoffe zusammengefasst und gleich gewichtet. Besonders problematisch ist hierbei, dass die Rohstoffe alle den gleichen Anteil am Index haben, obwohl Orangensaft im Welthandel sicherlich nicht die gleiche Bedeutung besitzt wie Rohöl oder Erdgas. Der Dow Jones AIG Commodity Index hat den Nachteil, dass sich die Gewichtung an der Marktpreisentwicklung orientiert. Bei Aktienindizes ist dies eine Form einer Indexberechnung. Bei Rohstoffen kann es zu Verzerrungen kommen; denn ein Rohstoff, dessen Preis erheblich ansteigt, wird damit automatisch zu einem Schwergewicht im Index. Sinnvoller könnte die Bedeutung im Welthandel und das weltweite Produktionsvolumen anstelle eines rein quantitativen Kriteriums sein.

Resümierend kann man sagen, der Dow Jones AIG Commodity Index partizipiert stärker an der aktuellen Wertentwicklung der Rohstoffe, da stark steigende Commodities ein höheres Gewicht erhalten. Die beiden anderen Indizes (Goldman Sachs Commodity Index, RICI) akzentuieren eher die Bedeutung einzelner Rohstoffe für den Welthandel und das internationale Produktionsvolumen, so dass sie aktuelle Entwicklungen und die zukünftige Wertentwicklung eines wichtiger werdenden Rohstoffes besser antizipieren. Am intelligentesten ist der DBLCI der *Deutschen Bank*, da er die Gewichtung der einzelnen Rohstoffe flexibel reguliert. Sobald nämlich der Zwölf-Monats-Durchschnitt eines Rohstoffs mehr als fünf Prozent vom Fünf-Jahres-Durchschnitt abweicht, wird eine Anpassung vorgenommen. Ist der Rohstoffpreis überdurchschnittlich angestiegen, wird die Gewichtung verringert. Dadurch können Preisstürze leicht abgefangen werden.

18.2 Rohstoffe als Investments

Das Beispiel Gold zeigt, dass Rohstoffe lange Zeit als langweilige und eher verlustreiche Investments galten. Die Wahrscheinlichkeit, dass sich Rohstoffe innerhalb kurzer Zeit vervielfachen, ist gering, denn eine solch deutliche Knappheit eines Rohstoffs bahnt sich immer langfristig an. Ob das 21. Jahrhundert das viel beschworene Jahrhundert der Rohstoffe wird, lässt sich jetzt noch nicht eindeutig prognostizieren. Sicher ist, dass Rohstoffe wie Erdöl auf absehbare Zeit knapper werden. Politische Unruhen und andere Unwägbarkeiten können so zu weiteren Preissteigerungen führen.

Sie sollten sich dennoch bewusst machen, dass Rohstoffe anders als Aktien eigene Zyklen haben und dass deren Verlauf nicht oder nur schwer vorherzusagen ist. Während der Kurs eines Unternehmens langfristig nach oben tendiert, wenn dieses wettbewerbsfähig ist und Gewinne erwirtschaftet, können Rohstoffe auch eine jahre-lange oder gar jahrzehntelange Baisse durchlaufen. Rohstoffe eig-nen sich deshalb nur als Depotbeimischung, um die Diversifikation zu erhöhen.

Rohstoff-Zertifikate gibt es in den unterschiedlichsten Varianten: Manche Zertifikate setzen nur auf einen einzigen Rohstoff, während andere an einen Rohstoffindex anknüpfen.

Es gibt die folgenden Rohstoffe als einzelne Zertifikate für Metal-le und Erdöl:

- Aluminium, Blei, Brent Oil, Gold
- Kupfer, Nickel, Palladium, Platin, Silber, Zink

Auch Agrarprodukte wie Orangensaft, Weizen, Kaffee, Kakao, Zucker und Schweinebäuche werden durch einzelne Zertifikate ab-gebildet. Im Bereich Erdöl werden zusätzlich verschiedene Verar-beitungsstufen oder Börsen unterschieden: Brent Oil, Heizöl und andere. Auch ein spezielles Zertifikat für Erdgas ist erhältlich.

Darüber hinaus werden indexbasierte Rohstoffzertifikate angebo-ten, die dem Anleger eine breitere Streuung über eine breite Palette von Rohstoffklassen gestatten. Neben globalen Rohstoffindizes wie den GSCI werden auch Indizes entworfen, die sich auf Unterklas-sen beziehen (Agrarprodukte, Edelmetalle, Industriemetalle).

Zertifikat	Laufzeit	ISIN
Goldman Sachs Commodity Index (GSCI)	Open end	NL0000329159
GSCI Agrarprodukte	Open end	DE000GS3Y809
GSCI Edelmetalle	Open end	DE000GS3Y858
GSCI Industriemetalle	Open end	DE000GS3Y825

Tab. 92: Beispiele für indexbasierte Rohstoffzertifikate

In dem Rohstoffindex GSCI machen Rohstoffe der Energiewirt-schaft 74,27 Prozent aus, Industriemetalle liegen bei 6,64 Prozent, Edelmetalle sind mit 2,11 Prozent gewichtet, die Landwirtschaft ist mit 11,07 Prozent und die Viehwirtschaft mit 5,92 Prozent vertreten.

18.3 Erdöl als wichtiger Rohstoff

Das Erdöl spielt zurzeit bei fast allen Indizes eine dominierende Rolle. Er ist der in allen Volkswirtschaften mit Abstand wichtigste Rohstoff. Erdöl ist sowohl beim Transport als auch bei Herstellung chemischer Produkte wie Kunststoffe unverzichtbar. Allein die USA verbrauchen pro Tag 20 Millionen Barrel Erdöl. China nimmt beim Erdölverbrauch weltweit den Platz 2 ein. In diesem Zusammenhang sollte man die historische Entwicklung des Erdölpreises betrachten. Der Preis des Erdöls stieg insbesondere in den siebziger Jahren drastisch an, als die OPEC-Staaten aus politischen Gründen die Preise erhöhten und teilweise ein Öl-Embargo gegen den Westen verhängten. Die nachfolgenden Preissteigerungen waren allesamt vorwiegend politisch motiviert durch die Entwicklungen im Iran und durch die Golfkriege.

Ein Drittel der weltweiten Erdölproduktion stammt aus dem Nahen Osten, während aus den USA, Kanada und Mexiko nur 20 Prozent kommen. Der Anteil der Länder der ehemaligen Sowjetunion beläuft sich auf 14 Prozent. Die OPEC-Länder haben am Weltölmarkt einen Anteil von 40 Prozent. Die noch vorhandenen Erdölreserven liegen größtenteils im Nahen Osten, wobei allein Saudi-Arabien einen Anteil von 22,9 Prozent hat, was einer Fördermenge von 263 Milliarden Barrel Erdöl entspricht.

Inzwischen zeigt sich, dass die Förderhöchstmengen vermutlich erreicht sind und die Preisentwicklung nach der Jahrtausendwende vor allem auf ein knappes Angebot, unzureichende Raffineriekapazitäten und eine steigende Nachfrage, die vor allem von China ausgeht, stößt. Seit mehr als 35 Jahren wurden weltweit keine großen, bedeutenden Erdölvorkommen entdeckt. Viele der ergiebigen und riesigen Erdölfelder sind mehr als ein halbes Jahrhundert alt. Die Förderhöchstquote wurde in den USA bereits Anfang der siebziger Jahre überschritten. Seit dem sind die Vereinigten Staaten zunehmend auf Erdölimporte angewiesen. Auch in der Nordsee ist die Höchstfördermenge im Jahre 1999 erreicht worden, so dass nun die Vorkommen allmählich zurückgehen. Die meisten Ölförderländer zählen zu den politisch eher instabilen Ländern wie Algerien, Indonesien, Iran, Irak, Kuwait, Libyen, Nigeria, Saudi-Arabien und

Venezuela. Zuverlässige Schätzungen und Expertisen über die noch vorhandenen Erdölreserven sind nicht vorhanden; denn diese Länder vermeiden es, exakte Daten zu liefern; dadurch haben sie in der OPEC größeren Verhandlungsspielraum bei der Festlegung von Förderquoten.

Ein weiteres Problem bei der Bewertung des Ölpreises ergibt sich aus den mangelnden Raffineriekapazitäten. In den USA wurden seit Mitte der siebziger Jahre keine neuen Ölraffinerien mehr gebaut. Der starke Anstieg der Ölnachfrage – vor allem durch Schwellenländer wie China und Indien – stößt auf begrenzte Raffineriekapazitäten, was den Preis des schwarzen Goldes zusätzlich nach oben treibt. Langfristig wird der Ölpreis infolge der herrschenden Knappheit auf konstant hohem Niveau verharren oder weiter ansteigen.

18.4 Zertifikate auf Erdöl

Im Jahre 2005 stiegen die Rohölpreise um mehr als 40 Prozent, was auch eine Hausse der Ölaktien auslöste. Die Banken haben daher eine ganze Reihe von neuen Zertifikaten aufgelegt, um der steigenden Nachfrage nach diesen Wertpapieren gerecht zu werden.

Beim Erdöl haben Sie eine große Auswahl an speziellen Zertifikaten. Man kann folgende Kategorien unterscheiden:

• Rohstoffzertifikate auf Erdöl
• Branchenzertifikate auf Ölaktien und die Ölindustrie
• Aktienzertifikate auf einzelne Ölunternehmen

Rohstoffzertifikate auf Erdöl gibt es in verschiedenen Formen, je nach dem, ob es sich um ein Erdölprodukt oder verschiedene Verarbeitungsstufen handelt. Am gängigsten ist die in Europa gehandelte Sorte Brent aus der Nordsee.

Basis-wert	ISIN	Emissions-bank	Spread	Lauf-zeit	Ge-bühr	Div.	Bezugs-verhältnis	Quanto
Brent Crude Oil	DE000GS0CC08	Goldman Sachs	0,18 %	Open end	–	Nein	1:1	Nein
Brent Crude Oil	NL0000407625	ABN	0,19 %	Open end	Var.	Nein	1:1	Ja

Tab. 93: Zertifikate auf Erdöl

Erdöl der Sorte Brent, die aus der Nordsee stammt, wird an der in London ansässigen Rohstoffbörse *International Petroleum Exchange* (*IPE*) in Form von Optionen und Futures gehandelt. Auch an der *New York Mercantile Exchange* wird Öl in Form von Optionen und Futures gehandelt. Neben diesen Terminbörsen gibt es noch so genannte Spot-Märkte in Rotterdam und New York, an denen Erdöl in physischer Form Cash verfügbar ist.

Neben der europäischen Marke Brent spielt auch die in den USA gängige Sorte WTI (West Texas Intermediate) eine große Rolle. WTI verläuft in der Preisentwicklung parallel zum europäischen Brent, jedoch sind die Preise des WTI meist zwei Dollar höher, was daran liegt, dass dieses höherwertige Erdöl weniger Schwefel enthält und mit höheren Transportkosten verbunden ist.

Rohstoffzertifikate auf Erdöl beziehen sich meistens nicht unmittelbar auf den Preis des Erdöls, sondern auf Terminkontrakte, die an Börsen gehandelt werden. Diese Kontrakte oder Futures müssen vierteljährlich erneuert werden, da ihre Laufzeit nur drei Monate beträgt. Der Kontraktzyklus umfasst die Monate März, Juni, September und Dezember. Am Ende eines Kontrakts schließt die Emissionsbank einen neuen Kontrakt ab, damit das Rohstoffzertifikat die laufende Wertentwicklung des Erdöls widerspiegelt. Beim Abschluss eines neuen Kontrakts kann es Wertunterschiede geben; man bezeichnet das als Roll-over-Effekt. Die Roll-over-Ratio gibt an, in welchem Umfang der Kontrakt an der Wertentwicklung des zugrunde liegenden Rohstoffes partizipiert.

Die in London ansässige Futurebörse für Erdöl, die *International Petroleum Exchange* (*IPE*), handelt von 9.00 bis 20.00 Uhr. Der Futures-Kontrakt auf Brent Crude Oil bildet die Wertentwicklung von 1000 Fässern (Barrel) Nordseeöl ab. Da Erdölkontrakte stets in US-Dollar abgerechnet werden, bieten einige Banken auch Quanto-Zertifikate an, die währungsgesichert sind.

Branchenzertifikate auf Ölaktien und die Ölindustrie ermöglichen Ihnen eine breite Streuung innerhalb dieses Wirtschaftszweigs. Die größten und weltweit bedeutendsten Ölkonzerne sind im Amex Oil Index zusammengefasst.

Total	Kerr-McGee
Conoco Phillips	Occidental Petroleum
Amerada Hess	Royal Dutch Petroleum
Sunoco	Chevron Texaco
BP	Exxon Mobil

Tab. 94: Die zehn wichtigsten Ölunternehmen im Amex Oil Index

Wer nicht nur auf Ölkonzerne setzen will, hat auch die Möglichkeit, sich zu spezialisieren. Beispielsweise gibt es Ölexplorationsunternehmen, deren Aktienkurse zwar mit dem Ölpreis steigen, die aber oft eine Sonderentwicklung durchlaufen. Explorationsunternehmen bohren in verschiedenen Regionen der Welt nach Erdöl und versuchen, neue Ressourcen zu erschließen. Für Anleger können solche Aktien interessant sein, da ein neuer Ölfund meist zu einem stärkeren Anstieg des Aktienkurses führt. Ein wichtiger Index, der diese Ölexplorationsunternehmen beinhaltet, ist der S & P 500 Oil & Gas Drilling Index. Die zehn wichtigsten Unternehmen in diesem Index sind:

Transocean	Rowan
Nabors Industries	Pride International
Noble	Unit
ENSCO International	Helmerich & Payne
Patterson-UTI Energy	Atwood Oceanics

Tab. 95: Die zehn wichtigsten Unternehmen im S&P 500 Oil & Gas Drilling Index

Ein anderes wichtiges Segment in der Ölbranche sind die Ölraffinerien. Der S & P 500 Refining & Marketing Index deckt diesen Bereich ab.

Valero Energy	Ashland
Kinder Morgan	Overseas Shipholding Group
Williams Cos	Western Gas Resources
El Paso	Frontier Oil
Sunoco	

Tab. 96: Die wichtigsten Unternehmen im S&P 500 Refining & Marketing Index

Zertifikat	Laufzeit	ISIN
S&P 500 Oil & Gas Drilling	Open end	NL0000414001
S&P 500 Refining & Marketing	Open end	NL0000413995
Natural Gas	Open end	DE0006874811

Tab. 97: Zertifikate auf die Erdölindustrie und Erdgas als Rohstoff

Beachten Sie den Unterschied zwischen einem Investment in den Rohstoff (also einem Rohstoff-Future, der über ein Zertifikat abgebildet wird) und einem Investment in einer Rohstoffaktie oder eine Rohstoffbranche. Die beiden Zertifikate der *ABN Bank* S&P 500 Oil & Gas Drilling und S&P 500 Refining & Marketing sind Investitionen in eine spezielle Rohstoffbranche, nämlich in Erdöl- und Erdgasexplorationsunternehmen und Raffinerien. Um den Unterschied deutlich zu machen: Eine Investition in eine Aktie ist etwas anderes als in einen Rohstoff.

Aktiengesellschaften sind von einer Vielzahl von Faktoren abhängig wie der Unternehmenspolitik, Marketingstrategien, Formen der Organisation und anderen Einflussgrößen. Während beispielsweise ein Rohstoff bei einer Verknappung rapide ansteigen kann, ist es möglich, dass eine Rohstoffaktie in diesem Sektor plötzlich sinkt, da das Unternehmen vielleicht von Streiks, einer ungünstigen Steuergesetzgebung, Forderungsausfällen, Liquiditätskrisen und anderen Ereignissen heimgesucht wird. Veraltete Förderanlagen, mangelnde Wettbewerbsfähigkeit, hohe Personalnebenkosten und andere Faktoren können den Kurs einer Aktie drücken. Studien ergaben, dass eine Investition in Rohstoffaktien häufig schlechter abschneidet als das Direktinvestment in Rohstoffe. Andererseits können vor allem große Konzerne, die auch andere Dienstleistungen und Produkte anbieten, Verluste im Rohstoffbereich eher ausgleichen. Jedoch haben solche Mischkonglomerate unter Experten keinen guten Ruf, denn solche „Gemischtwarenläden" bringen nur eine unterdurchschnittliche Performance.

18.5 Das Gold

Der Anstieg der Goldpreise war letztlich eine Folge staatlicher Eingriffe und weniger durch die Knappheit des Edelmetalls verursacht. In den siebziger Jahren konnte man durch den Kauf von Gold oder Goldminenaktien außergewöhnlich reich und wohlhabend werden: Der Preis stieg von Anfang der siebziger Jahre, als eine Unze Gold (31 Gramm) zirka 40 US-Dollar kostete, auf über 800 US-Dollar im Jahre 1980. Goldminenaktien konnten sich im selben Zeitraum parallel zum Goldkurs vervielfachen. Diese gewaltige Preisexplosion beim Gold wurde aber nicht durch eine drastische Verknappung des Goldes ausgelöst, sondern durch eine staatliche Maßnahme.

Die Golddeckung wurde in den USA bereits 1792 vom Kongress beschlossen. Nach 1945 wurde, um die internationalen Währungen neu zu ordnen, das Währungssystem von *Bretton Woods* eingeführt. In diesem System hatten die wichtigsten Währungen der Welt eine feste Relation zum US-Dollar (so wurde in der Nachkriegszeit ein Dollar gegen 4,20 D-Mark getauscht). Die US-Regierung garantierte, dass jeder Dollar gegen eine bestimmte Menge Gold jederzeit eingelöst werden konnte. Durch diese Maßnahme wurde das Gold nicht wie ein Rohstoff behandelt, sondern in das Währungssystem eingebunden und künstlich niedrig gehalten. Als die US-Regierung infolge der fortschreitenden Zerrüttung der Staatsfinanzen durch den lang anhaltenden Vietnam-Krieg die Goldgarantie 1971 aufheben musste, da der Außenwert der amerikanischen Währung bröckelte, wurde das Gold von einem Instrument der Währungsabsicherung zum Rohstoff.

Als Gold wie jedes Gut weltweit frei gehandelt werden konnte und aus dem „Währungskorsett" befreit war, stieg es ein Jahrzehnt unaufhörlich bis zum Jahre 1980. Danach fiel das Edelmetall ständig, und in den neunziger Jahren pendelte es zwischen 250 und 450 US-Dollar je Unze. Gold wurde damit zu einem der schlechtesten Investments in den letzten Jahrzehnten des 20. Jahrhunderts. Nur Goldminenaktien, die noch von anderen Faktoren abhängig sind, konnten teilweise einen kurzen Boom verzeichnen, der aber schnell wieder abebbte.

Gold hat von allen Assetklassen seit dem Jahr 1980 die schlechteste Performance erwirtschaftet. Börsenexperten, die gerne apokalyptische Endzeitphantasien entwickeln und die düstersten Katastrophenszenarien ausmalen, beschreiben das gelbe Edelmetall oft als den letzten Hort der Sicherheit und empfehlen Anlegern und Investoren, sich physisches Gold in Form von Goldbarren oder -münzen zuzulegen, um für eine mögliche Weltkrise gewappnet zu sein. Ungeachtet solcher Kassandra-Rufe hat sich Gold als fragwürdiges Investment erwiesen; auch Goldminenaktien konnte nur zeitweise punkten. In den meisten Fällen verloren Anleger Geld, die auf das Edelmetall gesetzt hatten. Lediglich bei einigen exotischen Goldminenunternehmen, die im Explorationsgeschäft tätig sind und sich neue Goldfelder erschlossen haben, konnte gelegentlich eine größere Wertsteigerung erzielt werden. Solche Minen sind häufig in politisch und wirtschaftlich instabilen Ländern gelegen, und viele Minen waren bereits nach einigen Jahren erschöpft. Wenn der Goldpreis zu sehr sinkt, lohnt sich oft die weitere Goldförderung nicht.

Der größte Goldlieferant der Welt ist die Republik Südafrika, deren Goldanteil am weltweiten Handel 17,3 % im Jahre 2003 betrug. Das Förderland Australien steht mit 10,6 % an zweiter Stelle, gefolgt von den USA (10,2 %) und China (7,5 %). Der Aufwand für die Goldförderung nimmt seit etlichen Jahren zu. Bei älteren Minen mit geringerem Goldgehalt wird bei sinkenden Goldpreisen häufig eine sofortige Schließung veranlasst. Aus historischen Gründen lagern die Zentralbanken der einzelnen Länder große Mengen an Gold zur Währungssicherung. Weltweit schätzt man die Menge auf 32 000 Tonnen. Die noch im Boden vorhandenen Reserven beziffert man auf 100 000 Tonnen, von denen 50 Prozent in Südafrika vermutet werden. Noch nie in der Geschichte der Menschheit gab es so viel Gold wie heute.

Die *Federal Reserve Bank* (die Zentralbank der USA) hält davon zirka 26 %, die *Deutsche Bundesbank* 11 % und die *Banque de France* 9,7 %. Fast drei Viertel des verfügbaren Goldes werden in der Schmuckindustrie verarbeitet. Daneben spielt Gold auch in der Elektroindustrie sowie in der Zahnmedizin eine große Rolle. Nur 15 % der weltweiten Goldproduktion werden für Münzen und Barren verwendet. Seit vielen Jahren übersteigt die Nachfrage das Angebot, denn gerade in Asien ist Goldschmuck als Mitgift bei Hochzeiten sehr beliebt. Dass der Goldpreis trotz dieser enormen Nachfrage nicht explodiert ist, liegt daran, dass einige Notenbanken kontinuierlich in dosierten Mengen Gold verkaufen. Für viele klamme Volkswirtschaften ist der vorhandene Goldschatz der Zentralbank eine willkommene Möglichkeit, Haushaltsdefizite auszugleichen. Die Zentralbanken hüten sich aber, größere Mengen über den Weltmarkt zu verkaufen, da dies den Goldpreis beträchtlich sinken lassen würde. So ist der scheinbare Nachfrageüberhang keiner, wenn die hohen Goldreserven der Zentralbanken gegenübergestellt werden.

Gold wird weltweit an verschiedenen Börsen gehandelt: Neben der *New York Mercantile Exchange* (Abteilung *COMEX*), wo Futures und Optionen auf Gold angeboten werden, gibt es Futures an der *Chicago Board of Trade* (*CBOT*), an der *Tokyo Commodity Exchange*, der *Korea Futures Exchange* und an der brasilianischen *Bolsa de Mercadorias & Futuros*. Am *London Bullion Market* wird Gold auch Cash (d. h. ohne Terminmarkt) und in Form von Forwards gehandelt.

Anleger, die auf Gold setzen wollen, haben mehrere Möglichkeiten: Es gibt Zertifikate, die sich den eigentlichen Goldpreis beziehen. Die Wertentwicklung des jeweiligen Goldzertifikats entwickelt sich parallel (je nach Bezugsverhältnis) zu dem Preis, der für eine Unze Gold notiert wird.

Andere Zertifikate beruhen auf einem Index für Goldminenaktien oder einer Auswahl von einzelnen Goldminenaktien, die der Emittent zusammengestellt hat. Der wichtigste Goldminenaktienindex ist in den USA der Amex Gold Bugs Index, der auch unter dem *Reuters*-Kürzel „HUI" bekannt ist. Dieser enthält die wichtigsten amerikanischen Goldminenaktien, die „ungehedgt" sind. Unter Hedging versteht man in diesem Fall die Absicherung gegenüber Währungsschwankungen. Ungehedgte Goldminenunternehmen sind gegenüber Kursschwankungen des US-Dollars anfälliger; sie partizipieren aber umso stärker, wenn der Goldpreis auch nur geringfügig ansteigt. Gehedgte Goldminen indes sind resistenter und weniger volatil.

Newmont Mining	Randgold Resources
Gold Fields	Glamis Gold
Freeport-McMoRan Copper & Gold	Agnico-Eagle Mines
Coeur D'Alene Mines	Meridian Gold
Kinross Gold	Goldcorp

Tab. 98: Die Top Ten des Amex Gold Bugs Index

Im Folgenden erhalten Sie eine Übersicht über einige ausgewählte Zertifikate auf den Goldpreis, Goldminenindizes und Goldminenaktien:

Zertifikat	Laufzeit	ISIN
Gold (Quanto)	Open end	DE000A0AB842
Gold	Open end	DE0007223737
Amex Gold Bugs Index	Open end	DE0006874803
Top 10 Goldminen	15. 8. 08	DE0006793656

Tab. 99: Zertifikate auf Gold, Goldminen und Goldminenindizes

18.6 Silber

Das Edelmetall Silber wird überwiegend zusammen mit anderen Industriemetallen gefördert. Es ist gleichsam ein Nebenprodukt bei der Förderung von Kupfer, Blei und Zink. Die weltweite Minenproduktion liegt bei schätzungsweise 19000 Tonnen. Das wichtigste Förderland ist Mexiko mit einem Anteil von 14,8 Prozent, gefolgt von Peru, China und Australien. 25 Prozent des weltweiten Silberaufkommens stammen aus dem Recycling. Die Nachfrage nach Silber überstieg in den letzten Jahren das Angebot deutlich. Dennoch konnte der Silberpreis nicht so deutlich zulegen, da in der Industrie Silber bei einem hohen Preisanstieg durch andere Metalle wie Aluminium, Rhodium und Tantalum ersetzt werden kann.

42,7 Prozent der weltweiten Silberproduktion werden in der Industrie verarbeitet. Zu den Anwendungen gehören neben der Elektroindustrie auch die chemische und die pharmazeutische Industrie. Silber wird zunehmend in der Lebensmitteltechnik eingesetzt; denn silberbeschichtete Oberflächen sind antibakteriell. Mikroorganismen können auf einer Silberoberfläche nicht überleben.

An zweiter Stelle bei den Abnehmern steht die Schmuck- und Silberwarenindustrie, die 31,6 Prozent der Jahresproduktion verbraucht. Die Verbrauchsmenge ist relativ konstant, da Silberschmuck anders als Gold- oder Platinschmuck nur wenig Spielraum für Preisveränderungen bietet. An dritter Stelle im Silberverbrauch steht klassischerweise die Fototechnik, die bislang 22 Prozent der internationalen Silberproduktion für sich beansprucht. Angesichts der zunehmend weiten Verbreitung der Digitalfotografie sinkt der Silberverbrauch in der Fototechnik ständig. Nur 3,7 Prozent der Jahresproduktion werden für Münzen und Medaillen eingesetzt. Mexiko ist übrigens das einzige Land in der Welt, in dem noch echte Silbermünzen als Zahlungsmittel im Umlauf sind.

Silber wird an vier Börsen gehandelt: der *New York Mercantile Exchange* (Abteilung *COMEX*), der *Chicago Board of Trade* (*CBOT*), der *Tokyo Commodity Exchange* und am *London Bullion Market*, der als einzige Börse auf Cash-Positionen und Forwards spezialisiert ist.

Basis-wert	ISIN	Emissions-bank	Spread	Laufzeit	Ge-bühr	Div.	Bezugs-verhältnis	Quanto
Silber	DE000SG9F3R7	Société Gen.	0,33 %	Open end	Var.	Nein	1:1	Ja
Silber	DE000SG0AYH6	Société Gen.	0,26 %	Open end	–	Nein	1:1	nein

Tab. 100: Beispiele für Rohstoffzertifikate auf Silber

18.7 Platin

Bei den Rohstoffvorkommen ist Platin eines der Edelmetalle, die weltweit am meisten ungleich über die Kontinente verteilt sind. Über drei Viertel des verfügbaren Platins kommen aus der Republik Südafrika. Der so genannte *Bushfeld*-Komplex ist das größte bekannte Platinvorkommen der Welt, das auch Spitzenreiter bei der Förderung von Vanadium und Chrom ist. Die beiden größten Unternehmen, die Platin fördern, heißen *Anglo Platinum* und *Impala Platinum*. Der zweitwichtigste Förderer des kostbaren Edelmetalls ist Russland, dessen Marktanteil bei 16,8 Prozent liegt. Der Minenkonzern *Norilsk Nickel* ist dabei führend. Geringere Platinvorkommen finden sich auch in den USA und Kanada. Die Nachfrage nach Platin übersteigt seit mehreren Jahren das Angebot, was insbesondere auf die Automobilindustrie zurückzuführen ist. Ein Engpass konnte nur dadurch ausgeglichen werden, dass Russland größere Mengen Platin auf dem Weltmarkt verkaufte.

Mehr als 46 % der Jahresproduktion an Platin geht in die Automobilindustrie, wo Platin als Katalysator unverzichtbar ist. Nur bei Benzinmotoren ist als Ersatzmetall das etwas billigere Palladium in Verwendung. Bei Dieselmotoren gibt es für Platin als Katalysator zur Eindämmung von schädlichen Emissionen wie Kohlenmonoxid, Schwefelverbindungen und Stickoxiden keine Alternative.

Auch in der Schmuckindustrie wird Platin selten durch Palladium-Schmuck ersetzt, der sich nur in Asien durchsetzen konnte. Platin ist ähnlich wie das verwandte Iridium äußerst temperaturbeständig, deshalb wurde das in Paris aufbewahrte Urmeter, das als Muster für die Maßeinheit Meter dient, in einer Platin-Iridium-Legierung gegossen.

13 Prozent des Platins werden in der Computerindustrie für die Herstellung von Festplatten und für die Produktion von Glas eingesetzt. Eine drastisch steigende Nachfrage wird für den Sektor der Brennstoffzellen vorhergesagt, die das Edelmetall gleichfalls als Katalysator dringend benötigen. Während zurzeit der geschätzte Verbrauch nur bei geringfügigen 0,1 Prozent liegt, werden für das Jahr 2015 ein Anteil von 10 Prozent und damit eine Verhundertfachung des Verbrauchs vorhergesagt. Angesichts rapide steigender Rohölpreise und zunehmend schwindender Erdölreserven gewinnt die Suche nach alternativen Antriebsformen an Bedeutung. Brennstoffzellen ersetzen Erdöl durch Wasserstoff, so dass in Zukunft die Verwendung von Brennstoffzellen ein stärkeres Gewicht erhalten wird. Wasserstoff stellt kurzfristig kein Substitut für Erdöl dar, da die Produktionskosten vergleichsweise hoch sind. Insofern sollte man die Verbrauchsschätzungen für Platin relativieren.

Weiter steigende Platinpreise könnten indes durch die neuen Abgasnormen der EU eingeleitet werden. Am 1. Januar trat die Emissionsnorm *Euro IV* in Kraft, in den Jahren 2008, 2010 und 2011 folgen weitere verschärfte Abgasnormen. Die Nachfrage nach Platin könnte deshalb von 2,61 Millionen Unzen auf 5,31 Millionen Unzen ansteigen.

Platin wird an den Terminbörsen *New York Mercantile Exchange* (*COMEX*), der *Chicago Board of Trade* (*CBOT*) und an der *Tokyo Commodity Exchange* gehandelt. In London gibt es den *London Platin & Palladium Market*.

Basis-wert	ISIN	Emissions-bank	Spread	Laufzeit	Ge-bühr	Div.	Bezugs-verhältnis	Quanto
Platin	DE000SG9F3S5	Société Gen.	0,59 %	Open end	Var.	Nein	1:100	Ja
Platin	CH0020460538	UBS	0,35 %	Open end	–	Nein	1:100	Nein

Tab. 101: Beispiele für Rohstoffzertifikate auf Platin

18.8 Palladium

Palladium ist ein Edelmetall, von dem es relativ hohe Lagerbestände gibt. Es fällt als Nebenprodukt bei der Suche nach Industriemetallen ab, insbesondere bei der Förderung von Nickel. Die Lagerbestände erhöhten sich nach Schätzungen in den letzten Jahren um mehr als 150 Prozent. Zu den bedeutendsten Förderern gehören Russland, das fast 50 Prozent liefert, gefolgt von Südafrika mit einem Anteil von 35 Prozent und den USA.

66 Prozent des Palladiums werden für die Herstellung von Katalysatoren verwendet, wenngleich sich Palladium aufgrund des geringeren Wirkungsgrades für Dieselmotoren nur bedingt eignet. Palladium wird auch in der Elektrotechnik und in der Zahntechnik eingesetzt. Experten schätzen, dass im Jahre 2008 der Verbrauch an Palladium wieder ansteigen wird, denn dann tritt eine neue drastisch verschärfte Abgasnorm ein. Da Platin Abgase nur bis zu einer Maximaltemperatur von 650 Grad Celsius verbrennen kann, wird dann in den Autos vorwiegend Palladium eingesetzt werden, da es bis zu einer Temperatur von 950 Grad Celsius beständig ist.

Anleger, die auf Palladium setzen, sollten vorsichtig agieren. Früher verliefen die Wertentwicklungen von Platin und Palladium weitgehend parallel. Durch Spekulationen über Lieferschwierigkeiten in Russland begann nach der Jahrtausendwende eine Kursverdreifachung, die im Folgejahr schnell in sich zusammenbrach. Seitdem verlaufen die Preise von Platin und Palladium eher gegenläufig.

Basiswert	ISIN	Emissionsbank	Spread	Laufzeit	Gebühr	Div.	Bezugsverhältnis	Quanto
Palladium	DE0001042083	Deutsche Bank	0,28 %	Open end	–	Nein	1:10	Nein
Palladium	DE000A0AB859	ABN	1,27 %	Open end	Var.	Nein	1:10	Ja

Tab. 102: Beispiele für Rohstoffzertifikate auf Palladium

18.9 Aluminium

Weltweit werden schätzungsweise 28 Millionen Tonnen Aluminium hergestellt, das nach Eisen das wichtigste Industriemetall ist: als Marktführer gilt China, dicht gefolgt von Russland und den USA. Ein Viertel der Herstellungskosten für Aluminium, das aus Bauxit gewonnen wird, besteht aus Energiekosten, die enorm sein können. In Ländern wie Dubai, Bahrain und Iran werden die Produktionskapazitäten ausgebaut, da die energieintensive Produktionsweise in den Erdölförderländern ein Standortvorteil ist. Wegen der hohen Energiekosten korreliert der Preis von Aluminium mit dem Erdölpreis.

Aluminium ist der wichtigste Rohstoff in der Automobilindustrie. Mehr als ein Viertel der Jahresproduktion wird im Karosseriebau eingesetzt. Auch die Verpackungsindustrie und das Baugewerbe zählen zu den Hauptabnehmern. Die hervorragende Leitfähigkeit für Strom und die Korrosionsbeständigkeit machen Aluminium zum idealen Metall für Überlandleitungen. Neben den USA und Europa erhöht sich der Aluminiumverbrauch insbesondere in China, was vor allem auf den Bauboom zurückzuführen ist. Seit dem Jahr 2004 übersteigt die Nachfrage das weltweite Angebot an Aluminium.

Aluminium wird an der *London Metal Exchange* (*LME*), der *New York Mercantile Exchange* (Abteilung *COMEX*), an der *Shanghai Metal Exchange* und an der *Shanghai Futures Exchange* gehandelt. Schon die Tatsache, dass Aluminium in der größten chinesischen Boomtown gehandelt wird, unterstreicht die Bedeutung des Metalls für das Reich der Mitte.

Basis-wert	ISIN	Emissions-bank	Spread	Laufzeit	Ge-bühr	Div.	Bezugs-verhältnis	Quanto
Alumi-nium	NL0000212942	ABN	1,22 %	Open end	–	Nein	1:100	Nein
Alumi-nium	NL0000470011	ABN	1,53 %	Open end	Var.	Nein	1:100	Ja

Tab. 103: Beispiel für Rohstoffzertifikate auf Aluminium

18.10 Kupfer

Weltweit werden zirka 15 Millionen Tonnen Kupfer produziert; es ist das drittwichtigste Industriemetall. Der mit Abstand größte Produzent ist Chile, das mehr als ein Drittel des weltweiten Bedarfs deckt. Mit jeweils acht Prozent stehen Indonesien und die USA an zweiter bzw. dritter Stelle. Kupfer kann ohne Verluste jederzeit recycelt werden, daher stammen zehn Prozent der Jahresproduktion aus der Verwertung von kupferhaltigem Schrott. Die verbleibenden Ressourcen werden von Experten auf 2,3 Milliarden Tonnen geschätzt, von denen sich etwa ein Drittel unter dem Meeresboden befindet. Seit dem Jahr 2003 übersteigt die Nachfrage nach Kupfer das Angebot.

Drei Viertel der Kupferproduktion werden in der Elektrobranche eingesetzt, da Kupfer eine einzigartige Leitfähigkeit für Elektrizität besitzt. Eine häufige Verwendung für Kupfer sind auch Legierungen wie Messing und Bronze. Darüber hinaus gewinnt die Verwendung von Kupfer für bakterizide Materialien an Bedeutung. Mikroorganismen können auf einer Kupferoberfläche nicht überleben, so dass sich Kupfer insbesondere für Klimaanlagen, in denen sich Mikroben ansammeln können, eignet. Auch für Chips, Sonnenkollektoren und Hybridmotoren, die für den Elektroantrieb ausgestattet sind, ist Kupfer ein unersetzlicher Rohstoff.

Kupfer wird an der *London Metal Exchange* (*LME*), der *New York Mercantile Exchange* (Abteilung *COMEX*), an der *Shanghai Metal Exchange* und an der *Shanghai Futures Exchange* gehandelt.

Basis-wert	ISIN	Emissions-bank	Spread	Laufzeit	Ge-bühr	Div.	Bezugs-verhältnis	Quanto
Kupfer	NL0000212934	ABN	1,51 %	Open end	–	Nein	1:100	Nein
Kupfer	NL0000417129	ABN	1,49 %	Open end	Var.	Nein	1:100	Ja

Tab. 104: Beispiele für Rohstoffzertifikate auf Kupfer

18.11 Nickel

Die Nickelproduktion lag in den letzten Jahren bei zirka 1,2 Millionen Tonnen. Der weltgrößte Nickelhersteller ist *Norilsk Nickel*. Russland kommt auf einen Marktanteil von über 25 Prozent und gilt als der größte Nickelproduzent der Welt, gefolgt von den USA und Kanada. Die Produktionsmenge hat sich seit 1970 fast verdoppelt. Ein Fünftel der Nickelnachfrage wird durch das Recycling von Altmetall abgedeckt.

Zwei Drittel des geförderten Nickels werden in der Edelstahlherstellung verbraucht. Vor allem die Automobilindustrie benötigt Edelstahllegierungen mit Nickel. An zweiter Stelle steht die Bauindustrie, die diesen Spezialstahl vor allem für den Bau von Hochhäusern einsetzt. Insbesondere in China ist die Nachfrage nach Nickel aufgrund des vorherrschenden Baubooms beträchtlich angestiegen. Nickelstahl ist auch für Triebwerke von Flugzeugen und bei der Herstellung von Turbinenblättern unerlässlich. Da der Nickelpreis anzog, werden neue Verfahren für die Stahlherstellung entwickelt, die die Veredelung ohne Nickel ermöglichen.

Nickel wird an der *London Metal Exchange* (*LME*) und an der *Shanghai Metal Exchange* gehandelt.

Basis-wert	ISIN	Emissions-bank	Spread	Laufzeit	Ge-bühr	Div.	Bezugs-verhältnis	Quanto
Nickel	NL0000307882	ABN	1,50 %	Open end	–	Nein	1:100	Nein
Nickel	NL0000470409	ABN	1,50 %	Open end	Var.	Nein	1:100	Ja

Tab. 105: Beispiele für Rohstoffzertifikate auf Nickel

18.12 Zink

Zink steht in der Bedeutung bei den Industriemetallen an vierter Stelle. Die Zinkproduktion für die gesamte Welt liegt bei 10 Millionen Tonnen jährlich. China und Australien rechnen mit jeweils 20 Prozent Weltmarktanteil zu den größten Zinkproduzenten, gefolgt von Kanada und Peru. Bei steigenden Preisen kann die geförderte Menge innerhalb kurzer Zeit relativ schnell und stetig erhöht werden. Engpässe bei Zink treten nur dann auf, wenn die Schmelzereien mit der Verarbeitung nicht mehr nachkommen und eine hohe Kapazitätsauslastung haben. Man rechnet damit, dass die Fördermenge in Zukunft noch ansteigen wird.

Zink wird überwiegend als Korrosionsschutz für andere Metalle eingesetzt, beispielsweise werden Autokarosserien zum Schutz gegen Durchrostung vollständig verzinkt. Auch Zinklegierungen mit Kupfer (Messing), Aluminium und Magnesium sind im Alltag häufig anzutreffen. Die Hälfte der Weltproduktion an Zink wird für solche Legierungen eingesetzt. China, das selbst einer der größten Hersteller von Zink ist, importiert aufgrund der hohen Inlandsnachfrage inzwischen das Industriemetall.

Zink wird an der *London Metal Exchange* (*LME*) und an der *Shanghai Metal Exchange* gehandelt. Ein starker Preisanstieg ist nicht zu erwarten, da die Fördermenge jederzeit erhöht werden kann; außerdem kann Zink bei einem hohen Preisanstieg durch Aluminium und Kunststoff ersetzt werden.

Basis-wert	ISIN	Emissions-bank	Spread	Laufzeit	Ge-bühr	Div.	Bezugs-verhältnis	Quanto
Zink	NL0000307874	ABN	1,49 %	Open end	–	Nein	1:100	Nein
Zink	NL0000470045	ABN	1,50 %	Open end	Var.	Nein	1:100	Ja

Tab. 106: Beispiele für Rohstoffzertifikate auf Zink

18.13 Blei

Die Region Ozeanien, insbesondere Australien, ist bei der Bleiproduktion führend. Nordamerika und Asien halten jeweils ein Viertel an der Weltproduktion des unedlen Metalls. Die meisten

Schmelzereien befinden sich in den entwickelten Ländern, wobei die USA und China einen Anteil von über 20 Prozent besitzen. Deutschland ist an der Bleischmelzung mit meinem Marktanteil von über 6 Prozent vertreten. Wichtige Bleivorkommen befinden sich in Alaska, Australien, Kanada, China, Irland, Mexiko, Peru und Portugal. Pro Jahr werden zirka 6,7 Millionen Tonnen Blei auf dem Weltmarkt verkauft. Davon stammt die Hälfte aus dem Recycling.

Drei Viertel der Weltproduktion werden für Autobatterien verwendet. Weitere Bereiche, in denen Blei eine wichtige Rolle spielt, sind die Baubranche, die Munitionsherstellung, der Bau von Kraftstofftanks und Pipelines. Auch zur Abschirmung von radioaktiver Strahlung – beispielsweise in Form von Bleischürzen für Ärzte – wird Blei eingesetzt.

In der Förderung kommt Blei meist mit anderen Metallen wie Kupfer, Zink und Silber vor. Da Blei gesundheitsschädlich ist, wird der Verbrauch in der Industrie durch eine verschärfte Umweltschutzgesetzgebung eingedämmt. In Deutschland sind beispielsweise Bleirohre für Wasserleitungen seit 1970 verboten. Als Ersatzstoffe kommen Aluminium, Zinn, Eisen und Kunststoffe in Frage.

Blei wird an der *London Metal Exchange* (*LME*) und an der *Shanghai Metal Exchange* gehandelt.

Basis-wert	ISIN	Emissions-bank	Spread	Laufzeit	Ge-bühr	Div.	Bezugs-verhältnis	Quanto
Blei	NL0000307890	ABN	1,53 %	Open end	–	Nein	1:100	Nein
Blei	NL0000470060	ABN	1,49 %	Open end	Var.	Nein	1:100	Ja

Tab. 107: Beispiele für Rohstoffzertifikate auf Blei

18.14 Wasser als Rohstoff – das blaue Gold

Neben diesen klassischen Rohstoffen findet auch ein anderes Gut immer mehr Beachtung unter den Experten: Wasser. Wasser bedeckt rund 70 Prozent des Globus, und dennoch machen die Süßwasservorräte davon lediglich 3 Prozent aus. Als trinkbar wird ein Prozent der gesamten, auf der Erde verfügbaren Wassermenge eingestuft. In einem Jahrhundert hat sich die Weltbevölkerung fast explosionsartig verdreifacht, und der Wasserverbrauch stieg um das Siebenfache an. Die Vereinten Nationen prognostizieren, dass sich der Wasserverbrauch bis 2025 noch einmal um das Dreifache erhöhen wird. 92 Prozent der weltweiten Wasserversorgung werden staatlich organisiert. Es gibt aber eine zunehmende Tendenz zur Privatisierung der kommunalen Wasserversorgung. Aufgrund defizitärer öffentlicher Kassen werden immer mehr Gemeinden gezwungen sein, die Wasserversorgung zu veräußern und zu privatisieren. Die Weltbank in Washington schätzt, dass in den nächsten Jahren weltweit 600 Milliarden US-Dollar notwendig sind, um die Wasserversorgung sicher zu stellen.

Die Wachstumsraten im Wassersektor sind enorm, und man nimmt an, dass der Umsatz privater Wasserunternehmen bis zum Jahre 2010 um jährlich 15 Prozent auf 400 Milliarden US-Dollar ansteigen wird. In Europa liegt der Anteil der privatisierten Wasserversorgungen bereits bei 38 %. Der Anteil der privatisierten Unternehmen wird sich bis 2015 voraussichtlich verdoppeln. In den USA geht man davon aus, dass sich der Anteil der privaten Wasserversorger von 14 % bis zum Jahre 2015 auf 65 % erhöhen wird. Die ständig steigenden Umweltauflagen und die rigiden Qualitätsvorschriften, die ständig verschärft werden, erfordern weitere Milliardeninvestitionen. In den nächsten zwanzig Jahren wird man eine Billion US-Dollar investieren müssen, um das Wasserleitungsnetz zu sanieren und zu verbessern.

Die *ABN Amro Bank*, die ein spezielles Zertifikat für diesen Sektor herausgegeben hat, entwickelte auch einen eigenen Index. Zu Wasseraktien zählen Unternehmen, die in der Wasseraufbereitung, der Optimierung des Wassergebrauchs, in der Wasserversorgung oder im Bereich Getränke (Mineralwasser) tätig sind. Der neue Index, der laufend von S&P im Hinblick auf die Indexregeln überprüft wird, heißt S&P Custom/ABN AMRO Total Return Water Index – er besteht aus zehn Aktiengesellschaften, die gleich gewichtet sind. Zu diesen zehn Unternehmen zählen:

Companhia de Saneamento Basico do Estado de São Paulo	Kurita Water Industrie Ltd.
Suez	Geberit AG Reg.
Veolia Environment	Aguas de Barcelona Class A
Kelda Group Plc	Aqua America Inc.
Severn Trent Plc	Pentair Inc.

Tab. 108: Unternehmen im Bereich der Wasserversorgung und -aufbereitung

Auswahlkriterien für die Aufnahme von Aktien in diesen Index sind: Die Unternehmen müssen eine Börsenkapitalisierung von mindestens 500 Millionen US-Dollar haben. Kleine Unternehmen mit engen Märkten fallen dadurch weg, was die Volatilität, aber auch die Performancechancen reduziert. Es werden nur Aktien mit aufgenommen, die von 65 Prozent der Analysten positiv beurteilt werden. Als Mindestanzahl müssen 5 Analysten ein Urteil abgegeben haben. Die Unternehmen sollen überwiegend im Wassergeschäft tätig sein. Durch diese Regel verhindert man, dass Versorgungskonglomerate in den Wasserindex mit einbezogen werden, deren Kerngeschäft möglicherweise die Energieversorgung oder eine andere Branche ist. Die Prüfung, ob die Unternehmen diese Indexkriterien erfüllen, findet börsentäglich statt.

In einem Backtesting, d. h. einer hypothetischen Rückrechnung bis zum Januar 2003, entwickelte der S&P Custom/ABN AMRO Total Return Water Index eine Gesamtperformance von über hundert Prozent. Ob sich diese Entwicklung auch in der Zukunft fortsetzen wird, kann nicht prognostiziert werden

Zertifikat	Laufzeit	ISIN
Wasser Open end Zertifikat	Open end	NL0000023372
Wassertechnik-Active	9. 4. 08	DE0006962608

Tab. 109: Zertifikate auf Unternehmen der Wasservorsorgung und -aufbereitung

18.15 Risiken bei Rohstoffinvestments

Manche Experten glauben an einen Boom der Nichtedelmetalle, denn seit zwei Jahrzehnten wurden kaum noch neue Minen erschlossen. Metalle wie Aluminium, Eisenerz, Kupfer, aber auch andere Metalle wie Palladium, Blei und Silber sind in der industriellen Produktion sehr gefragt. Problematisch ist auch, dass es ähnlich wie beim Erdöl nur unzulängliche Weiterverarbeitungskapazitäten gibt. Denn infolge der jahrzehntelangen Rohstoffbaisse, die von 1982 bis 1999 dauerte, wurden etliche Unternehmen in diesem Sektor stillgelegt. Die meisten Explorationsprojekte der letzten Jahren bezogen sich auf die Goldförderung, während Industriemetalle vernachlässigt wurden. In den USA wurde die letzte Bleischmelzanlage 1969 errichtet.

Agrargüter eignen sich für ein Wertpapierdepot nur als Beimischung. Die Preisentwicklung dieser Rohstoffe ist schwankungsanfällig, deshalb sollte man bei Rohstoffen wie Orangensaft, Schweinefleisch, Kaffee oder Kakao Vorsicht walten lassen. Die Kurse dieser landwirtschaftlichen Produkte bewegen sich in einem Zyklus. Anleger, die Pech haben, können in einen Baissezyklus geraten und jahrelang Verluste einfahren.

Die achtziger und neunziger Jahre des 20. Jahrhunderts waren für Rohstoffanleger eine ungünstige Ära, da die meisten Rohstoffe auf Tiefststände sanken. Daher nehmen Rohstoffe inzwischen unter den Anlageklassen eher ein eine marginale Bedeutung ein, und viele Banken analysieren dieses Segment kaum noch. Da in Deutschland der Anlegerschutz unzureichend ist, sind auch viele Investoren durch Terminbörsengeschäfte zu Schaden gekommen. Obwohl Rohstoffe an sich nichts Anrüchiges sind, hat der gesamte Rohstoffsektor durch die Machenschaften von solch dubiosen Finanzdienstleistern gelitten.

Wenn Sie in Rohstoffe investieren wollen, sollten Sie auf jeden Fall nur einer seriösen Bank oder Ihrer eigenen Hausbank vertrauen. Termingeschäfte sollten Sie grundsätzlich nicht durchführen – das Verlustrisiko infolge der gigantischen Hebelwirkung ist beträchtlich. Durch die Nachschusspflicht können Sie innerhalb kürzester Zeit ruiniert sein.

Normale Rohstoffzertifikate ermöglichen es Ihnen, an der Wertentwicklung einzelner Rohstoffe oder Rohstoffklassen zu partizipieren. Da diese Zertifikate von seriösen Banken wie der *ABN Amro* herausgegeben werden, sind sie vertrauenswürdig. Bedenken Sie aber, dass Rohstoffe starke Schwankungen aufweisen können. Untersuchungen haben ergeben, dass Rohstoffe eine negative Korrelation zum Aktienmarkt haben. Das bedeutet: Wenn die Aktienmärkte boomen, fallen die Rohstoffmärkte. Ein Beispiel dafür ist die Jahrhunderthausse der Aktienmärkte zwischen 1982 und 2000. Diese Periode ist in der Börsengeschichte beispiellos, denn nie zuvor gab es einen so überwältigenden und steilen Kursanstieg. Im gleichen Zeitraum fielen Rohstoffe ins Bodenlose. Wer Gold im Jahre 1980 kaufte, als es seinen historischen Höchststand erreichte, machte fast zwei Jahrzehnte nur Verluste. Da die Megahausse der Aktien mit dem Zusammenbruch des Neuen Marktes und dem dramatischen Niedergang der Technologiewerte zu einem Ende kam, nehmen manche Experten nun an, dass auf die jahrzehntelange Baisse der Rohstoffe ein steiler Kursanstieg folgt. Bislang konnte vor allem Erdöl zulegen.

Ein historisches Beispiel für einen gewaltigen Anstieg von Rohstoffen sind die siebziger Jahre. In der Zeit zwischen 1969 und 1982 waren Aktien als Investments wenig gefragt. Im gesamten Zeitraum brachten Aktien nur eine bescheidene Performance. Der Index erhöhte sich in den dreizehn mageren Jahren kaum. In den siebziger Jahren erschienen Publikationen, die die Aktie bereits für tot erklärten. Auch von Anleihen profitierten die Anleger weniger, obwohl der Nominalzins zweistellige Zahlen erreichte. Die hohen, durch die Ölkrise bedingten Inflationsraten von zeitweise über 7 Prozent schmälerten den Realzins.

Zur gleichen Zeit, als der Aktien- und der Rentenmarkt für die Anleger immer uninteressanter wurde, boomten die Rohstoffmärkte. Der Kurs des Goldes erhöhte sich von 35 Dollar innerhalb eines Jahrzehnts auf 800 Dollar. Die beispiellose Entwicklung des Goldpreises ist aber für eine Analyse nicht repräsentativ, da Gold lange Zeit zur Währungsabsicherung diente und deshalb nicht frei auf den Weltmärkten gehandelt wurde. Der von den USA staatlich reglementierte Goldpreis (zeitweise war der Besitz von Gold in den Vereinigten Staaten bis Mitte der siebziger Jahre komplett verboten) spiegelt nicht die normale Wertentwicklung wider.

Ein anderes Beispiel ist deshalb illustrativer: Der Zuckerpreis stieg von 1,4 US-Cent pro Pfund im Jahre 1966 auf 66,5 Cent im Jahre 1974. Der Preis ist innerhalb von acht Jahren um fast das 48-fache angestiegen. Wenn Sie 1966 also 10 000 Euro in Zucker investiert hätten, hätten Sie im Jahr 1974 ein Vermögen von fast 480 000 Euro gehabt. Jedoch fiel der Zuckerpreis in den Folgejahren schlagartig auf unter 8 Cent. Danach erreichte der Zuckerpreis selten einen höheren Wert als 10 Cent. Die exotische Hausse des Zuckers gleicht eher einem kurzfristigen Peak, d. h. einem steilen Anstieg innerhalb kürzester Zeit.

An diesen beträchtlichen Schwankungen können Sie erkennen, dass Investitionen in Rohstoffe mit hohen Gefahren verbunden sind. Fairerweise muss man hinzufügen, dass auch Aktien im Technologiesektor eine solche Volatilität besitzen können.

18.16 Rohstoffe und Zertifikate

Zu den wichtigsten, an der Börse gehandelten Agrargütern gehören Kaffee, Kakao, Zucker, Orangensaft, Weizen, Rind- und Schweinefleisch, die gelegentlich auch als Soft Commodities bezeichnet werden.

Zertifikat	Laufzeit	ISIN
Baumwolle	Open end	NL0000420438
Kaffee	Open end	NL0000210920
Kakao	Open end	NL0000210946
Mais	Open end	NL0000420446
Orangensaft	Open end	NL0000308484
Sojabohnen	Open end	NL0000414019
Weizen	Open end	NL0000210912
Zucker	Open end	NL0000210938
Lebendrind	Open end	NL0000427201
Mageres Schwein	Open end	NL0000427219

Tab. 110: Zertifikate auf Soft Commodities

Zertifikate auf Rohstoffe beziehen sich nicht immer unmittelbar auf die spezifischen Rohstoffpreise, sondern auch auf die jeweiligen Terminkontrakte, die an der Börse gehandelt werden. Terminkontrakte müssen am Ende der Laufzeit aufgelöst und ausgeglichen werden, deshalb wandelt das entsprechende Rohstoffzertifikat den bestehenden Terminkontrakt in einen mit einer aktuelleren Laufzeit um, die in der Regel drei Monate beträgt. Dieser permanente Wechsel der Terminkontrakte, der erforderlich ist, um die Wertentwicklung eines Rohstoffes abzubilden, nennt man in der Fachsprache „Roll-over". Bei dem rollierenden Effekt, d. h. dem Übergang von einem Terminkontrakt zu einem mit einer neuen Laufzeit, kommt es zu Preisdifferenzen zwischen den Kontrakten; im Rohstoffzertifikat äußert sich dies darin, dass die Partizipationsraten schwanken. Die Partizipationsrate gibt an, zu wie viel Prozent das Rohstoffzertifikat an der Wertentwicklung des zugrunde liegenden Terminkontrakts teilhat. Ist der neue Terminkontrakt preislich höher eingestuft, dann sinkt die Partizipationsrate, die um die Marke von 100 Prozent schwankt.

Ein Beispiel: Wenn ein Kaffee-Terminkontrakt (Coffee-Future) im März bei 101,40 US-Cent notiert und der neue Kaffee-Terminkontrakt im Mai 103.40 US-Cent kostet, dann berechnet sich die zukünftige Partizipationsrate aus dem Quotienten der beiden Futures (101,40/103,40 = 98,01 %). Das Zertifikat bildet damit die Wertentwicklung des Kaffees mit einer Genauigkeit von 98,01 Prozent ab. Analog gilt das oben Beschriebene auch für die anderen Rohstoffe, d. h. die sonstigen Edel- und Nichtedelmetalle.

Zertifikat	Laufzeit	ISIN
Blei	Open end	NL0000307890
Kupfer	Open end	NL0000212934
Nickel	Open end	NL0000307882
Palladium	Open end	NL0000322808
Platin	Open end	NL0000255230
Silber	Open end	NL0000255248
Zink	Open end	NL0000307874

Tab. 111: Rohstoffzertifikate auf Nichtedelmetalle

Für einzelne Rohstoffe gibt es auch Baskets, die von den Banken zusammengestellt werden. Dabei richtet sich die Wertentwicklung des Zertifikats nicht nur nach dem zugrunde liegenden Rohstoff, sondern nach den einzelnen Rohstoffen in dieser Auswahl.

Zertifikat	Laufzeit	ISIN
Industrial Metals	Open end	NL0000307908
Silberminen (Quanto)	Open end	NL0000331445
Soft Commodity (Kaffee, Kakao, Orangensaft, Weizen, Zucker)	Open end	NL0000405850

Tab. 112: Zertifikate auf Rohstoffbaskets

19. Hebelzertifikate

Hebelzertifikate ermöglichen es dem Anleger, eine besonders hohe Wertentwicklung durch einen Hebel zu erreichen. Wenn beispielsweise eine Aktie um 20 Prozent zulegt, so wird durch ein Hebelzertifikat diese Performance vervielfacht. Es handelt sich um einen Kauf oder Verkauf eines Basiswerts zu einem von Vornherein festgelegten Preis, der Basis oder Basispreis genannt wird. Ein Optionsschein dagegen bezieht sich auf das Recht, einen Basiswert innerhalb der Laufzeit zu einem vorher vereinbarten Preis (Basispreis) zu kaufen (Call-Optionsschein) oder zu verkaufen (Put-Optionsschein).

Viele Hebelzertifikate – mit Ausnahme von so genannten Rolling Turbos – haben eine festgelegte Knock-out-Schwelle. Wenn das Underlying (also die zugrunde liegende Aktie oder der Index) diese Schwelle berührt oder durchbricht, dann verfällt das Knock-out-Papier als wertlos. Der maßgebliche Vorteil von Hebelzertifikaten oder Turbos, wie sie auch genannt werden, besteht in der enormen Hebelwirkung. Der Hebel beschreibt, um wie viel Prozent das Hebelzertifikat steigt oder fällt, wenn sich der zugrunde liegende Wert um ein Prozent verändert. Basiswerte können einzelne Aktien, Börsenindizes, Rohstoffe oder Devisen sein.

Ein entsprechendes Zertifikat kann aus den 20 Prozent Wertsteigerung einer Aktie 200 Prozent machen. Da viele Hebelzertifikate eine Untergrenze oder Schwelle haben, bei deren Überschreitung das Zertifikat verfällt, werden sie auch als Knock-out-Papiere bezeichnet. Es gibt eine Vielzahl unterschiedlich konstruierter Hebelzertifikate, die unter verschiedenen Namen und Bezeichnungen firmieren. Die Entstehungsgeschichte dieser neuartigen Wertpapiere liegt erst ein paar Jahre zurück.

19.1 Die Geschichte der Hebelzertifikate

Die ersten Hebelzertifikate wurden in Deutschland im Oktober 2001 von zwei Emissionshäusern herausgegeben: der *BNP Paribas* und der *ABN Amro Bank*. Die beiden Banken bezeichneten diese Finanzinnovation auf dem Kapitalmarkt als „Turbos" und als „Listed Stock Futures" (LSF). Bis dahin gab es hier zu Lande nur die Möglichkeit, über Optionsscheine eine Hebelwirkung zu erreichen. Hebelzertifikate haben gegenüber den klassischen Optionsscheinen den maßgeblichen Vorteil, dass der Hebel wesentlich stärker ausgeprägt ist. Seit dem Jahr 2001 ist das Angebot an Hebelzertifikaten stetig gestiegen. Für viele Anleger bot das Anlageinstrument erhebliche Vorteile. Im November 2002 gab die *ABN Amro* zum ersten Mal Knock-out-Papiere mit unbegrenzter Laufzeit heraus, die sie „Mini-Futures" nannte. Der Umsatz in Knockout-Papieren übertraf 2002 bereits den der Optionsscheine. Die nächste Innovation gab es im März 2004, als die *Commerzbank* als erster Emittent unbefristete Knock-out-Papiere auf den Markt brachte, bei denen die Basis und die Knock-out-Schwelle übereinstimmen. Diese wurden als „Best Unlimited" bezeichnet. Im September 2004 schließlich entschloss sich *Goldman Sachs* eine neue Variante von Hebelzertifikaten zu kreieren: die so genannten „Rolling Turbos", die sich von den anderen Hebelzertifikaten dadurch unterscheiden, dass es kein automatisches Knock-out-Ereignis mehr gibt. Der Anleger hat dadurch die Möglichkeit Investments unbefristet mit hohem Hebeleinsatz „laufen" zu lassen, ohne befürchten zu müssen, dass eine Knock-out-Schwelle berührt oder überschritten wird und so das gesamte eingesetzte Kapital verfällt. Nur bei starken, ungewöhnlich hohen Kursverlusten droht auch bei Rolling Turbos ein Knock-out.

19.2 Die verschiedenen Hebelzertifikate

Prinzipiell werden bei den Hebelzertifikaten zwei Hauptkategorien unterschieden. Es gibt Hebelzertifikate, bei denen die Basis (d. h. der festgelegte Kurs des zugrunde liegenden Wertes) mit der Knockout-Schwelle übereinstimmt, und solche, bei denen dies nicht der

Fall ist. Als zweites Unterscheidungskriterium kommt die Laufzeit hinzu.

Die Emissionsbanken haben eine Vielzahl von Fachbegriffen entwickelt, die die Kunden häufig verwirren und mehr dem Marketing der neuen Derivate dienen. Kurioserweise werden sogar für verschieden konstruierte Hebelzertifikate die gleichen Bezeichnungen verwendet. Eine solche inkonsequente und mehrdeutige Terminologie trägt dazu bei, dass Kunden ein Papier nicht richtig einschätzen können. Beim Kauf sollten Sie daher immer genau den Prospekt durchlesen und sich unter Umständen weitere Detailinformationen bei der Emissionsbank besorgen. Für etliche Anleger ist dieses Begriffsspiel ärgerlich, denn die Konstruktionsweise der Hebelzertifikate lässt sich stets auf die beiden Kriterien Laufzeit und das Verhältnis von Basis und Knock-out-Schwelle reduzieren.

Die erste Kategorie von Hebelzertifikaten sind jene, bei denen die Knock-out-Schwelle mit der Basis übereinstimmt. Das bedeutet: der Kurs, bei dem der Totalverlust einsetzt, ist mit dem Kurs, der für den Basiswert (beispielsweise eine Aktie oder einen Index) festgelegt wurde, identisch. Knock-out-Papiere, die zu dieser Kategorie gehören und in ihrer Laufzeit begrenzt sind, nennt man Turbos. Für den Fall, dass die Laufzeit unbegrenzt ist und das Papier unendlich läuft (Open-end-Zertifikat), haben die Emissionsbanken mehrere Begriffe geprägt. Solche unbefristeten Knock-out-Papiere, bei denen die Basis und die Knock-out-Schwelle auseinanderliegen, nennt man je nach Emittent Mini-Future, Turbo-Future, Turbo Unlimited und Wave XXL.

Bei der Namensgebung ließen sich die Emittenten weniger von der Systematik und dem Prinzip der Verständlichkeit inspirieren als von Marketing-Gesichtspunkten.

Die zweite Hauptkategorie von Hebelzertifikaten sind jene, bei denen die Knock-out-Schwelle und die Basis identisch sind. Papiere mit einer Laufzeitbegrenzung firmieren unter der Bezeichnung Turbo, Wave, Turbo-Classic und Knock-out-Optionsscheine. Besonders wenig hilfreich ist die Bezeichnung „Knock-out-Optionsscheine", da es sich hier keinesfalls um Optionsscheine handelt, sondern um Hebelzertifikate.

Hebelzertifikate, die unbefristet laufen und bei denen die Knock-out-Schwelle und die Basis gleich sind, nennt man „Best Unlimited".

Als dritte Hauptkategorie gibt es noch die Rolling Turbos, die sich grundsätzlich von den beiden anderen Hauptkategorien unterscheiden. Während die anderen Hauptarten stets Knock-out-Papiere sind, die bei der Berührung oder Unterschreitung der Schwelle als wertlos verfallen, zeichnen sich Rolling Turbos dadurch aus, dass sie eine modifizierte Knock-out-Schwelle haben, nur bei extremen Kursschwankungen verfallen und endlos laufen. Hebelzertifikate untergliedern sich daher in Knock-out-Papiere und Rolling Turbos.

Knock-out-Zertifikate				Zertifikate ohne Knock-out
Knock-out-Schwelle ungleich Basis		Knock-out-Schwelle gleich Basis		Keine Knock-out-Schwelle
befristet	unbefristet	befristet	unbefristet	Unbefristet
Turbo	Mini-Future, Turbo-Future, Turbo Unlimited, Wave XXL	Turbo, Wave Turbo-Classic, Knock-out-Optionsschein	Best Unlimited	Rolling Turbo

Tab. 113: Übersicht über die Hebelzertifikate

Die Finanzierung dieser Hebelzertifikate geschieht vonseiten der Bank über die Einbehaltung der ausgeschütteten Dividenden. Bei einem Papier, das auf steigende Kurse setzt (Bull- oder Call-Zertifikat) werden zusätzlich zu den Dividenden, die die Emissionsbank für sich verbucht, noch indirekte Zinsen fällig. Diese „Zinsen" werden als Gebühren von den Anlegern erhoben. Die Bezeichnung „Zinsen" ist insofern gerechtfertigt, als es sich um Finanzierungskosten handelt. Jedes Hebelzertifikat ist im Grunde der Kauf des Basiswerts mit Hilfe eines Kredites. Natürlich entsteht dabei kein realer Kreditvertrag; ein Hebelzertifikat ist aber so konstruiert, dass es dem Kauf von Wertpapieren auf Kredit in der Funktionsweise gleichkommt. Der umgekehrte Mechanismus tritt bei einem Bear- oder Put-Zertifikat ein. Mit diesen Hebelzertifikaten spekuliert man auf fallende Kurse des Basiswerts. In diesem Szenario werden die anfallenden „Zinsen" dem Kurs zugerechnet und die ausgeschütteten Dividenden abgezogen.

Die meisten Unterschiede zwischen den Hebelzertifikaten ergeben sich aus den verschiedenen Anrechnungsmethoden der Emissionsbanken. Bei Turbos mit begrenzter Laufzeit ist es üblich, die Erträge und die Finanzierungskosten als Aufgeld zu berechnen. Da die Laufzeit in diesem Fall nicht begrenzt ist, ist die Konstruktion mit dem Aufgeld die sinnvollste Lösung. Bei Knock-out-Papieren, die eine befristete Laufzeit haben, ist diese Vorgehensweise nicht praktikabel. In diesem Fall fällt nämlich der Preis, da die Finanzierungskosten laufend zu Buche schlagen.

19.3 Merkmale von Hebelzertifikaten

Mit geringem Kapitaleinsatz kann man überdurchschnittliche Gewinne erzielen, vorausgesetzt, man trifft die richtige Entscheidung und sagt die künftigen Börsenentwicklung einigermaßen sicher voraus.

Hebelzertifikate gibt es nicht nur auf Aktien und Indizes, sondern sie beziehen sich auch auf Devisen, Anleihen und Rohstoffe. In mehrfacher Hinsicht ähneln diese Papiere Futures, denn das Gewinn- und Verlustrisiko ist vergleichbar. Einziger Vorteil gegenüber den äußerst riskanten Termingeschäften besteht darin, dass bei Hebelzertifikaten keine Nachschusspflicht entsteht.

Doch diese Hebelzertifikate, die seit einigen Jahren massenhaft herausgegeben werden, bergen unübersehbare Gefahren. Stellen Sie sich vor, die Aktie fällt um 20 Prozent. In dieser Situation stürzt auch das Zertifikat ab, denn der Hebel wirkt auch nach unten. In unserem Beispiel würde das Zertifikat um 200 Prozent fallen. Glücklicherweise ist es bei Zertifikaten nicht möglich, dass sie in den negativen Bereich fallen. Sonst entstünde ähnlich wie den Futures an den Terminmärkten eine Nachschusspflicht des Anlegers, die zum kompletten Ruin führen kann.

An den Terminmärkten, die besonders gefährlich und ein Terrain hart gesottener Spekulanten sind, kann ein Anleger nicht nur sein eingesetztes Geld verlieren, sondern es kann sogar sein, dass er noch Geld nachzahlen muss. Viele Spekulanten haben bereits die drastische Dynamik eines solchen Hebels unterschätzt und waren am Ende komplett auf Lebenszeit ruiniert. Der Broker wird auf jeden Fall auf dem Nachschuss bestehen, wenn der Terminkontrakt unter einen bestimmten Wert sinkt.

19.4 Futures und Termingeschäfte

Die größte Terminbörse der Welt ist die *Chicago Board of Trade* (*CBOT*), die bereits im neunzehnten Jahrhundert gegründet wurde. An der *CBOT* (www.cbot.com) werden Mais, Sojabohnen, Reis und Ölsaaten gehandelt.

Neben der *CBOT* gibt es weitere Börsen wie die *Chicago Mercantile Exchange* (*CME*) und die *New York Mercantile Exchange* (*NYMEX*), an der Öl, Erdgas, andere Energieträger, Edel- und Industriemetalle gehandelt werden.

An diesen Börsen werden Futures oder Terminkontrakte gehandelt. Dieses Instrument wird Future genannt, weil die Lieferung des Rohstoffes oder eines Index in der Zukunft erfolgt. Gehandelt werden neben den gängigen Rohstoffen (Edelmetalle, Nichtedelmetalle, Agrargüter, Energieträger, Vieh) heutzutage in erster Linie Finanz- und andere Wertpapierkontrakte. Es sind häufig Regierungsanleihen und Indizes. Diese Kontrakte sind standardisiert. Jeder Kontrakt muss vor dem Ende der Laufzeit, die meist wenige Tage, Wochen oder Monate beträgt, glattgestellt oder liquidiert werden, sonst erfolgt die Lieferung der Ware. Es handelt sich also im klassischen Sinne um echte Warenbörsen, die aus der Notwendigkeit im 19. Jahrhundert entstanden sind, faire Preise für landwirtschaftliche Produkte zu ermitteln. Im 21. Jahrhundert hingegen dienen diese Börsen in erster Linie der Spekulation und teilweise den Unternehmen zur Absicherung eigener Warenbestände oder der Absicherung auf dem Beschaffungsmarkt.

Entgegen den Mutmaßungen der Globalisierungskritiker, die in diesen Terminmärkten das Herz eines ungezügelten, grenzenlosen Kapitalismus sehen, sind die Terminmärkte gerade für Unternehmen von großer Bedeutung. Es ist einem Unternehmen durch Futures möglich, die eigenen Produkte abzusichern. Nehmen wir als Beispiel *Nestlé*, das unter anderem Schokolade, Pralinen und andere Süßigkeiten in großen Mengen herstellt. Dafür benötigt das Unternehmen große Mengen an Kakao. Man schätzt, dass der weltweite Umsatz von Schokoladenprodukten bei mehr als 13 Milliarden US-Dollar liegt. Der Großteil des Kakaos wird in nur einem einzigen Land hergestellt: der Elfenbeinküste. Die meisten Leser werden Schwierigkeiten haben, dieses Land überhaupt auf einer Weltkarte zu finden, so wenig findet es Beachtung. Dennoch haben die häufigen Krisen und Unruhen, die das kleine afrikanische Land bisweilen an den Rand eines Bürgerkriegs manövrierten, erheblichen Einfluss auf den Preis des Kakaos.

Würde sich der Preis dieses Rohstoffs innerhalb weniger Wochen oder Monate verdoppeln, müsste Nestlé erhebliche Einbußen beim Gewinn hinnehmen oder gar die Preise für Schokolade, Pralinen, Süßigkeiten oder Kakaogetränke deutlich anheben. Eine Verdopplung des Schokoladenpreises würde wohl die Verbraucher ärgern und zu Umsatzrückgängen führen, zumal der Lebensmittelmarkt in Deutschland ohnehin durch geringe Gewinnmargen gekennzeichnet ist. Eine Lösung für dieses Problem stellt der Terminmarkt dar; das Unternehmen kann über eine Terminbörse Tonnen von Kakao zu einem festgelegten Preis kaufen. Dadurch wird die Absatzkalkulation und das Konstanthalten der Preise erst ermöglicht. Insofern hat die Terminbörse für viele Unternehmen eine sehr nützliche Funktion.

Der Hebel, der schon vielen Spekulanten zum Verhängnis geworden ist, kommt bei dem Handel an den Terminmärkten auf folgende Weise zustande: Ein Anleger, der einen Terminkontrakt kauft, braucht nicht den vollen Preis, sondern nur einen Teil zu zahlen. Den Rest erhält er von seinem Broker als Kredit. Nehmen wir ein konkretes Beispiel: Ein Anleger kauft einen Sojabohnen-Kontrakt. Alle Kontrakte an der Terminbörse sind gleichförmig, d. h. standardisiert. Ein Sojabohnen-Kontrakt besteht daher aus 5000 Scheffeln Sojabohnen. Nehmen wir an, der Liefertermin wäre August und der Preis für Sojabohnen liegt bei fünf Dollar je Scheffel. Ein Kontrakt mit standardmäßig 5000 Scheffeln würde also einen Gesamtwert von 25 000 US-Dollar haben. Der Broker verlangt nun von dem Anleger nicht, dass er 25 000 US-Dollar für den Kontrakt zahlt, sondern er muss nur einen geringeren Betrag anbezahlen oder einschießen. Der Fachbegriff für eine solche Anzahlung oder einen Einschuss ist Margin. Diese Mindesteinlage schwankt je nach Broker zwischen fünf und zehn Prozent. Die Terminbörse selbst verlangt auch eine Mindesteinlage, die aber meist nur bei zwei Prozent liegt, aber bei stark volatilen Märkten jederzeit durch die so genannte Clearingstelle erhöht werden kann.

Der Anleger zahlt also bei einem Margin (einer Mindesteinlage) von 5 Prozent statt 25 000 US-Dollar nur 1250 US-Dollar. Wenn nun der Preis eines Sojabohnen-Kontrakts um zehn Prozent ansteigt, dann kostet der Kontrakt 27 500 US-Dollar. Für den Anleger bedeutet dies einen Gewinn von 2500 US-Dollar (27 500 – 25 000). Der Anleger hat also am Ende ein Guthaben von 3750 US-Dollar (1250 + 2500). Er hat sein eingesetztes Kapital auf diese Weise verdreifacht, obwohl der Preis der Sojabohnen nur um zehn Prozent angestiegen ist.

Dieser Hebel kann aber auch nach unten wirken; wenn beispielsweise der Preis des Sojabohnen-Kontrakts nur um zehn Prozent fällt, ist das gesamte eingesetzte Kapital verloren. Fällt der Preis für Sojabohnen noch weiter, sagen wir um weitere zehn Prozent, wird der Broker sich sofort mit dem Anleger in Verbindung setzen und um Nachzahlung bitten – im Jargon nennt man das einen „Margin Call". Bei noch größeren Verlusten können gewaltige Nachzahlungen auf den Anleger zukommen, die ihn an den Rand des Ruins treiben.

Dies ist keine graue Theorie, sondern bittere Realität. Manche von Ihnen erinnern sich gewiss noch an *Nick Leeson*, jenen Banker, der Mitte der neunziger Jahre eine britische Bank durch gewagte Terminmarktspekulationen ruinierte. Während man im fernen London noch gemütlich die Teestunde zelebrierte, brach in Singapur das Desaster über die ahnungslose Bank herein. *Leeson* hatte die Verluste, die aus seinen Termingeschäften resultierten, auf einem illegalen Sonderkonto ausgelagert. Als die Verluste unüberschaubare Dimensionen erreichten und kaum noch zu verheimlichen waren, griff *Leeson* zu einer verzweifelten Maßnahme. In Japan war die

Stadt Kobe damals durch ein starkes Erdbeben schwer zerstört worden; *Leeson* setzte enorme Summen auf den voraussichtlichen Wiederaufbau. Doch der Markt enttäuschte: In Japan, das sich seit 1990 in einer schweren Rezession befand, fielen die Kurse, und *Leeson*, der die Hebelwirkung der Margins voll ausgereizt hatte, produzierte innerhalb kürzester Zeit Milliardenverluste, die das sofortige Ende der einst traditionsreichen Bank in London bedeuteten.

Diese enorme Hebelwirkung stellt immer eine große Gefahr dar, da der Hebel jederzeit auch nach unten wirken und den Anleger in einen finanziellen Abgrund reißen kann. Irrtümlicherweise glauben viele Anleger, die Rohstoffmärkte seien allein deshalb gefährlich. Das ist falsch, denn Rohstoffe sind genauso sicher oder unsicher wie Aktien oder Indizes. Studien haben eher gezeigt, dass Rohstoffe weniger volatil und schwankungsfällig sind als viele Aktienmärkte. Im Gegensatz zu Aktien können Rohstoffe auch niemals auf null fallen.

Die große Gefahr, die an den Terminmärkten entsteht, ist nicht durch die Rohstoffe bedingt, sondern durch den Kauf auf Kredit. In den USA müssen Anleger im Durchschnitt nur 5 Prozent als Mindesteinlage (Margin) hinterlegen. Wenn Sie einen Terminkontrakt auf Kakao im Wert von 100 000 US-Dollar mit nur 5000 US-Dollar anzahlen müssen, steigt natürlich das Risiko überproportional an. Mit den Rohstoffen hat dies aber nichts zu tun. Sie könnten genauso gut IBM-Aktien im Wert von 100 000 US-Dollar kaufen und nur 5000 US-Dollar überweisen und hätten das gleiche Phänomen.

Die gigantische Hebelwirkung entsteht einzig und allein durch den Kredit. Dass deshalb vor allem Rohstoffe ins Gerede gekommen sind, liegt daran, dass in den USA auf Aktienkäufe eine Mindesteinlage von 50 Prozent vorgeschrieben ist, während bei den Rohstoffen eine Mindesteinlage von 2 Prozent genügt.

Anleger, die Rohstoffe kaufen wollen, sollten daher darauf verzichten, sie auf Kredit zu kaufen. Schließlich kaufen Sie auch keine Aktien auf Kredit. In Deutschland sind die Gepflogenheiten ohnehin anders als in den Vereinigten Staaten. Der Kauf von Wertpapieren auf Kredit ist weniger weit verbreitet. Experten raten ohnehin ab, denn die Wertentwicklung an den Börsen ist nicht klar prognostizierbar. Wertpapiere auf Pump zu kaufen ist äußerst gefährlich.

Die meisten dieser Fälle enden früher oder später mit dem kompletten Ruin.

19.5 Die Funktionsweise von Hebelzertifikaten

Hebelzertifikate haben den Vorteil, dass sie selbst bei kleinen Anlagebeträgen hohe Gewinne und im Zweifelsfall ebenso hohe Verluste mit sich bringen. Auch bei geringfügigen Kursbewegungen profitieren die Anleger von der enormen Hebelwirkung, die die Kurse des Zertifikats nach oben treibt oder steil abstürzen lässt. Hebelzertifikate gibt es nicht nur auf Indizes, sondern auch auf einzelne Aktien, Währungen und Rohstoffe. Man unterscheidet zwischen Zertifikaten, die auf einen Aufwärtstrend setzen und damit auf steigende Kurse spekulieren. Solche Wertpapiere tragen den Zusatz Call, Long oder Bull. Ein Bull-Zertifikat auf den DAX ist also ein Zertifikat, das auf den Anstieg des DAX spekuliert. Das Gegenteil davon sind Zertifikate, die auf fallende Kurse setzen; solche Papiere nennt man Put, Short oder Bear. Häufig werden sie auch als Bear-Zertifikate bezeichnet.

Die hohe Hebelwirkung (der Leverage-Effekt) kommt bei solchen Turbo- oder Hebelzertifikaten durch folgenden Mechanismus zustande: Wenn beispielsweise ein DAX-Bull-Zertifikat einen Basispreis von 4000 hat und der DAX im Moment bei 4500 Punkten notiert, dann kostet das Hebelzertifikat 500 Punkte. Es bedeutet, dass der Emittent des Wertpapiers dem Anleger eine Art fiktiven Kredit auf 4000 Punkte gewährt, damit der Anleger den DAX für 4500 Punkte erwerben kann. Das Zertifikat hat einen Hebel von 9; diesen berechnet man, indem der aktuelle Stand des zugrunde liegenden Wertes – in diesem Fall 4500 Punkte beim DAX – durch die Differenz von aktuellem Stand und dem Basispreis (in diesem Fall 500 Punkte) dividiert wird.

Hebelzertifikate haben ein bestimmtes Bezugsverhältnis. Bei einem Bezugsverhältnis von 1 zu 100, dividiert man die 500 Punkte der Differenz durch 100 und kommt auf einen Preis von 5 €.

Hebelzertifikate haben gegenüber den herkömmlichen Optionsscheinen einige Vorteile für den Anleger. Während bei den Optionsscheinen der Hebel aufgrund verschiedener Faktoren laufend variieren kann, bleibt er bei den Hebelzertifikaten über die gesamte Laufzeit konstant. Anleger in Optionsscheinen haben häufig das Problem, dass ein vermeintlich lukratives Wertpapier nach einiger Zeit den Hebel abbaut und nur noch verhalten ansteigt. Auch sind Optionsscheine mit einer Vielzahl von Einflussgrößen oft schwer einzuschätzen. Insbesondere wenn Optionsscheine „aus dem Geld" (out of the money) sind, steigen die Kurse oft erst dann an, wenn das beträchtliche Agio abgebaut ist. So kann es einem Anleger passieren, dass der zugrunde liegende Basiswert seit Wochen und Monaten deutlich ansteigt, der Optionsschein sich aber kaum bewegt. Je teurer der Optionsschein gekauft wurde, d. h. je höher das Aufgeld beim Kauf war, desto länger dauert es, bis der zugrunde liegende Wert die Schwelle erreicht, an der auch der Optionsschein an der Performance teilhat. Bei Optionsscheinen, die weit aus dem Geld sind und nur eine kurze Laufzeit von wenigen Monaten haben, kann es sein, dass die Gewinnschwelle nie erreicht wird. Dann geschieht Folgendes: Auch wenn das Underlying (der zugrunde liegende Wert) eine gigantische Wertentwicklung entfaltet, reagiert der Optionsschein überhaupt nicht und verfällt schließlich am Ende der Laufzeit als wertlos. Zur gleichen Zeit kann der Hebel ständigen Schwankungen unterliegen.

Für Anleger sind daher Optionsscheine trotz der komplexen und ausgefeilten Analysemethoden, die in der Finanzmathematik entwickelt wurden, relativ intransparente Wertpapiere. Die Hebelzertifikate haben gegenüber den Optionsscheinen enorme Vorteile: Sie sind überschaubar strukturiert. Ihre Hebelwirkung bleibt stets konstant, und es gibt kein Aufgeld wie bei den Optionsscheinen. Das Hebelzertifikat partizipiert von Anfang an mit der vollen Hebelwirkung an der Performance des zugrunde liegenden Wertes. So ist es nicht verwunderlich, dass seit dem Jahre 2002 die Umsätze von Hebelprodukten über denen der herkömmlichen Optionsscheine liegen und weiter steigen. Im Jahre 2004 überschritten die Umsätze von Hebelzertifikaten die Marke von 6 Milliarden Euro, während die Optionsscheine nur einen Umsatz von 3 Milliarden Euro erreichten.

Bei einem Hebel von 9 würde das Hebelzertifikat um 90 Prozent ansteigen, wenn der DAX nur um 10 Prozent zulegt. Diese Hebelwirkung geht aber auch in die andere Richtung: Wenn der DAX um 10 Prozent fällt, was in stürmischen Börsenperioden sogar innerhalb von wenigen Tagen geschehen kann, dann stürzt das Hebelzertifikat um 90 Prozent ab.

Hebelzertifikate haben gegenüber Optionsscheinen einen entscheidenden Nachteil: Sie sind mit einer Knock-out-Schwelle ausgestattet. Wenn der zugrunde liegende Wert (beispielsweise der DAX oder ein anderer Index) die Knock-out-Schwelle auch nur berührt, bedeutet dies das sofortige Aus für das Hebelzertifikat. Wie ein Boxer im Ring, wird das Papier förmlich „ausgeknockt" – die Kursnotierung wird eingestellt, und der Anleger erleidet einen Totalverlust. Daher nennt man Hebelzertifikate auch Knock-out-Zertifikate.

Für die meisten Anleger sind diese Papiere grundsätzlich zu risikoreich; sie eignen sich keinesfalls für die Altersvorsorge. Generell sollten Privatanleger keine Knock-out-Papiere kaufen, denn schon innerhalb kürzester Zeit kann ein Totalverlust eintreten. Der Knock-out kann bereits lange vor dem Ende der Laufzeit eintreten. Anleger, die höhere Renditen erzielen wollen, sollten stattdessen auf Outperformance-Zertifikate setzen. Diese partizipieren auch überproportional an der Wertentwicklung, haben aber keine Knock-out-Schwelle. Leider ist der Hebel von Outperformance-Zertifikaten meist nur zwischen 120 und 200 Prozent angesiedelt, und auch die Auswahl ist gering.

Da die Hebelwirkung von Turbozertifikaten auf „fiktiven" Krediten beruht, werden die Anleger von den Banken an den Finanzierungskosten dieser Hebelpapiere indirekt beteiligt. Je nach Art der Finanzierung, die sich beim Anleger durch zusätzliche Gebühren bemerkbar macht, kann man verschiedene Typen von Hebelzertifikaten unterscheiden.

Stop-Loss-Hebelzertifikate

Die Knock-out-Schwelle hat hierbei die Funktion eines Stop-Loss, d. h. wenn die Knock-out-Schwelle erreicht ist, werden die Verluste begrenzt – es können keine weiteren Verluste mehr entstehen. Bei einem Call-Zertifikat, das – wie der Name bereits andeutet – auf steigende Kurse setzt, liegt die Knock-out-Schwelle geringfügig über der Stop-Loss-Marke. Bei einem Put-Zertifikat ist es umgekehrt, d. h. die Knock-out-Schwelle liegt unterhalb der Stop-Loss-Marke. Merken Sie sich am einfachsten: Dass sich bei Put- oder Bear-Zertifikaten alles umgekehrt verhält wie bei den Bull-Zertifikaten.

Die Differenz von Basis und aktuellem Kurs nennt man innerer Wert; die Banken schlagen die Finanzierungskosten für Stop-Loss-Hebelzertifikate auf den inneren Wert auf, wobei ausgeschüttete Dividenden angerechnet werden. Beim DAX erfolgt eine solche Anrechnung nicht, da es sich um einen Performanceindex handelt, bei dem die Dividendenausschüttungen unmittelbar die Wertentwicklung des DAX erhöhen. Die Finanzierungskosten werden folgendermaßen berechnet: Man multipliziert den Basiswert mit dem angenommenen Zinssatz und dividiert durch das Bezugsverhältnis. Wenn – wie in unserem Beispiel – der Basiswert eines DAX-Turbos bei 4000 Punkten liegt und der von der Emissionsbank verlangte Zinssatz 5 Prozent beträgt, dann ergeben sich Kosten von 2 Euro pro Jahr (4000 Punkte × 5 %: ein Bezugsverhältnis von 100), die auf den inneren Wert des Turbozertifikats aufgeschlagen werden. Der wirkliche Preis eines Turbozertifikats auf den DAX beträgt daher dann nicht 5 Euro, sondern 7 Euro (Preis des Turbozertifikats plus 2 Euro Finanzierungskosten). Dieses Aufgeld baut sich bis zum Laufzeitende des Hebelzertifikats kontinuierlich ab. Wenn der Knock-out-Fall eintritt, dann zahlt die Emissionsbank in den meisten Fällen das verbliebene Aufgeld an den Anleger zurück. Dies ist jedoch nicht immer gewährleistet und hängt von den jeweiligen Emissionsbedingungen ab, die im Prospekt des Hebelzertifikats festgehalten sind. Fällt der zugrunde liegende Wert innerhalb kürzester Zeit beträchtlich, kann sich die Bank weigern, diesen Restwert dem Anleger zu erstatten. Anleger sollten daher, um sich vor solch rasanten Kursstürzen zusätzlich zu schützen, frühzeitig ihrer Hausbank eine Stop-Loss-Order erteilen, die eventuell aktualisiert und nachgebessert werden muss.

19.6 Mini-Future-Zertifikate

Mini-Future-Zertifikate kombinieren die Struktur von Open-end-Indexzertifikaten mit der enormen Hebelwirkung von Turbo-Zertifikaten. Während bei Optionsscheinen der Hebel je nach der Schwankungsbreite des zugrunde liegenden Basiswerts (Underlying) sich kontinuierlich verändern kann, behalten Mini-Future-Zertifikate den Hebel konstant ohne Laufzeitbegrenzung bei. Der Vorteil gegenüber Optionsscheinen besteht darin, dass der Hebel stets gleich bleibt und dass das Hebelzertifikat eine unendlich lange Laufzeit besitzt. Ein weiterer Vorteil gegenüber Optionsscheinen ist, es entsteht kein Aufgeld, denn die Finanzierungskosten, die mit dem Aufbau der Hebelwirkung verbunden sind, werden fortlaufend täglich verrechnet. Der Preis eines Mini-Future-Zertifikats entspricht daher stets dem inneren Wert, dem Kapitaleinsatz zuzüglich dem Spread (der Differenz von Geld- und Briefkurs). Mini-Future-Zertifikate sind folglich wesentlich transparenter und berechenbarer als Optionsscheine. Die Hebelwirkung von Optionsscheinen, die zusätzlich noch von anderen Faktoren wie der Volatilität abhängig ist, kann man empirisch kaum exakt einschätzen. Auch theoretische Optionspreismodelle helfen in der Praxis nur bedingt weiter.

Anleger, die auf Optionsscheine setzen, haben daher ein weniger transparentes Produkt gewählt.

Das Mini-Future-Zertifikat hat mehrere Vorteile gegenüber dem Future: Es läuft unbegrenzt, so dass der Anleger den Roll-over-Effekt vermeidet. Es besteht keine Nachschusspflicht, da das Mini-Future-Zertifikat eine Stop-Loss-Marke besitzt, die das Ausufern von Verlusten verhindert. Der verbleibende Restwert des Mini-Future-Zertifikats wird dem Anleger gutgeschrieben, wenn die Stop-Loss-Marke unterschritten wurde.

Der Vorteil eines Mini-Future-Zertifikats gegenüber einem Indexzertifikat besteht darin, dass der Anleger nur einen Teil davon bezahlt. Durch die hohe Hebelwirkung ist es nicht erforderlich, den Index in seiner Gesamtheit zu kaufen. Aus dem reduzierten Kapitaleinsatz resultiert die Hebelwirkung. Je niedriger der Kapitaleinsatz ist, desto höher ist die Hebelwirkung. Wie an der Terminbörse gibt es bei Hebelzertifikaten eine Long- und eine Short-Variante.

Bei Long-Zertifikaten spekulieren Sie auf steigende Kurse, während Short-Zertifikate auf fallende Kurse setzen, d. h. mit Short-Zertifikaten können Sie auch bei fallenden Aktien- oder Indexkursen Geld verdienen.

Damit der Anleger bei geringerem Kapitaleinsatz die Wertveränderungen des Basiswerts vollständig mitmachen kann, wird der über den Kapitaleinsatz hinausgehende Teil des Basiswerts, der Finanzierungslevel, finanziert. Bei Turbozertifikaten wird der fremdfinanzierte Teil auch als Basispreis bezeichnet. Die Abrechnung der Finanzierungskosten erfolgt über den Kapitaleinsatz.

Mögliche Erträge aus dem Basiswert (Dividenden) werden dem Kapitaleinsatz an dem Tag gutgeschrieben, an dem sie anfallen.

19.7 Rolling-Turbos

Für viele Anleger ist die Vorstellung, dass ein Turbozertifikat den vollständigen Wert verliert, wenn es die Knock-out-Schwelle erreicht, ein gravierender Nachteil. Der Broker *Goldman Sachs* hat diesen Nachteil erkannt und deshalb eine neue Form von Hebelzertifikaten konstruiert: die so genannten Rolling Turbos, bei denen es keine automatische Knock-out-Schwelle gibt. Rolling Turbos bieten daher den Investoren Vorteile: Sie verfügen über einen hohen, konstanten Hebel, der während der gesamten Laufzeit gleich bleibt. Eine Laufzeitbegrenzung gibt es nicht und auch kein Aufgeld. Die Rolling Turbos notieren stets zu ihrem inneren Wert. Damit der Hebel stets konstant bleibt, wird das Bezugsverhältnis fortlaufend an die veränderte Situation angepasst.

Wenn Sie beispielsweise einen Rolling Turbo auf den DAX kaufen und dieser von 4000 auf 4100 Punkte ansteigt (was einer prozentualen Wertsteigerung von 2,5 % entspricht), dann würde ein Rolling Turbo bei einem festen Hebel von 20 um 50 Prozent ansteigen (2,5 % × 20).

Der Finanzierungslevel, der für einen DAX von 4000 Punkten und einem 20-fachen Hebel bei 3800 Punkten liegt, muss fortlaufend angepasst werden, um den die Hebelwirkung konstant zu halten. Bei Rolling Turbos entstehen zwei Formen von Kosten: Finanzierungskosten und Hedge-Anpassungskosten. Diese werden dem Anleger täglich in Rechnung gestellt und mit dem Preis des Rolling Turbo verrechnet.

Was geschieht, wenn der Rolling Turbo die Stop-Loss-Schwelle erreicht? Anders als bei Knock-out-Papieren tritt dann noch kein Totalverlust und die Einstellung des Handels ein, sondern der Rolling Turbo durchläuft eine Art Ruhephase, bis ein neuer Kurs des Basiswerts festgestellt wird. Im Normalfall dauert dies mehrere Stunden. Während dieses Zeitabschnitts, der beim DAX bis 17.30 Uhr dauert, kann der Rolling Turbo zu dem vom Emittenten festgestellten Restwert veräußert oder gekauft werden. Wenn der Basiswert den Schlusskurs des Tages erreicht hat, wird der Rolling Turbo wieder aktiviert, indem die Ausstattungsmerkmale – Basis und Bezugsver-

Aspekt	Hebel-zertifikat	Rolling Turbo	Options-schein	Out-performance-Zertifikat
Laufzeit	Befristet und unbefristet	unbefristet	befristet	Befristet und unbefristet
Hebel	konstant	konstant	veränderlich	Konstant
Knock-out-Schwelle	ja	nein	nein	Nein
Transparenz	groß	groß	gering	groß
Vorteile	Hoher konstanter Hebel	Hoher konstanter Hebel, kein autmatischer Knock-out, unbefristete Laufzeit	Kein Knock-out	Hebel wirkt nur nach oben, bei Kursverfall keine Hebelwirkung
Nachteile	Gefahr des Totalverlusts durch Knock-out	Verlust bei starken Kursschwan-kungen	Gefahr des Totalverlusts, wenn Laufzeitende	Partizipations-rate nie höher als 200 %, geringe Auswahl an geeigneten Basiswerten

Tab. 114: Optionsscheine und Hebelzertifikate im Vergleich

hältnis – dem aktuellen Stand angepasst werden. Nach dieser Anpassung reagiert der Rolling Turbo wieder mit dem garantierten konstanten Hebel und vollzieht alle Wertveränderungen des Basiswerts gehebelt nach. Bei starken, gravierenden Kursverlusten des Basiswerts kann aber auch ein Rolling Turbo verfallen.

Goldman Sachs gibt auf die wichtigsten Indizes (wie DAX, Nasdaq 100, Euro Stoxx 50, Dow Jones Industrial Average) Rolling Turbos mit unterschiedlichen konstanten Hebeln heraus (5, 10, 15, 20 und 25). Auch auf Einzelaktien, Rohstoffe und Währungen sind Rolling Turbos erhältlich. Der Anleger sollte aber bedenken, dass bereits ein Hebel von 10 gewaltige Kursveränderungen auslösen kann. Fällt der DAX oder Dow Jones nur um 10 Prozent, dann sinkt das eingesetzt Kapital um das Zehnfache – also um 100 Prozent. Hebelzertifikate sind kein Investment für Anleger mit schwachen Nerven. Ein solcher Kursverlust bedeutet eine herbe Einbuße, die die meisten Anleger keineswegs leicht verkraften.

19.8 Risiken bei Hebelzertifikaten

Hebelzertifikate ermöglichen es dem Anleger, auch an einer solchen Hebelwirkung zu partizipieren. Wie bei den Futures kann der Hebel sowohl nach oben als auch nach unten wirken. Bei einem besonders starken Hebel von 10 oder 20 können Sie bereits nach wenigen Tagen alles verlieren, wenn Sie die Börsentendenz falsch eingeschätzt haben. Darüber hinaus besitzen manche Hebelzertifikate eine Knock-out-Schwelle. Wie dieser Name bereits andeutet, verfällt das Zertifikat, wenn diese Schwelle berührt oder unterschritten wird. Sie erleiden dann einen Totalverlust.

Als einziger Trost bleibt, dass Hebelzertifikate keine Nachschusspflicht begründen. Während ein Spekulant, der Futures an einer Terminbörse hat, im Zweifelsfall Unsummen bis zum vollständigen Ruin nachzahlen muss, verlieren Sie bei einem Hebelzertifikat nur Ihr eingezahltes Kapital. Aber auch bei einem Hebelzertifikat reicht bereits eine starke Kursschwankung vollkommen aus, um zum Knock-out zu führen. Manche Zertifikate zahlen dann vielleicht noch den geringen Restwert aus. Diese hochriskanten Knock-out-Papiere eignen sich daher keinesfalls für die Altersvorsorge. Sie sind selbst für hart gesottene Spekulanten eine ernst zu nehmende Herausforderung und müssen permanent jeden Tag – eventuell sogar fortlaufend – in der Wertentwicklung verfolgt werden.

Für Privatanleger sind Knock-out-Zertifikate daher völlig ungeeignet und mit enormen Risiken verbunden. Die dank des Hebels erzielbare hohe Rendite steht in keiner vernünftigen Relation zur stets akuten Gefahr eines Totalverlusts. Sicherheitsbewusste Anleger sollten generell auf Hebelzertifikate verzichten, denn die Risiken sind bei starken Kursschwankungen unüberschaubar und können jederzeit zum gesamten Verlust des eingesetzten Kapitals führen.

Optionsscheine haben den Vorteil, dass sie kein Knock-out-Ereignis kennen und daher im Zweifelsfall bis zur Endfälligkeit gehalten werden können. Der Nachteil von Optionsscheinen besteht darin, dass sich ihr Hebel permanent ändert. Bei Optionsscheinen, die zu weit aus dem Geld sind und mit einem hohen Aufgeld ausgestattet sind, wird die Wertentwicklung des Basiswerts nur schleppend oder gar nicht angemessen nachvollzogen. Hebelzertifikate haben demgegenüber den unschlagbaren Vorteil, dass ihr Hebel stets konstant und damit durchschaubar bleibt und sie auch als Endlos-Zertifikate erhältlich sind. Ein Anleger kann daher im Zweifelsfall auch eine längere Baisse mit Hebelzertifikaten „aussitzen", sofern die Knock-out-Schwelle nicht berührt wird, denn dann wird auch das Hebelzertifikat wertlos.

Sicherheitsbewusste Anleger werden Hebelzertifikate und Optionsscheine generell meiden, denn diese Instrumente sind nur schwer einzuschätzen.

19.9 Kauf und Verkauf von Hebelzertifikaten

Anleger, die die enormen Risiken nicht scheuen, die mit Hebelzertifikaten verbunden sind, sollten beim Erwerb einige Gefahrenklippen sicher umschiffen. Bei diesen hoch riskanten Papieren sollten Sie kein Telefonbanking wählen, sondern besser sich des Online-Banking bedienen. Auf dem Monitor erhalten Sie einen aktuellen Kurs. Sie sollten sich aber der Tatsache bewusst sein, dass dieser Kurs nur für wenige Sekunden Gültigkeit hat. Hebelzertifikate unterliegen aufgrund des gigantischen Leverage-Effekts, der bei manchen Papieren einen Hebel von 30 ausmachen kann, unvorstellbaren Schwankungen. Sie müssen Ihre Entscheidung unverzüglich treffen, sobald Sie einen akzeptablen Kurs auf dem Bildschirm sehen. Für längeres Überlegen oder Zaudern bleibt keine Zeit. Bereits einige wenige Sekunden später kann der Kurs in die Höhe schießen oder in die Tiefe stürzen. Für Anleger, die keine solchen spontanen Entscheidungen unter beträchtlichem Stress fällen können, ist der Handel mit Hebelzertifikaten – von den enormen Verlustrisiken ganz zu schweigen – keine sinnvolle Betätigung.

Der An- und Verkaufskurs sowie das Handelsvolumen werden von der Bank, die das Papier emittiert hat, gestellt. Die Emissionsbank fungiert hier als Market Maker und ist für die zuverlässige Abwicklung und die Liquidität verantwortlich. Dies gilt sowohl für den außerbörslichen als auch für den regulären Börsenhandel.

Anleger sollten bei ihren Kaufentscheidungen weniger auf diese Differenz zwischen An- und Verkaufskurs achten, die als absoluter Spread bezeichnet wird, sondern auf den so genannten homogenisierten Spread, bei dem das Bezugsverhältnis berücksichtigt wird. Sie sollten bedenken, dass ein Hebelzertifikat mit einem höheren Preis genauso günstig sein kann wie eines mit niedrigerem Kurs – entscheidend ist in diesem Fall das Bezugsverhältnis, ob also beispielsweise 10 Hebelzertifikate einen Basiswert (eine Aktie) repräsentieren oder 100 Hebelzertifikate.

Beim Handel mit Hebelzertifikaten können Sie als Anleger wie im Aktiengeschäft eine Limitierung vornehmen oder ein Stop Loss setzen. Aufgrund der außergewöhnlichen Schwankungsbreite ist ein Limit unerlässlich. Wenn Sie Hebelzertifikate unlimitiert kaufen, laufen Sie Gefahr, dass Sie plötzlich viel mehr für das Papier bezahlen – in Extremfällen möglicherweise ein Vielfaches. Im Zweifelsfall sollten Sie bei einem Hebelzertifikat, das bereits stark angestiegen ist, von einem Kauf absehen.

Ein wichtiges Instrument zur Begrenzung von Verlusten ist auch die Stop-Loss-Order. Mit solchen Stoppkursen können Sie rasanten Kursstürzen vorbeugen. Der Anleger erteilt dabei der Bank vorsorglich einen Stoppkurs. Sobald das Hebelzertifikat diesen Stoppkurs erreicht oder unterschreitet, löst die Bank automatisch einen Verkaufsauftrag aus, der bestens, d. h. ohne Limit, ausgeführt wird, um das fallende Papier so schnell wie möglich zu veräußern. Stop-Loss-Orders sind eine nützliche Vorsichtsmaßnahme, da Hebelzertifikate sehr schnell an Wert verlieren, wenn die Börse sich anders entwickelt als vorgesehen. Sie sollten aber kein grenzenloses Vertrauen zu Ihren Stoppkursen haben und selbst den Kursverlauf permanent überwachen. Wenn es zu einem solch dramatischen Verfall eines Hebelzertifikats kommt, bieten nämlich auch Stoppkurse nur einen unzulänglichen Schutz. Da die Stop-Loss-Order automatisch bestens ausgeführt wird, hat die Bank letztlich keinen genauen Einfluss auf die Ausführung. Wenn der Kurs des Hebelzertifikats drastisch einbricht und beispielsweise an einem Handelstag um 30 Prozent unter den Stoppkurs fällt, dann kann es vorkommen, dass erst bei diesem Niveau der Verkaufsauftrag zustande kommt. Die Stoppkurse sollten daher sorgfältig gewählt werden: Ist der Stoppkurs zu nahe am aktuellen Kurs, dann riskieren Sie, dass schon bei der kleinsten Schwankung ein Verkauf ausgelöst wird. Dies kann schon im Rahmen einer Tagesschwankung geschehen, und am nächsten Tag steigt das Papier wieder steil an. Wenn Sie den Stoppkurs zu niedrig ansetzen, kann es passieren, dass bei einem Crash oder in einer Krisensituation die Kurse dramatisch fallen. Aufgrund des starken Kurssturzes kann es vorkommen, dass die Kurse in einem Schritt beträchtlich Ihren Stoppkurs durchbrechen und erst weit unterhalb des Niveaus ein Verkaufsauftrag ausgelöst wird. Stop-Loss-Orders sind ein wichtiges Mittel, um Verluste aktiv zu begrenzen. Es ist sogar empfehlenswert, dass Sie bei jeder Transaktion mit Derivaten grundsätzlich eine Stop-Loss-Order mit der Bank vereinbaren.

Eine solche Vorgehensweise zwingt Sie auch dazu, die Risiken realistisch einzuschätzen und sich Gedanken über mögliche Verluste zu machen. Sie müssen von Vornherein festlegen, bei welchem Verlust Ihre Schmerzgrenze beginnt. Ausschlaggebend ist dafür der Chart des Basiswerts; beobachten Sie genau, welche Ausschläge die Aktie oder der Index bisher vollzogen haben und welche Schwankungsbreite zu beobachten war. Keinesfalls sollten Sie als Grundlage für Ihre Entscheidung den Chart des Derivats nehmen, denn solche Charts sind nicht aussagekräftig. Die Entwicklung eines Hebelzertifikats ist immer von dem zugrunde liegenden Wert abhängig, daher sollten Sie nur diesen Wert in Ihrer Chartanalyse berücksichtigen.

Anleger sollten sich stets mit den aktuellen Kursen in Echtzeit (Realtime-Kurse) versorgen. Solche laufend aktualisierten Kurse sind auf den Webseiten von Emissionsbanken verfügbar. Fast alle Banken, die Hebelzertifikate herausgeben, bieten zusätzliche Analysetools für die charttechnische Analyse an und halten Verkaufsprospekte zum Download bereit. Darüber hinaus gibt es umfangreiche Informationen über Hebelzertifikate auch bei den gängigen Finanzportalen.

20. Hedgefonds-Zertifikate

Unter Hedging wird eine Strategie verstanden, die dazu dient, ein Portfolio gegen Kursverluste oder extreme Kursschwankungen abzusichern. Man spricht dann von einer Portfolio-Insurance. Diese Vorgehensweise ist keineswegs eine Erfindung des 20. oder 21. Jahrhunderts; vielmehr entstand Hedging bereits im 17. Jahrhundert, als japanische Reisbauern vor Einbringung der Ernte ein bestimmtes Preisniveau durch Hedging absichern konnten. Der erste Hedgefonds wurde 1949 von dem US-Amerikaner Alfred Winslow Jones gegründet. Als erste Instrumente wurden damals kreditfinanzierte Wertpapierkäufe und Leerverkäufe (Short Selling) eingesetzt. Das Plus und Minus, das sich aus der Kombination von Long-Strategien (Spekulation auf steigende Kurse) und Short-Positionen (Spekulation auf sinkende Kurse) ergibt, sollte den optimalen Ertrag sichern; zusätzlich verstärkt die Hebelwirkung den günstigen Einfluss. In den sechziger Jahren erlebten die Hedgefonds in den USA ein starkes Wachstum, das die Grenze von zwei Milliarden US-Dollar überstieg. Erst mit der Rezession von 1969 und den nachfolgenden Ölkrisen der siebziger Jahre verloren Hedgefonds an Bedeutung. In den achtziger Jahren konnten die Hedgefonds wieder sprunghaft zulegen, und in den neunziger Jahren zeichnete sich eine starke, außergewöhnliche Expansion ab, die den Hedgefonds riesige Umsätze bescherte. In Deutschland spielten Hedgefonds bislang für Privatanleger keine Rolle, da sie erst nach der Jahrtausendwende offiziell zugelassen wurden. Die Novellierung der entsprechenden Gesetze bezieht sich nur auf die Zulassung von Dachfonds.

Hedgefonds versuchen, eine Rendite unabhängig von der Bewegung der internationalen Kapitalmärkte zu erzielen. Sie streben meist eine vorher festgelegte Rendite an, die unabhängig von der jeweiligen Marktsituation und Börsenverfassung erreicht werden soll (Total Return). Herkömmliche Investmentfonds hingegen orientieren sich meist an einer Benchmark wie einem Index, der als Vergleichsmaßstab für eine Outperformance dient. Wenn der Vergleichsmaßstab übertroffen wird, gilt der Investmentfonds als Outperformer und somit als erfolgreich.

Auch bei einem stark fallenden Markt können Hedgefonds Gewinne erreichen. In der Öffentlichkeit gelten Hedgefonds als riskant, da ihnen mehr Instrumentarien zur Verfügung stehen als den herkömmlichen Investmentfonds. Diese Auffassung ist zum Teil ungerechtfertigt, denn das Risiko, das mit einem Hedgefonds verbunden ist, hängt davon ab, welche spezifische Strategie verfolgt wird. Einige Hedgefonds sind in ihrer Ausrichtung eher konservativ und risikoavers. Das genaue Risiko eines Hedgefonds hängt von der jeweils gewählten Strategie ab und kann durch die Volatilität, also die Schwankungsbreite, ungefähr ermittelt werden.

Hedgefonds unterscheiden sich von den klassischen Investmentfonds durch verschiedene Merkmale. Sie dürfen beispielsweise sehr viel mehr Derivate und andere Anlageinstrumente wie Futures und Termingeschäfte einsetzen. Dadurch nimmt natürlich das Risiko zu, da Terminkontrakte bei einer Schieflage eine Nachzahlungsverpflichtung beinhalten, wenn sie nicht rechtzeitig glattgestellt werden. Doch auch Optionen, die mit keiner Nachschusspflicht verbunden sind, können sich als risikoreich erweisen, da ihre Laufzeit in der Regel nur wenige Monate beträgt.

Ein anderes Risikomoment ergibt sich aus dem Short Selling, dem so genannten Leerverkauf, der in den USA auch Privatanlegern regelmäßig angeboten wird, in Deutschland aber relativ unbekannt ist. Beim Short Selling hat der Anleger die Möglichkeit, Aktien oder andere Wertpapiere zu einem bestimmten Preis zu verkaufen, die er gar nicht besitzt. Am Erfüllungstermin muss der Kunde im Zweifelsfall die leer verkauften Aktien besorgen. Sind die Aktien inzwischen gestiegen, macht der Anleger Verlust. Sind die Papiere gefallen, kann er sie zum festgelegten Preis an seinen Handelspartner verkaufen. Das Short Selling ermöglicht die Spekulation auf fallende Aktienkurse und ist damit eine Put-Strategie.

Ein weiteres Anlageinstrument ist die Hebelwirkung, die durch eine Fremdfinanzierung entsteht. Darunter versteht man die Aufnahme von Krediten oder die Mehrfachbeleihung. Im Prinzip bedeutet der Kauf eines Turbozertifikats auch eine fiktive Kreditaufnahme, da der zugrunde liegende Wert zum Teil durch die Bank finanziert wird. Durch eine solche Fremdfinanzierung entsteht ein Leverage-Effekt, also ein Hebeleffekt, der zu einer vielfachen Wertentwicklung führt. Die normale Wertentwicklung des Underlying wird gleichsam mit einem Faktor multipliziert.

Hedgefonds investieren nicht nur in Anleihen und Aktien wie die meisten herkömmlichen Investmentfonds, sondern auch in Devisen, Optionen, Futures und Rohstoffe. Durch den Einsatz komplexer Anlageinstrumente kann sowohl auf steigende als auch auf fallende Kurse spekuliert werden. Hedgefonds sind damit unabhängiger von den Trends an den internationalen Kapitalmärkten und können auch in einer Krise oder in einer ausgeprägten Baisse noch eine Wertentwicklung generieren.

Die starken Schwankungen und das permanente Auf und Ab der Weltbörsen können durch die Kombination von Call- und Put-Strategien und durch die breite Streuung über einer Vielzahl von unterschiedlichen Assetklassen ausgeglichen werden. Sie sind daher besonders für Anleger sinnvoll, die das Risiko über eine Vielzahl von Assetklassen streuen wollen. Dadurch dass der Anleger mit dem Kauf eines Hedgefonds neben der Investition in Aktien und Anleihen auch Geld in Immobilien, Devisen, Optionen und Futures anlegt, findet eine breitere Diversifikation statt, die das Risiko-Ertrags-Profil erheblich verbessert.

Man unterscheidet zwischen Single-Hedgefonds, die sich nur durch eine bestimmte Strategie auszeichnen, und Dach-Hedgefonds, die eine Vielzahl unterschiedlicher Anlagestrategien verfolgen. Die einzelnen Zielhedgefonds, die vom Dachfonds ausgewählt werden, sind so aufeinander abgestimmt, dass sie untereinander nur eine geringe oder gar keine Korrelation aufweisen. Das bedeutet: Wenn beispielsweise Rohstoffe und Aktien in einem Zielfonds enthalten sind, legt man großen Wert darauf, dass die beiden Assetklassen keinen Gleichlauf vollziehen und sich unabhängig voneinander entwickeln. Wenn daher die Aktienmärkte auf eine Baisse zusteuern, kann ein Boom der Rohstoffmärkte dies kompensieren. Eine solche portfoliostrategische Ausrichtung bei der Zusammenstellung der verschiedenen Assetklassen steigert das Ertragspotenzial und macht es möglich, auch divergierende oder uneinheitliche Tendenzen auf den internationalen Kapitalmärkten sinnvoll zu nutzen.

Hedgefonds sind in Deutschland eine relativ neuartige Anlageform, die erst vor kurzem auch für Privatanleger zugelassen wurde. Langjährige Erfahrungen sind daher noch nicht vorhanden, und es sollte ausdrücklich darauf hingewiesen werden, dass Hedgefonds wesentlich riskanter als herkömmliche Anlageformen wie Aktien, Anleihen oder Investmentfonds sind. Durch den Einsatz komplexer Anlageinstrumente wie Futures, Rohstoffe und Optionen bewahren sich zwar die Manager von Hedgefonds eine gewisse Flexibilität, die jedoch auch drastische Risiken birgt. Hedgefonds eignen sich für die meisten Anleger nur bedingt; die Depotbeimischung sollte selbst bei spekulativ eingestellten Investoren nicht zehn Prozent übersteigen.

Als in Deutschland die ersten Hedgefonds für Privatanleger zugelassen wurden, herrschte bei den Banken Euphorie; es wurden spezielle Schulungen und Weiterbildungen für die Mitarbeiter organisiert, und zahlreiche Zeitungsartikel und Broschüren wiesen auf das neue Anlegeinstrument hin. Inzwischen ist der Enthusiasmus wieder verebbt, nachdem Hedgefonds in den letzten Jahren nur spärliche Renditen von einigen wenigen Prozent erwirtschafteten, die auf Sparbuchniveau lagen.

20.1 Anlagestrategien von Hedgefonds

Hedgefonds werden nach bestimmten Anlagestrategien kategorisiert. Davon sind Fonds zu unterscheiden, die nur in börsengehandelte Futures investieren. Solche spezifischen Fonds werden als „Managed Futures" bezeichnet. Sie wickeln die verschiedenen Transaktionen über so genannte Commodity Trading Advisors (CTA) ab.

Hedgefonds indes bedienen sich einer großen Palette unterschiedlicher Anlageformen: Neben Futures und Optionen kommen auch Aktien, Anleihen, Devisen und Rohstoffe zum Einsatz. Short Selling gehört ebenso zu Hedgefonds wie kreditfinanzierte Investments. Managed Futures hingegen handeln ausschließlich mit börsenüblichen Terminkontrakten. Die Hedgefonds lassen sich nach Strategien untergliedern.

Relative-Value-Strategie

Hedgefonds, die eine Relative-Value-Strategie verfolgen, werden auch als Arbitragefonds bezeichnet. Dabei werden Wertpapiere daraufhin untersucht, ob sie im Augenblick über- oder unterbewertet sind. Die Fondsmanager kaufen unterbewertete Papiere und veräußern überbewertete Papiere derselben Gattung. Diese Transaktionen sind auf einzelne Märkte ausgerichtet, bei denen man sich Kursdifferenzen zunutze macht. Die Arbitragestrategie gilt bei richtiger Abwendung als vergleichsweise risikoarm.

Es gibt zwei Unterarten: Bei der Convertible-Arbitrage-Strategie nützt man die Preisdifferenzen und Anomalien von Wandelanleihen. Wandelanleihen oder Convertible Bonds sind spezielle Anleihen, die man gegen eine Prämie in Aktien umtauschen kann. Aufgrund besonderer Börsensituationen kann der innere Wert einer Wandelanleihe von dem errechneten Kurs, der bei einer Wandlung gegeben sein müsste, abweichen. Eine analoge Strategie ergibt sich bei den Kursunterschieden von festverzinslichen Wertpapieren, was als eine Fixed-Income-Arbitrage-Strategie bezeichnet wird. Solche Abweichungen machen sich die Fondsmanager generell bei Arbitragegeschäften zunutze.

Event-Driven-Strategie

Bei der Event-Driven-Strategie wird die Performance eines Wertpapiers von speziellen Ereignissen oder Sondersituationen abhängig gemacht. Die Arbeit des Fondsmanagers ist darauf ausgerichtet, Aktien zu identifizieren, deren Unternehmen von einer Umstrukturierung, Fusion, einer Liquidation oder anderen Vorkommnissen besonders profitieren werden.

Auch bei der Event-Driven-Strategie werden verschiedene Varianten praktiziert. Die Risk-Arbitrage-Strategie konzentriert sich auf Unternehmen, bei denen eine Übernahme oder eine Fusion bevorsteht. Zusätzlich findet eine Absicherung über einen Straddle statt, d. h. für die Aktie wird sowohl eine Short- als auch eine Long-Position aufgebaut. Wenn die Aktie steigt, verbucht die Long-Position (die auf steigende Kurse ausgerichtet ist) einen überproportionalen Wertzuwachs; wenn die Aktie hingegen fällt, falls die Übernahme oder die Fusion nicht zustande kommt, dann wird die Wertsteigerung über die Short-Position (durch die die Aktie nach unten absichert wird) verwirklicht.

Bei der Distressed-Securities-Strategie werden gezielt Unternehmen herausgesucht, die sich in einer kritischen Situation befinden. Solche so genannten Turn-around-Werte bergen hohe Risiken in sich, da eine Sanierung scheitern kann. Deshalb werden solche Investments durch Short-Positionen abgesichert, die sich Informationsasymmetrien des Marktes zunutze machen.

Opportunistische Strategie

Diese Strategie beruht auf einer hohen Flexibilität und orientiert sich an volks- und betriebswirtschaftlichen Rahmendaten, die zum Ausgangspunkt für Investmententscheidungen werden. Makroökonomische Faktoren können dabei Zinsentwicklungen oder Schwankungen der Devisenkurse sein. Die Global-Macro-Strategie bedient sich solcher makroökonomischer Einflussgrößen und spekuliert vor allem im Hinblick auf mögliche Naturkatastrophen wie Hurrikans, die beispielsweise Ölplattformen zerstören, oder politische Krisen, die zu einer Verknappung eines Rohstoffs führen können. Auch strukturelle Veränderungen der Nachfrage sind Ansatzpunkte für eine Spekulation. Beispielsweise wäre es möglich, auf den Kurssturz von Unternehmen zu setzen, die sich nicht schnell genug der Digitalfotografie anpassen konnten.

Die am häufigsten bei Hedgefonds anzutreffende Strategie ist die Long-Short-Equity-Strategie, bei der die Unter- und Überbewertungen zweier Aktien miteinander verknüpft werden. Die Fondsmanager kaufen eine unterbewertete Aktien und wenden gleichzeitig eine Short-Position auf eine überbewertete Aktie an, d. h. es wird auf deren Kursverfall spekuliert. Die beiden Positionen bilden ein neutrales Portfolio und ermöglichen so die gleichzeitige Spekulation auf steigende und fallende Kurse.

20.2 Risiken bei Hedgefonds

Die Liquidität bei Hedgefonds ist nur eingeschränkt vorhanden, so dass es bisweilen Restriktionen beim Verkauf solcher Fonds gibt. In der Regel können solche Hedgefonds nur monatlich, vierteljährlich oder nur zum Jahresende veräußert werden. Diese Kapitalbindung könnte für viele Anleger ein großes Problem darstellen. Beim Kauf von Hedgefonds-Zertifikaten ist in der Regel der tägliche Verkauf des Zertifikats sicher gestellt. Daher hat der Erwerb von Hedgefonds über Zertifikate große Vorteile.

Problematisch erscheint jedoch die Preisinformation, die nicht immer gewährleistet ist. Bei den herkömmlichen Investmentfonds, deren Anteilspreise über spezialisierte Datenbanken wie *Standard & Poor's Micropal*, die Investmentgesellschaften oder die Fachveröffentlichungen zuverlässig täglich abgefragt werden können, ist die Ermittlung des aktuellen Anteilspreises jederzeit möglich. Bei den Hedgefonds ist dies nicht gewährleistet. Unabhängige Datenbankanbieter berechnen die Wertentwicklung von Hedgefondsanteilen, und es gibt zusätzlich verschiedene Indizes. Problematisch ist auch, dass einige Hedgefonds gänzlich privat sind und daher nicht in den öffentlich zugänglichen Datenbanken gelistet werden. Anleger sollten grundsätzlich auf solche exotischen Hedgefonds verzichten.

Die Banken, die Hedgefonds-Zertifikate herausgeben, legen ihren Papieren öffentliche Hedgefonds zugrunde und publizieren täglich die Anteilspreise. Die Gebühren sollten Sie als Anleger nicht außer Acht lassen, denn viele Hedgefonds sind stark leistungsbezogen und verlangen für den Erfolg extrem hohe Gebühren, die sich auch in den Managementgebühren der Zertifikate niederschlagen.

Doch es gibt bei Hedgefonds noch weitere Problemaspekte, die Sie kennen sollten. Um möglichst viel Freiraum bei den Anlagestrategien zu haben, domizilieren Hedgefonds häufig in Ländern, die als Offshore-Finanzzentren fungieren und eine weniger restriktive Gesetzgebung bei den Anlagestrategien kennen. Bevorzugte Niederlassungen sind daher in Luxemburg und in Dublin.

Insgesamt betrachtet ist die Transparenz bei Hedgefonds niedrig, da die verwendeten Strategien selten veröffentlicht werden, um einen Vorsprung vor anderen Fonds zu bewahren. Darüber hinaus entspricht das Reporting selten den Gepflogenheiten, die man von herkömmlichen Investmentfonds kennt. Eine Veröffentlichung erfolgt meist nicht einmal monatlich. Auch gab es in der Vergangenheit Beschränkungen beim Zugang. Viele Hegefonds achteten sorgfältig darauf, dass das Anlagevolumen nicht zu groß wird, was die Flexibilität beschneidet, und dass die Investoren sich langfristig engagieren.

Aufgrund all dieser Nachteile sind solche Investments – auch aufgrund der Risiken – für Privatanleger nicht empfehlenswert. Zertifikate auf Hedgefonds bieten mehr Flexibilität und eine geringfügig höhere Sicherheit, da die Emittenten ihren Produkten meist nur Hedgefonds zugrunde legen, die als Dachfonds konzipiert sind, so dass eine breitere Diversifikation und eine größere Palette der Anlagestrategien realisiert werden.

21. Gemanagte Zertifikate

Gemanagte Zertifikate sind Zertifikate, die von einem Expertenstab betreut werden. Diese Fachleute wählen bestimmte Aktien oder andere Wertpapiere oder Strategien aus, um eine höhere Performance zu erzielen. Darüber hinaus findet in regelmäßigen, vorher definierten Zeitabständen eine Überprüfung der Zusammensetzung und eine Umschichtung statt, die garantieren soll, dass eine höhere Rendite erzielt wird. Da eine solche Anlagebetreuung mit hohen Gebühren verbunden ist, bleibt die entscheidende Frage: Lohnt sich das? Als Maßstab für den Erfolg sollte hier eine passive Investmentstrategie genommen werden. Wenn es dem Anlagemanagement gelingt, den Referenzindex zu übertreffen, dann kann ein solches Zertifikat als sinnvoll gelten. Die Praxis ist jedoch häufig anders: Oft schneiden auch gemanagte Zertifikate schlechter ab als der zugrunde liegende Index bei einem passiven Investment. Eine aktive Anlagestrategie lässt sich aufgrund der hohen Kosten nur dann rechtfertigen, wenn sie auf jeden Fall besser ist als der Index.

Darüber hinaus widersprechen gemanagte Zertifikate der Grundidee des passiven Investments, die mit dem Begriff „Zertifikat" eigentlich entstanden ist. Ein gemanagtes Zertifikat muss daher dem Vergleich mit einem Investmentfonds standhalten können. Investmentfonds sind klassische Instrumente einer aktiven Anlagestrategie. Bei den meisten Aktienfonds wird – ohne Berücksichtigung möglicher Rabatte, die dem Kunden eingeräumt werden – ein Ausgabeaufschlag von 5 Prozent fällig. Zudem stellen die Fonds eine jährliche Managementgebühr in Rechnung, die bei 1 bis 1,5 Prozent liegen kann. Diese hohen Gebühren beeinträchtigen die Wertentwicklung erheblich. Doch auch bei gemanagten Zertifikaten entstehen hohe Gebühren: Neben der Bankprovision und der Maklercourtage, die sowohl beim Kauf als auch beim Verkauf der Zertifikate über die Börse stets anfallen, muss der Kunde zusätzlich die jährliche Managementgebühr und noch den Spread (also die Differenz zwischen dem Kauf- und Verkaufskurs) begleichen. Daher können die Gebühren durchaus das Niveau von Investmentfonds erreichen oder sogar überschreiten.

Anders als bei Investmentfonds, die ihre Investments kontinuierlich betreuen, analysieren und überprüfen und jederzeit Käufe und Verkäufe vornehmen können, wird die Zusammensetzung eines Zertifikats nur in längeren Abständen einer Revision unterzogen. Aufgrund der fixen Zeitpunkte kann das Management nicht flexibel auf neu eintretende Umstände an der Börse reagieren. Angesichts des geringeren Arbeitsaufwands sind die hohen Managementgebühren von solchen Zertifikaten nur schwer zu rechtfertigen. Als Anleger sind Sie in vielen Fällen besser beraten, wenn Sie einem guten Investmentfonds mit einer Erfolgsgeschichte, einem ausgezeichneten Management und einem hohen Qualitätsrating den Vorzug geben.

Interessant bei gemanagten Zertifikaten sind die zugrunde liegenden Themenstellungen und Konzeptionen, wenngleich die erzielte Performance im Vergleich zu einer Investition in Indexzertifikate nicht zufrieden stellen kann.

Ein Beispiel für ein gemanagtes Zertifikat ist jenes der *ABN Amro Bank*, das in den so genannten Altersvorsorge-Gewinner-Index investiert. Das Konzept beruht auf der Idee, dass in der Zukunft die demographische Entwicklung in vielen Ländern zu einer Krise der staatlichen Rentenversicherung führt. Immer mehr Menschen werden angesichts leerer Rentenkassen gezwungen sein, private Vorsorge zu treffen. Das Zertifikat setzt gezielt auf Aktien, deren Gesellschaften im Bereich Altersvorsorge führend sind. Daneben ist die Strategie auch darauf ausgerichtet, in Aktien zu investieren, die im Gesundheitssektor sind und besonders Senioren als Zielgruppe anvisieren. Obwohl dieses Konzept auf den ersten Blick überzeugen mag, gibt es dennoch etliche kritische Faktoren, die der Anleger nicht außer Acht lassen sollte. Die *Allianz*-Aktie beispielsweise hatte im Vergleich zu anderen Werten eine eher mäßige Performance. Anleger, die 1990 *Allianz*-Aktien gekauft haben, befinden sich fünfzehn Jahre später im Minus. Ein kostenintensives Vertriebssystem und mangelnde Flexibilität haben insbesondere den Versicherungen zugesetzt. Obwohl das Potenzial des Marktes für Altersvorsorge – insbesondere in Deutschland – riesig ist, haben unzulängliche Produkte wie Kapitallebensversicherungen, die wenig transparent sind, und eine unzulängliche Fachkompetenz im Vertrieb dazu geführt, dass Deutschland sehr schlecht auf die private Altersvorsorge vorbereitet ist. Die staatlich geförderte Riester-Rente, die eigentlich für viele nur Vorteile bietet, ist den meisten Anlegern unbekannt. Die Versicherungsgesellschaften stellen die Riester-Rente in ihren Marketingstrategien kaum vor, denn der bürokratische Aufwand ist enorm. Zudem sind die Provisionen im Vergleich zu Kapitallebens- und privaten Krankenversicherungen gering. Seit der gesetzlichen Neuregelung der Alterseinkünfte mussten auch die Versicherungen herbe Verluste hinnehmen. Seit diesem Zeitpunkt sind Kapitallebensversicherungen unattraktiv geworden, und das Neukundengeschäft ist drastisch zurückgegangen.

Ein anderes Beispiel für ein gemanagtes Zertifikat ist das Dr. Jens Ehrhardt Zertifikat, das auf Mid Caps setzt. Das Generika Select Zertifikat stellt dagegen die Outperformance von Generika-Herstellern in den Vordergrund, d. h. von Pharmaunternehmen, die nach dem Ablauf der Patente auf Medikamente billige Nachahmerpräparate herstellen. In Deutschland ist eines der bekanntesten Generika-Unternehmen Stada. Verwaltet wird das Generika Select Zertifikat von der *Apo Asset Management GmbH*, einer Tochtergesellschaft der *Deutschen Apotheker- und Ärzte-Bank*. Man schätzt, dass der Generika-Markt von weltweit 30 Milliarden US-Dollar auf 50 Milliarden im Jahre 2007 steigen wird.

22. Sparpläne mit Zertifikaten

Gab es früher nur Sparpläne mit Investmentfonds, so haben nun einige Banken auch Sparpläne mit Zertifikaten eingeführt, die sich insbesondere für Kleinanleger und für die Altersvorsorge eignen. Der Anleger zahlt monatlich einen regelmäßigen Beitrag ein, der von der Bank in vorher vereinbarten Zertifikaten angelegt wird. Der monatliche Mindestbeitrag liegt je nach Bank zwischen 50 und 100 €. Wenn das Zertifikat beispielsweise zurzeit 70 oder 80 € kostet, schreibt die Bank dem Kunden den Bruchteil entsprechend der monatlichen Sparrate auf seinem Depot gut. Es müssen also nicht ganze Zertifikate gekauft werden, sondern sie werden in Bruchteile aufgegliedert; sonst wäre eine gleich hohe monatliche Sparrate nicht möglich.

Bei den Sparplänen sind die Direktbanken und Sparkassen führend. Sparpläne haben für den Anleger mehrere Vorteile: Viele Anleger bringen nicht die Selbstdisziplin auf, jeden Monat einen bestimmten Betrag für die private Altervorsorge zurückzulegen. Die beispiellose Beliebtheit der Lebensversicherungen in Deutschland ist darauf zurückzuführen, dass die Anleger zur Selbstdisziplin angehalten werden. Bei Sparplänen ist es ähnlich: Die monatliche Abbuchung des Sparbeitrags trägt zur Kontinuität bei; ohne diesen Mechanismus würden viele Anleger kaum die Energie, Beharrlichkeit und Ausdauer aufbringen, jeden Monat 100 € zurückzulegen.

Ein weiterer Vorteil ist das Cost Averaging. Darunter versteht man, dass fortlaufend Wertpapiere erworben werden und sich dadurch die Kosten auf verschiedene Perioden verteilen.

Ein Anleger, der gerade in einer Börsenhausse einsteigt, kauft Wertpapiere zu relativ hohen Preisen, während ein anderer Investor möglicherweise Glück mit dem Timing hat und in einer Baisse einsteigt, wenn die Kurse am Boden angelangt sind. Bei einem Sparplan indes wird monatlich kontinuierlich ein fester Betrag angelegt; die Summe verteilt sich gleichermaßen über die Berge und Täler der Börsenlandschaft, so dass Sie im Mittelwert einen optimalen Durchschnittspreis erzielen.

Sparpläne haben noch weitere Vorteile, die Ihnen zugute kommen. Anders als bei einer Kapitallebensversicherung können Sie einen Sparplan in den meisten Fällen jederzeit auflösen, unterbrechen oder aussetzen. Bei einer Kapitallebensversicherung ist dies nicht ohne große Wertverluste und Komplikationen möglich. Sparpläne geben Ihnen eine enorme Flexibilität und sind deshalb bestens für die private Altersvorsorge geeignet. Auch wenn Sie nicht gleich Tausende von Euro für den Kauf von Zertifikaten übrig haben, können Sie mit 50 € im Monat langfristig für Ihr Alter vorsorgen.

Gegenüber Sparplänen mit Investmentfonds haben Zertifikate den entscheidenden Vorteil, dass sie kostengünstiger und transparenter sind. Die Wertentwicklung eines Aktienfonds hängt immer vom Geschick der Fondsmanager ab; in vielen Fällen reicht die Performance nicht einmal annähernd an die Entwicklung des Index heran. Durch ein Investment in einen Index haben Sie eine breite Streuung (beim DAX sind es 30 Werte, beim MDAX 50 Werte, beim S&P 500 immerhin 500 verschiedene Aktien) und die Gewissheit, nie schlechter als der jeweilige Aktienmarkt abzuschneiden, da der Index stets exakt die Wertentwicklung des Marktes widerspiegelt. Zertifikate partizipieren auch schneller an der Wertentwicklung. Während Investmentfonds erst einmal den Ausgabeaufschlag, der bei Aktienfonds ohne Ermäßigung bei 5 bis 6 Prozent liegt, aufholen müssen, profitieren Sie bei Zertifikaten schneller von der Wertentwicklung (der Spread, die Differenz zwischen An- und Verkaufskurs, liegt bei günstigen Zertifikaten bei unter 1 Prozent; besonders preisgünstige Zertifikate haben einen Spread von 0,2 Prozent). Eine laufende Managementgebühr, wie sie von Investmentfonds generell erhoben und bereits von der Wertentwicklung abgezogen wird, ohne dass die Anleger dies bemerken, gibt es bei den meisten Indexzertifikaten nicht. Nur komplex strukturierte Zertifikate (wie Themen-, Branchen-, Basket- und Strategiezertifikate) weisen eine Managementgebühr auf, deren Größenordnung dann in der von Investmentfonds liegen kann. Insgesamt betrachtet sind aber Indexzertifikate, die sich auf gängige Länder in Westeuropa und Nordamerika beziehen, wesentlich preisgünstiger als Investmentfonds.

Der einzige Nachteil, der bei Zertifikaten eine Rolle spielt, ist das

Insolvenzrisiko der Bank, denn Zertifikate sind technisch gesehen Inhaberschuldverschreibungen. Wenn die Emissionsbank, die Zertifikate herausgegeben hat, Pleite geht, verfallen alle Zertifikate. Bei Investmentfonds ist dies nicht der Fall, denn die Wertpapiere, die im Investmentfonds sind, gehören zum so genannten Sondervermögen, das nicht zur Insolvenzmasse gerechnet wird.

Allerdings ist die Wahrscheinlichkeit, dass eine der Emissionsbanken Insolvenz anmelden muss, gering, denn es handelt sich in der überwiegenden Zahl um renommierte, angesehene Großbanken mit sehr gutem Rating und einer großen Erfahrung. Natürlich gab es auch schon Kreditinstitute, die infolge von Krisen und ungesicherten Krediten in Milliardenhöhe in Schieflage gerieten.

Wenn Sie daher Bedenken haben, erkundigen Sie sich nach dem Bonitätsrating der jeweiligen Emissionsbank, das zwischen AAA (Triple A) und A liegen sollte. Eine Bank mit einem B-Rating ist auf keinen Fall für die langfristige Altersvorsorge akzeptabel.

Pro-gramm Name	Zertifikate-sparen	DAB – Zertikate Sparplan	DB maxblue depotspar	Zertifikat Sparen
Bank	Comdirect	DAB	Deutsche Bank	Sparkassen
Internet	www.comdirect.de	www.dab-bank.com	www.maxblue.de	www.sbroker.de
Mindest-anlage	50 €	50 €	100 €	100 €
Bruch-teils-erwerb	ja	nein	ja	Ja
Einrich-tungs-kosten	nein	nein	nein	nein
Kündi-gung	jederzeit	flexibel	jederzeit	Jederzeit

Tab. 115: Sparpläne mit Zertifikaten

22.1 Wo erhalten Sie Zertifikate?

Sie bekommen Zertifikate bei Banken und Sparkassen. Bevor Sie Zertifikate kaufen können, benötigen Sie natürlich ein Wertpapierdepot, in dem Ihre Papiere verwaltet werden. Zertifikate werden wie Aktien, viele Anleihen und Optionsscheine an der Börse gehandelt.

Wenn Sie bei Ihrem Kundenberater der Bank Zertifikate kaufen, leitet dieser die Wertpapierorder an die Börse weiter.

Zertifikate können an der Wertpapierbörse oder außerbörslich ge- oder verkauft werden. Für den börslichen oder außerbörslichen Handel legen die Emittenten des Zertifikats oder die Börse die gültigen Handelszeiten fest. Der Handel und die Handelbarkeit werden von allen Anbietern durch eine laufende Quotierung an der Börse sicher gestellt; die Emissionsbanken verpflichten sich auch für die notwendige Liquidität zu sorgen, d. h. es ist jederzeit ein Kurs verfügbar. Im Zweifelsfall muss die Emissionsbank als Market Maker fungieren und eigene Kurse stellen, wenn sich kein anderer Handelspartner findet. Im außerbörslichen Handel kann ausschließlich zu den von den Emittenten gestellten Geld- und Briefkursen gehandelt werden. Ein solcher außerbörslicher Handel ist für Privatanleger wesentlich riskanter, da die Kontrollmechanismen, wie sie an den offiziellen Börsen angewandt werden, hier nicht greifen. Ungünstige Kurse können die Folge sein, da die Emissionsbank beim außerbörslichen Handel das Geschäft vollständig kontrolliert.

Im Börsenhandel, der strengen Auflagen und gesetzlichen Bestimmungen unterliegt, kann auch ein Kurs innerhalb des Spreads nach dem Auktionsprinzip aufgrund von Angebot und Nachfrage festgestellt werden. Fast alle in Deutschland erhältlichen Zertifikate werden an der Börse in Frankfurt und an der in Stuttgart ansässigen spezialisierten Derivatebörse *Euwax* gehandelt. Auch von ausländischen Banken herausgegebene Zertifikate werden an diesen beiden Börsen notiert. Beispiele für ausländische Banken, die eine Vielzahl von Zertifikaten herausgeben, sind die niederländische *ABN Amro Bank* und die österreichische *Centrobank*.

Für den Kauf und Verkauf von Zertifikaten berechnet Ihnen Ihre Hausbank eine Bankprovision, die meist je Transaktion ein Prozent beträgt. Das heißt: Wenn Sie Zertifikate kaufen und anschließend wieder veräußern, fallen mindestens 2 Prozent an Gebühren an. Sie können diese hohen Kosten für den Erwerb von Wertpapieren auf zweierlei Art reduzieren: Sprechen Sie mit Ihrem Kundenberater und verlangen Sie eine Reduzierung der Bankprovisionen. Wenn Sie ein wichtiger Kunde mit einem großem Anlagevolumen sind, wird man Ihnen schnell Zugeständnisse machen und die Bankprovision unter Umständen halbieren. Als Kleinanleger werden Sie vermutlich weniger Erfolg haben. In diesem Fall können Sie bei einer Direktbank ein Wertpapierdepot eröffnen, da diese allen Kunden in der Regel einen Rabatt von 50 Prozent einräumen. Es handelt sich zumeist um die Tochtergesellschaften großer Privatbanken, die im Zuge des Online-Banking gegründet wurden. Sie müssen als Kunde jedoch Abstriche beim Service machen: Direktbanken haben häufig kein eigenes Filialnetz und wickeln sämtliche Kundenaufträge via Internet, Telefon oder Fax ab. Es gibt keine Geschäftsstellen, bei denen der Kunde eine persönliche Beratung erhält. Wenn Sie häufiger Geld am Automaten abheben, kann dies ein Problem sein, denn bei anderen Kreditinstituten entstehen fast immer hohe Abhebungsgebühren.

22.2 Wer gibt Zertifikate heraus?

Die Herausgeber oder Emittenten von Zertifikaten sind meist renommierte Banken, die sich auf dieses Wertpapiersegment spezialisiert haben. Rechtlich betrachtet sind Zertifikate eine Inhaberschuldverschreibung – also quasi eine Anleihe der Bank.

Das einzige Risiko hängt von der Zahlungsfähigkeit der jeweiligen Bank ab. Sie können sich zusätzlich absichern, indem Sie das Bonitätsrating der Bank überprüfen. Jede Bank wird von internationalen Ratingagenturen (wie *S&P* und *Moody's*) eingestuft. Die höchste Bonitätsstufe ist AAA. Ein vertrauenswürdiger Emittent sollte noch ein A-Rating aufweisen (also AAA, AA oder A).

Die Banken, die Zertifikate herausgeben, haben sich darauf spezialisiert und verfügen über einen großen Expertenstab, der fortlaufend neue Zertifikate konzipiert. Man spricht in diesem Zusammenhang auch von Financial Engineering. Der Emittent ist zugleich Market Maker, d. h. er muss dafür sorgen, dass stets genügend Handelsvolumen erzeugt wird, damit Anleger jederzeit das gewünschte Zertifikat kaufen oder verkaufen können. Zu diesem Zweck errichten sie auch eigene Handelsplattformen, die auch außerbörslichen Handel betreiben.

Einige Emittenten haben sich auf bestimmte Zertifikate spezialisiert. Die niederländische *ABN Amro Bank* ist einer der wichtigsten

Emittenten. Sie hat vor allem durch neuartige Zertifikate das Interesse der Anleger gewonnen. Bei den Rohstoffzertifikaten ist die *ABN Amro Bank* Vorreiter. *Goldman Sachs* überzeugte die Investoren durch eine neue Klasse von Turbozertifikaten. Die *West LB* hob sich durch ungewöhnliche Investmentideen von anderen Emittenten ab. Neben der Idee, ein Zertifikat auf die Fußball-Weltmeisterschaft herauszugeben, erwies sich auch das Konzept, in Aktien, die mit Wasser (Wasserversorgung und -aufbereitung), neuen Energien (Solaraktien) und Luxus zu tun haben, als ein gelungenes Marketingevent.

Emittent	Internet	Videotext
ABN Amro	www.abn-zertifikate.de	n-tv 870 ff.
Bank Vontobel	www.derinet.de	–
Bankgesellschaft Berlin	www.zertifikate.bgb.de	ARD 801
Bayerische Landesbank	www.bayernlb.de	ARD 849
BNP Paribas	www.warramts.bnpparibas.com/de	n-tv 615
Commerzbank	www.zertifikate.commerzbank.de	n-tv 675
Citibank	www.citiwarrants.com	n-tv 630
Deutsche Bank	www.db-xm.com	n-tv 770
Dresdner Bank	www.zertifikate.dresdner.com	n-tv 845
DZ Bank	www.dzbank.de	ARD 820
Goldman Sachs	www.goldman-sachs.de	n-tv 710
HSBC Trinkaus & Burkhardt	www.hsbc-tipp.de	n-tv 833
Hypo Vereinsbank	www.hvb.de	n-tv 601
ING BHF-Bank	www.ing-bhf-bank.com/zertifikate	ARD 806
JP Morgan	www.jpmorganinvestor.com	ARD 789
Merrill Lynch	www.zertifikate.de	ARD 841
Raiffeisen Centrobank	www.rcb.at	–
Sal. Oppenheim	www.oppenheim-derivate.de	n-tv 810
Société Générale	www.warrants.com	n-tv 740
UBS Investment Bank	www.keyinvest.de	n-tv 875
UniCredito Italiano	www.tradinglab.com	–
West LB	www.westlb-zertifikate.de	WDR 670

Tab. 116: Emittenten von Zertifikaten

22.3 Online-Banking mit Zertifikaten

Das Online-Banking, das in Deutschland weit verbreitet ist, hat etliche Vorteile, da es kostengünstig, kundenfreundlich und effizient ist. Eine Beratung ist beim Online-Banking aus Kostengründen nicht vorgesehen, wenngleich einige Direktbanken in den letzten Jahren dazu übergegangen sind, Kunden auf Wunsch näher zu beraten. Sie haben anders – als bei einer herkömmlichen Hausbank – auch keinen eigenen Kundenberater, sondern sind meist mit einer Hotline verbunden, die Ihrer Aufträge routiniert entgegennimmt.

Discountbroker	Internet	Telefon
Comdirect	www.comdirect.de	01803–4445
Cortal Consors	www.cortalsonsors.de	01803–252515
DAB Bank	www.dab-bank.de	01802–254500
DiBa	www.diba.de	01802–445588
E*Trade	www.etrade.de	0800–3332001
Sparkassen Broker	www.sbroker.de	0800–2080900
Sino	www.sino.de	0800–8007466

Tab. 117: Discountbroker

Discountbroker gibt es seit mehr als elf Jahren. Die größte Direktbank in Deutschland ist *comdirekt*, eine Tochtergesellschaft der *Commerzbank*, mit über 600000 Kundenkonten.

Da die Kundenzahl aufgrund der schweren Baisse im Jahr 2002 stagniert, haben viele Direktbanken ihre Dienstleistungspalette ausgeweitet. Neben dem Girokonto werden nun auch Tagesgeld- und Festgeldkonten angeboten. Inzwischen offerieren viele Discountbroker spezielle Produkte zur Altersvorsorge. Dazu gehören beispielsweise Sparpläne mit Zertifikaten und Investmentfonds, aber teilweise auch klassische Versicherungen. Besonderer Vorteil beim Kauf von Investmentfonds ist, dass Sie einen erheblichen Rabatt auf den Ausgabeaufschlag erhalten. Während bei Aktienfonds der Aufschlag regelmäßig fünf Prozent und mehr beträgt und auch bei Rentenfonds drei Prozent fällig werden, bieten Direktbanken fast immer einen Rabatt von 50 Prozent auf den Ausgabeaufschlag. Teilweise werden sogar Investmentfonds ohne Ausgabeaufschlag angeboten. Auch mit Baufinanzierungen und Konsumentenkrediten sollen weitere Kunden gewonnen werden. Das Beratungsgeschäft, das anfangs kaum zu den Aufgaben einer Direktbank gehörte, wurde ausgebaut. Andere Discountbroker versuchen den Kunden vor allem eine umfangreiche Handelsplattform zu bieten, die sich an so genannte „Heavy Trader" richten, die ihr Depot nicht nur einmal im Monat, sondern mehrmals in der Woche umschichten.

Viele Discountbroker haben ihr Angebot zu einem Finanzportal ausgebaut, das Sie als Anleger auch nutzen können, wenn Sie nicht Kunde bei dieser Bank sind. Sie erhalten umfangreiche Informationen über alle Märkte und Wertpapiere, können detaillierte Charts abrufen, sich mit Unternehmensdaten versorgen und sogar Analystengutachten abrufen. Im Vergleich zu früher bietet das Internet dem Anleger eine kaum überschaubare Fülle an Daten, so dass heutzutage Anleger fast genauso gut oder besser informiert sind als der Kundenberater der Bank. Ausgeklügelte Instrumente wie der Chart- und Performancevergleich ermöglichen es Ihnen, jedes Wertpapier akribisch zu analysieren. Darüber hinaus bieten fast alle Direktbanken, aber auch herkömmliche Kreditinstitute, ein kostenloses virtuelles Depot an, mit dessen Hilfe Sie Börsentransaktionen simulieren können. Insbesondere wenn Sie noch über keine fundierte Börsenerfahrung verfügen, sollten Sie einige Wochen zuerst einmal die Zertifikate in einem Musterdepot verwalten, um zu sehen, wie sich die von Ihnen gewählten Wertpapiere entwickeln.

22.4 Das Dienstleistungsangebot der Discountbroker

Die meisten Discountbroker bieten neben dem Handel mit Aktien, Anleihen, Zertifikaten und Optionsscheinen auch Futures an. Als Privatanleger sollten Sie auf keinen Fall mit Futures handeln – das Verlustrisiko ist bei Termingeschäften enorm. Wenn sich die Terminbörsen anders entwickeln, als Sie es prognostiziert haben, droht nicht nur der Totalverlust, sondern auch eine Nachzahlung, die beträchtlich ansteigen kann. Dies bedeutet letztlich den kompletten Ruin.

Etliche Discountbroker bieten dem Kunden mehr als 5000 Investmentfonds zur Auswahl an; Sie haben darüber hinaus hundert verschiedene Sparpläne zur Auswahl, wenngleich Sparpläne mit Zertifikaten noch in der Minderzahl sind. Eine Order kann sowohl via Internet als auch telefonisch abgegeben werden. Sie können Wertpapiere an allen deutschen Börsen kaufen. Zertifikate werden aber fast ausschließlich an der Frankfurter Wertpapierbörse und an der Stuttgarter *Euwax* gehandelt, die in Europa führend ist. Daneben bieten fast alle Discountbroker den Direkthandel an der *New York Stock Exchange* (*NYSE*) und an der *NASDAQ*, einer US-Computerbörse für Technologiewerte, an. Für Anleger ist der Direkthandel an amerikanischen Börsen oft günstiger und vorteilhafter, denn das Handelsvolumen ist größer als bei den Notierungen in Deutschland. Sie können jedoch fast einen Großteil der US-amerikanischen Aktien auch in Deutschland, insbesondere an der Berliner Börse, kaufen.

Neben den herkömmlichen Handelsarten, die heute meist über das vollelektronische Handelssystem *Xetra* abgewickelt werden, gibt außer dem Parketthandel über zugelassene Makler noch anderen Formen des Handels, die für versierte Anleger eine gewisse Rolle spielen. Sie können beispielsweise außerbörslich handeln, d. h. wenn die Börse bereits geschlossen ist, können Sie noch Wertpapiere über den Wertpapierhandel der Banken kaufen. Solche Transaktionen sind aber riskanter, denn anders als bei der offiziellen Börse ist der außerbörsliche Handel durch ein geringeres Volumen und eine geringere Transparenz gekennzeichnet. Für Anleger mit weniger Börsenerfahrung empfiehlt sich stets der normale Börsenhandel. Der außerbörsliche Handel wird oft von spekulativ eingestellten Investoren genutzt, die die Entwicklung in New York und in Tokio beobachten. Fällt beispielsweise die Börse in New York, versuchen manche Investoren ihre Wertpapiere im außerbörslichen Handel abzustoßen, ehe die Börse in Frankfurt eröffnet. Aufgrund der unterschiedlichen Zeitzonen haben sie dadurch einen Vorsprung; häufig wirkt sich die Börsentendenz in New York auch auf die Entwicklung in Frankfurt und an anderen europäischen Börsen aus, da diese Märkte in der Vergangenheit eine enge Korrelation zeigten.

Eine weitere Handelsart ist das so genannte Intraday-Trading. Es ist vor allem für Trader von entscheidender Bedeutung. Trader sind spekulativ eingestellte Anleger, die Wertpapiere mehrmals am selben Tag kaufen und verkaufen. Solche Transaktionen sind mit hohem Stress und einem höheren Verlustrisiko verbunden. Während im Jahre 1999 der Daytrading-Markt boomte, da man praktisch eine Aktie beliebig auswählen konnte und sie innerhalb kürzester Zeit anstieg, hat das Daytrading nach dem Zusammenbruch des Neuen Marktes und dem dramatischen Kollaps der Internetwerte an Bedeutung verloren. Trader bedienen sich der Chartanalyse, denn fundamentalanalytische Ansätze, die auch Bilanzen und Unternehmensdaten mit einbeziehen, spielen beim Trading keine Rolle. Trader reagieren auf jede noch so unscheinbare Kursbewegung und stoßen die Wertpapiere schon nach Minuten wieder ab. Eine Fehleinschätzung kann bereits innerhalb kürzester Zeit zu Verlusten führen. Man schätzt, dass die Mehrzahl der Trader diesem permanenten Stress nicht gewachsen ist und nur Verluste generiert. Einige wenige mögen vielleicht auch Gewinne erwirtschaften.

Discountbroker bieten Tradern viele Möglichkeiten, da sie neben Realtime-Kursen das fortlaufende Daytrading vorsehen. Realtime-Kurse, d. h. ständig aktualisierte Kurse, die direkt von der Börse übertragen werden, sind eine unabdingbare Voraussetzung für das Trading, da der Anleger innerhalb weniger Minuten oder sogar Sekunden reagieren muss. Daytrading spielt bei Zertifikaten nur dann eine Rolle, wenn es sich um Turbozertifikate mit einer Hebelwirkung handelt. Herkömmliche Indexzertifikate reagieren zu langsam, als dass sie für das Daytrading interessant sein könnten.

Eine seltene Handelsart, die auch gelegentlich von Discountbrokern angeboten wird, ist der Leerverkauf. Hierbei handelt es sich um ein spekulatives Geschäft, das auf fallende Kurse setzt. Diese Handelsform ist in den USA weit verbreitet, in Deutschland aber fast gänzlich unüblich. Der Anleger kann damit Aktien, die er eigentlich gar nicht besitzt, zu einem festen Preis verkaufen. Damit spekuliert er auf sinkende Kurse. Wenn der Handel perfekt ist, wird das Geschäft am Ende glatt gestellt, d. h. der Anleger muss nicht die Aktien, die er eigentlich nicht besitzt, aber schon verkauft hat, besorgen, um das Geschäft aufzulösen, sondern es wird ein Gegengeschäft abgeschlossen, um den Ausgleich zu ermöglichen. Leerverkäufe sind nur für äußerst erfahrene Investoren sinnvoll, zumal sie nur auf Aktien oder Indizes Anwendung finden. Auf Zertifikate sind Leerverkäufe bislang nicht üblich. Anleger, die auf fallende Kurse setzen wollen, haben die Möglichkeit, ein so genanntes Bear-Zertifikat zu kaufen, in dem dieser Mechanismus bereits integriert ist.

Die meisten Discountbroker berechnen als Provision eine Pauschale für die Abwicklung eines Wertpapierauftrags, die bei zirka 10 Euro liegt. Das Setzen von Limits und die Depotverwaltung sind in den meisten Fällen – im Gegensatz zu den traditionellen und etablierten Kreditinstituten – kostenlos. Darüber hinaus bieten fast alle Discountbroker ihren Kunden einen Wertpapierkredit an, den man auch Lombardkredit nennt. Die Höhe des Wertpapierkredits ist abhängig von den Wertpapieren im Depot; während deutsche Rentenwerte meist mit 80 Prozent des Depotwerts beliehen werden, liegt die Beleihungsgrenze für deutsche Standardaktien zwischen 50 und 60 Prozent. Ausländische Aktien und deutsche Nebenwerte werden viel niedriger angesetzt. Bei Investmentfonds spielt der Anlageschwerpunkt und die Fondszusammensetzung eine ausschlaggebende Rolle. Optionsscheine werden so gut wie nicht beliehen, da sie äußerst riskant sind. Bei Zertifikaten verhält es sich ähnlich: Während Indexzertifikate auf den DAX oder Dow Jones noch relativ hoch eingestuft werden, sind Turbozertifikate oder Zertifikate auf die Indizes von Schwellenländern so gut wie nicht beleihbar. Sie sollten nicht mit Wertpapierkrediten spekulieren, denn dies bedeutet immer ein unüberschaubares Risiko. Wenn Ihre Wertpapiere stark fallen, hat die Bank jederzeit die Möglichkeit, die verpfändeten Wertpapiere sofort zu „exekutieren", d. h. bestens – ohne Rücksicht auf fallende Kurse – an der Börse zu veräußern. Bei einem Crash bleiben Sie am Ende auf Ihren Kreditschulden sitzen. Jeder Wertpapierkredit löst eine Art verhängnisvolle Hebelwirkung aus, die für Sie nicht mehr vernünftig einzuschätzen ist. Verzichten Sie daher besser auf Wertpapierkredite, auch wenn die Konditionen noch so verlockend erscheinen mögen.

22.5 Sicherheitsrisiken beim Online-Banking

Das Online-Banking kann aufgrund der Sicherheitsrisiken bedenklich sein. Nur wenn Ihr Rechner auf dem aktuellen Stand ist, Sie alle neuen Sicherheitspatches für Ihr Betriebssystem installiert, Ihren Virenscanner ständig aktualisiert haben, können Sie davon ausgehen, dass ein sicheres und zuverlässiges Online-Banking möglich ist.

Denken Sie daran, dass schon geringfügige Sicherheitslücken dazu führen können, dass Ihre Transaktions- und die PIN-Nummer entwendet werden können. Sie sollten Ihr gesamtes Betriebssystem und auch den Browser stets auf dem aktuellen Stand halten. Alle vom Hersteller angebotenen Updates und Sicherheitspatches müssen umgehend installiert werden. Eine Firewall, die Sie davor schützt, dass jemand unbefugt durch eine Hintertür in Ihren PC eindringt, ist absolute Pflicht. Viele Anleger vernachlässigen beim Online-Banking die Sicherheitsregeln.

Da täglich neue Computerviren, Trojaner, Würmer und andere Schädlinge hinzukommen, ist es nach Meinung von Experten sogar unabdingbar, dass Sie Ihren Virenscanner täglich mehrmals aktualisieren. Gefährlich sind auch neue Formen des Passwortklaus wie das Phishing, bei dem die Anleger eine gefälschte E-Mail erhalten und gebeten werden ihre PIN- und TAN-Nummer einzugeben. Durch Viren kann Ihr Browser sogar auf eine gefälschte Seite umgelenkt werden, die der Website Ihrer Hausbank täuschend ähnlich sieht. Die Zahl der Manipulationsmöglichkeiten nimmt erheblich zu. Daher sollten Sie beim Online-Banking eine erhöhte Wachsamkeit und Sorgfalt walten lassen. Die Banken haben inzwischen einen neuen Sicherheitsstandard entwickelt, der es ermöglicht, Online-Transaktionen über eine Hardware zu verschlüsseln. Leider haben die meisten Banken aufgrund der hohen Kosten diesen Sicherheitsstandard nicht eingeführt. Vereinbaren Sie am besten mit der Bank ein Transaktionslimit, das die Überweisungen auf fremde Konten automatisch auf einen geringeren Betrag beschränkt. Sie können auch Ihre Orders telefonisch abwickeln. Auch hier sollten Sie aus Sicherheitsgründen kein schnurloses Telefon verwenden. Lassen Sie dann den Auftrag von dem Sachbearbeiter genau wiederholen, um sicher zu gehen, dass kein Übermittlungsfehler vorliegt. Bei den Wertpapierkennnummern ist es wichtig, dass jede einzelne Ziffer stimmt, sonst erhalten Sie womöglich ein ganz anderes Wertpapier.

22.6 Die Wertpapierkennnummer

Jedes Wertpapier ist mit einer speziellen Nummer ausgestattet, damit man sofort ein richtige Identifikation vornehmen kann. Es gibt im Prinzip drei Systeme zur Kennzeichnung: In den USA werden noch die Reuters-Kürzel verwendet, die Sie als Laufband in den Börsennachrichten von *NBC* sehen. Diese Kürzel sind in Deutschland wenig gebräuchlich. Hier zu Lande setzt man in der Regel eine sechsstellige Wertpapierkennnummer (WKN) ein. Ihr Kundenberater kann mit Hilfe der von Ihnen angegebenen Wertpapierkennnummer sofort das richtige Wertpapier ordern. Eine solche Nummer besitzt ausnahmslos jedes Wertpapier, das in Deutschland gehandelt wird. Dies gilt auch für ausländische Papiere, die an deutschen Börsen notiert sind.

Bei Zertifikaten werden Sie jedoch bald auf eine Besonderheit stoßen: Da die in Deutschland üblichen sechsstelligen Wertpapierkennnummern häufig schon ausgeschöpft sind, hat man bei den neu emittierten Zertifikaten oft das Problem, dass nicht mehr genügend freie Nummern zur Verfügung stehen. Dass so viele Zahlen schon vergeben sind, liegt weniger an der großen Zahl der Aktien, diese beträgt in Deutschland einschließlich ausländischer Werte nur mehrere Tausend, sondern an der großen Zahl von Anleihen.

Die Banken behelfen sich bei der Kennzeichnung von Zertifikaten damit, dass zusätzlich zu Ziffern auch Buchstabenkombinationen verwendet werden, bei der meist die Bank die Anfangsbuchstaben als Merkmal hinzufügt. So steht bei den Zertifikaten der *Deutschen Bank* meist ein „DB" in der Buchstabenkombination und bei der *Société Générale* ein „SG". Die Anleger sollten äußerst genau darauf achten, dass sie den Buchstaben „o" nicht mit der Null verwechseln, sonst bekommen Sie womöglich ein ganz anderes Wertpapier.

Im Zuge der Globalisierung und Internationalisierung des Bankensystems wurde vor einigen Jahren eine weltweit gültige, internationale Wertpapierkennnummer eingeführt – die ISIN. Diese Nummer hat zwölf Stellen und beginnt mit einem Länderkürzel. Die ersten beiden Stellen der ISIN starten also beispielsweise mit DE für Deutschland, NL für die Niederlande, CH für die Schweiz und AT für Österreich. An den ersten beiden Buchstaben können Sie erkennen, aus welchem Land das von Ihnen gewünschte Wertpapier stammt.

Bei den deutschen Wertpapieren wird dann die deutsche Wertpapierkennnummer verwendet, um sie zu kennzeichnen. Da die internationale ISIN jedoch zwölf Stellen hat, die deutsche Wertpapierkennnummer aber nur sechs Stellen vorsieht, werden die restlichen Positionen mit Nullen aufgefüllt. Eine Ausnahme ist die letzte Ziffer; sie ist eine so genannte Paritätsziffer, die nur für die interne Datenverarbeitung verwendet wird und als Prüfkennzeichen dient.

Das deutsche System hat mit sechs Ziffern bereits zu wenig Kombinationsmöglichkeiten, um alle Wertpapiere eindeutig zu identifizieren. Die Verwendung von Buchstabenkombinationen ist eine unzulängliche Notlösung. Die ersten Zertifikate, die emittiert wurden, hatten noch eine normale Ziffernkombination; erst bei den Zertifikaten, die in den letzten Jahren herausgegeben wurden, sind Buchstaben zur Kennzeichnung üblich geworden.

In den USA sind die Kennnummern länger, da die Vereinigten Staaten die meisten Wertpapiere haben. Bei der ISIN sind daher alle Stellen mit Ziffern belegt mit Ausnahme des Länderkürzels und der Paritätsziffer am Ende.

Wertpapier	ISIN	WKN	Kürzel
BMW (Aktie)	DE0005190003	519000	BMW
Siemens (Aktie)	DE0007236101	723610	SIE
IBM (Aktie)	US4592001014		IBM
FTSE Latibex Top (Zertifikat der Société Générale)	DE000SG0AZC4	SG0AZC	–

Tab. 118: Beispiele für Wertpapierkennnummern

Bei den in Deutschland notierten Wertpapieren streichen Sie einfach die letzte Ziffer (die Paritätsziffer) weg und die übrig bleibenden letzten sechs Ziffern entsprechen dann der WKN. Wenn Sie sicher sein wollen, dass Sie die Kennnummer richtig übermitteln und korrekt gelesen haben, ist es empfehlenswert, nur die zwölfstellige ISIN zu verwenden.

22.7 Informationen über Zertifikate

Die Banken geben als Informationsmaterial häufig Unterlagen heraus, die als Pdf-Dateien auch über das Internet von der Webseite des Emittenten heruntergeladen werden können. Man unterscheidet zwischen dem Emissionsprospekt, der Verkaufsbroschüre und dem Factsheet.

Der Emissionsprospekt enthält auf mehreren Seiten in schwierigem Juristendeutsch alle für die Herausgabe des Zertifikats relevanten Regelungen. Dort finden Sie auch einen Hinweis darauf, ob die Bank berechtigt ist, das Zertifikat vor dem Laufzeitende zu kündigen. Manche Banken behalten sich ein solches Recht vor, wenn sie befürchten, dass die Wertentwicklung so positiv sein könnte, dass sie am Ende noch zusätzlich zahlen müssen oder sich bei der Konstruktion verkalkuliert haben. In dem Emissionsprospekt steht sehr detailliert, wann die Bank den fälligen Betrag überweist, welches Recht gilt und zu welchem Zeitpunkt beispielsweise Garantien eingelöst werden.

Bei komplexen Zertifikaten sollten Sie sich die Mühe machen und den Emissionsprospekt durchlesen – vor allem wenn Sie das Zertifikat für Ihre Altersvorsorge einsetzen wollen. Der Verkaufsprospekt ist ein verbindliches Dokument, das den Vorgaben des Wertpapierhandelsgesetzes (WpHG) und der Verkaufsprospekt-Verordnung folgt. Die Emissionsbank legt in dem Verkaufsprospekt die Merkmale und Ausstattung des Zertifikats fest. Der Verkaufsprospekt wird bei den Aufsichtsbehörden hinterlegt und muss dem Anleger zugeschickt werden, wenn er dies ausdrücklich verlangt. Er bietet zahlreiche Hintergrundinformationen und enthält alle Details wie die Beschreibung des Kündigungsrechts und dient dem Kunden als Entscheidungshilfe. Solche Prospekte schildern in ausführlicher Form, aus welchen Aktien sich das Zertifikat zusammensetzt, welche Anlagestrategie dem Basket zugrunde liegt, wie sich der Index in den letzten Jahren entwickelt hat oder welche Garantien das Papier beinhaltet.

In manchen Verkaufsprospekten werden mehrere Zertifikate beschrieben – häufig unter einem übergeordneten Gesichtspunkt wie beispielsweise Investments in Osteuropa. Der Verkaufsprospekt macht Angaben zur Wertpapierkennnummer und zur ISIN, nennt die Börsenhandelsplätze und eine Informationshotline der Bank. Zertifikate, die noch nicht an der Börse notiert sind, können Sie zeichnen, d. h. Sie können für sich bei Ihrer Hausbank eine Anzahl zum Kauf vormerken lassen. Sie erhalten dann die neuen Zertifikate, sobald sie an der Börse gehandelt werden.

Ein Factsheet ist eine verkürzte Version des Verkaufsprospekts. Dabei werden meist nur die Zusammensetzung und die wichtigsten Informationen zusammengestellt.

Folgende Informationen benötigen Sie für Ihre Entscheidungsfindung:
- Wertpapierkennnummer (WKN)
- ISIN
- Laufzeit (Open end oder befristet)
- Bezugsverhältnis
- Geld-/Briefspanne (Spread)

Um das Zertifikat bei Ihrer Hausbank zu kaufen, müssen Sie entweder die Wertpapierkennnummer oder die ISIN angeben. Auch die Laufzeit ist ein wichtiger Aspekt bei der Entscheidung, ob Sie ein bestimmtes Zertifikat kaufen sollen oder nicht. Die Laufzeit eines Zertifikats entspricht der Zeit zwischen Emission und Fälligkeit bzw. der Rückzahlung des Zertifikats. Diese Laufzeit liegt bei Zertifikaten häufig nicht unter zwei Jahren. Im Durchschnitt beläuft sich die Laufzeit auf vier bis fünf Jahre. Dieser Zeitraum macht deutlich, dass Zertifikate in erster Linie eine Anlageform für mittel- bis langfristig orientierte Investoren sind. Daneben gibt es spezifische Zertifikate, die sich für kurzfristige Anlagehorizonte und das Daytrading eignen.

Bei einer langfristigen Anlage, die für die Altersvorsorge bestimmt ist, sollten Open-end-Zertifikate bevorzugt werden. Bei befristeten Zertifikaten zahlt Ihnen die Bank einen Tag nach der Fälligkeit den entsprechenden Geldwert aus. Danach erlischt das Zertifikat. Dadurch entsteht ein Wiederanlagerisiko, denn Sie müssen, wenn Sie langfristige Altersvorsorge betreiben, den Betrag erneut anlegen. Zum einen kann es sein, dass Sie kein geeignetes neues Wertpapier finden, was bei Zertifikaten unwahrscheinlich ist, da es eine Vielzahl gibt; zum anderen, und dieses Argument ist äußerst wichtig, entstehen Ihnen neue Kosten; denn bei jedem Neukauf fallen Bankprovisionen an. Auch wenn Sie der Auffassung sind, dass diese Gebühren langfristig nicht von Bedeutung sind, so schmälern sie dennoch Ihre Rendite.

Bei Indexzertifikaten sind Open-end-Papiere stets die erste Wahl. Befristete Indexzertifikate sind nicht sinnvoll. Bei exotischen Indizes, die sich auf Schwellenmärkte beziehen, agieren die Banken häufig vorsichtiger und geben nur befristete Zertifikate heraus. In den letzten Jahren hat aber auch in diesem Bereich die Zahl der Open-end-Zertifikate sprunghaft zugenommen, so dass es inzwischen auch unbefristete Papiere auf Länder wie Rumänien, Thailand oder Indonesien gibt. Die Vorsicht der Banken resultiert daraus, dass die Indizes mancher Länder nur wenige Aktien umfassen oder nur eine geringe Diversifikation ermöglichen. Auch die einseitige Branchenverteilung kann ein Grund für Probleme sein: So besteht der rumänische Aktienindex zu fast 50 Prozent aus Erdölwerten. Solche Rohstoffindizes, wie sie auch für Kanada, Südafrika, Australien und Russland typisch sind, bergen höhere Risiken, wenn die Rohstoffmärkte in eine Baisse münden. Andere Aktienindizes sind oft über eine breite Palette von Branchen gestreut.

Bei Indexzertifikaten sind Open-end-Papiere eigentlich der Regelfall. Nur bei Strategie- und Basketzertifikaten wird eine Befristung vorgenommen, da die Banken gleichsam die von ihnen entwickelte Strategie am Markt testen möchten. Ihre Altersvorsorge sollte stets langfristig ausgerichtet sein: Zertifikate, die nur noch zwei Jahre laufen, sind deshalb weniger geeignet.

Endloszertifikate schließen fast immer ein ausdrückliches Kündigungsrecht der Emissionsbank ein, dessen Ausübung aber bis zu zwei Jahre vorher angekündigt werden muss. Da eine solche Regelung wenig kundenfreundlich ist und der Reputation der Emissionsbank Schaden zufügen kann, verzichten die meisten Emittenten darauf, von ihrem Kündigungsrecht Gebrauch zu machen, wenngleich man ein solches Vorgehen für die Zukunft nicht definitiv ausschließen kann. Ein plausibler Kündigungsgrund wäre, dass der zugrunde liegende Basiswert nicht mehr denselben Stellenwert hat wie zum Emissionszeitpunkt.

Die Emission von neuen Zertifikaten wird federführend von den Marketing-Abteilungen der Banken beeinflusst. Die Neukundengewinnung ist dabei ein entscheidender strategischer Gesichtspunkt. Insofern führt die oft übertriebene Berichterstattung in den Medien und die Favorisierung von Modethemen dazu, dass vielfach die Emissionsbanken mit zeitlichem Verzug auf das Themenkarussell aufspringen und entsprechende Zertifikate herausgeben. Schon wenige Monate oder Wochen später wird das einst hochaktuelle Thema zum Ladenhüter. Ein charakteristisches Beispiel dafür ist die Euphorie, die vor einigen Jahren um das Thema Logistik entstand. In zahlreichen Börsenzeitschriften, Tageszeitungen und in den Medien wurde plötzlich ausführlich und mit zunehmender Begeisterung über Logistik berichtet. Unbekannte Logistikunternehmen, die bis dahin ein Dornröschen-Dasein an der Börse gefristet hatten, wurde als hochinnovative und lukrative Global Players umjubelt. Anleger hatten den Eindruck, dass langweilige Speditionen über Nacht zu den Stars am Börsenhimmel aufgestiegen waren. Dieser kometengleiche Auftritt verblasste aber schon nach wenigen Wochen, und danach versank die Logistikbranche wieder in Vergessenheit. Die Logistik-Zertifikate, die damals voller Enthusiasmus von den Banken emittiert wurden, sind heute eher von nebensächlicher Bedeutung.

Ein anderes Beispiel für eine mögliche Kündigung des Emittenten ist, wenn ein Zertifikat auf einen Index herausgegeben wurde, der an Bedeutung verlor, abgeschafft wurde oder durch einen neuen Index verdrängt wurde. In Deutschland gilt dies insbesondere für alle Zertifikate, die auf den NEMAX emittiert wurden. Der Nemax war früher der Index des Neuen Marktes, einem Börsensegment der Frankfurter Wertpapierbörse, das inzwischen komplett geschlossen wurde. Der desaströse Niedergang der Internetaktien zwang die Börse, diesen Teil des Marktes einzustellen. Jene Technologiewerte, die die Megabaisse von Frühjahr 2000 bis März 2003 unbeschadet ohne Skandale und Insolvenz überstanden hatten, wurden im neu geschaffenen TecDAX zusammengefasst. Die einst viel gepriesenen Zertifikate auf den NEMAX wurden dadurch zu Ladenhütern; denn die Banken gaben nun nur noch Zertifikate auf den TecDAX heraus.

Dem Recht zur Kündigung seitens des Emittenten entspricht bei den Endloszertifikaten ein so genanntes Ausübungsrecht, das der Anleger geltend machen kann. Zu bestimmten Terminen, wie z. B. am letzten Börsentag eines jeden Quartals, kann der Anleger von der Bank die Rückzahlung des Zertifikats zum geltenden Fair Value verlangen. In diesem Fall entstehen keine Gebühren, wie etwa eine Bankprovision, und es werden auch keine Maklercourtage oder sonstige Gebühren erhoben. Wenn Sie von dieser Möglichkeit Gebrauch machen möchten, sollten Sie sich mit Ihrer Hausbank in Verbindung setzen und einen entsprechenden Antrag bei der Emissionsbank des Zertifikats einreichen.

22.8 Kostenstruktur bei Zertifikaten

Wie bei Aktien, Anleihen und anderen Wertpapieren entstehen beim Kauf und Verkauf von Zertifikaten Kosten, die die Rendite mindern. Anleger sollten – auch wenn die Kosten auf den ersten Blick annehmbar und geringfügig erscheinen – stets die Kostenseite beachten und in ihre Renditeberechnung mit einbeziehen. Langfristig bedeutet dies immer eine Verringerung der Renditechancen. Die alte Börsenweisheit „Hin und her macht Taschen leer" sollten Sie auch beim Kauf von Zertifikaten beherzigen, denn ein allzu häufige Umschichtung Ihres Depots kommt mehr Ihrer Hausbank zugute, die auf jeden Fall Nutzen daraus zieht.

Die Geld-Brief-Spanne (Spread)

Der Anleger muss beim Kauf von Zertifikaten einen Preis entrichten, der über dem so genannten Fair Value, dem eigentlichen Preis, liegt. Im Gegenzug werden Verkäufe zu einem Kurs abgerechnet, der unterhalb des fairen Werts liegt. Diesen Unterschied zwischen dem Kauf- und Verkaufskurs nennt man Spread. Diese Spanne, die von dem Emittenten nach eigenem Ermessen festgelegt werden kann, ist die wichtigste Einnahmequelle für die Emissionsbank und zugleich der bedeutendste Kostenfaktor für den Anleger beim Kauf von Zertifikaten. Der Spread berechnet sich als der Quotient aus der Differenz von Brief- und Geldkurs durch den Geldkurs in Prozent.

Die Höhe des Spreads hängt von der Struktur und der Komplexität des Zertifikats ab. Denn jede Bank muss das von ihr entworfene Zertifikat durch finanztechnische Operation absichern, die als Hedging-Strategien bezeichnet werden. Bei einfachen Zertifikaten auf Indizes ist dies wesentlich einfacher zu bewerkstelligen als bei vielschichtigen Strategie- oder Basketzertifikaten. Außerdem hängt die Höhe des Spreads von der Volatilität des Basiswerts ab. Wenn der zugrunde liegende Wert stark schwankt, wird die Absicherung für die Emissionsbank wesentlich teurer und aufwändiger. Aus diesem Grund haben DAX-Zertifikate einen kostengünstigeren Spread als Indexzertifikate auf die Indizes von Emerging Markets oder auf bestimmte Börsen, die überwiegend Technologiewerte umfassen.

In der Mehrzahl der Fälle ist der Spread der wichtigste Kostenfaktor beim Kauf oder Verkauf von Zertifikaten, wenn man von den anfallenden Bankprovisionen absieht, die bei der jeder Wertpapiertransaktion in Rechnung gestellt werden.

Indexzertifikate haben in der Regel nur eine geringe Geld-Brief-Spanne, die unter einem Prozent liegt. In vielen Fällen beträgt der Spread sogar weniger als ein halbes Prozent. Bei Indexzertifikaten sind hohe Geld-Brief-Spannen nur dann gerechtfertigt, wenn es sich um einen äußerst exotischen Markt (Emerging Markets) oder einen seltenen, kaum bekannten Index handelt. In solchen Fällen hat der Anleger kaum eine Alternative, da der Erwerb von Einzelaktien in Schwellenländern mit beträchtlichen Risiken verbunden ist. Neben wirtschaftlichen Restriktionen, Formen der Devisenwirtschaftung, politischen Gefahren und anderen Unwägbarkeiten sind solche Märkte für Privatanleger auch nur wenig transparent und zugänglich. Der Anleger kann daher nur auf einen spezialisierten Investmentfonds oder ein entsprechendes Zertifikat zurückgreifen. Aufgrund des hohen Spreads, der bei diesen Märkten fällig wird, kann sich die Kostenstruktur von Zertifikaten und Investmentfonds angleichen. Bei Aktienfonds ist im Durchschnitt ein Ausgabeaufschlag von fünf Prozent fällig, sofern der Anleger keinen Rabatt von der Hausbank erhält, und eine jährlich anfallende Managementgebühr. Die genaue Kostenstruktur eines Investmentfonds kann man einer Kennzahl, der so genannten TER (Total Expense Ratio), entnehmen. Unter Umständen kann ein Indexzertifikat billiger sein, wenn keine zusätzlichen Managementgebühren anfallen und man es über mehrere Jahre im Depot hält.

Bei günstigen Indexzertifikaten kann dieser Spread bei null liegen, so dass der Kauf- und der Verkaufskurs des Zertifikats zu einem bestimmten Zeitpunkt identisch sind. Solche Zertifikate sind besonders günstig. Bei den gängigen Indizes wie dem DAX, dem EuroStoxx 50, dem Dow Jones, dem S&P500 sowie dem NASDAQ 100 sollten Sie nur eine geringfügige Geld-Brief-Spanne akzeptieren. Allenfalls sind 0,5 Prozent im Bereich des Annehmbaren. Ein höherer Spread ist bei diesen standardmäßigen Indexzertifikaten nicht zu rechtfertigen. Bei Zertifikaten, die sich auf seltene Indizes und Schwellenländer beziehen, können auch höhere Spreads angemessen sein. Dies gilt vor allem für Emerging Markets wie Russland, Indien, China, Thailand, Indonesien, Malaysia und Lateinamerika. In diesen Fällen kann die Spanne sogar zwei Prozent erreichen. Im Vergleich zu einem Investmentfonds ist dies immer noch preisgünstiger, denn bei den meisten Aktienfonds fällt – ohne Rabattgewährung – ein Ausgabeaufschlag von durchschnittlich fünf Prozent an.

Ein Anleger zahlt also für den Investmentfonds fünf Prozent, während er beim Zertifikat zwei Prozent für die Geld-/Briefspanne und insgesamt zwei Prozent für die Bankprovision beim Kauf und Verkauf über die Börse berappen muss.

Der Ausgabeaufschlag (Agio)

Für Zertifikate, und dies gilt insbesondere für Index-Zertifikate, wird normalerweise kein Ausgabeaufschlag erhoben, wie er bei den herkömmlichen Investmentfonds üblich ist. Bei Rentenfonds beträgt der Ausgabeaufschlag im Durchschnitt drei Prozent und bei Aktienfonds fünf Prozent. Manche Investmentgesellschaften haben Ausgabeaufschläge, die sogar sechs Prozent überschreiten können. Die Zertifikate sind dabei klar im Vorteil, da es bei ihnen in der Regel überhaupt keinen Ausgabeaufschlag gibt. Die Kosten sind nämlich mit der Geld-Brief-Spanne abgegolten. Anleger, die dennoch auf Investmentfonds setzen, sollten von ihrer Hausbank einen Rabatt verlangen oder zu einer Direktbank wechseln, die ihren Kunden in den meisten Fällen einen Nachlass beim Ausgabeaufschlag von 50 Prozent einräumt oder sogar Fonds ohne Ausgabeaufschlag handelt. Bei solchen Fonds erheben die Banken aber wesentlich höhere jährliche Managementgebühren, so dass No-load-Funds oder Tradingfonds nur für kurzfristige Anlagehorizonte sinnvoll sind.

Eine andere Möglichkeit besteht darin, Exchange Traded Funds (ETFs) zu kaufen. Solche Investmentfonds werden nicht über die Investmentgesellschaften direkt, sondern über die Börse gehandelt. Der Kunde spart dadurch den Ausgabeaufschlag, muss aber die beim Kauf über die Börse üblichen Bankprovisionen entrichten.

Im Vergleich zu Zertifikaten entstehen bei Investmentfonds langfristig immer Kosten und Gebühren, die höher liegen. Nur bei Zertifikaten, die auf Schwellenländer setzen, die aktiv gemanagt werden oder eine Währungsabsicherung (Quanto-Zertifikate) mit einschließen, können die Kosten und Gebühren über denen von Investmentfonds liegen.

Ein Sonderfall sind Basket-Zertifikate, denen eine Auswahl von Einzelaktien zugrunde liegt. Die Bank möchte sich die Expertise bei der Zusammenstellung vergüten lassen und verlangt bei der Emission einen Ausgabeaufschlag; dieser wird vom Zeichnungspreis, bevor das Zertifikat an der Börse notiert wird, abgezogen. Dies ist vor allem bei Basket-Zertifikaten der Fall, die zu einem festen Preis (meist 100 €) emittiert werden. Dabei wird der Emissionspreis von der Bank nicht komplett in den zugrunde liegenden Wert investiert, sondern lediglich zu 97 bis 99 Prozent. Die restlichen ein bis drei Prozent behält die Emissionsbank als Vertriebsprovision oder für sonstige entstehende Kosten. Wenn folglich ein Basket-Zertifikat zu einem Preis von 100 Euro verkauft wird, dann fließen 2 Euro je Zertifikat an die Emissionsbank, die damit die entstehenden Vertriebskosten und die Kosten der Emission abdeckt. Ein solcher Abschlag muss erst durch eine Wertentwicklung wieder kompensiert werden. Anleger sollten sich daher schon im Vorfeld sorgfältig informieren.

Bankgebühren (Spesen, Bankprovision)

Bankgebühren werden grundsätzlich bei jedem Wertpapiergeschäft berechnet. Bei herkömmlichen Universalbanken liegen die Provisionen im Aktienhandel bei Kauf und Verkauf bei bis zu einem Prozent. Der Erwerb und die Veräußerung von Anleihen ist günstiger, da hier jeweils nur ein halbes Prozent berechnet wird. Was viele Kunden nicht wissen: Die Höhe der Bankgebühren ist letztlich eine Verhandlungssache. Großkunden gesteht die Bank ohne längere Diskussion deutliche Rabatte zu. Je vermögender Sie sind und je länger die Bank Sie kennt, desto geringer fallen die Bankgebühren aus. Hartnäckiges und entschiedenes Verhandeln kann Vorteile bringen. Ansonsten ist es empfehlenswert, zu einer Direktbank zu wechseln, wenn man den organisatorischen Aufwand und die Nachteile (wie beispielsweise erhöhte Gebühren beim Abheben an bankfremden Geldautomaten) nicht scheut. Bei häufigen Wertpapiertransaktionen sollten Sie auf jeden Fall die Gebühren stets berücksichtigen.

Die Gebühren für den Handel mit Zertifikaten liegen im Durchschnitt bei 0,8 Prozent bei den herkömmlichen Filialbanken und bei – im günstigsten Falle – 0,2 Prozent bei einer Direktbank, die auf Wertpapierhandel spezialisiert ist. Eine solche Direktbank nennt man auch einen Discount-Broker.

Maklergebühren (Courtage)

Bei einem Kauf- oder Verkaufsauftrag wickelt der zuständige Börsenmakler die Order im Auftrag Ihrer Hausbank ab. Die Gebühren, die der Börsenmakler in Anspruch nimmt, betragen etwa 0,08 Prozent des Auftrags. Diese Maklercourtage wird von der Hausbank im Voraus entrichtet und anschließend dem Kunden in Rechnung gestellt. Auf Ihrer Wertpapierrechnung finden Sie daher neben der Bankprovision auch die Maklercourtage, die getrennt ausgewiesen wird. Im außerbörslichen Handel, für den die Bank zuständig ist, die das Zertifikat herausgegeben hat und als Market Maker auftritt, wird die Order von Ihrer Hausbank direkt an die Emissionsbank weitergleitet. Da hierbei kein Börsenmakler beauftragt wird, entfällt die Courtage. Ein weiterer Sonderfall, bei dem keine Maklergebühren anfallen, ist die Neuemission. Wenn ein Zertifikat noch nicht an der Börse notiert ist und erst herausgegeben wird, können Sie es sozusagen schon vorher bestellen – man nennt dies „zeichnen". Die Zeichnungsfrist beträgt häufig nur wenige Tage bei Indexzertifikaten. Bei Basketzertifikaten ist eine längere Zeichnungsfrist üblich, die mehrere Wochen dauern kann. Dabei wird natürlich keine Maklercourtage fällig, da der Kauf direkt von der Emissionsbank erfolgt.

Die Managementgebühr (Management-Fee)

Die Managementgebühr wird zusätzlich erhoben, wenn das Zertifikat für die Emissionsbank mit einem hohen Verwaltungs- oder Managementaufwand verknüpft ist. Dies ist insbesondere dann der Fall, wenn es sich um ein Basketzertifikat handelt. In fast allen Fällen sehen die Konditionen vor, dass die Zusammensetzung des Aktienkorbes in regelmäßigen Abständen überprüft wird, um gegebenenfalls eine Umschichtung vorzunehmen. Eine solche Umschichtung wird als Reallokation bezeichnet. Diese fortlaufende Überprüfung und die mit den Transaktionen verbundenen Kosten werden durch die Managementgebühr abgegolten.

Die Managementgebühr wird an vorher festgelegten Stichtagen vom eigentlichen Wert des Zertifikats, dem Fair Value, abgezogen. Das Zertifikat verliert durch diesen Gebühreneinzug vorübergehend leicht an Wert. Finanztechnisch handelt es sich um einen Kostenaspekt, der zeitraumbezogen anfällt. Anleger, die einen langfristigen Anlagehorizont haben und Kosten sparen möchten, sollten darauf achten, dass die Managementgebühr nicht zu hoch liegt. Im Zweifelsfall ist ein Zertifikat vorzuziehen, dass möglicherweise einen höheren Spread aufweist, dafür aber weniger Managementgebühren nach sich zieht. Denn während der Spread nur beim Kauf und Verkauf des Zertifikats erhoben wird, ziehen die Banken die Managementgebühr jährlich vom Wert des Zertifikats ab.

Sie wird meistens prozentual pro Jahr angegeben und liegt durchschnittlich zwischen 0,5 und zwei Prozent. Sie wird überwiegend auf der Basis des Rückzahlungsbetrages pro rata über die gesamte Laufzeit abgerechnet. Durch diese Verteilung über die Laufzeit hat die Gebühr am Anfang der Laufzeit nur einen unerheblichen Einfluss auf den Fair Value, den eigentlichen fairen Wert des Zertifikats. Nach der Hälfte der Laufzeit ist die Managementgebühr bereits zur Hälfte einberechnet. Erst bei der Fälligkeit des Zertifikats wirkt sich die Managementgebühr vollständig auf den fairen Wert aus.

Einige Indexzertifikate und nahezu alle Basketzertifikate sind befristet und haben eine von vornherein definierte Laufzeit. Am Laufzeitende zahlt die Emissionsbank den Fair Value des Zertifikats aus. Dieser Rückzahlungsbetrag wird innerhalb von fünf Tagen nach dem Ablauf des Zertifikats auf das Konto des Anlegers überwiesen. Bei gängigen Indexzertifikaten stimmt der Stichtag für die Festlegung des Rückzahlungsbetrags mit dem Fälligkeitsdatum überein. Bei Basketzertifikaten indes ist es häufig so, dass der Stichtag und der Fälligkeitstag auseinander fallen. Häufig ist das Fälligkeitsdatum ein paar Tage später anberaumt. Der Grund für diese Maßnahme liegt darin, dass man Ausreißer oder zufällige Tagesschwankungen glätten möchte. Darüber hinaus dient diese Maßnahme dem Schutz des Anlegers. Für die Konstruktion des Zertifikats baut die Emissionsbank Aktienpositionen auf, die zur Absicherung des Zertifikats unerlässlich sind. Man nennt dies eine Hedgingstrategie. Mit dem Ablauf des Zertifikats veräußert die Bank diese Positionen wieder, was den Kurs des Zertifikats drücken könnte. Daher wurde das Fälligkeitsdatum nach hinten verlegt und der Kursdurchschnitt des Abrechnungszeitraums festgelegt, um solche Kursschwankungen ausschließen zu können.

Bei einem Aktienkorb ist dieses Risiko größer als bei einem Aktienindex. Daher nimmt die Bank einen Zeitraum von drei bis fünf Tagen. Die Schlusskurse dieser Periode werden gleich gewichtet. Der Rückzahlungsbetrag ergibt sich dann aus dem Durchschnitt dieser Kurse. Der Handel mit dem Zertifikat wird bereits einen Tag vor dem festgelegten Abrechnungszeitraum eingestellt.

Viele Basketzertifikate sind zusätzlich in dem Verkaufsprospekt mit einer Verlängerungsoption ausgestattet, so dass der Emittent am Ende der Laufzeit eine Verlängerung vorschlagen kann. Für den Anleger ist dies ein Vorteil, denn wenn das Zertifikat gut gelaufen ist, kann er weiter an der Wertentwicklung partizipieren. Ansonsten hätte er nämlich ein Wiederanlagerisiko und müsste sich ein neues Zertifikat mit ähnlichen Chancen heraussuchen, was bisweilen schwierig sein kann. Für den Fall der Verlängerung hat der Anleger stets ein Ausübungsrecht, d. h. er kann sich den Wert des Zertifikats auszahlen lassen, ohne das Wertpapier über die Börse zu verkaufen oder außerbörslich zu veräußern. Der Anleger erspart sich dadurch die bei jeder Börsentransaktion fälligen Bankprovisionen und eventuell die Maklercourtage, die beim außerbörslichen Handel ohnehin nicht anfällt.

Je schwieriger das Management eines Zertifikats ist, desto höher veranschlagen die Emissionsbanken die Managementgebühr. Exotische Schwellenmärkte führen meist zu beträchtlichen Kosten. Die Emissionsbanken sehen dann eine häufigere, meist vierteljährliche Überprüfung des Aktienkorbs vor. Besonders kostenintensiv ist auch ein aktiv gemanagtes Zertifikat. Aktiv gemanagte Zertifikate konterkarieren den eigentlichen Grundsatz der passiven Investmentstrategie und sind für Anleger eigentlich nicht sinnvoll.

Wenn Sie großen Wert auf ein aktives Management legen, sollten Sie sich gleich für einen Investmentfonds entscheiden; es gibt bei Investmentfonds ohnehin eine größere Auswahl als bei aktiv gemanagten Zertifikaten. Da Sie bei einer Direktbank einen Rabatt von 50 Prozent auf den Ausgabeaufschlag bei Investmentfonds erhalten, sind Sie eher im Vorteil als bei einem aktiv gemanagten Zertifikat, das über die Börse erworben werden muss, was Bankprovisionen und die Maklercourtage nach sich zieht und die Kosten in die Höhe treibt. Investmentfonds haben gegenüber den aktiv gemanagten Zertifikaten auch den Vorteil, dass sie permanent die Anlageentscheidungen analysieren und überprüfen und nicht an einen ausgewählten Aktienkorb oder einen bestimmten thematischen Schwerpunkt gebunden sind.

Eine häufige Ursache für hohe Managementgebühren ist auch die Währungsabsicherung. Zertifikate, die gegen Devisenschwankungen gesichert sind, heißen Quanto-Zertifikate. Nicht nur die Währungen der Schwellenländer sind sehr schwankungsanfällig und können die Wertsteigerung eines Zertifikats zunichte machen, sondern auch gängige Währungen wie der US-Dollar, der australische und kanadische Dollar können gegenüber dem Euroraum enorme Schwankungen aufweisen. Viele Anleger machen sich nicht bewusst, dass die Indizes, die sie über die Zertifikate kaufen, nicht in Euro, sondern in der jeweiligen Landeswährung notieren. Der Dow Jones lautet somit in US-Dollar, der FTSE 100 in britischen Pfund und der russische Aktienindex in Rubel. Etliche Anleger glauben, weil es sich hier um Punktesysteme handelt, dass der Indexstand demselben Wert in Euro entspräche. Das ist aber nicht der Fall. Selbst die günstige Wertentwicklung eines Aktienindex kann gleichsam über Nacht verloren gehen, wenn die Landeswährung gegenüber dem Euro nachgibt. Für viele Anleger waren solche Währungsturbulenzen ein Ärgernis. Quanto-Zertifikate gleichen diesen Nachteil aus, indem sie den Punktestand des jeweiligen Index automatisch in eine Euronotierung umwandeln. Diese Sicherheit hat aber ihren Preis, und so sind die Managementgebühren bei Quanto-Zertifikaten besonders hoch. Vielfach waren Anleger, die ein Quanto-Zertifikat gekauft haben, im Nachhinein eher enttäuscht. Andere Investoren konnten zusätzliche Währungsgewinne verbuchen, wenn der US-Dollar oder eine andere Währung gegenüber dem Euro zulegte. Ob ein Quanto-Zertifikat für Sie sinnvoll ist oder nicht, sollten Sie im Einzelfall entscheiden. Der Euro ist gegenüber vielen Währungen gestiegen; seitdem sich aber die Verletzungen der Konvergenzkriterien, die im Maastrichter Vertrag vereinbart wurden, häufen und die Haushaltsdisziplin der Mitgliedsländer im Euroraum eher Anlass zur Besorgnis gibt, wird auch der Euro gegenüber anderen Währungen nachgeben. Währungsprognosen sind selbst für sachkundige Experten eine Herausforderung, daher ist die Entscheidung für oder gegen Quanto-Zertifikate nie eindeutig zu treffen.

Die Performance-Gebühr (Performance-Fee)

Manche Emittenten gehen sogar so weit, dass sie sich den Erfolg eines Investments zusätzlich vergüten lassen. Diese Performance-Gebühr ist als eine erfolgsabhängige Gewinnbeteiligung zu verstehen, die nur dann erhoben wird, wenn der Fonds bestimmte, von vornherein festgelegte Erfolgskriterien erfüllt hat.

Üblich ist eine solche Performance-Gebühr nur bei Hedgefonds, die anders als konventionelle Investmentfonds auch mit Optionen,

Futures, Rohstoffen und Devisen spekulieren und besondere Anlagestrategien verfolgen. Aufgrund dieser Komplexität und der damit verbundenen Risiken hat sich diese besondere zusätzliche Vergütung bei Hedgefonds eingebürgert. Im Gegensatz zu den traditionellen Investmentfonds orientiert sich nämlich die Zielrendite von Hedgefonds nicht an einer Benchmark wie einem Index, sondern an einem vorher vereinbarten absoluten Wert, der unabhängig von der Marktverfassung und dem Börsenklima erreicht werden muss (Total Return).

Die Zertifikate, die in Deutschland auf Hedgefonds herausgegeben werden, beziehen sich auf Dachfonds, d. h. diese Dachfonds – die international auch als Umbrella-Fonds bezeichnet werden – investieren wiederum in eine Vielzahl einzelner Hedgefonds, um das Risiko, das bei solchen Anlageformen höher ist, zu minimieren. Aufgrund dieser Konstruktion können die Performance-Gebühren besonders hoch angesetzt sein. Sie liegen beispielsweise bei zehn Prozent vom Jahresgewinn. Ein andere Vergütungsform setzt einen Mindestgewinn voraus, ab dessen Schwelle eine Vergütung von 15 Prozent zulässig ist. Wenn also ein Hedgefonds den Mindestgewinn von zehn Prozent erreicht hat, dann wird die zusätzliche Performance (die Outperformance) mit 15 Prozent honoriert.

Indirekte Kosten

Zertifikate haben gelegentlich neben den direkten Kosten wie Spread, Managementgebühr, Performance-Fee, Bankprovisionen und der Maklercourtage noch indirekte Kosten, die auf den ersten Blick nicht sichtbar sind. In erster Linie handelt es sich dabei um entgangene Dividendenausschüttungen, denn anders als bei Performanceindizes wie dem DAX sind die Mehrzahl der marktgängigen Indizes Kursindizes. Bei einem Kursindex werden die ausgeschütteten Dividenden der Aktiengesellschaften nicht auf die Wertentwicklung angerechnet, so dass Kursindizes immer deutlich schlechter abschneiden als die besseren Performanceindizes. Die ausgeschütteten Dividenden behalten die Emissionsbanken ein, um ihre Kosten abzudecken. Würde ein Privatanleger beispielsweise selbst ein DAX-Zertifikat konstruieren, indem er sich alle 30 verschiedenen DAX-Werte zulegte, dann würden ihm dadurch erhebliche

Transaktionskosten entstehen. Dieser Aufwand beliefe sich auf mindestens 1,5 Prozent der Anlagesumme.

Die einbehaltenen Dividenden spiegeln gleichsam die Kosten wider, die der Emissionsbank für die Konstruktion des Zertifikats entstehen. Besonders günstige und kundenfreundliche Indexzertifikate rechnen allerdings zumindest einen Teil der Dividenden an. Im Zweifelsfall sollten Sie auf jeden Fall einen Performanceindex bevorzugen, da bei diesem die Dividenden generell bereits enthalten sind. Die Banken berechnen jedoch im Gegenzug einen höheren Spread. Eine sinnvolle Kostenabwägung sollte also die Höhe des Spreads und die Unterschiede zwischen Zertifikaten auf Kurs- und Performanceindizes in die Überlegungen mit einbeziehen.

22.9 Die Emission von Zertifikaten

Zertifikate werden von einer Bank emittiert oder begeben. Man unterscheidet zwei verschiedene Emissionsverfahren. Bei Indexzertifikaten wird die so genannte preisflexible Emission eingesetzt. Die Bank legt die einzelnen Konditionen in ihrem Verkaufsprospekt fest, hinterlegt diesen bei der zuständigen Aufsichtsbehörde und veröffentlicht die Unterlagen. Dieses Dokument ist für die Bank rechtsverbindlich und muss dem Anleger auf Anforderung zugesandt werden. Mit der Veröffentlichung beginnt der Zeitpunkt des Verkaufs, und Anleger können das Zertifikat über ihre Depotbank erwerben. Die Emissionsbank verkauft das Zertifikat zum Fair Value, das ist der Wert, den die zugrunde liegenden Wertpapiere oder Indizes zum Zeitpunkt des Ordereingangs haben. Wie bei den herkömmlichen Kauf- und Verkaufsaufträgen an der Börse kann der Anleger auch bei diesen vorbörslichen Transaktionen Limits setzen.

Das andere Emissionsverfahren, das hauptsächlich bei Basketzertifikaten angewandt wird, ist die Festpreisemission. Auch in diesem Fall ist die Bank verpflichtet einen Verkaufsprospekt zu erstellen, der die genauen Konditionen enthält. Nach der Publikation und Hinterlegung des Verkaufsprospekts werden die Zertifikate innerhalb einer festgelegten Zeichnungsfrist verkauft. Eine solche Zeichnungsfrist kann unter Umständen mehrere Wochen dauern.

Der Anleger kann über seine Depotbank einen Kaufauftrag ausstellen. Anders als beim preisflexiblen Emissionsverfahren bleibt der von der Bank festgelegte Verkaufspreis, der häufig bei 100 Euro liegt, während der Zeichnungsfrist gleich. Deshalb ist es bei Festpreisemissionen nicht notwendig, ein Limit zu setzen. Der Anleger erhält das Zertifikat zum offiziell festgelegten Preis. Wenn die Zeichnungsfrist ausläuft, wird das Zertifikat an der Börse und im außerbörslichen Handel notiert. Die Anleger, die nach der Zeichnungsfrist das Zertifikat erwerben wollen, müssen es über die Börse kaufen. Der Kurs der Zertifikats richtet sich dann nach der Wertentwicklung der zugrunde liegenden Basiswerte, beispielsweise nach einem Aktienkorb bei einem Basketzertifikat.

22.10 Die Emissionsbank als Market Maker

Nachdem die Zertifikate im so genannten Sekundärmarkt – also an der Börse oder im außerbörslichen Handel – sind, verpflichtet sich die Emissionsbank stets für eine ausreichende Liquidität zu sorgen, damit die Anleger immer zu angemessenen Kursen kaufen und verkaufen können. Die Emissionsbanken fungieren dabei im Handel als Market Maker. Sie müssen für jedes ihrer Zertifikate fortlaufend Kurse stellen. Dabei unterscheidet man den Geldkurs (Verkaufskurs), zu dem Anleger die Zertifikate verkaufen können, und den Briefkurs (Kaufkurs). Der Briefkurs ist naturgemäß höher als der Geldkurs. Der eigentliche Wert des Zertifikats, der Fair Value, liegt zwischen dem Verkaufs- und dem Kaufkurs. Als Anleger sollten Sie sicherheitshalber beim Kauf und Verkauf von Zertifikaten ein Limit setzen, damit keine plötzlichen und unvorhergesehenen Kursschwankungen den Kauf verteuern oder Ihnen zu niedrige Verkaufspreise bescheren. Die Festsetzung des Limits sollte sich an den aktuellen Kursen orientieren. Limits, die zu hoch angesetzt sind, machen weniger Sinn. Die Emissionsbank springt als Market Maker übrigens nur dann ein, wenn sich kein anderer Handelspartner an der Börse findet. Neben dem offiziellen Handel an den beiden Wertpapierbörsen in Frankfurt und in Stuttgart (*Euwax*) gibt es noch den außerbörslichen Handel. Die Transaktion findet unmittelbar zwischen der Depotbank des Anlegers und der Emissionsbank statt, die die Rolle des Market Makers übernimmt. Der Anleger kann bereits bei der Orderaufgabe wählen, ob er den Kauf oder Verkauf von Zertifikaten über eine bestimmte Börse oder außerbörslich abwickeln möchte.

23. Wie Sie mit Zertifikaten Geld anlegen

Bei der Geldanlage sollten Sie zuvor klären, welche Ziele Sie verfolgen und wozu Ihr Investment dient. Seriöse Finanz- und Bankberater erkennen Sie daran, dass mit Ihnen ein detailliertes und umfassendes Vorgespräch geführt wird, dass dazu dient Ihre finanzielle Ausgangsituation zu erfassen, Ihre finanziellen Ziele zu konkretisieren und Ihren Anlagetyp herauszufinden. Berater, die Ihnen – ohne Ihre persönlichen und beruflichen Lebensumstände zu kennen – ein Wertpapier empfehlen oder es gar als Geheimtipp anpreisen, sind generell nicht ernst zu nehmen. Ein 20-jähriger Student benötigt eine andere Beratung als ein 40-jähriger Topmanager oder eine Rentnerin. Sowohl die Lebens- und Berufsziele als auch die finanzielle Lage unterscheiden sich beträchtlich.

Eine in der Börsenfachliteratur verbreitete Faustregel lautet, dass man nur so viel Geld in Aktien investieren sollte, wie sich aus der Formel 100 minus aktuelles Lebensalter ergibt. Demnach müsste ein Dreißigjähriger 70 Prozent des verfügbaren Anlagekapitals in Aktien investieren. Eine schematische Anwendung einer solchen Formel ist aber nicht empfehlenswert, denn die näheren Lebensumstände spielen eine entscheidende Rolle, die man keineswegs vernachlässigen sollte. Darüber hinaus ist ein wichtiger Punkt, wie die Asset-Zusammensetzung gestaltet ist. Früher galt die Grundregel: ein Drittel Aktien, ein Drittel Anleihen und ein Drittel Immobilien. Eine solche Form der Depotzusammensetzung ist zu unflexibel, um sinnvoll zu sein. Selbst wenn Sie keine Immobilie besitzen, sollten Sie nicht unbedingt den Erwerb einer Eigentumswohnung oder eines Hauses in Erwägung ziehen. Immobilien erzielen im Vergleich zu Aktien über die Jahrzehnte eine geringere Rendite als Aktien oder Aktienindizes. Eine überdurchschnittliche Performance mit Immobilien lässt sich nur in bester Lage und bei Nutzung aller Steuervorteile erreichen. Für viele Anleger hat eine Immobilie jedoch einen besonderen psychologischen Wert und dient häufig als Statussymbol. Solche irrationalen Erwägungen haben bei Anlageentscheidungen durchaus Gewicht.

Eine Grundsatzentscheidung bei der Anlage ist, ob Ihr Kapital dem Vermögensaufbau, der Spekulation oder der Werterhaltung dienen soll. Drei Kriterien beeinflussen jede Anlageentscheidung: Sicherheit, Liquidität und Rendite. Je sicherer eine Geldanlage ist, desto geringer ist die Höhe der Rendite. Der Anleger bezahlt die Sicherheit gleichsam mit erheblichen Einbußen bei der erzielbaren Rendite. Auch der Liquidität kommt eine große Bedeutung zu. Geldanlagen mit einer längeren Kündigungsfrist oder Kapitalbindung werfen eine höhere Rendite ab als Investments, die sofort zu Geld gemacht werden können. In Deutschland wird der Betrag nach dem Verkauf von Aktien, Zertifikaten oder anderen Wertpapieren in der Regel nach drei Tagen von der Bank auf dem Konto gutgeschrieben. Ein Fachbegriff dafür ist Fungibilität. Damit bezeichnet man die allgemeine Verfügbarkeit einer Assetklasse, d. h. wie lange es dauert, ein Investment zu Geld zu machen. Wenn eine Anlageform jederzeit liquidierbar ist, besitzt sie eine hohe Fungibilität. Bei Zertifikaten ist dies immer der Fall, da es sich um börsennotierte Wertpapiere handelt und die Emissionsbanken verpflichtet sind, während der gesamten Laufzeit täglich Börsenkurse zu stellen. Sie haben die Funktion eines Market Makers und müssen auch dann Kurse stellen, wenn sich kein anderer Marktteilnehmer für ein Geschäft findet.

Bei den meisten Aktien ist die Fungibilität auch gegeben, wenn genügend hohe Börsenumsätze stattfinden. Nur Small Caps und Mid Caps weisen zum Teil ein so geringes Handelsvolumen auf, dass sie nur schwer veräußerbar sind. Bei solchen Werten müssen Anleger stets ein Limit setzen, denn ein plötzlich hohe Nachfrage oder ein unerwarteter Verkaufsdruck können zu hohen Ausschlägen bei den Kursen führen. Eine Aktie hat ein umso besseres Handelsvolumen, wenn ihr Free Float, ihr Streubesitz, groß ist. Aktien, die vor allem von Großaktionären gehalten werden oder sich größtenteils in Familienbesitz befinden, sind häufig durch geringe Liquidität gekennzeichnet. Immobilien oder nicht börsennotierte Beteiligungen haben eine noch geringe Fungibilität, da Immobilien und Beteiligungen (was auch für GmbH-Anteile gilt) auf keinem organisierten Markt gehandelt werden.

Bevor Sie in Zertifikate investieren, sollten Sie sich einige grundlegende Fragen zu Ihrer Vermögensplanung stellen, um zu klären, welche Anlageform für Sie sinnvoll ist.

23.1 Ziele der Vermögensplanung

Möchten Sie Ihre Altersvorsorge planen? Oder haben Sie vor, auf ein größeres Ziel zu sparen wie zum Beispiel den Kauf eines Einfamilienhauses? Soll Ihr Vermögen als zweite Einkommensquelle dienen oder möchten Sie gar die finanzielle Unabhängigkeit bis zu einem bestimmten Lebensalter erreichen? Verfolgen Sie eher ein kurzfristiges finanzielles Ziel wie den Kauf eines Neuwagens oder einer Einbauküche? Oder möchten Sie Ihren Kindern ein Studium im Ausland sichern?

Finanztechnisch betrachtet spielt Ihr Anlagehorizont eine große Rolle. Bei einem kurzfristigen Ziel sind die Gebühren bei einigen Anlageformen zu hoch, um sich rentieren zu können. Wenn Sie Ihr Geld bereits nach zwei Jahren benötigen, macht es keinen Sinn, einen Investmentfonds mit einem Ausgabeaufschlag von fünf Prozent zu kaufen. Analog gilt dies auch für teure Zertifikate mit hohen Managementgebühren. Für einen längerfristigen Anlagehorizont, wie er bei der Altersvorsorge entscheidend ist, sollten Sie auf eine ausgewogene Zusammenstellung (Asset Allocation) achten. Unter Asset Allocation versteht man die Auswahl und Gewichtung von Wertpapieren in einem Gesamtportfolio. Es ist die gezielte Aufteilung (Allokation) von Einzelinvestments (Assets). Die Investments sollten über eine Vielzahl von Assetklassen (Aktien, Anleihen, Immobilien, Rohstoffe) gestreut sein, was besonders leicht mit Zertifikaten zu bewerkstelligen ist. Auch die Regionen- und Länderverteilung ist von herausragender Bedeutung.

Wie ist Ihre aktuelle finanzielle Situation? Diese Frage ist nicht nur relevant, wenn es darum geht, die passende Anlageform zu wählen, sondern die Sparrate zu ermitteln, die Sie im Rahmen Ihrer privaten Altersvorsorge aufbringen können. Sie sollten als erstes Schulden abbauen, denn jeden Euro, den Sie für Zinsen und Tilgungen zahlen müssen, schmälert Ihre Ansparleistung. Nur Kredite, die nicht Konsumzwecken, sondern langfristigen Investitionen oder der Steigerung Ihrer Arbeitsleistung dienen, sind sinnvolle Kredite. Verzichten Sie also darauf, Ihren Urlaub auf Pump zu finanzieren oder sich Designermöbel oder luxuriöse Autos auf Kredit zu kaufen. Menschen werden nicht dadurch wohlhabend, dass sie Geld für Konsumgüter verschwenden, sondern Geld in produktive Bereiche investieren. Das Geld, das Sie ausgeben, sollte in der Mehrzahl der Fälle in einen Sektor fließen, der Ihnen wieder Geld einbringt. Geld, das Sie in Aktien, Anleihen, Zertifikate oder andere Wertpapiere anlegen, bringt Ihnen einen Ertrag, das Geld arbeitet für Sie und verbessert Ihre finanzielle Lage. Wenn Sie hingegen Geld für teuere Hobbys, Designerkleidung, Hightech-Geräte ausgeben, verlieren Sie Kapital, denn ein PC beispielsweise ist schon nach wenigen Monaten oft nicht einmal mehr die Hälfte wert. Eine Ausgabe rechnet sich nur dann, wenn sie Ihnen einen langfristigen Ertrag bringt oder Ihre Einkommenschancen erheblich verbessert. Fort- und Weiterbildungen tragen dazu bei, dass Sie auf dem Arbeitsmarkt ein höheres Einkommen erzielen und schneller vorankommen. Je höher und anspruchsvoller Ihre Qualifikationen sind, desto besser sind Sie auf dem Arbeitsmarkt positioniert. Ihre Aussicht auf langfristigen Wohlstand oder gar Reichtum hängt von einer einfachen Gleichung ab: Wie ist die Relation von Ihren Ausgaben für Konsumgüter und Ihren Ausgaben für Investitionen? Wenn Sie langfristig mehr Geld für den Konsum ausgeben, werden Sie in der Zukunft schlechtere Karten haben. Umgekehrt gilt: Je mehr Sie investieren, desto besser ist auch Ihre zukünftige Position. Die fortlaufenden Zinsen und Erträge können erneut angelegt werden, so dass Sie immer besser den Zinseszinseffekt für sich nutzen. Es kommt darauf an, dass Sie langfristig ein zweites Einkommen aus Kapitalanlagen erzielen. Je schneller dieses Einkommen steigt und je höher die Erträge sind, desto schneller können Sie sich vom Arbeitsmarkt abkoppeln. Sie sind nicht mehr der Willkür und den Widrigkeiten eines unberechenbaren Beschäftigungsverhältnisses unterworfen, sondern haben eine zusätzliche Absicherung, die Sie schützt. Wenn Sie schon seit Jahrzehnten in Wertpapieren gespart haben und sinnvoll für das Alter vorgesorgt haben, kann Ihnen die Diskussion über Rentenkürzungen, Nullrunden, Rentenreformen oder eine verlängerte Arbeitszeit gleichgültig sein, denn Sie haben bereits vorgesorgt.

23.2 Ihre Fachkenntnisse

Wie in allen Bereichen sollten Sie über ausreichend Fachkenntnisse verfügen, um Ihre Geldanlage beurteilen und einschätzen zu können. Deutschland ist eines der Länder, in dem die Menschen sich wenig mit Finanzanlagen befassen. Die meisten Haushalte besitzen weder Aktien noch Zertifikate, und viele Leute denken bei dem Begriff „Zertifikat" eher an ein Volkshochschul-Diplom als an eine lukrative Geldanlage. Allein die Tatsache, dass die meisten Haushalte zwar keine Berufsunfähigkeitsversicherung, dafür aber mehrere Kapitallebensversicherungen haben, verrät nicht nur eine Unkenntnis in Finanzdingen, sondern eine bedenkliche Naivität und Sorglosigkeit, die vielen im Alter zum Verhängnis werden kann.

Wenn Sie sich für eine neue Anlageform interessieren, sollten Sie sich ausführlich mit der entsprechenden Fachliteratur beschäftigen. Lesen Sie dazu die einzelnen Fachbücher und schauen Sie regelmäßig in Fachpublikationen wie Börse Online, Der Aktionär, die Wirtschaftswoche und andere Veröffentlichungen. Auch das Fernsehen bietet Ihnen rund um die Uhr aktuelle Informationen über Kanäle wie n-tv, N24 und Bloomberg. Nutzen Sie auch den Videotext, der neben umfangreichen und detaillierten Kurstabellen zu den einzelnen Indexständen und Aktien auch die wichtigsten Emittenten von Zertifikaten auflistet und aktuelle Kurse für einzelne Zertifikate bietet. Während Sie die aktuellen Nachrichtensendungen verfolgen, können Sie so nebenbei den Kursstand einzelner Wertpapiere abrufen und die Entwicklung der einzelnen Indizes beobachten.

Gut informierte Anleger sind besser gegen Kapitalanlagebetrug geschützt. Wer sich umfassend informiert hat, wird wissen, dass es auf dem Kapitalmarkt unmöglich ist Zinsen von 20 Prozent zu erzielen. Selbst Zinsen von 10 Prozent sind nur unter erheblichen Risiken und bei Gefahr des Totalverlusts in ausländischen Währungen zu erreichen. Wenn Sie ein Finanzberater am Telefon zu einem Investment überreden will, legen Sie besser sofort auf; denn erstens sind solche Marketingaktionen nicht zulässig, es sei denn, Sie haben vorher schriftlich Informationen angefordert und Ihr Einverständnis erklärt, zweitens sind diese Formen der Beratung immer fragwürdig.

Kein Berater kann Ihnen seriös eine Anlageberatung geben, wenn er nicht Ihren Anlagehorizont, Ihre Prioritäten, Ihre Ziele, Ihre Ausgangssituation und Ihren Investmenttyp kennt. Im Zweifelsfall sollten Sie nur Ihrer Hausbank vertrauen, wenngleich auch Banken die Tendenz haben, bankeigene Produkte wie Investmentfonds oder Aktien, die von ihnen betreut werden, den Kunden „ins Depot zu drücken". Seien Sie auch gegenüber den Empfehlungen der Banken und Analysten kritisch; denn viele so genannte Empfehlungen erwiesen sich im Nachhinein als Flop.

23.3 Anlegertypen und Anlagepräferenzen

Eine professionelle Anlageberatung berücksichtigt auch, welcher Anlegertyp Sie sind und welches Risiko Sie einzugehen bereit sind. Man klassifiziert fünf Anlegertypen nach dem Ausmaß der individuellen Risikobereitschaft.

Der sicherheitsorientierte Anleger scheut das Risiko und fürchtet sich vor möglichen Verlusten. Er spürt bei der Vorstellung, Aktien zu erwerben, ein großes Unbehagen und setzt vor allem auf Anleihen und andere sichere Formen der Geldanlage. Sein vorrangiges Ziel besteht darin, einen Verlust auf jeden Fall zu vermeiden. Die Kapitalerhaltung ist für den sicherheitsorientierten Anleger ein unabdingbares Ziel. Dieser Anleger peilt eine sichere Rendite an, die in der Regel einen Prozentpunkt über dem risikofreien Zinssatz liegt. Als Referenz für einen solchen Zinssatz dient der Geldmarkt. Seine bevorzugten Anlageformen sind Staatsanleihen mit hoher Bonität in Euro-Währung. Fremdwährungsanleihen, Schuldverschreibungen aus Emerging Markets und Corporate Bonds (Unternehmensanleihen) sind ihm zu riskant. Er ist der klassische Investor für die sicheren Bundeswertpapiere, für die Festgeldanlage und Sparbriefe. Die von ihm erwartete Überrendite liegt einen Prozentpunkt über dem Geldmarktzins. Im Zertifikatebereich kommen für ihn allenfalls anleihenähnliche Zertifikate in Frage, die auf den Deutschen Rentenindex (REX) oder vergleichbare Indizes setzen.

Der konservative Anleger akzeptiert Verluste bis zu einem gewissen Ausmaß. Die Schmerzgrenze liegt für ihn bei einem Verlust von fünf Prozent pro Jahr. Da er bereit ist, ein höheres Risiko auf sich zu nehmen als der sicherheitsorientierte Anleger, liegt seine Renditeerwartung zirka zwei bis drei Prozentpunkte über dem Geldmarktzins.

Aktien sind für diesen Anlegertyp prinzipiell eine akzeptable Form der Geldanlage, wenngleich er den Aktienanteil im Portfolio auf 25 Prozent beschränkt. Den Großteil seiner Investments fließt in sichere Rentenwerte. Bei dieser Anlagestruktur werden mögliche Kursverluste bei Aktien durch die Anleihen zumindest teilweise abgefedert. In einem optimistischen Börsenumfeld sorgen die Kursgewinne der Aktien für einen zusätzlichen Renditeschub und verbessern so die Performance des von Rentenwerten dominierten Portfolios. Von den Zertifikaten sind für diesen Anlegertyp besonders Discount- und Garantiezertifikate empfehlenswert, da sie eine zusätzliche Absicherung und eine Garantierendite beinhalten.

Der ausgewogene Anleger zeigt eine noch höhere Risikobereitschaft und nimmt einen jährlichen Verlust von zehn Prozent in Kauf. Dafür erwartet er eine überdurchschnittliche Rendite, die vier Prozent über dem Geldmarktzins liegen sollte. Der Aktien- und der Rentenanteil halten sich in dem ausgewogenen Portfolio die Waage. Der fünfzigprozentige Aktienanteil sorgt für die nötige Performance und eine starke Renditeentwicklung; die andere Hälfte, bestehend aus Rentenwerten, sichert mögliche Kurseinbrüche bei den Aktien ab. Bei einer ausgeprägten Baisse wird diese Abfederung wohl nicht ausreichen, um starke Kursverluste am Aktienmarkt zu kompensieren. Dennoch ermöglicht diese Aufteilung zumindest eine partielle Verlustbegrenzung bei hohen und volatilen Kursschwankungen. Im Zertifikatebereich wird dieser Anlegertyp vorwiegend auf Index-, Bonus- und Outperformancezertifikate setzen, um eine Überrendite zu erzielen.

Der gewinnorientierte Anleger setzt überwiegend auf Aktien und möchte weit überdurchschnittliche Renditen generieren. Er nimmt Verluste bis zu 15 Prozent jährlich hin, um dieses hoch gesteckte Ziel zu erreichen. Ein solches Portfolio enthält einen Aktienanteil von bis zu 75 Prozent. Der Anleger ist daher in fast vollem Umfang den Schwankungen und der hohen Volatilität der internationalen Aktienmärkte ausgesetzt. Neben einer hohen Performance muss der Anleger jedoch auch mit drastischen Verlusten rechnen, wenn die

Börse in eine Baisse mündet oder einem längeren Abwärtstrend folgt. Der Rentenanteil von 25 Prozent dient weniger der Absicherung oder Abfederung, sondern bringt dem Anleger zusätzlich Zinseinkünfte, die aber angesichts der hohen Schwankungen am Aktienmarkt nur ein kleiner Nebenverdienst oder im ungünstigsten Falle ein Taschengeld sind, wenn die Aktien stark fallen sollten. Ein solches risikoreiches Portfolio ist nur für die risikobewusste Anleger geeignet. Nach dem Lebensphasenmodell ist es allenfalls für sehr junge Anleger zwischen 20 und 30 Jahren eine Überlegung wert, da in dieser Lebensphase der Vermögensaufbau eine besondere Gewichtung hat. Im Zertifikatebereich empfehlen sich hier Investments in Index-, Basket-, Strategie-, Rohstoff- und Outperformancezertifikate.

Der chancenorientierte Anleger schließlich übertrifft den vorher beschriebenen Anleger noch an Risikobereitschaft und Wagemut. Sein Portfolio besteht zu 100 Prozent aus Aktien. Er strebt eine Überrendite von neun Prozent über dem Geldmarktzins an und nimmt dafür ein beträchtliches Risiko in Kauf. Er ist bereit, einen jährlichen Verlust von 25 Prozent zu akzeptieren. Dieser Anleger hat bereits eine spekulative Einstellung und setzt einen aggressiven und dynamischen Vermögensaufbau als oberste Priorität. Ein solches Portfolio kann sehr schnell in seiner Wertentwicklung wachsen, aber in einer Baisse oder bei einem überraschenden Crash enorm an Wert verlieren. Als Zertifikate eignen sich für diesen spekulativ eingestellten Anlegertyp vor allem Indexzertifikate, die auf Emerging Markets setzen, Basket- und Branchenzertifikate, die schwerpunktmäßig in Technologiewerte und Venture-Capital-Unternehmen investiert sind, sowie Rohstoffzertifikate und zu guter Letzt Hebelzertifikate.

Bevor Sie eine Anlageentscheidung treffen, sollten Sie sich überlegen, welcher Anlegertyp Sie sind. Gehen Sie kein unnötiges Risiko ein, denn ein Vermögensverlust ist schmerzhaft und wird Sie langfristig in eine schlechtere Position bringen. Viele Anleger machen sich auch nicht klar, dass jeder Verlust irgendwie aufgeholt werden muss und dass dafür überdurchschnittliche Renditen notwendig sind. Wenn Sie mit Ihren Wertpapieren 20 Prozent verlieren, müssen Sie mindestens das Doppelte an Performance erzielen, um den Verlust wieder wettzumachen. Sie müssen nämlich zuerst den Verlust wieder aufholen und dann noch die von Ihnen angestrebte Rendite erreichen.

Andererseits sollten Sie bedenken, dass mit jeder Sekunde und jeder Minute, die Sie mit einer schlechten Geldanlage ungenutzt verstreichen lassen, der Zinseszinseffekt gegen Sie arbeitet. Sie verlieren nicht nur das Geld, das Ihnen durch Verluste am Aktienmarkt entgeht, sondern Sie verlieren auch, wenn Sie Chancen ungenutzt lassen. In der Betriebswirtschaftslehre nennt man dieses Phänomen Opportunitätskosten. Nicht nur eine falsche Entscheidung kann Ihnen herbe Verluste bringen, sondern auch ein Abwarten. Wenn Sie Ihr Geld auf dem Sparbuch anlegen, werden Sie früher oder später zu den Verlierern zählen. Mit dieser geringen Rendite bekommen Sie bei ansteigenden Inflationsraten eine Negativverzinsung, d. h. Sie verlieren mehr, als Sie gewinnen. Eine Geldanlage und ein Asset Allocation, das genau auf Ihre Person abgestimmt ist, wird sich auf jeden Fall an Ihrem Anlegertyp, Ihrer allgemeinen Risikobereitschaft, Ihren finanziellen Zielen und Ihrem beruflichen und privaten Hintergrund orientieren.

23.4 Die Risikobereitschaft

In Deutschland ist Risikoscheu weit verbreitet, was zumeist historische Ursachen hat. Die schwere Hyperinflation von 1923, die zur Vernichtung großer Vermögen führte, die dramatische Weltwirtschaftskrise von 1929, die in Deutschland über sechs Millionen Arbeitslose zur Folge hatte, der Zweite Weltkrieg und die Währungsreform sowie der Zusammenbruch der DDR waren alles gravierende Einschnitte, die zur Verunsicherung von Millionen Menschen beigetragen haben. So verwundert es nicht, dass die Mehrzahl der Deutschen auf vermeintlich sichere Finanzprodukte wie Sparbücher, Bausparverträge und Kapitallebensversicherungen setzt. Doch solche Produkte sind letztlich fatal für die private Altersvorsorge, denn ein Sparbuch bringt bei einer mehrmonatigen Kündigungsfrist nur magere Zinsen. Zieht man die Inflationsrate ab, dann liegt die Verzinsung sogar im negativen Bereich. Sie verlieren letztlich Geld. Bausparverträge sind in der Tat sehr rentabel, wenn Sie alle staatlichen Fördermaßnahmen in Anspruch nehmen, was aber nur dann möglich ist, wenn Sie bestimmte Einkommensgrenzen nicht überschreiten. Am wenigsten sinnvoll indes ist eine Kapitallebensversicherung. Dieses Finanzprodukt ist nicht besonders transparent und seit den jüngsten Gesetzesänderungen nicht mehr attraktiv.

Vor Aktien schrecken die meisten Anleger in Deutschland zurück. Doch langfristig sind Sie auf die Aktienanlage angewiesen. Sie können weder mit Sparbüchern noch mit Anleihen eine so hohe Rendite erzielen, dass Sie im Alter ausreichend abgesichert sind. Doch das Risiko bei Aktien kann beträchtlich sein. In der Megabaisse zwischen 2000 und 2003 verloren viele Internetaktien mehr als 80 Prozent ihres Werts, viele Unternehmen verschwanden sogar vom Kurszettel und mussten Insolvenz anmelden. Angesichts solcher Katastrophen werden viele Anleger sich in Zurückhaltung üben und vor Aktien zurückscheuen. Doch wenn man denselben Zeitraum betrachtet, stellt man fest, dass Aktien in Osteuropa, Indien und Lateinamerika im gleichen Zeitraum enorme Wertsteigerungen erreichten. Auch Rohstoffe und Goldminenaktien boomten in diesen Jahren.

Ein wichtiger Grundsatz zur Risikovermeidung ist daher eine sinnvolle Diversifikation: Streuen Sie Ihre Geldanlagen über mehrere Länder, Regionen, Währungen, Branchen und Assetklassen. Selbst wenn eine Anlageform sich als ungünstig erweisen sollte, werden die Verluste durch die herausragende Performance eines anderen Investments überkompensiert. Sie sollten darauf achten, dass die Anlagen nicht miteinander korrelieren, d. h. sich größtenteils im Gleichlauf bewegen. Es ist wenig sinnvoll, auf den französischen und deutschen Aktienmarkt zu setzen, da deren Entwicklung meist im Gleichtakt erfolgt. Die heutige Vernetzung der globalen Finanzmärkte bringt es mit sich, dass viele entwickelte Länder einen parallelen Kursverlauf haben, dies gilt insbesondere für den europäischen Binnenmarkt. Eine eigenständige Entwicklung beobachtet man vor allem bei Rohstoffen, Immobilien und den Emerging Markets. Sie sollten daher auch darauf achten, dass in Ihrem Portefeuille verschiedene Assetklassen vertreten sind. Setzen Sie nicht nur auf Aktien, sondern auch auf Anleihen, Immobilien und Rohstoffe. Zertifikate sind in diesem Zusammenhang eines der wichtigsten Anlageinstrumente, denn mit Ihnen können Sie auf die meisten Indizes der Welt setzen und auch andere Assetklassen in Ihr Depot mit aufnehmen. In diesem Zusammenhang unterscheidet man zwischen strategischer und operativer Asset Allocation.

Die Asset Allocation in der Praxis

Die strategische Asset Allocation bezieht sich auf die primäre Aufteilung des Anlagekapitals auf verschiedene Assetklassen, die den finanziellen Zielen, dem Anlagehorizont, dem Anlagetyp und der Risikobereitschaft des Anlegers entsprechen.

Danach werden die Anlageklassen je nach Präferenz des Anlegers unterschiedlich akzentuiert. Bei der operativen Asset Allocation geht es mehr um die Feinabstimmung der Einzelinvestments.

Zuerst nimmt man geographische Gewichtung vor; dabei sollten die wichtigsten Regionen in jedem Portfolio vertreten sein. Neben der Europäischen Union und speziell der Eurozone sind auch die osteuropäischen Länder und die sonstigen Länder des europäischen Wirtschaftsraums (Schweiz, Norwegen u. a.) von Bedeutung. Mit Hilfe von Zertifikaten ist es sehr leicht, alle diese Regionen und Länder in einem Portefeuille zu vereinen. Beispielsweise kann man sämtliche wichtigen osteuropäischen Länder durch ein Zertifikat auf den CECE-Index abdecken. Spezielle Länder wie Rumänien werden – falls erwünscht – durch ein Indexzertifikat zusätzlich als Depotbeimischung hinzufügt. Generell ist es jedoch weniger ratsam, einige Länder wie Ungarn, Rumänien oder die Schweiz überzugewichten, da das Gesamtportefeuille dadurch unausgewogener und riskanter wird.

Neben Europa sollten in Ihrem Depot aber auch die anderen Wachstumsregionen der Welt angemessen repräsentiert sein. Das gilt auch für den nordamerikanischen Markt, der in den letzten Jahren etwas in den Hintergrund trat. Die meisten hoch innovativen Unternehmen des Technologiesektors haben heute ihren Sitz in den USA. In vielen Sektoren sind die USA an der Weltspitze. Langfristig können Sie von diesem Trend durch ein Zertifikat auf den NASDAQ profitieren, auch wenn Technologietitel nach dem Zusammenbruch des Neuen Marktes und dem Niedergang der Internetwerte nicht so schnell wieder in die Favoritenliga aufsteigen werden. Die Angst vor windigen Technologie- und Internetwerten ist den Anlegern noch sehr präsent. Langfristig – sagen wir über einen Zeitraum von zehn bis zwanzig Jahren – werden aber Technologietitel besser abschneiden als viele andere Bereiche.

Kritischer sollten Sie kanadische Aktien beurteilen, da die Börsen im Nachbarland der USA vor allem von Minenwerten dominiert werden. Rohstoffe unterliegen völlig anderen Zyklen als herkömmliche Aktien. Einige Experten sind der Auffassung, dass zu Beginn des 21. Jahrhunderts eine neue Rohstoffhausse beginnt, doch wie alle Prognosen sollte man dies vorsichtig bewerten. Anleger, die den nordamerikanischen Aktienmarkt in ihr Depot aufnehmen möchten, sollten dem S&P 500 als Index den Vorzug geben. Er spiegelt sowohl den US-amerikanischen Markt als auch die Aktien in Kanada wider. Er ist breit angelegt und vereinigt eine Vielzahl unterschiedlicher Branchen unter einem Dach. Abzuraten ist vom Dow Jones, der aufgrund historischer Besonderheiten nur bestimmte Standardwerte aus einzelnen Branchen enthält.

Eine wichtige Boom- und Wachstumsregion ist auch Lateinamerika. Zeitweise boomten die Börsen in Mexiko, Brasilien, Chile und Argentinien stärker als die osteuropäischen Börsen, die bereits von Rekordhoch zu Rekordhoch eilten. Die lateinamerikanischen Börsen sind relativ klein und verfügen über verhältnismäßig geringe Liquidität. Bislang hat keine Bank ein Zertifikat auf einen Börsenindex herausgegeben, da viele Indizes nur wenige Aktien umfassen. Das Zertifikat der *Société Générale* auf den von ihr konstruierten „Latibex" bezieht sich auf einen Index, der die wichtigsten Standardwerte verschiedener lateinamerikanischer Länder zusammenfasst. Aufgrund der mangelnden Auswahl empfiehlt es sich, ausnahmsweise auch einen Investmentfonds heranziehen, der sich auf Lateinamerika spezialisiert hat. Achten Sie bei der Auswahl darauf, dass der Investmentfonds auch in der Vergangenheit eine hohe Wertsteigerung erzielt hat – ein Zeitraum von fünf Jahren oder gar zehn Jahren sollte vorhanden sein. Darüber hinaus sollten Sie einem Investmentfonds nehmen, der bereits ein gutes Fondsrating besitzt. Es gibt spezielle Rating-Agenturen wie *S&P* oder die in Deutschland ansässige *Feri Trust*, die Investmentfonds systematisch und sorgfältig analysieren. Sehr gute Fonds haben oft ein Rating von bis zu „fünf Sternen".

Eine weitere wichtige Region, die in keinem ausgewogenen Portefeuille fehlen darf, ist Asien. China gilt mit Abstand als eines der wachstumsstärksten Länder der Welt, das in absehbarer Zeit zur größten Wirtschaftsnation aufsteigen und die USA auf Platz 2 verweisen wird. Schon jetzt erreicht das Wirtschaftswachstum neun Prozent jährlich. Der Rohstoffhunger des Reichs der Mitte ist so gigantisch, dass die Rohstoffpreise weltweit drastisch anzogen. Inzwischen gehen die Prognosen darüber auseinander, ob dieser Rohstoffboom noch mehrere Jahre anhalten wird. In chinesischen Städten werden sogar Gullydeckel von den Straßen entfernt und an Stahlhersteller verkauft. Der Mangel an Stahl, anderen Industriemetallen und Rohstoffen ist dramatisch. China hat gewiss eine große Zukunft vor sich. Leider spiegeln sich diese Entwicklungen bislang nicht an der Börse wider, da der Anteil an staatlichen Unternehmen, ungelöste Probleme auf dem Arbeitsmarkt und eine unzulängliche Transparenz bei den Börsengeschäften einen fulminanten Anstieg der Aktienmärkte bislang vereitelt haben. Experten meinen aber, dass die Entwicklung Chinas mit der Japans vergleichbar sein könnte. Japan mauserte sich in mehreren Jahrzehnten vom armen Land zur führenden Nation. Der Aktienmarkt in Tokio stieg vor allem in den achtziger Jahren in schwindelnde Höhen. Verglichen mit Japan steht China dieser exorbitante Aufstieg noch bevor.

Wenn es der Regierung in Peking gelingt, die Staatsunternehmen umsichtig zu privatisieren, die Beschäftigungsprobleme in den ländlichen Regionen zu lösen und mehr Transparenz an den Börsen zu schaffen, wird der kometengleiche Aufstieg Chinas nur eine Frage der Zeit sein. Die Nachbarländer profitieren von diesen rosigen Zukunftsaussichten, sofern sie mit der Dynamik und dem Lohnniveau Chinas konkurrieren können. Während in Thailand die Aussichten relativ optimistisch beurteilt werden können, werden Hongkong und Singapur an Bedeutung verlieren. Die Löhne und Gehälter im Dienstleistungszentrum Hongkong erreichen westeuropäisches Niveau. Zwar wird sich die ehemalige britische Kronkolonie weiter als hochprofitabler Knotenpunkt der globalisierten Weltwirtschaft behaupten können, doch immer mehr Unternehmen werden sich vorzugsweise in Chinas Küstenregion niederlassen. Auch Singapur, das einst als Vorzeige-Stadtstaat mit hoher Sicherheit und vorbildlicher Steuergesetzgebung galt, verliert gegenüber China. Ein relativ hohes Lohnniveau und die mangelnde Fähigkeit, sich schnell genug an die regionalen Veränderungen anzupassen, haben den Standort Singapur weniger attraktiv gemacht. Südkorea hingegen verdankt sein beispielhaftes Wirtschaftswachstum den steigenden Exporten nach China; schon heute ist das Reich der Mitte das wichtigste Exportland noch vor Japan.

Kritischer stehen Anleger Indonesien und Malaysia gegenüber. Die hohe Gefahr, die vom Islamismus ausgeht, und die zahlreichen Anschläge, die es in Indonesien auf Touristen gab, machen das Land für Anleger uninteressant, auch wenn die Aktien teilweise niedrig bewertet sind. Sehr viel besser sieht es in Vietnam aus, denn in diesem Land sind die Personalkosten niedrig, und anders als die meisten Volkswirtschaften in Südostasien steht Vietnam noch relativ am Anfang einer starken Wirtschaftsdynamik. Vietnam verspricht daher für die Zukunft überdurchschnittliche Renditen. Das Land ist aber in hohem Maße von Chinas Konjunktur abhängig. Da der vietnamesische Index nur wenige Aktien umfasst und noch nicht als MSCI Index verfügbar ist, gibt es bislang keine in Deutschland zugelassenen Zertifikate oder spezialisierten Investmentfonds.

Während Länder wie Thailand, Südkorea oder Taiwan schon eine längere Erfolgsgeschichte vorweisen können, sind es gerade die unbekannteren Emerging Markets in Asien, die Länder aus der zweiten Reihe, die in den nächsten Jahren an Dynamik gewinnen werden. Hierzu gehören auch Länder wie Kambodscha und Laos, die bislang von den Investoren noch kaum erschlossen sind. Auch hier sind Investments über Zertifikate oder Investmentfonds noch nicht möglich.

Vergleiche mit Europa zeigen, dass gerade die Länder aus der „zweiten" Reihe auch dann noch überdurchschnittliche Wertsteigerungen erzielen, wenn die Favoritenländer ihren Anstieg bereits hinter sich haben. So sind in Europa gerade die neuen Beitrittskandidaten Rumänien, Bulgarien und Kroatien interessant, während sich die Dynamik in den etablierten osteuropäischen Ländern wie Polen, Tschechien und Ungarn verlangsamt. Bei solchen Betrachtungen sollte man indes nicht das erhebliche Risiko vernachlässigen, das sich in Ländern wie Kambodscha oder Laos ergibt.

Bevor Index- oder Regionenzertifikate auf diese Länder herausgegeben werden, wird es zuerst spezialisierte Investmentfonds geben, die das Risiko durch eine breitere, zusätzliche Streuung auf Länder wie Thailand, Südkorea oder China besser streuen können.

Die Einschätzung von Japan ist zwiespältig, denn seit dem Boom in den achtziger Jahren ist der Börsenwert auf rund ein Viertel gesunken. Kaum ein anderes Land musste anderthalb Jahrzehnte des wirtschaftlichen Niedergangs durchmachen. Das einst so hoffnungsvoll gepriesene und gefürchtete Japan erlebte den katastrophalsten Einbruch in seiner Wirtschaftsgeschichte. Mehr als ein Jahrzehnt schwerster Rezession, eine völlig verkrustete Wirtschaft, ein ruinöses staatliches Konjunkturprogramm und deflationäre Tendenzen haben Nippon jahrelang derart gebeutelt, dass noch heute manche Beobachter sich skeptisch fragen, ob Japan in absehbarer Zeit wieder aufsteigen wird. In den letzten 15 Jahren, die mit dem Krisenjahr 1990 begannen, verlor der Nikkei 225 fast 60 Prozent seines Wertes trotz einer leichten Erholung in den letzten Jahren. Im gleichen Zeitraum legte der amerikanische S&P 500 fast 250 Prozent zu, und der DAX verdreifachte sich, obwohl die deutsche Wirtschaft in dem Jahrzehnt nach der Wiedervereinigung nur noch langsam wuchs und erhebliche strukturelle Probleme zu bewältigen hatte, die noch heute anhalten. Seit Mai 2003 konnte der Nikkei 225 innerhalb von mehr als zwei Jahren um mehr 70 Prozent ansteigen, während der EuroStoxx 50 im selben Zeitraum nur um 45 Prozent zulegen konnte. Die Wachstumsprognosen für die kommenden Jahre wurden vom Internationalen Währungsfonds nach oben revidiert.

Die japanische Börse hatte zweimal zuvor eine leichte Aufwärtsbewegung in den Jahren 1995/96 und 1998/99 erkennen lassen, die aber bald wieder abebbte. Die japanische Regierung hat inzwischen viele der Missstände, die das Land bis dahin prägten, beseitigt. Die hohen Schulden der Banken wurden zwangsweise abgeschrieben und einige Kreditinstitute fusioniert. Die gesetzlichen Vorschriften zur Sicherung von Darlehen mit Eigenkapital wurden drastisch verschärft, um zukünftige Bankeninsolvenzen abzuwenden. Die Zahl der in Not geratenen Kredite sank deutlich. Wie in Deutschland ist auch die Inlandsnachfrage in Japan noch schwach, aber dafür boomt die Exportindustrie, die vor allem von der Nachfrage Chinas und Südkoreas profitiert. Im Gegensatz zu Europa hat sich Japan in den schweren Krisenjahren der Neunziger verstärkt auf den intensiven Wettbewerb aus China eingestellt und die Prozessoptimierung in den Unternehmen stärker in den Vordergrund gerückt. Die traditionelle Stärke der Japaner, wie sie in Europa durch Kaizen berühmt wurde, dient auch in dieser Situation dazu, dem Wettbewerbsdruck der billigen chinesischen Konkurrenz standhalten zu können. Die Zahl der flexiblen Beschäftigungsverhältnisse erhöhte sich merklich, und auch die verkrusteten Wirtschaftsstrukturen Japans wurden durch zahlreiche Reformmaßnahmen aufgebrochen. Dennoch bleibt einige Skepsis.

Mit China ist Japan in der Region ein gigantischer Gegner erwachsen, und es scheint, als ob Japans Glanzzeiten unwiderruflich der Vergangenheit angehören. Wie Japans Zukunft aussehen wird, lässt sich nur schwer prognostizieren. Immerhin ist der japanische Aktienmarkt relativ unterbewertet, denn die jahrelange Baisse hat japanische Aktien zu wahren Schnäppchen gemacht. Auch der Immobilienmarkt in Tokio ist vergleichsweise niedrig bewertet. In den letzten Jahren gab es immer wieder Berichte in den Fachzeitschriften, dass ein Aufschwung unmittelbar bevorstehe, was sich dann doch als Strohfeuer erwies. Japans Aufstieg wird letztlich entscheidend davon abhängen, ob es dem Land gelingt, sich besser an die neuen wirtschaftlichen und politischen Gegebenheiten in Asien anzupassen und sich mit China zu arrangieren. Japanische Unternehmen, die nicht flexibel genug sind, sich auf dem chinesischen Festland zu positionieren, werden langfristig in dieser Region nicht mehr wettbewerbsfähig sein.

Neben China hat auch Indien ein enormes Potenzial. Das Land ist unter den Emerging Markets führend in der Informationstechnologie. Für Anleger bieten sich auf dem riesigen Subkontinent etliche Chancen. Indiens Wachstumsrate lag in den letzten Jahren im Durchschnitt zwischen 5 und 8 Prozent. Obwohl ein Großteil der Bevölkerung noch in Armut lebt und die Infrastruktur keineswegs mit der Chinas vergleichbar ist, hat das Land große Zukunftsperspektiven. Schon jetzt haben viele europäische und amerikanische Unternehmen in Indien eine Niederlassung gegründet, um von den niedrigen Personalkosten und dem innovativen Potenzial gut ausgebildeter Programmierer zu profitieren.

Die anderen Regionen der Welt spielen in der Anlagestrategie nur eine untergeordnete Rolle. Auf dem afrikanischen Kontinent, der zusehends in Armut versinkt, kommt nur Südafrika in Frage. Das Land ist einer der wichtigsten Weltexporteure von Rohstoffen, doch sollten Anleger beachten, dass Rohstoffzyklen anders verlaufen als die der Aktienmärkte. Die anderen Länder in Afrika sind über bescheidene Reformmaßnahmen noch nicht hinausgekommen. Vergleichbar kritisch zu sehen ist der Nahe Osten, der aufgrund der politischen Spannungen für Investoren tabu ist. Australien und Ozeanien sind nur von sekundärer Bedeutung für ein globales Asset Allocation, da an der Börse in Sydney vorwiegend Minenwerte notiert sind.

Zusammenfassend kann man sagen, sollte ein ausgewogenes Portfolio folgende Regionen und Länder besonders berücksichtigen:
• Die Eurozone und die anderen europäischen Länder (Großbritannien, Schweiz, Norwegen)
• Osteuropa (Polen, Tschechien, Ungarn, Slowakei, Rumänien, Bulgarien, eventuell Russland)
• Nordamerika (USA und Kanada)
• Lateinamerika (Mexiko, Brasilien, Chile, Argentinien, Venezuela)
• Asien (China, Indien, Thailand, Südkorea, Japan, Vietnam)
• Afrika (Südafrika)

Am einfachsten wäre es für den Anleger ein Zertifikat auf den MSCI World Index zu erwerben, der die gesamten Weltregionen zu einem einzigen Index zusammenfasst. In der Vergangenheit hat diese Strategie aber nur eine unterdurchschnittliche Rendite gebracht. Viel sinnvoller ist es, in einem solchen Portfolio aussichtsreiche Regionen und Länder überzugewichten.

Die strategische Asset Allocation bezieht sich nicht nur auf die Auswahl einzelner Länder und Regionen, sondern auch auf Assetklassen. Ein gut strukturiertes Portefeuille berücksichtigt daher verschiedene Anlageklassen:

- Aktien (Aktien- und Indexzertifikate)
- Anleihen
- Immobilien (Zertifikate auf einen Immobilienindex oder auf Real Estate Investmenttrusts)
- Rohstoffe (Rohstoffzertifikate oder Zertifikate auf Rohstoffindizes)

Die strategische Asset Allocation wird durch die Auswahl geeigneter Branchenindizes abgeschlossen; da aber diese Auswahl aufgrund der Branchenrotation besonders schwierig und problematisch ist, reicht es auch aus, wenn Ihr Depot länder- und regionenspezifisch diversifiziert ist. Neben der strategischen Asset Allocation gibt es auch die taktische Asset Allocation, die auf kurzfristige Chancen und Wertentwicklungen setzt.

23.5 Grundsätze der Kapitalanlage

Viele Anleger sind zu ungeduldig, wenn es um Finanzanlagen geht. Langfristige Studien haben indes bewiesen, dass die meisten Aktien nach zehn Jahren Gewinne erbringen. Bereits nach fünf Jahren ist die Mehrzahl der Aktien im Plus. Riskant ist es, bereits nach einem Jahr eine große Wertsteigerung zu erwarten, denn kurzfristig können auch Aktien ins Minus rutschen und erhebliche Verluste mit sich bringen. Keine andere Tugend zahlt sich an der Börse so aus wie die Geduld. Indexzertifikate haben zudem den Vorteil, dass sie sich auf einen gesamten Aktienmarkt beziehen, so dass die Insolvenzen einzelner Aktiengesellschaften, Fusionen und das Delisting (die Einstellung der Börsennotierung) keine deutliche Auswirkung haben. Je langfristiger Sie eine Kapitalanlage planen und je diversifizierter Ihr Depot angelegt ist, desto größer ist auch die Chance, eine beträchtliche Wertsteigerung zu erzielen. Bei Aktien liegt die Rendite je nach Markt und Diversifikation über einen Zeitraum von zehn bis zwanzig Jahren bei 10 bis 15 Prozent. Die Haltestrategie (Buy-and-Hold-Strategie) hat sich als die zuverlässigste erwiesen, da ein hektisches Daytrading oder die häufige Umschichtung eines Depots innerhalb kürzester Zeit nachweislich zu Verlusten führt. Nur Spekulanten, die auf glückliche Zufälle setzen, können größere Gewinne erzielen; die meisten verlieren oder erleiden einen existenzvernichtenden Totalverlust.

Der Königsweg zu langfristigem Wohlstand und zu einer guten Altersvorsorge besteht darin, ein gut diversifiziertes Depot, das über alle Weltregionen und Branchen gestreut ist, zehn oder zwanzig Jahre zu halten. Zertifikate tragen entscheidend dazu bei, dieses Ziel zu erreichen, da sie die einzelnen Märkte eins zu eins abbilden. Wichtig ist, dass Sie neben Aktien auch andere Anlageklassen wie Anleihen, Immobilien und – mit geringerer Depotbeimischung – Rohstoffe berücksichtigen. Von starken Kursschwankungen, Krisensituationen und anderen Ereignissen sollten Sie sich nicht allzu sehr beunruhigen lassen; gerade Panikverkäufe bei einem Crash oder in einer Aktienbaisse führen zu überdurchschnittlichen Verlusten. Vielfach erholen sich die Kurse in absehbarer Zeit. Viele Anleger, die 1987 bei dem gravierenden Einbruch der Börse aufgrund der Nervosität und der allgemeinen Panik ihre Aktien zu Billigstkursen veräußert hatten, fuhren gigantische Verluste ein. Doch bereits zwei Jahre später hatten die Börsen den Verlust wieder wettgemacht. Panik und Ängstlichkeit sind an der Börse schlechte Ratgeber.

Mit Zertifikaten sind Sie zudem gegen solche Schwankungen besser gewappnet. Denn während ein Unternehmen durchaus in einer Börsenkrise insolvent werden kann, kann ein Index nie auf null sinken, es sei denn, die Emissionsbank ist pleite und das Zertifikat verfällt. In einer turbulenten Börsenzeit oder wenn eine große Jahrhundertbaisse droht, kann natürlich auch ein Index drastisch einbrechen, wie der Fall des NEMAX deutlich macht. Riesige Verluste sind dann möglich. Langfristig haben aber zumindest die breit angelegten Indizes oder jene, die vor allem mit Standardwerten bestückt sind wie der DAX und der Dow Jones, sich erholt und wieder höhere Punktmarken erreicht. In der Börsengeschichte gab es zuweilen lange Perioden, in der die Börse auf der Stelle trat oder nur eine Seitwärtsbewegung vollzog wie beispielsweise in den siebziger Jahren. Solche Perioden können im schlimmsten Fall viele Jahre oder sogar Jahrzehnte andauern. Doch auch in solchen Schlechtwetterperioden gibt es Chancen, die man nutzen kann. Dank der Globalisierung und der weltweiten Vernetzung ist es heute problemlos möglich, irgendeinen Aktien- oder Rohstoffmarkt zu finden, der sich dem Abwärtstrend entziehen kann und auch in einer weltweiten Megabaisse boomt. Während beispielsweise in den siebziger Jahren die Standardwerte kaum von der Stelle kamen oder leicht fielen, schoss der Kurs des Goldes von 35 US-Dollar je Feinunze auf über 800 US-Dollar gegen Ende der siebziger Jahre. Wer damals Goldminenaktien oder physisches Gold gekauft hatte, wurde buchstäblich über Nacht reich.

Jede Börsenperiode bietet ihre eigenen Chancen. Deshalb ist es ratsam, dass Sie sich regelmäßig informieren, welche Märkte gerade boomen und wo Sie die besten Chancen haben. Schichten Sie aber Ihr Depot nicht zu häufig um; achten Sie vielmehr darauf, dass Sie Ihr Portefeuille so breit angelegt haben, dass Sie alle wichtigen Regionen und Länder der Welt abdecken. Im Zweifelsfall gewichten Sie eine Wachstumsregion stärker.

24. Typen von Anlagestrategien

Je nach Risikobereitschaft und Ausrichtung kann man verschiedene Anlagestrategien unterscheiden. Manche Anleger bevorzugen eine Asset Allocation, die vor allem der Kapitalerhaltung dient. Sicherheit steht im Vordergrund, und es wird lediglich ein Inflationsausgleich angestrebt. Andere Anlagestrategien rücken die Gewinnmaximierung oder zumindest eine kontinuierliche Renditesteigerung in den Vordergrund.

24.1 Die sicherheitsorientierte Strategie

Diese Strategie wird von konservativen Anlegern favorisiert, die keine Risiken eingehen möchten und vor allem an einem beständigen Zuwachs interessiert sind, der ihr Kapital erhält. Die Rendite sollte auf jeden Fall über der Inflationsrate liegen. Die Asset Allocation berücksichtigt einen hohen Rentenanteil zur Absicherung. Zusätzlich werden in das Depot vor allem Indexzertifikate aufgenommen, die auf etablierte Börsen ausgerichtet sind. Die Indizes enthalten überwiegend Standardwerte aus führenden Wirtschaftsregionen der Welt.

Region	Index	Gewichtung
Nordamerika	S&P 500	10 Prozent
Westeuropa	EuroStoxx 50	10 Prozent
Japan	Topix	10 Prozent
Rentenmarkt	REXP oder einzelne Qualitätsanleihen	70 Prozent

Tab. 119: Die sicherheitsorientierte Anlagestrategie

Eine klassische Aufteilung gewichtet Nordamerika mit 40 Prozent, Westeuropa mit 40 Prozent und Japan mit 20 Prozent. Als Indizes kommen vor allem der S&P 500, der EuroStoxx 50 und der Topix in Frage. Die beiden Indizes Dow Jones Industrial Average und der Nikkei 225 sind aufgrund ihrer Preisgewichtung, die von den heute üblichen Indexberechnungen abweicht, weniger empfehlenswert.

Diese sehr konservative Strategie kann noch erweitert werden, indem man zusätzliche Länder in das Depot mit aufnimmt. Für deutsche Anleger ist traditionell der deutsche Aktienmarkt interessant, so dass ein DAX-Zertifikat als Beimischung in Frage kommt. Dennoch sollten Sie bedenken, dass die meisten westeuropäischen Aktienmärkte stark miteinander korrelieren. Eine Aufnahme eines solchen Indexzertifikats bedeutet lediglich eine geringfügige Diversifikation des vorhandenen Depots. Das gilt insbesondere für Länder der Eurozone. Vorteilhafter kann es sein, eine zusätzliche Gewichtung auf westliche Länder außerhalb der Währungsgemeinschaft zu setzen wie beispielsweise auf die Schweiz, Norwegen, Schweden und Großbritannien.

Der Rentenanteil liegt bei sehr vorsichtigen Anlegern zwischen 70 und 80 Prozent. Auch andere Assetklassen wie Immobilien sollten in die Strategie mit einbezogen werden, um eine breitere Streuung zu erreichen.

In eingeschränktem Umfang können solche Anleger auch erwägen, ob sie auf Wachstumsmärkte in Asien, Osteuropa oder Lateinamerika setzen. Der prozentuale Anteil sollte jedoch geringer als 3 Prozent sein. Am besten ist es in diesem Fall, einen Regionalindex zu wählen wie den CECE-Index für Osteuropa oder ein so genanntes BRIC-Zertifikat, das die großen Schwellenländer Brasilien, Russland, Indien und China zusammenfasst.

24.2 Die dynamische Strategie

Bei dieser Strategie ist die Risikobereitschaft stärker ausgeprägt; zusätzlich zu den herkömmlichen Indexzertifikaten kommen einzelne Strategie- oder Basketzertifikate, die dazu dienen, eine Outperformance gegenüber den Vergleichsindizes zu erreichen. Auch eine ergänzende Branchendiversifikation ist denkbar, die einzelne Sektoren bevorzugt. Man kann dabei auf Marktführer innerhalb einer Branche setzen oder durch Strategiezertifikate fundamentalanalytische oder technisch fundierte Strategien umsetzen. Die Basis für den Vermögenszuwachs bilden die Indexzertifikate, die das Gros des Anlagekapitals ausmachen sollten.

Als weitere Streuung empfehlen sich andere Assetklassen wie Rohstoffe und Immobilien. Auch speziell konstruierte Rohstoffzertifikate, die die einzelnen Commodity-Klassen an einem regelmäßigen Stichtag nach der Performance umschichten, können geeignet sein. Bei Immobilien sind vor allem Immobilienindizes aus Europa und Asien zur breiteren Streuung ratsam. Der Rentenanteil bei einer dynamischen Strategie sollte bei 50 Prozent liegen.

Region/Bereich	Index oder Inhalt	Gewichtung
Rentenanteil	REX oder Qualitätsanleihen	50 Prozent
Indexzertifikate	S&P 500, EuroStoxx 50, Topix, CECE, Latibex	30 Prozent
Strategie- und Basketzertifikate	Dividendenrendite, Momentumstrategien, Themenbaskets	15 Prozent
Andere Assetklassen	Immobilien- und Rohstoff indizes	5 Prozent

Tab. 120: Die dynamische Strategie

24.3 Die wachstumsorientierte Strategie

Diese offensive Strategie empfiehlt sich vor allem für Anleger, die eine höhere Rendite erwarten und bereit sind, größere Risiken einzugehen. Der Schwerpunkt liegt auf Strategie- und Basketzertifikaten sowie auf Emerging Markets.

Die Standardwerte werden zugunsten von Small und Mid Caps reduziert. Spezielle Trends wie Biotechnologie, regenerative Energien und Technologie rücken in den Vordergrund. Auch Basketzertifikate, die sich bestimmten Themen widmen wie der Wasseraufbereitung oder der Nanotechnologie, gewinnen bei einer wachstumsorientierten Strategie an Bedeutung. Anleger sollten sich bewusst sein, dass eine solche Asset Allocation auch mit hohen Verlustrisiken verbunden ist. Der Rentenanteil liegt bei zirka 25 Prozent. Als Beimischung kommen andere Assetklassen wie Immobilen (Zertifikate auf Real Estate Investmenttrusts) und einzelne Rohstoffe in Frage.

Region/Bereich	Index oder Inhalt	Gewichtung
Nordamerika, Westeuropa, Japan	S&P 500, Nasdaq 100, EuroStoxx 50, TecDAX, Topix	20 Prozent
Emerging Markets (Osteuropa, Asien, Lateinamerika)	CECE, RDS, BUX, PTX, HSCEI, Latibex, BRIC-Zertifikate	20 Prozent
Strategie-, Branchen- und Basketzertifikate	Biotechnologie, Nanotechnologie, Internet, Software, Halbleiter, Gesundheit, Wasser	20 Prozent
Immobilien	REITs, Immobilienindizes	10 Prozent
Rohstoffe	Rohstoffindizes (GSCI, RICI), einzelne Rohstoffe, Rohstoffbaskets	5 Prozent
Rentenmarkt	REX, anleihenähnliche Zertifikate	25 Prozent

Tab. 121: Die wachstumsorientierte Strategie

Schlusswort

Zertifikate weisen eine Vielzahl von unvergleichlichen Vorteilen auf, die den Anlegern besonders zugute kommen. Zertifikate ermöglichen es, in den unterschiedlichsten Weltmärkten präsent zu sein und dabei die Anlage sinnvoll zu diversifizieren. Der Anleger kann mit einem einzigen Wertpapier eine gesamte Region oder eine zukunftsträchtige Branche abdecken, ohne einzelne Aktien auswählen zu müssen, die stets ein größeres Risiko mit sich bringen. Der Anleger kann sein Kapital auch in Märkten investieren, die schwer zugänglich oder mit hohen Unwägbarkeiten verknüpft sind.

Innovative Wertpapiere wie Strategie- und Outperformancezertifikate tragen entscheidend dazu bei, dass der einzelne Investor eine Überrendite erzielen und sich modernster Analysemethoden und der Erkenntnisse der empirischen Finanzmarktforschung bedienen kann. Für die private Altersvorsorge sind daher Zertifikate ein wichtiges Finanzinstrument, das neben den klassischen und weit verbreiteten Investmentfonds und dem Direktengagement in Aktien zunehmend an Bedeutung gewinnt.

Die fortschreitende Globalisierung der Weltwirtschaft, die Verknüpfung der Finanzmärkte und die enorme Wachstumsdynamik der Schwellenländer bietet auch den Anlegern von morgen einzigartige Chancen.

Literaturverzeichnis

ABN Amro (Hrsg.): Open End Zertifikate. Investieren in Indizes, Edelmetalle, Rohstoffe und Währungen. [Broschüre der ABN Amro Bank]. Frankfurt am Main, o. J.

ABN Amro (Hrsg.): Zins Zertifikate. Zinsen aus aller Welt. [Broschüre der ABN Amro Bank]. Frankfurt am Main, o. J.

ABN Amro (Hrsg.): Investieren in Öl. Zertifikate und Optionsscheine auf Rohöl und Rohölindustrie. [Broschüre der ABN Amro Bank]. Frankfurt am Main, o. J.

ABN Amro (Hrsg.): Mehr Rendite bei gleichem Risiko. Discount-, Bonus- und Outperformance-Zertifikate. [Broschüre der ABN Amro Bank]. Frankfurt am Main, o. J.

ABN Amro (Hrsg.): Double Up Protect Zertifikate. [Broschüre der ABN Amro Bank]. Frankfurt am Main, o. J.

ABN Amro (Hrsg.): Der Future im Kleinformat. MINI Future Zertifikate. [Broschüre der ABN Amro Bank]. Frankfurt am Main, o. J.

Beike, Rolf: Index-Zertifikate. Optimal vom Börsentrend profitieren. Stuttgart: Schäffer-Poeschel, 1999.

Deutsche Bank (Hrsg.): Asien. Länder – Unternehmen – Produkte. [Broschüre der Deutschen Bank]. Frankfurt am Main, o. J.

Deutsche Bank (Hrsg.): Edle Zukunft. Platin und Palladium als Allzweckmittel. (Broschüre der Deutschen Bank). Frankfurt am Main, o. J.

Fugger, Horst; Hoose, Andreas: Alles über Zertifikate, Optionsscheine & Co. München: Finanzbuch-Verlag, 2005.

Harengel, Jürgen; Scheuble, Steffen: Alles, was Sie über Zertifikate wissen müssen. München: Finanzbuch-Verlag, 2005.

Hoffleit, André: Discount-Zertifikate im Portfoliomanagement. Aktienmarktschwankungen gezielt nutzen. Frankfurt am Main: Bankakademie-Verlag, 2004.

Jordan, Markus: Zertifikate – simplified. Alles zu den neuen Anlageinstrumenten. München: Finanzbuch-Verlag, 2005.

Kommer, Gerd: Indexfonds und –zertifikate für Einsteiger. Gewinnen mit der genial einfachen Anlagestrategie der Profis. Frankfurt am Main: Campus Verlag, 2000.

Rittberg, Bernd: Aktienanleihen, Index-Zertifikate, Discount-Zertifikate: lukrative Finanzinnovationen. Was sie bieten – was sie kosten. Regensburg, Berlin: Walhalla-Fachverlag, 2000.

Röhl, Christian W.; Heussinger, Werner H.: Generation Zertifikate. Die Emanzipation der Geldanlage. München: Finanzbuch-Verlag, 2003.

Schmitz, Armin: Depot-Optimierung mit Zertifikaten. Einfach und sicher anlegen von A – Z. München: Finanzbuch-Verlag, 2005.

Société Générale: Basiswissen Rohstoffe. [Broschüre der Société Générale] (www.warrants.com).

Sachverzeichnis